Wolf Jobst Siedler

Wir waren noch einmal davongekommen

Erinnerungen

Pantheon

Der Titel dieses Buches verdankt
sich Thornton Wilders Schauspiel
»Wir sind noch einmal davongekommen«,
das die Sensation des
Berliner Theatersommers 1946 war.

Dieser Band wäre ohne die Mitarbeit von
Heike Sponholz kaum möglich gewesen, die dem Autor
eine unermüdliche Helferin sowohl in der
Textordnung als auch in der Bildbeschaffung war.

Es bleibt dabei:
Auch diesmal wieder für Imke

»Was ist Geburtsschmerz, was ist Todesschmerz bei diesem Spiel?
Vielleicht sind beide identisch, wie ja der Sonnenuntergang
auch Sonnenaufgang für neue Welten ist. Das muss man wissen,
wenn man unsere Zeit und ihre Menschen erfassen will.«

ERNST JÜNGER, Strahlungen, 1949

»Der kommt am weitesten, der nicht weiss, wohin er geht.«

Aus dem Testament des
HERZOGS VON MARLBOROUGH, 1712

Inhalt

Sieht man aus dem Abstand von fünfzig Jahren auf die Nachkriegszeit, so blickt man in eine fremde Welt. Fern ist sie, so historisch wie
die Ausrufung der Republik 1918 der Proklamation des Kaiserreiches
1871 gewesen ist, beide Male fünfzig Jahre. Es ist kaum zu fassen, dass
auch diesmal ein halbes Jahrhundert vergangen ist seit den letzten
Tagen im Bunker unter der Reichskanzlei, als sich die Davongekom-
menen in der Nachkriegszeit einzurichten suchten.

Mit einem Mal wird mir bewusst, dass es geschichtliche Perspektiven
sind, in die das eigene Leben gerückt ist.

Rückkehr, aber keine Heimkehr

Nun war ich also wieder zu Hause. Als ich im Herbst 1947 den englischen Militärzug, der mich aus der Kriegsgefangenschaft zurückgebracht hatte, am Güterbahnhof Lichterfelde-West verliess, schien auf den ersten Blick alles wie in Kindertagen. Der Vorplatz zum Bahnhof in seiner vertrauten kaiserzeitlichen Architektur sah wie immer aus, vielleicht ein wenig heruntergekommen, denn seit den Friedensjahren waren die Fassaden und die Fensterkreuze nicht gestrichen worden, und auf den Balkons gab es keine Geranien oder Petunien mehr. Aber die Behaglichkeit der Häuser war die alte, und die Besatzungstruppen nahm ich zumindest nicht wahr, obwohl doch wahrscheinlich Jeeps die leeren Strassen entlangfuhren, die einst zur Hauptkadettenanstalt in Gross-Lichterfelde geführt hatten, wo mein Grossvater als junger Offizier die Kadetten Grundzüge der Taktik gelehrt hatte. Im Frühjahr 1933 war sie von einer SS-Einheit okkupiert worden, die sich später »Leibstandarte Adolf Hitler« nannte.

Der Bombenkrieg war an Lichterfelde wie an Dahlem weitgehend vorübergegangen, und während ich mich zu Fuss aufmachte, die vertrauten Strassen über »Unter den Eichen« hinweg – einst das Berliner Mittelstück der Reichsstrasse Nr. 1 von Aachen nach Eydtkuhnen – die Habelschwerdter Allee über die Thielallee bis zur Königin-Luise-Strasse entlangzugehen, ziemlich schwer mit aus der Gefangenschaft mitgebrachten Lebensmitteln für meine Eltern beladen, fielen mir nur drei oder vier niedergebrannte Häuser in die Augen.

Auch der heimatliche Falkenried hatte sich kaum verändert. Die Häuser waren wie stets im Herbst mit wildem Wein bewachsen, der sich jetzt im September rot färbte. Über die Dächer grüssten die Wipfel der alten Kastanien, Nussbäume und Blutbuchen, die seit je in den Gärten gestanden hatten. Erst in den kommenden Jahrzehnten sollten sie von den neuen Besitzern der Häuser fast ausnahmslos gefällt werden, weil Sonnenhunger sie beherrschte. Sie liessen Zwergkoniferen und »nichtlaubabwerfendes« Gehölz anstelle der alten Baumriesen pflanzen. Das Ende der alten Zeit gibt sich auch im Botanischen zu erkennen. Die Gesellschaft, da man in umschatteten Lauben den Tee einnahm, gab es nicht mehr. Nun wollte man auf sonnenbeschienener Terrasse sitzen. Das Sonnenöl ist das eigentliche Erkennungsmerkmal der neuen Zeit.

Ich stand vor dem Elternhaus, als wenn ich von einer längeren Reise zurückgekommen wäre, fast war ich versucht, die Klingel zu betätigen, auf der noch immer der Name meines Vaters stand: Dr. jur. Wolf Jobst Siedler. Aber fast alle Häuser, auch unser eigenes, waren inzwischen erst von den Russen, dann von den Amerikanern beschlagnahmt worden, worauf mich schon die »Amikreuzer« aufmerksam machten, deren Ausmasse in einem Missverhältnis zu der Grösse der eher bescheidenen Reihenhäuser aus der Vorweltkriegszeit standen.

Alles schien wie in alter Zeit zu sein. Ich war daheim. Aber war ich wirklich zu Hause? In den nächsten Tagen und Wochen sollte ich sehen, dass vieles anders war, ganz abgesehen davon, dass die Familie hier nicht mehr wohnte. Die meisten Nachbarn aus Vorkriegstagen waren nicht mehr da, die einen waren in den dreissiger Jahren emigriert, andere, wie mein Klassenkamerad Dieter Huth aus einer Seitenstrasse des Falkenrieds mit achtzehn Jahren noch in den letzten Wochen des Krieges gefallen und wieder andere vor dem Einzug der Russen in den Westen gegangen. Die Welt meiner Eltern und meiner Jugend gab es nicht mehr.

Aber habe ich diese Welt jenseits der Familie, der Verwandten und Freunde wirklich wahrgenommen? Als Kind lebt man ja stets im engsten Kreis. Als Hitler 1933 die Macht übernahm, war ich ganze sieben Jahre, in den dreissiger Jahren war ich unmerklich aus dem Kindesalter in die Schulzeit übergewechselt, und seit meinem zwölften Lebensjahr hatte ich in einem Internat in Thüringen gelebt. So war zwar der Falkenried mein Zuhause, aber im Grunde kannte ich ihn und unsere Nachbarn wenig. Das galt aber nicht nur für mich; auch meine Eltern lebten in höflicher Distanz zu den Bewohnern der angrenzenden Häuser. Unsere unmittelbaren Nachbarn, die Vités zur Linken und die Denickes zur Rechten, kannten wir natürlich, wahrscheinlich

Zwischen Gefängnis und Front: vor dem Aufbruch nach Italien zur »Frontbewährung«, 1944.

hatten sie, wie das der Brauch war, einen Antrittsbesuch gemacht, nachdem sie ihre Häuser erworben hatten. Aber sonst war es noch eine Zeit, in der man auf Abstand hielt. Nur in Ausnahmefällen grüsste man sich über den Zaun hinweg, ich erinnere mich nicht, dass irgendein Verkehr von Familie zu Familie stattgefunden hätte. Das wäre als Zudringlichkeit empfunden worden, wie denn auch mein Vater auf der Strasse lediglich den Hut zog, wenn er Nachbarn begegnete.

Übrigens begrüsste mein Vater später auch unsere Haushälterin Hildegard Klopsch, indem er den Hut zog, wenn er ihr auf dem Weg zur U-Bahn oder zum Bus begegnete. Er machte keinen Unterschied zwischen Damen der Gesellschaft und Hausangestellten. Seine mit ihm altgewordene Chefsekretärin Lisa Pollmächer erzählte mir 1963 bei der Trauerfeier für ihn, dass er, selbst als er Dutzende von Angestellten hatte, jedesmal aufgestanden war, wenn eine Sekretärin, und sei es die jüngste, morgens zum ersten Mal den Raum betrat. Auch das ein Brauch der alten Welt.

Meine Schwester Gitty lebte 1947 noch immer in Hannoversch-Münden, wohin ihre Dienststelle bei der Biologischen Reichsanstalt für Land- und Forstwirtschaft im September 1943 des Bombenkrieges wegen von der Dahlemer Königin-Luise-Strasse »verlagert« worden war. Meine Grossmutter Dorothea Wegener aber, die in den Wochen der sowjetischen Eroberung bei ihren Kindern in Dahlem

Zuflucht gesucht hatte, war in ihre halbzerstörte Wohnung in der Prausestrasse in Lichterfelde-West zurückgekehrt.

Den Reichsverband Papier und Pappe, dessen Syndikus und Justitiar mein Vater gewesen war, gab es inzwischen nicht mehr. Mein Vater war gerade dabei, einen Berliner Ersatzverband ins Leben zu rufen, der die Interessen der Firmen in den drei westlichen Sektoren vertreten sollte. Früher hatte er sein Büro in der repräsentativen Beletage eines ehemaligen Mietshauses am Nollendorfplatz gehabt. Dort hatte uns Kinder das Badezimmer der einst hochherrschaftlichen Wohnung besonders beeindruckt, nicht nur seiner saalartigen Grösse wegen, sondern weil anstelle der Badewanne eine Vertiefung in den Boden eingelassen war, zu der man über mehrere Stufen hinuntersteigen musste und die mit Mosaiken ausgekleidet war. Nach der Ausbombung hatte er in mehreren Notquartieren in der fast völlig zerstörten Lietzenburger Strasse ein Unterkommen gefunden. Am Ende hatte er im Haus des Feldmühle-Papierkonzerns am Kurfürstendamm zwei Zimmer bezogen. Es ist das einzige Jugendstilhaus an der Prachtstrasse der Kaiserzeit, zwischen den Seitenstrassen Leibniz- und Wielandstrasse, das wie durch ein Wunder Bombenkrieg und Strassenkämpfe überstanden hat und heute eine Erinnerung an den einstigen pompösen Glanz des Boulevards ist.

Der Feldmühle-Konzern hatte zu dem Verband meines Vaters gehört, und der hatte ihm wahrscheinlich zu dem Büro verholfen. Am Nollendorfplatz hatte er ein Vierzehn-Zimmer-Büro gehabt, jetzt hatte er nur eine einzige Sekretärin, mit der er gerade einmal in zwei kleinen Räumen ein Behelfsbüro aufzubauen suchte. Aber seine Sekretärin Lisa Pollmächer war noch immer bei ihm, und sie kümmerte sich rührend um seine hinfällig gewordene Gesundheit. Die übrigen Angestellten gab es nicht mehr, auch nicht Hans Drache, den Kavallerieoffizier des Ersten Weltkrieges. Auch Werner Büngel, ein Oberstudiendirektor, der gleich nach der Machtübernahme aufgrund seiner Zugehörigkeit zum republikanischen Schutzverband Reichsbanner Schwarz-Rot-Gold zur Eisernen Front entlassen worden war, hatte im Büro meines Vaters Zuflucht gefunden.

Ein Oberstudiendirektor war in der Zentrale der deutschen Pappen- und Papierindustrie wenig zunutze, und ich weiss nicht, welche Aufgabe Dr. Büngel offiziell übernommen hatte. Vor allem arbeitete er auf jenen Gebieten, denen seit jeher seine besondere Leidenschaft gehört hatte. Zuletzt war das die Bedeutung des Briefes zwischen Altertum und Neuzeit und wie sich an Hand der Korrespondenz eine Epoche fassen lasse. Darüber schrieb Büngel sein Buch »Der Brief. Ein kulturgeschichtliches Dokument«, dessen Erscheinen mein Vater möglich machte.

Der Band erschien 1938/39 in ständig neuen Ausgaben und Auflagen, zuerst als Privatdruck der Wirtschaftsgruppe Druck und Papierverarbeitung bei der Ganymedpresse, Berlin. In einem Antiquariatskatalog wurde der Band kürzlich mit folgender Charakterisierung angeboten: »Eleganter Druck der Ganymedpresse auf Bütten, mit Brieffaksimiles, vergoldeter Rückentitelei und Lichtdrucktafeln«. Nicht ohne Rührung nehme ich eine andere Ausgabe des Bandes in die Hand und sehe, dass sie im Gebr. Mann Verlag erschienen ist. Drei Jahrzehnte später sollte ich im Rahmen der Ullstein- und Propyläen-Gruppe auch für den Gebr. Mann Verlag verantwortlich sein. Meinen Vater und Dr. Büngel hätte diese späte Wiederbegegnung ihres Bandes mit dem einstigen Gymnasiasten wohl amüsiert.

Ich erinnere mich noch an ein Gespräch meiner Eltern im Wintergarten unseres Hauses. Meine Mutter war besorgt, dass mein Vater zu viele Missliebige in seinem Büro angestellt hatte, obwohl sie mit der Papier- und Pappenindustrie nun weiss Gott nichts zu tun hatten. Machte er sich auf diese Weise selber verdächtig? Aber der Überwachungsapparat der Gestapo war wesentlich ineffektiver – oder nachlässiger – als der des Staatssicherheitsdienstes der späteren DDR. Wahrscheinlich lag das auch daran, dass das Dritte Reich bis tief in den Krieg hinein von der Zustimmung der Bevölkerung lebte und sich erst in der zweiten Hälfte des Krieges eine gewisse Distanz, dann Ablehnung bemerkbar machte, verursacht wahrscheinlich von Kriegsmüdigkeit und schliesslich Zweifeln am »Endsieg«. Mein Vater

Ahnentafel meines Onkels Ete, des Architekten Eduard Jobst Siedler, der in den zwanziger Jahren einen »Ahnenfimmel« entwickelte. Auf Pergament verzeichnete er seine Vorfahren bis hin zu Schadow, Zelter, Emil Wolff, Bogen und Splittgerber.

Die **Ahnen**
des
Eduard Wolff Jobst Siedler

Siedler

Siedler

Siedler

Siedler

Siedler

∞ **Berlin**

Jobst

Bogen

Zelter
Maria
Charlotte

Brulge

Wolff

Wolff

Wolff

Kruger (Kruger)

Wolff

Lohmeier

Schadow

hat jedenfalls niemals bemerkt, dass er beobachtet würde, und auch seine Protegés Drache und Büngel blieben unbehelligt.

Nur einmal griff die Wirklichkeit nach der Familie, lange vor meiner eigenen Verhaftung. Anfang des Krieges hatte einer der Inhaber einer der einflussreichen Mitgliedsfirmen des Verbandes bei der Geheimen Staatspolizei gegen meinen Vater Anzeige erstattet, wohl um seinem Schwiegersohn die Position des Geschäftsführers zu verschaffen. Mein Vater sei Jude oder Halbjude, wofür seine dunklen Augen, seine buschigen Brauen und sein dubioser Bekanntenkreis zum Beweis angeführt wurden. Oder gab es andere Belastungsgründe?

Mein Vater wurde tatsächlich für mehrere Wochen seiner Position enthoben, bis er den Nachweis erbringen konnte, dass alle seine Vorfahren seit Jahrhunderten Christen waren, Ärzte, Juristen, Pastoren oder Künstler wie Gottfried Schadow und Carl Friedrich Zelter, Goethes einziger Duzfreund. Alle waren in Kirchenbüchern eingetragen, was im Grunde gar nichts bedeutete, weil im 18. und 19. Jahrhundert getaufte Juden eben Christen waren. In den späten zwanziger oder frühen dreissiger Jahren entwickelte mein Onkel Ete, der Architekt Eduard Jobst Siedler, einen »Ahnenfimmel«, wie die Familie zu sagen pflegte. Er schrieb alle Vorfahren in einen Band aus Pergament ein, den er eigens angefertigt hatte.

Zum ersten Mal während ihrer dreissigjährigen Ehe waren meine Eltern in den Nachkriegsjahren getrennt. Während meine Mutter als »Housekeeper« der Amerikaner in der Mädchenkammer ihres eigenen Hauses wohnte, fand mein Vater nach einiger Zeit in zwei Zimmern der Dachetage des Nachbarhauses im Falkenried 12 Unterkunft, wo er es sich trotz des mansardenhaften Zuschnitts mit einigen antiken Möbeln leidlich behaglich machte. Hier oben feierte die Familie meine Heimkehr aus der Kriegsgefangenschaft, und aus diesem Anlass tranken wir jene Flasche Wein, die mein Vater jahrelang aufgehoben hatte. Wir sassen in dem trotz aller Beengtheit wohnlichen Mansardenzimmer, meine Mutter hatte anlässlich der Heimkehr des Sohnes aus Gefängnis, Front und Gefangenschaft von

Mein Vater leitet in den späten dreissiger Jahren eine Sitzung.

ihren Amerikanern »Ausgang« erhalten, selbst meine Grossmutter war, obwohl inzwischen hoch in den Siebzigern, aus Lichterfelde nach Dahlem herübergewandert, ein Bus zwischen Dahlem und Lichterfelde fuhr schon lange nicht mehr. So feierte die ganze Familie die Heimkehr des Sohnes und den Umstand, dass alle das apokalyptische Ende des Krieges leidlich überstanden hatten.

Nun war ich also in der vertrauten Familienrunde, und ich weiss, wie es mir überraschend vorkam, wie wir da nach all den Jahren zusammensassen. Meine Eltern schienen mir nicht merkbar älter geworden zu sein, obwohl sie doch in den vergangenen vier Jahren mit Bombenkrieg, Eroberung und erst sowjetischer, dann amerikanischer Besatzung einiges durchgestanden hatten. Die Jahre schienen folgenlos an ihnen vorübergegangen zu sein. Die Photographien aus dem Familienalbum zeigen meine Eltern in den dreissiger Jahren am Strand von Misdroy und zehn Jahre später bei einer Wanderung im Elbsandsteingebirge, die 1943 bei meinem letzten Urlaub als Marinehelfer und also vor meiner Verhaftung stattgefunden haben muss.

Erst vor diesen Photographien wird mir deutlich, wie die Zeit meine Eltern verändert hatte. Eben ist mein Vater noch ein Mann in seinen besten Jahren, mit den Schuhen in der Hand watet er am Saum der Ostsee, dann macht er in Knickerbockern eine Radtour mit uns Kindern im Grunewald, und schliesslich, nur sein Haar ist immer lichter geworden, versammelt sich zu seinem sechzigsten Geburtstag die Familie im Garten. Da wird sichtbar, wie er eben doch im Laufe der Zeit erst fünfzig, dann sechzig geworden war und endlich auf die siebzig zuging. Meine Mutter muss bei den frühesten Aufnahmen Ende dreissig gewesen sein, etwas mehr als halb so alt wie heute Imke ist.

Einundzwanzig Jahre nach dem Tod meines Vaters eröffnete ich im Siedler Verlag die zehnbändige »Rhöndorfer Ausgabe« der Briefe und Teegespräche Konrad Adenauers. Wie die Dinge damals lagen, hatte die Vorstellung des ersten Bandes in Bonn zu erfolgen. Bundeskanzler Helmut Kohl, der sich schon damals als Erbe Adenauers begriff, hielt eine Rede, und natürlich waren die Söhne Adenauers, Konrad und Max, erschienen, neben den Herausgebern Hans-Peter Schwarz und Rudolf Morsey. Dann hatte ich als Verleger einige Worte zu sagen: Ich begann mit einem Satz Hugo von Hofmannsthals, wonach »ein jeder das Geheimnis mit sich ins Grab nimmt, wie es ihm möglich gewesen zu leben«, und wendete das Zitat auf den alten Adenauer an, der seinen Sturz noch erlebt hatte und auch den seines Nachfolgers Ludwig Erhard. Wie hatte er das alles wohl gesehen? Mir ging dabei auch Hugo von Hofmannsthal durch den Kopf, der seinen frühen Ruhm um Jahrzehnte überlebt hatte. Und ganz im Hintergrund dachte ich auch an meinen Vater. Wie mochte er den Übertritt aus der Welt der Diplomatie in die der Wirtschaft gesehen haben?

Meine Mutter hatte mir einmal erzählt, dass mein Vater in ihrer jungen Ehe zuweilen deprimiert aus dem Büro nach Hause gekommen sei. Auf ihr Fragen habe er nur geantwortet: »Ach, ich habe mir die Industriellen auch anders vorgestellt. Im Grunde sind die meisten von ihnen doch nur Fabrikanten.« Mein Vater war von Verdüsterungen nicht frei, der Weg vom Auswärtigen Amt der Kaiserzeit zum Verband der Papier- und Pappenindustrie war eben doch ein grosser Schritt gewesen. Hatte er darunter gelitten? Unserem Verhältnis zueinander entsprach es nicht, über dergleichen zu reden. Wenn ich ihn nach meiner Rückkehr in seinem kärglichen Zweizimmerbüro am Kurfürstendamm besuchte, drängte sich mir

Meine Eltern und ich in den dreissiger Jahren an der Ostsee. Selbst am Strand brachte sich die bürgerliche Welt zur Geltung: Mein Vater machte dem sommerlichen Strandleben nur das Zugeständnis, dass er die Schuhe in der Hand und das Jackett über dem Arm trug.

diese Frage mitunter auf. Doch sie blieb unausgesprochen. Bei der Trauerfeier für meinen Vater 1963 hielt ein Herr seines Verbandes eine Rede, und dabei fiel der Satz, er habe im Grunde immer jenen Auslandsposten nachgetrauert, wie er sie einst beim Vizekönig von Ägypten bekleidet habe. War das wirklich so? Ein jeder nimmt das Geheimnis mit sich ins Grab, wie es ihm möglich gewesen zu leben.

Kinder nehmen ihre Eltern nie objektiv wahr. Für sie sind sie alterslos; das Verstreichen der Zeit scheint ihnen nichts anzuhaben. Erst in den letzten Jahren vor ihrem Tode wurde mir deutlich, dass sie wirklich alt, schliesslich sogar sehr alt geworden waren. Mein Vater starb 1963 einen Tag nach seinem achtzigsten Geburtstag, während an der Haustür ein Bote nach dem anderen Blumen oder Präsentkörbe abgaben, meine Mutter 1974 mit siebenundsiebzig Jahren, als sie gerade nach Leningrad aufbrechen wollte. Die Nachbarin Frau von Tannenberg, eine Exil-Russin, die das Haus nach dem Krieg gekauft hatte, mit der sie die Reise zusammen unternehmen wollte, hatte ihr gesagt, dass Leningrad, das alte St. Petersburg, im grauen Sowjetreich eine Insel des alten Russland geblieben sei. Aber es kam nicht dazu. Beide Eltern starben dort, wo sie die meiste Zeit ihres Lebens verbracht hatten und wo auch Imke und ich seit mehr als einem halben Jahrhundert leben, in dem Haus der Familie im Falkenried.

Zum sechzigsten Geburtstag meines Vaters im April 1943 hatte meine Mutter für meine Schwester und mich zwei kleine Goldregenpflanzen in Töpfen als Geburtstagsgeschenke besorgt; sonst gab es im vierten Kriegsjahr nicht viel zu kaufen. Es war ihr gesagt worden, dass Goldregen ein Alter von zwanzig, bestenfalls fünfundzwanzig Jahren erreiche. Aber obwohl nun sechzig Jahre vergangen sind, steht der Goldregen, es sind inzwischen richtige Bäume geworden, noch immer im Mai in voller Blüte. Damals hatten wir sie im Garten eingepflanzt, und bei dem siebzigsten Geburtstag meines Vaters 1953 waren sie schon so stattlich geworden, dass sie weit über unseren Balkon in der ersten Etage hinausreichten, wo Imke und ich inzwischen wohnten.

Die Gartenfront unseres Hauses im Falkenried, ein unauffälliges Reihenhaus der Vorweltkriegszeit, in dem mitunter Weltgeschichte zu Gast war. Mit wem sassen wir nicht alles auf der Terrasse zusammen, vom ehemaligen nationalsozialistischen Minister Albert Speer bis hin zu dem Emigranten Hans Wallenberg, der sich vor Hitler nach New York gerettet hatte, auch Autoren der Verlage, deren Chef ich war, so Willy Brandt und Helmut Schmidt, der sich mit Henry Kissinger bei uns stritt, wie lange Russland wohl brauchen werde, um wieder auf die Beine zu kommen. Michail Gorbatschow war an einem langen Abend bei uns. Einmal hatte Richard von Weizsäcker, kaum dass er Regierender Bürgermeister von Berlin geworden war, den Wunsch geäussert, Günter Grass kennenzulernen; wir arrangierten ein Abendessen in unserem Garten.

21

An dem Wuchs dieses Goldregens wird uns das Verstreichen der Zeit greifbar. Als Imke mit siebzehn und ich mit dreiundzwanzig 1949 heirateten, gingen die dunkelgelben Dolden knapp bis zum Balkon im ersten Stockwerk. Inzwischen erreichen sie selbst das Dachgeschoss, und unsere Nachbarn kommen jedes Jahr erneut mit der Bitte, sie so zu kappen, dass sie ihren Balkon nicht beschatten. Aber der Gärtner ist unser Verbündeter; er weigert sich strikt, diesem Verlangen nachzugeben, weil Goldregen anders als Linden, Weiden oder Pappeln nicht beliebig gestutzt werden darf. Uns ist der Goldregen ein Symbol unvergänglicher Natur im Wechsel der Zeitläufte. Ihre goldgelben Dolden sind von einer Fülle und Länge, die ganz ungewöhnlich sind. Immer wieder bitten Besucher, sich Samen nehmen zu dürfen, um Ableger zu ziehen. Tatsächlich ist er in Nachbargärten weder von einem so leuchtenden Gelb, noch hat er so lange Dolden, selbst in Baumschulen haben wir niemals Prachtexemplare dieser Art gefunden.

Fremd im Zuhause

Das bist wirklich du gewesen, der sich gleich nach der Rückkehr aus der Kriegsgefangenschaft im hungernden und frierenden Berliner Winter von 1947 mit der noch immer oft nur notdürftig instandgesetzten U-Bahn aufmachte, um in ungeheizten Theatern Stücke von Autoren zu sehen, deren Namen man kaum je gehört hatte? Man zog warme Sachen an, wenn es zu einer Premiere ging, das Parkett war voller Wintermäntel, nicht ein Theater war geheizt, auch nicht bei schärfstem Frost. Auch die Bahnen zeigten mitunter noch Spuren der vergangenen Strassenkämpfe; einzelne Fensterscheiben waren durch Sperrholz ersetzt, was der Heimgekehrte stark empfand, während seine Eltern es für ein Wunder nahmen, wie schnell nach Kämpfen und Demontagen überhaupt Strassen-, U- und S-Bahnen, auch Omnibusse wieder verkehrten. Tausende von Wagen waren von den Russen als Reparationen in die Sowjetunion verbracht, auch Schienen, Weichen und Stellwerke waren nach Russland abtransportiert worden.

Wie wenig man sich doch das Ausmass der Zerstörungen in der Heimat von draussen vorstellen kann. Ich war 1943 das letzte Mal in Berlin gewesen; damals begann der ständige Bombenhagel. Aber noch war es das vertraute Berlin gewesen, wenn auch ausgebrannte Häuser erste Anschauung gaben, was ein »totaler Krieg« für Berlin bedeuten würde, den Joseph Goebbels im Februar 1943 im Sportpalast proklamiert hatte. Als Kinder waren wir Anfang des Krieges mit der Strassenbahn 40, den Bussen M nach Machnow oder T nach Teltow weit gefahren, um als Tauschobjekte Flaksplitter zu sammeln,

»Die Stadt als Wunde«, schrieb die »Frankfurter Allgemeine« zu dieser Luftaufnahme des Jahres 1945. Als Schneisen durch die Trümmerwüste ziehen sich Friedrichstrasse und Markgrafenstrasse.

die die ersten beiden Jahre des Krieges das einzige Zeugnis von Luftangriffen auf die Reichshauptstadt gewesen waren. Dann waren von der zweiten Hälfte des Jahres 1942 an einzelne Ruinen dazugekommen, die man zu bestaunen in die Innenstadt fuhr. Seit Herbst 1943 umgab uns eine Trümmerlandschaft, kaum dass wir das Zuhause verliessen.

Das Jahr 1944 hatte ich zu grossen Teilen im Gefängnis in Wilhelmshaven verbracht, bis ich im Herbst des Jahres zur »Frontbewährung« geschickt wurde, glücklicherweise an die italienische Front. Meine Eltern hatten erst in ihren Feldpostbriefen, später in ihren Grüssen in die britische Gefangenschaft von den Verheerungen Berlins berichtet. Meine Antworten waren anfangs auf vorgedruckten Formularen zu schreiben, deren Absender ein »Angehöriger der geschlagenen deutschen Armee« war. Solange der Apparat von Goebbels die Presse kontrolliert hatte, waren die Verwüstungen heruntergespielt worden, aber auch nach der Kapitulation hatten die Briefe aus der Heimat nur vorsichtig von dem Trümmerfeld erzählt, das die Reichshauptstadt inzwischen geworden war. Erst hatten meine Eltern die Zensur gescheut, nun wollten sie vermutlich den Sohn in der Kriegsgefangenschaft nicht deprimieren.

Tausende von Kilometern entfernt vermutete ich in meinen verschiedenen Stationen zuerst am Bittersee in Ägypten, dann in der Cyrenaika und zum Schluss in der ehemaligen italienischen Provinz Tripolitanien, dass Berlins Innenstadt weitgehend zerstört sein würde, aber das Meer von Trümmern hatte ich mir nicht vorstellen können. Schon während meines letzten Fronturlaubs hatten Luftminen, Spreng- und Brandbomben ihr Werk getan, aber Strassen und Plätze waren doch noch erkennbar gewesen. Nun war es umgekehrt, nur einzelne Ruinen gaben noch eine Ahnung, wie die Stadt einmal ausgesehen hatte. Aber merkwürdigerweise habe ich keine Trümmerstadt vor Augen, wenn ich mir die Jahre meiner Rückkehr vergegenwärtige. Wahrscheinlich waren uns Ruinen so selbstverständlich, dass man sie kaum wahrnahm. Oder war die Erleichterung, wieder zu Hause zu sein, so gross, dass man an den Trümmern vorbeiging, fast ohne sie zu sehen? Eher staune ich, wenn ich Photographien und Filmaufnahmen von damals sehe. Eine solche Ruinenstadt war Berlin wirklich gewesen, das war tatsächlich unsere tägliche Kulisse, kaum dass wir Dahlem verliessen? Der Bruder meiner Mutter, Erwin Wegener aus Stettin, der mit einem der letzten Güterzüge aus Pommern in den Westen gelangt war, sagte bei seinem ersten Nachkriegsbesuch zu meinen Eltern, dass sie in Dahlem auf einer »Insel der Seligen« lebten. So war es wohl wirklich.

Auch wenn der Schutt auf den Strassen inzwischen beiseite geräumt war, ging man überall an rauchgeschwärzten Fassaden vorbei. Schilder warnten vor einsturzgefährdeten Mauern. Und dennoch ist Berlin in meiner Erinnerung nicht die Geisterstadt, die es doch gewesen sein muss. Eine amerikanische Wochenschau hat im Sommer 1945 von einem tieffliegenden Aufklärungsflugzeug dieses Berlin festgehalten. Angesichts des Trümmermeers dieser Aufnahmen versteht man schon, dass irgendwann der Gedanke aufgekommen sein soll, Berlin aufzugeben und in der Lüneburger Heide neu aufzubauen. Nur scheint sich bei nüchterner Betrachtung herausgestellt zu haben, dass allein schon das unterirdische Versorgungsnetz – Strom-, Gas-, Wasser- und Telephonleitungen – einen Wiederaufbau rechtfertigen würde.

Städte haben ein Leben, das über ihre jeweils letzte Erscheinung hinausgeht. Dafür ist das griechische Byzanz, aus dem in oströmischer Zeit die Kaiserstadt Konstantinopel, die es noch unter Sultanen blieb, aber nach dem Sturz des Osmanischen Reiches das türkische Istanbul wurde, eines von vielen Beispielen. Die frühen Weltstädte im Zweistromland und in Ägypten liefern für Kontinuität Exempel genug. Nirgends wird einem das deutlicher vor Augen geführt als im heutigen Irak, der im Lauf der Jahrtausende Keimzelle immer neuer Reichsbildungen war und wo hinter den heutigen Städten die Ruinen alter Metropolen liegen. Nur wenig entfernt von Mossul liegen die Trümmer von Ninive, nicht weit vom Tigris liegen die Ruinen von Assur, südlich von Bagdad sind die im Wüstensand halbversunkenen Tempelanlagen von Ktesiphon, bei Nadschaf liegen die Reste Babylons und wenige Dutzend Kilometer südlich am Lauf des Euphrat Uruk – Weltstädte, die dem Mythos anzugehören scheinen und nun plötzlich ganz konkret in gebrannten Ziegeln vor einem stehen. Überall Untergänge und Auferstehungen, man soll das Alte nicht so schnell abschreiben, wie es manch ein Realist tut.

Zwei Wochen nach meiner Rückkehr machte ich mich von Dahlem aus in die Stadtmitte auf – Sektorengrenzen gab es zwar schon, aber sie spielten im Alltag eine geringe Rolle –, ging Unter den Linden vom Brandenburger Tor bis zum Schloss entlang. Nur selten fuhr ein sowjetischer Wagen zwischen den Schutthalden, und ein- oder zweimal auch ein Jeep der westlichen Besatzung, ob es amerikanische oder englische Wagen waren, weiss ich nicht mehr, habe ich wahrscheinlich auch damals gar nicht unterschieden. Die Linden waren menschenleer, kaum jemand ging an den Trümmerbergen vorbei, in deren Ruinen kein Leben mehr zu sein schien, eine tote Strasse vor toten Häusern. Auf den ersten Blick war kein einziges

Haus davongekommen, weder das Zeughaus, in dem ich als Zwölf- oder Dreizehnjähriger an der Hand meiner Grossmutter die Uniformen der Musketiere Friedrichs bestaunt hatte, noch Schinkels Neue Wache, bei der noch Jahre nach den Kämpfen eine gespaltene Säule der Vorhalle einstürzte.

Das Zeughaus im Mai 1945: Der Mittelrisalit des Westflügels ist noch halbwegs erkennbar; das Innere zeigt nur noch Verwüstung.

Ein halbes Jahrhundert ist inzwischen vergangen, aber gerade nach der Wende von 1989 ist mir deutlich geworden, dass der untergegangenen DDR zumindest das Verdienst zukommt, einige der klassischen Bauten Berlins gerettet und, wie unzulänglich auch immer, wiederhergestellt zu haben. Das war mit den sparsamen Mitteln der Mangelwirtschaft geschehen, und das meiste, vom Zeughaus bis zur Museumsinsel, musste nach der Wiedervereinigung mit Milliardenaufwand in Ordnung gebracht werden. Aber dass der ostdeutsche Staat überhaupt den Willen und die Kraft aufgebracht hatte, die Oper Georg Wenzeslaus von Knobelsdorffs, das Alte Museum Schinkels, das Alte Palais von Langhans und endlich auch Schinkels Schauspielhaus auf dem Gendarmenmarkt wiederherzustellen – das bleibt um so bemerkenswerter, als das reiche Westdeutschland gleichzeitig mit seinen ausgebrannten Schlössern, Theatern und Kirchen von Braunschweigs Welfenschloss bis zum Stuttgarter Neuen Schloss oft Tabula rasa machte. Der Abriss des Neuen Schlosses in Stuttgart war von der Stadt und vom Land Baden-Württemberg bereits beschlossen worden. Nur durch einen volksaufstandähnlichen Protest der Bürger wurde es gerettet. Heute gibt die Landesregierung dort ihre Empfänge.

Damals kam die Vorstellung auf, dass der Wiederaufbau von Ruinen »unehrlich« sei. Walter Dirks und Eugen Kogon kämpften in ihren »Frankfurter Heften« unermüdlich dafür, dass eine Stadt die Narben in ihrem Gesicht auch und gerade durch »Leerstellen« zeigen müsse. Das waren Formeln, die viel später noch bis zum Überdruss wiederholt wurden, als in Berlin um den Wiederaufbau des Stadtschlosses gestritten wurde, dessen Rekonstruktion schliesslich gegen das Votum der meisten Gutachter mit Zweidrittelmehrheit vom Bundestag beschlossen wurde. Derartige Auseinandersetzungen gingen quer durch alle Parteien. In Hamburg stellte die SPD das Gebiet an der Binnenalster zwischen dem Jungfernstieg und den Grossen Bleichen wieder her, und in München kämpfte die CSU für das alte Stadtgesicht. Heute geht man den Jungfernstieg, die Maximilianstrasse und die Ludwigstrasse entlang und sieht nicht mehr, dass sie vom Krieg wesentlich schlimmer getroffen worden waren als Berlins Kurfürstendamm.

Als ich im Winter 1947 an der allgemeinen Trümmerwüste vorbei zur Ruine der Universität Unter den Linden kam, ahnte ich nicht, dass ich hier bereits im nächsten Jahr das Studium beginnen würde. Ich hatte mich, um mir eine gute Voraussetzung für eine Zulassung zu verschaffen, in dem Büro der Witwe des nach dem 20. Juli gehängten Volkswirts Jens Peter Jessen in der Limonenstrasse (oder war es in der Hortensienstrasse?) als Opfer des Faschismus registrieren lassen, wo zusammen mit ihr die Witwe des ebenfalls hingerichteten preussischen Finanzministers Johannes Popitz arbeitete. Ich sehe das Zimmer in dem kleinen Einfamilienhaus und die beiden Damen noch vor mir.

Von solcher Ungenauigkeit des Erinnerungsvermögens muss man immer ausgehen, und ich sollte später beim Umgang mit Manuskripten Anlass genug haben, über die geringe Verlässlichkeit des Gedächtnisses zu staunen, auch bei den Memoiren von Politikern wie Hjalmar Schacht und Militärs wie Generalfeldmarschall Erich von Manstein und General Hans Speidel.

Einige Jahre später, 1950 oder 1951, traf ich Speidel bei einem Geburtstag von Ernst Jünger in Wilflingen. Nun erzählte er, was damals in unserem Prozess besonders bedrohlich gewesen war. Das Abhören »feindlicher Sender« war im letzten Kriegsjahr so allgemein geworden, dass die Militärgerichte dergleichen meist nur mit »Arrest«, schlimmstenfalls mit »verschärftem Arrest« bestraften, und die anderen belastenden Aussagen wurden vom Gericht nach Möglichkeit als unbewiesene Denunziationen gewertet. Aber der »Marinehelfer Siedler« habe darüber hinaus im Kameradenkreis gesagt – so die Urteilsbegründung, die wir noch heute im Keller des Falkenried aufbewahren –, dass er auswandern wolle, sollte Deutschland wider Erwarten den Krieg gewinnen, denn dann gäbe es in Deutschland keine Freiheit mehr, und er würde dann lieber im Ausland leben. Kein Kriegsgericht hätte es gewagt, darüber hinwegzugehen, und Speidel hielt es noch im Nachhinein für ein Wunder, dass wir davongekommen waren.

Mitunter wollten Besucher in Wilflingen ihre Vertrautheit mit dem Werk Ernst Jüngers zu erkennen geben, indem sie auf Jüngers kryptischen Widerstandsroman »Auf den Marmorklippen« hinwiesen, der 1939 eine solche Sensation gewesen war, dass Goebbels Papierzuteilungen für Nachauflagen verweigerte. Aber Jünger ist stets über solche Anspielungen hinweggegangen. Nun, als alle Welt im Widerstand gewesen sein wollte, legte Jünger hochmütig Wert darauf, kein Widerstandskämpfer gewesen zu sein. In den »Marmorklippen« habe er Tendenzen des Jahrhunderts aufgezeigt, aber weder Hitler noch Stalin direkt gemeint. Das war natürlich Unfug, aber Jünger wollte eben nie ein Parteigänger des Zeitgeistes sein.

Über zwanzig Jahre später veröffentlichte ich im Propyläen Verlag Hans Speidels Memoiren unter dem Titel »Aus unserer Zeit«. An seinem Manuskript arbeiteten wir gemeinsame Wochen in Südtirol im

Schloss Korb, das noch aus der Hohenstaufenzeit stammt. Oft wanderten wir entlang der Weinberge zwischen Bozen und Meran, um die Südtiroler Herrensitze zu sehen. Speidel genoss es, wenn wir in einer Jausenstation Rast machten, wo er sich dann das eine oder andere »Viertele«, wie Speidel auf gut schwäbisch zu sagen pflegte, zu einem Tiroler Speckbrett genehmigte. Diese Memoiren, wenngleich in mehreren Auflagen erschienen, wurden ein Beleg dafür, dass ein Autor mit der Abfassung seiner Erinnerungen zu lange warten kann.

Speidel war ein brillanter, analytisch denkender Kopf, als er seine Denkschrift über die ewigen Prinzipien der französischen Aussenpolitik als einer grundsätzlich defensiven schrieb. Er hatte sich gegen die Revanchetheorien Hitlers gewandt, die auf einer angeblich ständigen Aggressivität der Franzosen, die seit der Einverleibung von Elsass und Lothringen und der Verwüstung der Pfalz immer wieder in Deutschland eingefallen seien, basierte. Speidel führte aus, die französische Aussenpolitik sei vielmehr durch ein übersteigertes Defensivverlangen gekennzeichnet und habe immer in Sorge vor einem übermächtigen deutschen Nachbarn gelebt, wovon nur Napoleon eine Ausnahme gewesen sei. Es ist ein Wunder, dass diese Denkschrift die Karriere Speidels im Dritten Reich nicht verhindert hat. Als Speidel dann seine Erinnerungen schrieb, war von dieser kühl analysierenden Denkweise wenig übriggeblieben. Es war noch immer ein bemerkenswerter Bericht über ein exemplarisches Leben in Weimar, im Dritten Reich und in der Bundesrepublik, aber es hatte das verloren, was Speidel einst ausgezeichnet hatte – die Fähigkeit im Persönlichen das Zeitgeschichtliche durchscheinen zu lassen.

Meine Bewerbung im Immatrikulationsbüro der Linden-Universität im Frühjahr 1948 verlief enttäuschend. Ich wurde durchaus freundlich von einer älteren Dame, die meiner Erinnerung nach die Witwe eines gefallenen Professors war, auf das nächste oder übernächste Jahr vertröstet. Es seien, wie ich ja selber gesehen habe, nur wenige Räume in dem zerschossenen Gebäude nutzbar, und

Tausende von heimgekehrten Soldaten hätten sich für die Immatrikulation registrieren lassen, ich solle mich erst einmal zur Trümmerbeseitigung melden, das würde meine späteren Chancen für eine Zulassung verbessern.

Das war eine Aussicht, die mich deprimierte. Viereinhalb Jahre hatte ich durch Verhaftung und Gefängnis, dann an der Front und schliesslich mit der Kriegsgefangenschaft in Nordafrika verloren. Standen mir jetzt noch einmal Jahre Wartezeit bevor? Ich wollte so schnell nicht aufgeben, und so fragte ich zögernd, ob es irgendwelche Ausnahmeregelungen für Spätheimkehrer, Opfer des Faschismus oder Schwerbeschädigte gäbe? Die freundliche Dame sagte mitleidig nur: »Ach, wissen Sie – spät aus dem Krieg zurückgekommen sind heute alle. Und was die Verfolgung anlangt, wer hat heute nichts gegen die Nazis gehabt? Schwerer oder leichter verwundet ist praktisch jeder ehemalige Soldat.«

Ich muss desillusioniert den Korridor entlang gegangen sein, als ich das Zulassungsbüro verliess. Dieser Gang war notdürftig wiederhergestellt, hin und wieder waren Türen zu den Nebenräumen zugemauert, die wahrscheinlich zerstört waren. Plötzlich sprach mich ein Herr an, der mir durch seinen mächtigen Kahlkopf schon aufgefallen war. Der mir Unbekannte gab sich als Oberst Sergej Tulpanow, der legendäre Kultur- und Universitätsoffizier der Sowjetischen Militäradministration, zu erkennen. Er wollte ironisch wissen, in welche der drei Kategorien ich meiner Meinung nach falle – Spätheimkehrer, Verfolgter oder Schwerbeschädigter? Jetzt zog ich meinen Heiligenschein. Nicht mehr ganz so eingeschüchtert sagte ich: »In alle drei.« Ich sei gerade erst aus zweieinhalbjähriger Kriegsgefangenschaft zurückgekommen, an der Jahreswende 1943/44 verhaftet worden und nur mit Mühe und Not dem Volksgerichtshof entgangen, an der Front sei ich verwundet worden, weshalb die linke Hand noch heute nur eingeschränkt beweglich sei. »Haben Sie Unterlagen?« fragte ziemlich inquisitorisch der Unbekannte, von dem ich erst später hörte, dass er in Karlshorst so etwas wie eine graue Eminenz für alle Kulturdinge war.

Übrigens war Tulpanow bei aller sowjetischen Linientreue ein leidenschaftlicher Verehrer der deutschen Philosophie und Literatur der klassischen Epoche. Wenn er gesprächsweise auf Kant, »Gete« oder »Geine« kam – wie die meisten Russen Goethe und Heine auszusprechen pflegten –, fand er kein Ende. Aber auch mit den Werken Gerhart Hauptmanns und Thomas Manns, der beiden Nobelpreisträger, schien er vertraut zu sein, was auch bei gebildeten Sowjetoffizieren eher selten der Fall war.

Ich war etwa eine halbe Stunde in seinem Zimmer, weil er Details über den Prozess wissen wollte und sich vor allem für meine ehemaligen Mitangeklagten interessierte, insbesondere für Klaus Küchenmeister, der mit mir verhaftet und verurteilt worden war. Das Gespräch, das im Verlauf der Unterhaltung merkbar freundlicher wurde, beruhte auf einem Missverständnis. Mein Mitschüler Klaus Küchenmeister, ein Verwandter von Gustaf Gründgens, war durchaus keine Schlüsselfigur im Widerstand gegen den Nationalsozialismus gewesen.

Dabei fällt mir ein, dass Klaus Küchenmeister ein Neffe von Gerhard Fieseler war, des Konstrukteurs des berühmten Fieseler Storchs, eines extrem langsam fliegenden Flugzeugs, das in der Zeit vor dem Hubschrauber eine Sensation war. Der »Fieseler Storch« hatte kurz vor dem Krieg in der Berliner Deutschlandhalle Aufsehen erregt, da er als einziges Flugzeug der Welt in einer geschlossenen Halle starten, Kunstflugmanöver vorführen und wieder landen konnte. Klaus Küchenmeister wirkte auf uns seines lässigen Auftretens wegen hanseatisch. Im Internat hatte diese Verwandtschaft zu unzähligen Bemerkungen Anlass gegeben, als eine siebzehnjährige holländische Küchenhilfe 1943 ein Kind von dem ebenfalls siebzehnjährigen Küchenmeister erwartete: »So wörtlich hättest Du es mit dem Storch ja nicht nehmen müssen«, und das war noch die harmloseste der Sottisen, mit denen wir Siebzehnjährigen uns gegenseitig aufzogen, kurz bevor es dann ernst wurde.

Nachdem Küchenmeister und ich uns – er selber war mit einer »Jugendstrafe« davongekommen – während meines Gefängnisaufent-

halts, der Frontbewährung und Kriegsgefangenschaft aus den Augen gekommen waren, meldete er sich in den fünfziger Jahren, und wir hielten dann den
Kontakt über die Jahrzehnte. In den späten achtziger Jahren erlag Küchenmeister
nach immer neuen Operationen einem

Krebsleiden. In einer hoffnungsvollen Zwischenphase
hat er mich noch einmal besucht, und er liess nicht nur
unseren vier Jahrzehnte zurückliegenden Prozess, sondern auch sein Leben Revue passieren.

*Mein Gönner Oberst
Sergej Tulpanow im
Gespräch mit Johannes
R. Becher, seiner Frau
Lilly Becher und Major
Alexander Dymschitz.
Beide spielten als
sowjetische Kultur-
offiziere in den vierzi-
ger Jahren eine ausser-
ordentliche Rolle.*

Während der Verhandlung vor dem Marinefeldgericht
in Wangerooge hatte jener Korvettenkapitän Lampe –
ein »Blutordens«-Träger, der schon 1922 oder 1923 zur
Partei gestossen war, was natürlich weder wir noch
unsere Verteidiger wussten –, der unseren Fall an den
Volksgerichtshof überwiesen sehen wollte, bösartig bemerkt, dass
die moralische Verwerflichkeit des Angeklagten Küchenmeister
schon daraus hervorgehe, dass er bereits als Schüler ein uneheliches
Kind gezeugt habe. Mein Freund antwortete mit herausfordernder
Dreistigkeit: »Ich verstehe nicht, was daran verwerflich ist, wenn
man seinem Führer Kinder schenkt.« Das war eine Bemerkung, die
von den übrigen Mitgliedern des Feldgerichts mit unterdrücktem
Lachen quittiert wurde.

Jener Küchenmeister aber, den Oberst Tulpanow meinte, war der
Kommunist Walter Küchenmeister, der wegen »Vorbereitung zum
Hochverrat« verurteilt und schon im Mai 1943 hingerichtet worden
war. Aber mir half diese Verwechslung, und als ich Tulpanow nach
einigen Tagen mit meinen Unterlagen aufsuchte, winkte er mir
freundlich zu. Vorsichtig kam ich auf meinen Wunsch nach der Zulassung zum Studium zurück. Tulpanow antwortete kurz angebun-
den, die Sache sei erledigt: »Sie haben eine Sonderzulassung.« Ich
könne sofort mit dem Studium beginnen.

Ich war verwirrt, das Semester war ja schon weit fortgeschritten. So fragte ich, ob ich schon im nächsten Semester mit dem Studium beginnen könne? Tulpanow: »Sofort heisst sofort. Wenn Sie sich beeilen«, er zog seine Taschenuhr, die er merkwürdigerweise neben einer Armbanduhr trug, »kommen Sie noch rechtzeitig zur Vorlesung von Professor Niekisch.« So war es auch ungefähr, wenn die Erledigung der Formalitäten auch noch zwei oder drei Wochen dauerte. Die Anmeldung bei der Privatschule Dr. Wiegler in der Wilhelmsaue in Wilmersdorf, einem Bruder des bekannten Literaturhistorikers Paul Wiegler, annullierte ich in den nächsten Tagen. Dort hatte ich mich zwei Wochen zuvor für das Abitur angemeldet, denn ich musste noch das Reifezeugnis nachmachen, da ich sozusagen aus der Lateinstunde heraus als Siebzehnjähriger verhaftet worden war.

Irgendwann hörte ich später, dass Tulpanow in Moskau in Ungnade gefallen sei. Sein Mentor ist wohl der erste Stadtkommandant von Berlin, General Nikolai Bersarin, gewesen, der sich schon im Herbst 1945 mit einem Motorrad zu Tode fuhr, was den Gerüchten nach ein Auftragsmord durch den NKWD gewesen sein soll. Bersarins Nachfolger konnten wohl mit dem intellektuellen Obersten nicht viel anfangen, und er scheint ein Aussenseiter auch in Karlshorst gewesen zu sein. Jedenfalls wurde er plötzlich aus Berlin abberufen und vom Kreml zurückbeordert. War Tulpanow in die Mühlen des sowjetischen Geheimdienstes geraten? Auf jeden Fall bleibt auffällig, dass die »Germanisten« unter den sowjetischen Militärs – so nannte man jene Offiziere, die durch ihre Ausbildung auf ihre spätere mögliche Verwendung in Deutschland vorbereitet waren – sehr bald schon nach Moskau zurückgerufen wurden. Auch Imkes Major Goldfarbe in Mecklenburg, von dem ich später erzählen werde, verschwand ganz plötzlich, und seine Vorgesetzten gaben keine Auskunft, was mit ihm geschehen war.

An mein erstes Semester an der Universität, deren Umbenennung von Friedrich-Wilhelm-Universität in Humboldt-Universität im Februar 1949 erfolgte, habe ich vergleichsweise ungenaue Erinnerungen. Damals sprachen übrigens auch offizielle Stellen nur von einer »Linden-Universität«, weil man in der sowjetischen Besatzungszone wohl die Erinnerung an jenen preussischen König Friedrich Wilhelm III. vermeiden wollte, zu dessen Regierungszeit die Berliner Universität nach der Katastrophe von Jena und Auerstedt 1809/10 gegründet und im einstigen Palais von Prinz Heinrich, dem Bruder Friedrichs des Grossen, einquartiert worden war.

Die Freiheit des Studiums machte einen starken Eindruck auf mich, kannte ich doch bis dahin nur den festen Stundenplan des Dahlemer Arndt-Gymnasiums, die Geregeltheit eines Internats und dann die militärische Disziplin. Der Umgangston an der Universität war noch vergleichsweise altmodisch, die Professoren waren zumeist Ordinarien im alten Sinne, denen man sich mit Respekt näherte. Sie wie heute leger mit ihren Namen anzusprechen oder beim Vornamen zu nennen, ja sogar zu duzen, wäre undenkbar gewesen; selbstverständlich erhob man sich, wenn sie den Raum betraten. Meine Kommilitonen – den altmodischen Begriff empfanden wir als merkwürdig, aber wir benutzten ihn doch mit Vergnügen, weil er sich so stark vom Kameraden der vergangenen Jahre abhob – habe ich nur undeutlich im Gedächtnis.

Nur zwei Studentinnen sehe ich noch vor mir. Aber das liegt wahrscheinlich daran, dass sie Jahrzehnte später wieder in meinen Gesichtskreis traten. Hanna-Renate Laurien war Jahrzehnte später Senatorin in Berlin und dann Präsidentin des Abgeordnetenhauses, und Gisela Spangenberg, deren Mädchennamen ich kennzeichnenderweise nicht mehr weiss, heiratete Dietrich Spangenberg, den Halbbruder meines gefallenen Mitschülers Klaus Spangenberg.
Dabei kommt mir ein feuchtfröhlicher Abend im Falkenried in den Sinn mit Klaus Schütz, dem damaligen Regierenden Bürgermeister, und Peter Lorenz, dem seinerzeitigen Präsidenten des Abgeordnetenhauses; das muss also schon in den siebziger Jahren gewesen sein. Es wurde früher Morgen, aber unsere Tochter Sophie fand es so aufregend, dass sie nicht dazu zu bringen war, ins Bett zu gehen. Klaus

Verehrte Mrs. Rosener,

meine Freundin Sophie ist durch
aussergewöhnliche Abhaltungen daran
gehindert, den normalen Schuldienst
wahrzunehmen.

Ich bitte, dieses zu entschuldigen. Und
unser Präsident Lorenz, der zu Recht sehr
beliebt ist, ist meiner Ansicht (was selten der
Fall ist).

Mit freundlichem Gruß

Klaus Schütz verfasste einen Entschuldigungszettel für meine Tochter Sophie, und Peter Lorenz unterschrieb ebenfalls. Beide waren enge Freunde.

Schütz sah die besorgte Miene von Imke, die an die Schule dachte. So bat er um einen Bogen Papier und schrieb darauf: »Verehrte Mrs. Rosener, meine Freundin Sophie ist durch aussergewöhnliche Abhaltungen daran gehindert, den normalen Schuldienst wahrzunehmen. Ich bitte, dieses zu entschuldigen. Und unser Präsident Lorenz, der zu Recht sehr beliebt ist, ist meiner Ansicht (was selten der Fall ist).« Dann gab er das Blatt Peter Lorenz weiter. Die beiden waren noch aus Studententagen befreundet. Konsterniert las Peter Lorenz die sonderbare Bescheinigung seines Regierenden Bürgermeisters. Doch nach kurzem Zögern schrieb er seinerseits darauf: »Ich bestätige das voll und ganz!«

Das also waren die Erlebnisse der ersten Monate in Berlin. Es fällt mir auf, wie wenig politische Ereignisse mich bleibend beeindruckt haben, etwa die Zwangsvereinigung der SPD und der KPD im Frühjahr 1946 und die Enteignungswelle, die inzwischen in der sowjetischen Besatzungszone stattfand, oder der sich anbahnende Ost-West-Konflikt. Haben wir sie kaum oder nur wenig zur Kenntnis genommen? Oder waren sie uns so selbstverständlich, dass sie nicht im Gedächtnis blieben? Ich nehme an, dass beides mitspielte, jedenfalls beschäftigte uns anderes mehr.

Unser Dahlemer Kreis redete mehr über Jürgen Fehling und Joana Maria Gorvin. Sensationell waren Aufführungen im Schlosspark-Theater unter der Intendanz von Boleslaw Barlog, wo auch die junge

Hildegard Knef auf der Bühne stand. Was ist noch in Erinnerung geblieben? Eine Matinee der Philharmoniker in einem Kinosaal, wo eine ausnehmend attraktive junge Frau neben mir sass, die in der Pause erzählte, dass ihr Mann in sowjetischer Kriegsgefangenschaft in einem Generalslager sass. Dann spielte das Stöbern in Buchhandlungen im Ost- und Westteil der Stadt eine grosse Rolle, etwa in Hannemanns Buchhandlung in der Friedrichstrasse und bei Gerd Rosen am Kurfürstendamm. Die Geschäfte waren im Erdgeschoss zerbombter Mietshäuser untergebracht. Das war noch die Zeit vor den beiden Währungsreformen, die am 23. Juni 1948 stattfanden. Dem östlichen Umtausch von Reichsmark in Ostmark folgte wenige Stunden später und nur in den Westsektoren der Umtausch in Deutsche Mark. Bis zu diesem Zeitpunkt hatte ich genug Geld für den Kauf luxuriöser Gesamtausgaben. Vor allem aber bereitete ich mich auf das nachzuholende Reifezeugnis vor, und man gab sich gegenseitig Ratschläge, wo solche Bescheinigungen am leichtesten zu erlangen seien.

Bei meiner Rückkehr war ich in eine Zwischenzeit heimgekehrt, und auch das Jahr 1948 war noch von solcher Vorläufigkeit bestimmt. Ich fand Unterkunft bei meinem Vater in den Mansardenzimmern. Welche Möbel meine Eltern eigentlich aus dem beschlagnahmten Haus hatten retten können, das weiss ich kaum noch. Am deutlichsten ist mir der Kanonenofen in Erinnerung. Wenn er allzu sehr glühte, weil wir im Grunewald zuviel Reisig gesammelt hatten, schwebte meine Mutter in tausend Ängsten, dass das ganze Dachgeschoss in Brand geraten könnte. Auf diesem Kanonenofen rösteten wir uns die zwei oder drei Scheiben Brot, die uns zustanden. Wo holten wir uns eigentlich das Wasser, denn die Leitungen waren im Winter des Frostes wegen abgestellt? Lebensmittelgeschäfte gab es noch immer an der Ecke des Geheges zur Königin-Luise-Strasse, das Zigarettengeschäft wurde von einem Russen geführt, für uns nur der »Grossfürst«; dann gab es noch einen Süsswarenladen. »Putzke« hiess das Delikatessengeschäft aus Friedenszeiten, auch wenn es dort jetzt nur noch die sparsamen Zuteilungen gab; dann kamen noch ein Bäcker und ein Zeitungsladen. Es müssen winzig kleine Läden gewesen sein, wie man sie vor dem Krieg gewöhnt war. Für Lebensmittelmarken gab es nur die sparsamsten Rationen an Brot, Butter, Mehl, Zucker, Fleisch und Teigwaren, die man auf jede Weise zu verbessern suchte. Wir hatten das Glück, in meiner Mutter eine Quelle zu haben, die nicht allzu selten Reste von Empfängen ihrer Amerikaner mitbrachte. Das Haus ihrer jetzigen Amerikaner lag in der Meisenstrasse, wo heute schräg gegenüber Richard von Weizsäcker wohnt.

Das war es, was uns beschäftigte. Die andere Welt ging uns wenig an. Was scherten einen die Konflikte zwischen den Besatzungsmächten, auf die man ohnehin keinen Einfluss hatte? Suche ich zu rekonstruieren, wie unser Leben eigentlich beschaffen war, so war ich zwar zurückgekehrt, aber »Fremd im Zuhause«.

Auf der Suche nach dem
Berlin der Kindheit

Es fällt schwer, in der Erinnerung die Zeiten auseinander zu halten. Wie habe ich wohl im Herbst 1947 die Welt gesehen, als ich gerade nach Berlin zurückgekommen war? Die Teilung des Landes wie der Stadt nahm man als naturgegeben. Die Spannungen zwischen den Westmächten und der Sowjetunion waren zwar schon deutlich, aber der »Kalte Krieg« zog erst herauf. Einige Monate später sollte er mit der Berliner Blockade beginnen. Man muss sich hüten, dass man nicht späte Erfahrungen mit frühen Empfindungen durcheinanderbringt.

So wüsste ich nicht genau zu sagen, wie ich bei jenem Gang Unter den Linden im Winter 1947 den Ostsektor gesehen habe. Empfand ich ihn als Zone der Unfreiheit, gar als »Reich des Bösen«, wie Ronald Reagan die Sowjetwelt vierzig Jahre später nennen sollte? Ich vermute nicht. Für die Deutschen waren alle ziemlich einheitlich »Besatzungsmächte«, Amerikaner, Engländer, Franzosen und eben auch Russen, wenn auch die Ausschreitungen der sowjetischen Truppen bei der Eroberung und die sich abzeichnende Manipulation der zugesagten »freien Wahlen« in Osteuropa ihnen schlechte Karten bei dem Wettstreit um die Deutschen gaben. Noch aber sass ein Monarch in Bukarest auf seinem Thron, und auch in Prag und in Budapest war noch nicht entschieden, ob Moskau dort wirklich gewaltsam Satellitenregime installieren würde. Kaum einer sah voraus, dass die Westmächte und vor allem die Amerikaner schon wenig später »Schutzmächte« und schliesslich »Verbündete« der Deutschen in einer Allianz sein würden. Welchen Verlauf hätte die Geschichte wohl genommen, wenn es nicht zu dem Ost-West-Konflikt gekommen wäre? Ganz sicher hätte der wirtschaftliche Wiederaufstieg Deutschlands und seine Eingliederung in die westliche Allianz viel später stattgefunden. Ist also die Berliner Blockade und erst die Entfremdung und dann die Gegnerschaft zwischen der Sowjetunion und den Westmächten die eigentliche Geburtsstunde der Bundesrepublik?

Damals war noch die Zeit radikaler Demontagen. Schwere Lastwagen sollten die Deutschen nie mehr bauen dürfen, da in den betreffenden Werken dann auch Panzer gefertigt werden könnten. Als Handelsschiffe waren den Deutschen nur Küstenmotorboote und Fischereifahrzeuge gestattet; die Sorge vor einer neuen deutschen Kriegsflotte wurde vorgeschoben, aber wahrscheinlich suchte London die Konkurrenz einer Handelsflotte rechtzeitig auszuschalten. Die Sowjets wollten sich unter allen Umständen eine Mitkontrolle des Ruhrgebietes sichern, das sowohl unter dem Kaiser als auch unter Hitler als die eigentliche Rüstungsschmiede des Deutschen Reiches galt. Auch aus diesem Grund sollten die Sowjets nach den Vorstellungen der Westmächte keinen Fuss in die Tür bekommen. Durch eine Beschränkung der deutschen Stahlfertigung auf 5,8 Millionen Tonnen sollte sowohl den Franzosen als auch den Russen die Sorge vor einer deutschen Wiederaufrüstung genommen werden.

Das war selbst für die Deutschen nachvollziehbar. Aber warum wurde auch die Förderung der Steinkohle beschränkt? Die entsprechende alliierte Bestimmung führte zu einem amüsanten Disput mit amerikanischen Offizieren in einem »Jugendclub«, den Maria Zwick, eine Nachbarin nur ein paar Häuser vom Falkenried entfernt, Im Gehege 4, ins Leben gerufen hatte. Dieses Haus war auch wegen der attraktiven achtzehn-, sechzehn- und fünfzehnjährigen Töchter Andrea, Yvonne und Elga ein Treffpunkt junger Leute aus der Nachbarschaft. In der Runde war ich wohl der einzige Aufsässige, die anderen wirkten eher eingeschüchtert durch die Anwesenheit hoher alliierter Offiziere. Ich dagegen machte mich lustig über die Beschränkung der deutschen Kohleförderung. Ein amerikanischer Colonel Darling, der von einer französischen Capitaine Marianne Scheelkopf begleitet

Das schwer beschädigte Hauptgebäude der Friedrich-Wilhelms-Universität bald nach Kriegsende; im Vordergrund das Standbild des Generalfeldmarschalls Gebhard Leberecht von Blücher.

war, wies mich ironisch zurecht. »Wenn den Deutschen die Förderung von beliebig viel Kohle gestattet wird, werden sie das doch nur nutzen, um mehr Bier zu brauen.« Herausfordernd antwortete ich: »Soviel Besatzungstruppen gibt es gar nicht. Selbst amerikanische GIs nicht.« Bier war damals in dem zertrümmerten Deutschland eine Mangelware, und noch dazu arbeiteten viele Brauereien hauptsächlich für Alliierte. Meine Replik gefiel Colonel Darling und Madame Scheelkopf, wie sich sehr bald herausstellte, als ich ihn bei meinen Schwiegereltern in der Meinekestrasse wiedertraf, wo sich die verschiedensten Alliierten versammelten, Franzosen, Engländer, Amerikaner und sogar Russen.

Aber zurück zu meinem Erkundungsgang: Vor der Ruine der Universität waren die Standbilder der Brüder Alexander und Wilhelm von Humboldt zwar inzwischen von ihrer Schutzummauerung befreit worden, aber das Gebäude selber war nicht viel mehr als eine Ruine. In einem vor der Wende in der DDR erschienenen Jubiläumsband über die Humboldt-Universität heisst es, dass nach dem Krieg »vom Mittelbau nur noch die Aussenwände« gestanden, »Teile des Westflügels ebenfalls in Trümmern« gelegen hätten und »der Ostflügel vollständig ausgebrannt gewesen« sei, wobei undeutlich bleibt, worin der Unterschied zwischen den drei Ruinengraden bestand.

In den Kriegsjahren hatten die Sowjets bei ihren westlichen Alliierten immer wieder Luftangriffe zur Entlastung ihrer vorrückenden Truppen angefordert. Angesichts der Ruinen von Dresden und Potsdam, zwei Städten, die ja beide in der sowjetischen Besatzungszone lagen, hielt die ostdeutsche Propaganda nun daran fest, dass es westalliierte Bomber gewesen seien, die die deutschen Städte in Schutt und Asche gelegt hatten. Zwanzig Jahre nach den Ereignissen gebrauchten sie mitunter dieselben Redewendungen wie die Nationalsozialisten und sprachen von »Terrorangriffen«. Aber uns kamen die Sowjets in ihrer Verachtung des bürgerlichen Europa ohnehin den Nationalsozialisten verwandt vor.

Der früher gefeierte Held des Luftkrieges, Air Marshall Arthur Harris, wurde inzwischen in London gemieden, nachdem englische Zeitungen Photographien der Leichenberge in den zerbombten deutschen Städten veröffentlicht hatten. Wenn er in seinen Club kam, verliessen manche Mitglieder den Raum. Niemand wollte mehr wissen, dass es Premierminister Winston Churchill selber gewesen war, der das Flächenbombardement Deutschlands angeordnet hatte. Wie in einem Akt des Trotzes hat »Queen Mum« nach einem halben Jahrhundert im Mai 1992 in London vor der Royal Air Force Church St. Clement Danes ein naturalistisch-belangloses Denkmal für »Bomber-Harris« eingeweiht. Die Church of England hatte aber eine Empfehlung herausgegeben, wonach kein anglikanischer Bischof an der Einweihungszeremonie teilnehmen solle.

Jetzt waren es die Sowjets, die alles daransetzten, den Wiederaufbau der Universität so bald wie möglich zu bewerkstelligen. Sollte das eine politische Demonstration im Sinne der Stalinschen Parole sein, die überall im Ostsektor auf riesigen Plakaten zu lesen war, »Die Hitlers kommen und gehen, aber das deutsche Volk, der deutsche Staat bleiben bestehen«? Oder war es nur der letzte Widerhall der alten Verehrung, mit der die Russen seit je auf die deutsche Universitätswelt geblickt hatten? Viele Russen hatten im 19. und frühen 20. Jahrhundert deutsche Universitäten besucht, Heidelberg, Göttingen oder eben Berlin. Selbst die Urväter des Marxismus, Karl Marx und Friedrich Engels, hatten zwischen 1836 und 1842 an der Friedrich-Wilhelms-Universität studiert.

Auf jeden Fall stand der schnelle Wiederaufbau der Universität im offenkundigen Gegensatz zu der Beseitigung aller Bauten, die irgendeinen Zusammenhang mit dem Preussentum hatten. Während sich sehr bald Bauarbeiter an der Ruine der Universität zu schaffen machten, forderte der junge Erich Honecker als Chef der FDJ in einer Resolution an die Parteiführung, Schinkels Neue Wache abzureissen, da sie für den »ewigen Militarismus Preussens« stehe; sein Altes Museum solle in ein Denkmal für »den Kampf und das Leiden der Arbeiterklasse« umgewidmet werden. Das Schicksal des Zeughauses, das nun in der Tat ein Symbol Preussens gewesen war – von Kurfürsten errichtet, von Königen ausgebaut und im Kaiserreich der Ort, wo Wilhelm II. jährlich die »Parole« ausgab –, blieb lange Zeit ungewiss. Anfang der fünfziger Jahre wurde im inzwischen wieder aufgebauten Zeughaus das Museum für Deutsche Geschichte eingerichtet und – wie sich bald zeigen sollte – vorzugsweise eine Gedenkstätte für die Arbeiterbewegung.

Wahrscheinlich war es der Mangel an Baustoffen, der Schinkels Meisterwerke rettete. Ein paar Jahre später hatte sich die Stimmung gewandelt, und die Architektur des preussischen Klassizismus wurde nun im Ostteil der Stadt, der inzwischen nicht mehr »Sowjetischer Sektor«, sondern »Hauptstadt der DDR« hiess, dem »nationalen Erbe« zugerechnet. Doch das Reinigungsverlangen beschränkte sich nicht auf Ost-Berlin.

Berlin verdankt die Erhaltung der Siegessäule, die die preussischen Siege aus den drei Einigungskriegen von 1864, 1866 und 1870/71 in Erinnerung halten sollte – mit denen die Schaffung eines einheitlichen Deutschland anstelle der zweiundzwanzig Einzelstaaten und der drei Freien Städte ermöglicht wurde –, den Amerikanern. Die Franzosen hatten in der Alliierten Kommandantur bereits den Antrag einer Sprengung eingebracht. Aber durch ein privates Komplott des CDU-Politikers und Ersten Bürgermeisters Ferdinand Friedensburg und der amtierenden Oberbürgermeisterin Louise Schroeder ging man über die Forderung der Franzosen stillschweigend hinweg, offensichtlich auf die Amerikaner gestützt.

Der Berliner Magistrat beschloss 1946, den Belle-Alliance-Platz, der in seinem Namen den Sieg der verbündeten russischen, britischen, schwedischen und preussischen Truppen über Napoleon in Erinnerung halten sollte, in Mehring-Platz umzubenennen, einen achtbaren sozialistischen Theoretiker, dessen Namen man heute im Geschichtsbuch nachschlagen muss.

Nur die Zukunft des Berliner Schlosses schien gesichert. Es war zwar in grossen Teilen ausgebrannt, hier und da waren auch Fassadenteile eingestürzt, aber andere Flügel waren weitgehend erhalten, und wenn man vor der Hauptfassade mit dem Skelett der Schlosskuppel Stülers stand, konnte man sich momentweise der Illusion hingeben, das Meisterwerk Andreas Schlüters sei einigermassen durch den Krieg gekommen. Im weitgehend intakten Weissen Saal des Schlosses hatte Hans Scharoun schon im August 1946 erste Ideen für einen Wiederaufbau Berlins ausgestellt, für die im sowjetischen Stil ein »Planungskollektiv« verantwortlich zeichnete. Im Oktober 1946 hatte der französische Militärgouverneur Jean de Lattre de Tassigny hier durch seinen Berliner Stadtkommandanten eine Ausstellung »Moderne Französische Malerei« eröffnen lassen, zu der sich die Berliner aus allen Sektoren drängten.

So wollte es niemand glauben, als sich Gerüchte häuften, in Ost-Berlin beabsichtige man, das Schloss abzureissen, um einen gigantischen Aufmarschplatz nach dem Vorbild des Moskauer Roten Platzes zu schaffen. Die Entwürfe waren schon fertiggestellt; sie erinnerten fatal an die Planung des Dritten Reiches. Später wurde erzählt, der Nachfolger Stalins, Nikita Chruschtschow, habe sich ein Vergnügen daraus gemacht, seine Gastgeber in Verlegenheit zu bringen, indem er die Mitglieder des SED-Politbüros nach Sitzungen aufforderte, ihm das Schloss zu zeigen. »Ach richtig, das haben Sie ja abgerissen. Warum eigentlich? Wir haben alle kriegszerstörten Zarenschlösser Leningrads nach dem Abzug der Deutschen wieder auf-

gebaut. Sie sind ja nicht von Aristokraten, sondern von Arbeitern errichtet worden.«

Hat sich das wirklich so zugetragen? Aber es springt in die Augen,
wie das Wüten gegen die Vergangenheit auf die deutschen Kommunisten beschränkt blieb. In Warschau baute man das Königsschloss,
dessen Fundamente die SS vor dem Abrücken, um jeden Wiederaufbau unmöglich zu machen, gesprengt hatte, aus dem Nichts wieder
auf, und in Budapest setzte man alles daran, zumindest die Fassaden
der alten Burg der ungarischen Könige, die bei den wochenlangen
Kämpfen um den Burgberg ziemlich zerstört worden waren, so
schnell wie möglich wiederherzustellen.

Woher kam der auffallende Hass der deutschen Kommunisten auf
alles Preussische? Nicht nur Ferdinand Lassalle und August Bebel
waren im preussischen Berlin zur Wirkung gekommen, und es ist
schwer vorstellbar, dass die Sozialdemokratie, der man nachgesagte,
sie sei nach dem Vorbild der preussischen Armee organisiert, im
Rheinland oder in Süddeutschland zu jener straffen Organisation
gekommen wäre, die Bebel zu einem ernsthaften Gegenspieler Otto
von Bismarcks im Reichstag machte. Selbst Wilhelm Liebknecht
und Rosa Luxemburg hatten in Berlin ihre historische Rolle gespielt,
eine besondere Abneigung gegen Preussen hatten wohl beide nicht.
Waren es persönliche Erlebnisse und Erfahrungen des Sachsen
Walter Ulbricht, die zu dem unerbittlichen Kurs der DDR geführt
haben?

In den fünfziger Jahren suchten sich Parteifunktionäre bei Ulbricht
beliebt zu machen, indem sie ihm jedes Jahr zu seinem Geburtstag eine Liste der Herrenhäuser überreichten, deren Beseitigung in
den zurückliegenden zwölf Monaten »gelungen« sei. So erging es
in Brandenburg dem Schloss Friedersdorf nahe der Oder, dem
Jahrhunderte alten Besitz derer von der Marwitz, und an der Elbe
dem alten Stammsitz der Bismarcks, das aus der Renaissance stammende Schloss Schönhausen. Jahrzehnte später hat mir Ernst Engelberg, der Autor der Bismarck-Biographie, die ich 1985 herausbrachte,
und der als »bewährter Antifaschist« eine wichtige Rolle im Univer-

sitätsleben der DDR spielte, erzählt, dass der Abriss von Schönhausen vom Rat der Gemeinde auf eigene Faust angeordnet worden war, wohl in der Hoffnung, sich in Berlin eine gute Note zu verschaffen. So sei es oft gewesen, auch bei der Umbenennung von Neu-Hardenberg in Marxwalde, die ebenfalls nicht von der Zentrale angeordnet worden sei.

Beide Häuser, Friedersdorf wie Schönhausen, hatten in der Endphase des Krieges noch einmal eine Rolle gespielt. Friedersdorf, am Rande des Oderbruchs gelegen, war während der Schlacht um die Seelower Höhen ein Beobachtungspunkt der deutschen Verteidiger gewesen; und in Schönhausen hatte der Divisionsstab der Infanteriedivision Körner seinen letzten Gefechtsstand gehabt. Beide Häuser waren vergleichsweise wenig beschädigt worden, sie überstanden die russische Eroberung, aber nicht den Gesinnungseifer der Kommunisten.

Im Frühjahr 1948 kam ich eines Nachmittags mit einer Nachricht nach Hause, die niemand glauben wollte: Nicht nur das Berliner Stadtschloss und das Schloss Monbijou am anderen Ufer der Spree, die weniger zerstört worden waren als das Schloss Charlottenburg im Westen, sondern auch alle meist bescheidenen Gutshäuser in Brandenburg sollten abgerissen werden. Niemand hielt das für mög-

Unter den wenigen Zuschauern stand auch ich, als das Berliner Stadtschloss 1950 auf Anordnung Walter Ulbrichts und seines Politbüros gesprengt wurde.

lich, denn bis dahin war immer nur von dem Mangel an Baumaterial gesprochen worden, der einen baldigen Wiederaufbau unmöglich mache. Jeder fand es begreiflich, dass man zuerst Wohnraum für die Ausgebombten und die Vertriebenen aus den Ostgebieten schaffen wollte.

Aber wenig später wurde der Abriss aller Schlösser tatsächlich zum offiziellen Programm der SED erklärt. Am 16. März 1948 meldete das »Neue Deutschland«, das Zentralorgan der SED, das Politbüro habe den Abriss aller »Junkersitze« beschlossen. Die Resolution der SED lautete: »Der Abriss darf nicht nur unter dem Gesichtswinkel betrachtet werden, Baumaterialien für Neubausiedlungen zu gewinnen; viel wichtiger ist, so weit als möglich, die Spuren der Junkerherrschaft auf dem Dorf zu vernichten.« Vierzehn Tage später folgte eine Ausführungsbestimmung des brandenburgischen Innenministers Bernhard Bechler, der in einem Aufruf an die Bevölkerung forderte, in freiwilligen Sonntagsschichten an der Beseitigung der die Landschaft »verunzierenden« Schlösser und Herrenhäuser mitzuarbeiten.

Aus derartigen Beschlüssen und vergleichbaren Resolutionen wird die Atmosphäre greifbar, die damals in der sowjetischen Besatzungszone herrschte. Das ist jetzt über ein halbes Jahrhundert her, und in Erinnerung ist eher die späte DDR geblieben, die nun die Tradition

Martin Luthers, Friedrichs des Grossen und Bismarcks usurpierte. Inzwischen war selbst das Rauchsche Reiterstandbild Friedrichs Unter die Linden zurückgekehrt, das jahrzehntelang hinter Gebüschen in Potsdam verborgen gewesen war.

Ulbrichts Namen kannte man damals wenig. Wilhelm Pieck war der Vorsitzende der inzwischen etablierten Sozialistischen Einheitspartei Deutschlands, und Ulbricht war nur sein Stellvertreter, Otto Grotewohl, der korrumpierte Sozialdemokrat, war inzwischen Ministerpräsident der Deutschen Demokratischen Republik. Noch sah kaum jemand in Ulbricht den eigentlich mächtigen Mann. Und so nahm man die verschiedentlich in SED-Kreisen vorgetragene Forderung nach dem Abriss des Schlosses auch nicht für bare Münze. Inzwischen war das weitgehend zerschossene und zu grossen Teilen ausgebrannte Schloss wieder so etwas wie ein Mittelpunkt der Stadt geworden. Selbst im Osten gab es viele Stimmen für seinen Wiederaufbau, und der einundsiebzigjährige, längst emeritierte Doyen der deutschen Kunstgeschichte, der Leipziger Richard Hamann, nannte einen möglichen Abriss des Schlosses »eine Barbarei«, was sogar östliche Zeitungen abdruckten.

Aber das half alles nichts. Die Zeit war vorbei, da im Politbüro noch Diskussionen stattfanden und über wichtige Dinge abgestimmt wurde; Ulbricht allein bestimmte den Kurs auch in Fragen der Architektur. In sein Bild der sozialistischen Metropole passte das Schloss der Hohenzollern nicht, und so wurde es eben gesprengt. Bald rückten die Sprengkommandos an, und den ganzen Herbst des Jahres 1950 über sank das Schloss, das den Weg Berlins von der Kurfürstenstadt über die Königsstadt bis zur Kaiserstadt gesehen hatte, Flügel für Flügel in den Staub. Ich stand hinter der Absperrung, als drei Jahre nach meiner Rückkehr Ende Dezember zum Schluss das Hauptportal Eosander von Götes mit der Schlosskuppel Stülers gesprengt wurde, die Staubwolken hüllten uns alle ein. Aber nur wenige hundert Zuschauer verfolgten das Geschehen; ich habe nicht in Erinnerung, dass es zu Missfallenskundgebungen gekommen wäre.

Das hatte wohl nicht so sehr mit einer Einschüchterung durch die Behörden zu tun. Einen Staatssicherheitsdienst gab es zwar schon seit Februar 1950, doch war die »Stasi« noch nicht jener ungreifbare Moloch, der dann jahrzehntelang die Bevölkerung mit zuletzt einundneunzigtausend festangestellten und etwa doppelt so vielen inoffiziellen Mitarbeitern bedrohen sollte. Eher war Stumpfheit Ausdruck der allgemeinen Empfindungslosigkeit.

Blicke ich zurück, so habe ich den Eindruck, dass auch meine Freunde und ich nicht mehr als eine kurzfristige Empörung empfunden haben. Berlin hatte andere Sorgen. Die Stadt war ein einziges Ruinenfeld, die Beschaffung von Kohle, das Sammeln von Holz im Tiergarten oder im Grunewald und Hamsterfahrten in die Mark beherrschten den Alltag. Der Vater unseres Freundes Henning Schlüter, der dem Vorstand der Reichsbank angehört hatte, war, obwohl er den Nationalsozialisten ziemlich fern stand, in die SA eingetreten, um wenigstens einer Organisation anzugehören, die das Regime repräsentierte. Im Herbst 1950 musste der alte Herr, als ehemaliges Mitglied einer nationalsozialistischen Organisation, Strassenbäume in der Königin-Luise-Strasse fällen, und wir konnten uns des Eindrucks nicht erwehren, dass sein Sohn das nicht ohne Erheiterung sah.

Eine Bekannte Imkes aus Jugendtagen, Sibylle Wiese, die Tochter eines Zahnarztes aus Neuruppin, verlor als Siebzehnjährige auf dem Puffer eines Zuges bei einer solchen Hamsterfahrt ein Bein, als sie bei Bauern Lebensmittel gegen elterlichen Hausrat einzutauschen suchte. Jahre später, Sibylle war inzwischen verheiratet, wir hatten sie nahezu aus den Augen verloren, wurde sie uns fast eine Nachbarin in Dahlem. Sie starb vergleichsweise früh, vielleicht als Spätfolge dieser Amputation in halben Kindertagen. Jedenfalls gab es damals so viele Katastrophenmeldungen, dass die Abräumung zerschossener oder zerbombter Schlösser die Berliner nicht wirklich aufregte.

In diesen Monaten nach meiner Rückkehr machte ich mich immer wieder auf, das Berlin meiner Jugendzeit wiederzufinden. Die Stadtmitte mit ihren Schlössern, Museen und Warenhauspalästen war ein

Der Leipziger war wie der Potsdamer Platz als Platzraum vollkommen erhalten, als die Waffen schwiegen. Hier ein Blick auf das berühmte Kaufhaus Wertheim von Alfred Messel, wohin die Familie zu den Weihnachtsausstellungen pilgerte. Von hier beobachtete ich die Aufständischen vom 17. Juni 1953.

Magnet für uns Kinder gewesen. In Alfred Messels Wertheim am Leipziger Platz hatten wir als Kinder jedes Jahr die Weihnachtsausstellung bestaunt, die sich über die Flucht der Schaufenster vom Leipziger Platz bis in die Leipziger Strasse hinzog. Die weithin sichtbare Lichtreklame des berühmten »perlenden Sektglases« auf dem Dach eines der Gebäude des Potsdamer Platzes sehe ich noch vor mir. Das Gedränge war so gross, dass wir die Hände der Grossmutter nicht loslassen durften, um in der Menge nicht verloren zu gehen. Ich erinnere mich nicht, dass meine Eltern dabeigewesen wären. Mein Vater hatte wahrscheinlich in seinem Büro zu tun, und meine Mutter war in der Weihnachtszeit froh, wenn ihr ihre Mutter die Kinder abnahm.

Das Kaufhaus Wertheim am Leipziger Platz war eine Sehenswürdigkeit, und so stand es auch mit den Bauten am Potsdamer Platz, vor allem mit dem Haus Vaterland, dem imponierenden Rundbau Franz Schwechtens, der auch der Architektur wegen von sich reden machte. Die Einrichtung seiner dreizehn Säle galt den populärsten Landschaften Deutschlands, wo es auch die jeweils charakteristischen Speisen und Getränke gab. Mir sind nur noch die Rheinterrassen in Erinnerung, in deren Mittelpunkt natürlich die Loreley stand. Aber Walter Kiaulehn hat in seinem Berlin-Buch »Schicksal einer

Weltstadt« aus der Erinnerung den Eindruck festgehalten, den das Haus Vaterland auf die Berliner und vor allem auf die Touristen gemacht hat.

In diesem kolossalen Haus tobte sich noch ein letztes Mal die Panoramasucht des 19. Jahrhunderts aus. Es gab einfach alles. Von einer Mexikobar aus sah man in die flimmernde Wüste und aus dem Wiener Grinzing blickte man in die Sternennacht über dem Stephansdom. Aus den Fenstern des türkischen Cafés, wo man auf schwellender Ottomane seine Wasserpfeife rauchte, sah man über den Bosporus hin, und so schlenderte man von einem Vaterland ins andere, durch Russland, Amerika und den Orient, verdarb sich den Magen, weil man alles durcheinander ass und trank und endete bei einem Mosel auf der Rheinterrasse, wo sich der Wunder grösstes begab: ein schwarzes Gewitter zog pünktlich alle Stunden über das freundlich lachende Rheintal hin, entlud sich mit Blitz, Donner und Regen und wurde schliesslich wieder von der Sonne besiegt. »Und mit prachtvollem Schwung«, wie Schiller sagt, »fällt das Orchester ein!«

Der einzig moderne Bau auf dem Potsdamer Platz war das Columbus-Haus von Erich Mendelsohn. Sein klotzartiger Kubus und seine glatte Fassade hatten aber wenig, was das Auge fesselte. Es hatte sowohl den Bombenkrieg als auch die Strassenkämpfe weitgehend unbeschädigt überstanden. Nach der Teilung wurde es von Ost-Berlin genutzt, auch die Volkspolizei hatte hier ihre Büros. Eben deshalb wurde das Columbus-Haus am 17. Juni 1953 von der aufgebrachten Menge gestürmt und geriet dabei in Brand. Ich sehe noch die Demonstranten vor mir, wie sie Akten aus den Fenstern warfen und auf der Strasse ein Freudenfeuer entfachten.
Im ausgebrannten Zustand unterschied das Columbus-Haus nichts mehr von den anderen Ruinen auf dem Potsdamer Platz, dem Haus Vaterland und den drei Hotels, dem Grand-Hotel Bellevue, dem Palast Hotel und dem Haus Potsdam, die schon 1944 ausgebrannt wa-

Am Potsdamer Platz war das Haus Vaterland (mit Kuppel) von Franz Schwechten in ausgebrannter Gestalt weitgehend erhalten, ebenso die Fassade des Potsdamer Bahnhofs (rechts daneben). Die Ruinen diesseits und jenseits der Sektorengrenze verschwanden in den fünfziger Jahren.

ren. Sie hatten nie zu den grossen Hotels Berlins gehört, weder was ihre Architektur noch was ihr Prestige anlangt, denn hier stieg nicht ab, wer auf sich hielt. Man logierte im Esplanade in der Bellevuestrasse, im Bristol, Unter den Linden, im Adlon am Pariser Platz oder im Kaiserhof am Wilhelmplatz. Im Kaiserhof hatte Hitler vor der Machtergreifung sein Hauptquartier aufgeschlagen, was wahrscheinlich damit zusammenhing, dass es auf der anderen Seite der Wilhelmstrasse gegenüber der Reichskanzlei lag. So konnte Goebbels seinem Tagebuch, das er 1934 publizierte, den Titel geben: »Vom Kaiserhof zur Reichskanzlei«.

Der Potsdamer Platz, welchen Rang auch immer seine Architektur in dem allgemeinen Aufbruch zur Moderne gehabt haben mag, war dennoch neben dem Pariser Rond Point und dem Etoile sowie der London-Bridge der belebteste und verkehrsreichste Platz des alten Europa und seine Normaluhr das populärste Bauwerk. Man kann geteilter Meinung sein, ob man dem alten oder dem neuen Potsdamer Platz den Vorzug geben will. Nach der Wende beeilte man sich,

die Normaluhr in einer Kopie wiederaufzustellen, aber da steht sie nun heute verloren und unbeachtet, denn der Verkehr, der einst mit Omnibussen, Strassenbahnen, Taxis, Privatwagen und Radfahrern um die Normaluhr brandete, hat sich inzwischen andere Wege gesucht.

Inzwischen redet man von Mendelsohns Columbus-Haus wie von einer Ikone der modernen Stadtarchitektur, aber im Grunde war es auch vor seiner Zerstörung ein Fremdkörper. Das trifft wahrscheinlich auf viele Werke der Modernen Architektur zu, die ja selten beliebt waren. Es gibt Bauten und nie zur Ausführung gelangte Entwürfe, die in den Architekturhandbüchern drei Sterne erhalten, aber von der Bevölkerung wenig beachtet werden. Nach einem Dreivierteljahrhundert kennt jedermann das »Gläserne Hochhaus«, das Ludwig Mies van der Rohe 1923 am Bahnhof Friedrichstrasse geplant hatte, aber in den Zeitungen der Zeit wird es kaum erwähnt; im Wettbewerb belegte es nicht einmal einen der hinteren Plätze. Die Architekturkritiker bedauern, dass Mies van der Rohes Entwürfe für den Alexanderplatz nicht realisiert wurden, weil das Dritte Reich über alle Planung hereinbrach. Heute gibt es kaum einen Architekturführer, der nicht die »City-Bebauung« abbildet, die Ludwig Hilberseimer 1928 für den Linden-Bereich entworfen hatte. Aber solche Entwürfe wurden eher als abschreckende Exempel moderner Kälte genommen. Und wären denn wirklich lebendige Stadträume entstanden, wenn diese Phantasmagorien realisiert worden wären?

Angesichts der ähnlich radikalen Entwürfe von El Lissitzky für den

Roten Platz in Moskau wirft Karl Schlögel in seinem Buch »Moskau lesen«, das ich 1984 herausbrachte, die Frage auf, ob man nicht glücklich sein soll, »dass die Projekte der Avantgarde damals nicht verwirklicht wurden und der Platz im grossen und ganzen in seiner alten Form bis heute erhalten geblieben ist«. Die Verdammung der modernen Architektur unter dem Dritten Reich wurde jedenfalls von der Bevölkerung weitgehend geteilt, wie auch der Bann über die moderne Kunst nicht unpopulär war. Die Ausstellung »Entartete Kunst« 1937 war in München wie in Berlin zwar für Hunderttausende ein Publikumsmagnet, aber es ist eine nachträgliche Selbstrechtfertigung, dass die Menge dies als letzte Chance genutzt hätte, die verbannten Bilder der Avantgarde noch einmal zu sehen.

Zuweilen geht mir der Band durch den Kopf, den Hans Mackowsky, der Leiter der Bildnissammlung der Nationalgalerie, vor der Katastrophe geschrieben hat: »Häuser und Menschen im alten Berlin«. Dessen zweiter Band ist nie erschienen, das hinterlassene Material zeigt, dass er bis zuletzt an der Fortsetzung gearbeitet hatte. Aber Hans Mackowsky nahm 1938 ein traurig-einsames Ende, denn er war Jude.

Sein erster Band erzählt von denen, die diese Häuser einst erbauten, darin lebten oder in ihnen verkehrten, die Geschichte Berlins an

Schicksalen von Menschen. Wie müsste jetzt wohl ein solches Buch aussehen? Wenige Häuser existieren noch, die Menschen sind zerstoben, in aller Herren Länder ausgewandert, in den nicht endenden Kriegen gefallen, in den Lagern im Osten umgebracht, nach dem Krieg in den Westen gegangen. In Rom existieren die Häuser noch, in denen Goethe, Johann Gottfried Schadow und Thomas Mann gewohnt haben, man geht am Corso entlang, und fast bei jedem Haus kommen Erinnerungen. Die Via Sistina unweit der Spanischen Treppe ist geradezu ein Baedeker: In diesem Haus residierte Wilhelm von Humboldt als preussischer Gesandter, in jenem lebte Felix Mendelssohn-Bartholdy, dort war das Atelier von Bertel Thorvaldsen, und hier hielt Antonio Canova Hof, wo Schadow und seine Söhne Rudolf und Wilhelm verkehrten.

Die Planungen der zwanziger Jahre (links der Entwurf Mies van der Rohes für den Alexanderplatz, rechts das Konzept Ludwig Hilberseimers für den Lindenbereich) sind für die Architekturhistoriker sakrosankt. Aber es will einem bei dem Gedanken grausen, diese Inkunabeln der modernen Architektur wären wirklich gebaut worden.

Aber in Berlin ist kaum ein Haus erhalten, an das sich Geschichten knüpfen, nicht einmal das von Gotthold Ephraim Lessing, der doch vier Jahre in Berlin arbeitete, als er für die »Berlinische privilegierte Staats- und Gelehrten Zeitung« schrieb. Von E.T.A. Hoffmann weiss man zwar, dass er bei Lutter & Wegner am Gendarmenmarkt einen Kreis um sich sammelte und im ersten Stock seine eigene Wohnung hatte. Aber das ist nun längst Geschichte, das Haus wurde im

19. Jahrhundert zweimal aufgestockt und nach den Zerstörungen des Zweiten Weltkrieges in jenem achtstöckigen Allerweltsstil wiederaufgebaut, der fast die ganze Innenstadt beherrscht.

Die Stadt wird immer kleiner; gut anderthalb Millionen hatten Berlin seit Kriegsbeginn verlassen. Aber sie will immer höher hinaus, am Pariser wie am Potsdamer Platz. Wo hat Heinrich Mann seit Ende der zwanziger Jahre in Berlin gelebt, der doch als Präsident der Sektion Dichtkunst 1931 bis 1933 der Preussischen Akademie der Künste vorstand? Jedenfalls wohnte er seit Frühjahr 1932 in der Fasanenstrasse, wo ihn Fritzi Massary so häufig besuchte und wo heute eine Gedenktafel seinen Namen trägt. Viele Häuser sucht man vergebens, die einen sind vom Krieg zerstört worden, die anderen aber der Euphorie einer »Brave new world« geopfert.

Das Haus von Theodor Fontane in der Potsdamer Strasse 134c drei Treppen nahe dem Landwehrkanal wurde schon 1906 abgerissen und durch ein Geschäftshaus ersetzt. Heute erhebt sich Scharouns Staatsbibliothek auf dem Grundstück. So kann man nicht mehr die Wohnung sehen, in der jener legendäre Abend im Oktober 1889 mit dem jungen Gerhart Hauptmann und dem alten Otto Brahm stattfand, um die triumphale Uraufführung von Hauptmanns »Vor Sonnenaufgang« zu feiern. Da soll Emilie in einem Nebenzimmer zu Brahm voller Liebe von ihrem Theodor gesprochen, aber hinzugefügt haben: »Wenn er sich nur nicht für einen Dichter hielte.« Andere Gäste halten es für unmöglich, dass Emilie so von ihrem Mann gesprochen hat, aber in der Tat hat sie wohl nie begriffen, dass ihm mit »Effi Briest« und mit dem »Stechlin« die bedeutendsten deutschen Gesellschaftsromane des Jahrhunderts gelungen waren.

Bei dem zugewanderten Breslauer Alfred Kerr verkehrte jedermann, der zwischen 1895 und 1933 eine Rolle spielte. Waren eigentlich auch Max Reinhardt bei ihm und Joseph Kainz? Friedrich Mitterwurzer war wahrscheinlich zu alt, aber Tilla Durieux und Elisabeth Bergner fielen in seine Generation. Es war die grosse Zeit der Berliner Literaten, von Maximilian Harden bis zu Siegfried Jacobsohn. Aber all das hat keine Spuren in Berlins Stadtgeschichte hinterlassen, und das liegt nicht nur an dem Bombenkrieg. Ist Berlin in topographischer Hinsicht eine erinnerungslose Stadt?

Berlin ist, ohne dass es der Stadt bewusst geworden wäre, keine Stadt von Autoren oder doch nur zwischen Kaiserreich und Republik. Davor war die Literatur eher in der Mitte oder im Westen des Reiches zu Hause gewesen. Die Klassiker, von überall herkommend, lebten in der kleinen thüringischen Residenzstadt Weimar, Goethe wie Schiller, Herder wie Wieland. Schiller hat zwar kurz vor seinem Tode mit dem Gedanken gespielt, an die Spree zu übersiedeln, aber es kam dann doch nicht dazu, und ein Jahr später starb er. Erst in der zweiten Hälfte des 19. Jahrhunderts wurde Berlin allmählich ein Anziehungspunkt auch für Literaten, und mit Karl Gutzkow und Friedrich Spielhagen lebten am Ende sogar die erfolgreichsten Romanschriftsteller in Berlin, die man heute Bestsellerautoren nennen würde.

Aber man kann nicht sagen, dass Berlin das literarische Zentrum Deutschlands gewesen wäre, Thomas Mann kam aus Lübeck, aber es zog ihn nach München, sein Gegenpol Gerhart Hauptmann blieb sein Leben lang Schlesien verhaftet wie Hugo von Hofmannsthal Österreich, von dem sich auch in unserer Zeit Thomas Bernhard nicht lösen konnte. Der unstete Stefan George war ohnehin überall und nirgends zu Hause. Erst nach der Jahrhundertwende entwickelte die Reichshauptstadt eine Anziehungskraft auch für Schriftsteller, wie es denn den Geist oft zur Macht zu ziehen scheint. Alfred Döblin war aus Stettin gekommen und wäre wohl immer an der Spree geblieben, wenn ihn nicht die Nationalsozialisten zur Flucht gezwungen hätten. Bertolt Brecht, der in Berlin seine Karriere machte, kam aus dem Süden. Heute zeigt mit Stolz Augsburg die Schule, die er besucht hat. So war es auch mit Anna Seghers aus Mainz, aber nachdem sie den Kleistpreis für ihre Erzählung »Der Aufstand der Fischer von St. Barbara« erhalten hatte, übersiedelte sie nach Berlin. Einzig Gottfried Benn war ein gebürtiger Märker, und er hielt Berlin noch die Treue, als die Stadt am schäbigsten war. Im Blockadewinter schrieb er:

Wenn die Brücken, wenn die Bogen
von der Steppe aufgesogen
und die Burg im Sand verrinnt,
wenn die Häuser leer geworden,
wenn die Heere und die Horden
über unseren Gräbern sind,

Eines kann man nicht vertreiben:
dieser Steine Male bleiben
Löwen noch im Wüstensand,
wenn die Mauern niederbrechen,
werden noch die Trümmer sprechen
von dem grossen Abendland.

Die Zeilen hat man in seinem Nachlass gefunden, er selber hat sie nie veröffentlicht, wohl weil sie ihm nicht die endgültige Form gefunden zu haben schienen.

Nach dem Zweiten Weltkrieg sah es für eine Weile so aus, als habe Berlin eine Attraktivität für die Autoren, die nach der Katastrophe gekommen waren. Günter Grass aus Danzig zog 1953 nach Berlin, und er war es wohl, der Uwe Johnson bewegte, ebenfalls nach Friedenau zu ziehen. Eine Zeitlang kamen sie, bis auf den Kölner Heinrich Böll, eigentlich alle nach Berlin, der Gründer und Motor der Gruppe 47 Hans Werner Richter wie auch Hans Magnus Enzensberger, nur Ingeborg Bachmann, Ilse Aichinger und Günter Eich blieben in Süddeutschland und Österreich. Nur für die fünfziger Jahre könnte man sagen, West Berlin sei das Zentrum der deutschen Literatur gewesen. Mit der Zeit verliessen aber alle wieder die Stadt, Günter Grass baute sich sein Haus in Holstein, Uwe Johnson zog zu Hannah Arendt nach New York, und sein einsam-trauriges Ende fand er auf einer Themse-Insel. Enzensberger kehrte in den heimatlichen Süden zurück wie Martin Walser am Bodensee geblieben war und Siegfried Lenz in seinem Hamburg. Man redet nur davon, dass die Industrie Berlin verlassen hat, aber auch die Literatur hat ihren Exodus gehabt.

In den ersten Nachkriegsjahren war ich oft bei Hanna Sotscheck im Wildpfad 28 eingeladen, schräg gegenüber dem Tennisclub Blau-Weiss. Alfred Cassirer, ihr schon 1932 verstorbener Mann, war als Leiter der Kabelwerke einer der bekannten und wohlhabenden Cassirers neben dem Vetter Ernst Cassirer, dem Philosophen, der nie in Berlin gelebt hat. Mit Martin Heidegger hatte er das berühmte Streitgespräch geführt. Ihr Schwager Paul Cassirer machte als Kunsthändler und Verleger am meisten von sich reden, denn bei ihm versammelte sich die ganze Moderne, von Liebermann bis Corinth. Der Kaiser verabscheute die Kunst aus Paris, die Cassirer nach Deutschland geholt hatte, von den Impressionisten bis zu Pablo Picasso und Henri Matisse. »Er macht mir ja aus meiner Nationalgalerie eine Internationalgalerie.«

Paul Cassirer war mit Tilla Durieux verheiratet, neben Elisabeth Bergner die spektakulärste Schauspielerin der zwanziger Jahre, und da im Hause Paul Cassirers alle Welt verkehrte, sind Dutzende von Durieux-Porträts überliefert, von Franz von Stuck bis zu einer Büste von Hermann Haller. Aber nach ein paar Jahren kriselte es in der Ehe, ständige Ausbrüche des unbeherrschten Paul Cassirer und die Extravaganz der von aller Welt umschwärmten Actrice belasteten sie. Endlich kam man überein, sich scheiden zu lassen, der Scheidungskontrakt war schon aufgesetzt, und der Anwalt wartete auf die Unterschrift beider Parteien, als Paul Cassirer um Entschuldigung bat, dass er kurz vor der Unterzeichnung den Raum verlassen müsse. Aus dem Nebenzimmer hörte man einen Schuss; Paul Cassirer war der Trennung zuvorgekommen. Ein paar Jahre nach seinem Freitod hat Tilla Durieux einen der reichsten Industriellen Berlins geheiratet, den Generaldirektor von Schultheiss-Patzenhofer, Ludwig Katzenellenbogen, der Jude war. Die Zeit hat Paul Cassirer und Tilla Durieux wieder zusammengeführt, auf dem Friedhof Charlottenburg nahe der Heerstrasse am Olympia-Stadion liegen sie heute nahe beieinander begraben.

Hanna Sotscheck war für mich eine Erinnerung an die zwanziger Jahre, so wenn sie Tischkarten hervorholte und die Sitzordnung von damals rekonstruierte. »Da sass Thomas Mann«, erzählte Frau Sotscheck dann in allen Einzelheiten, »Gerhart Hauptmann war natürlich der Kopf der Tafel eingeräumt. Hier sass unser enger Freund Walther Rathenau, der nicht weit von uns in der Koenigsallee wohnte«, wo er 1922 einem Attentat rechtsextremer Offiziere, zu denen der später so berühmt gewordene Ernst von Salomon gehörte, zum Opfer fiel. »Eines Tages brachte Samy Fischer ein Wundertier aus dem revolutionären Russland mit, Leo Trotzki, der gerade von Stalin aus der Sowjetunion verbannt worden war.« Frau Sotscheck zerbrach sich gemeinsam mit ihrem Mann den Kopf, neben wen man Trotzki setzen konnte.

Wenn Frau Sotscheck von der alten Zeit plauderte, als sie noch Frau Cassirer war, stand das alte Berlin wieder auf, das doch längst untergegangen war. Ich empfand damals sehr stark, dass Berlin nicht nur der Zerstörungen wegen nur noch ein Schatten seiner selbst war. Einmal schrieb ich aus solchen Empfindungen heraus in der »Frankfurter Allgemeinen Zeitung«, Berlin sei wie ein Schauspiel, das in einer Provinzbühne aufgeführt werde: ein grandioses Stück, aber eine zweitrangige Besetzung.

Etwas Banales machte auf uns Zwanzigjährige damals Eindruck. Frau Sotschek litt unter Rheuma in extremer Form, nur in ganz trockenem Klima fand sie Erleichterung. Das schien ihr der damals kaum besuchte Höhenrücken auf Mallorca zu bieten, und so war sie die erste unserer Bekannten, die sich zu der Insel aufmachte, lange vor dem Massentourismus unserer Tage. Frau Sotscheck sprach nie über das Vermögen, das sie aus der Katastrophe der nationalsozialistischen Zeit gerettet hatte, die die Cassirers in alle Welt zerstreut hatte, und über den Untergang des alten Berlin. Aber ihr Vermögen muss noch immer beträchtlich gewesen sein, denn es reichte, sich ein Haus nach dem Modell »Sanssoucis« auf einem Berggipfel Mallorcas errichten zu lassen, das sie anspielungsreich »Son Vida« nannte. Nur durch einen in das Gebirge gesprengten Tunnel und einen unterirdischen Fahrstuhl war es erreichbar. In der Ruinenstadt klang das wie ein Märchen.

Jahrzehnte später führte uns Hans-Dietrich Genscher auf Hitlers »Adlerhorst«, das Teehaus auf dem Gipfel des Kehlstein, zu dem ebenfalls nur ein in den Berg gesprengter Aufzug führte. Gemeinsam mit Genscher fuhren Imke und ich mit dem geräumigen Lift, der merkwürdigerweise im Art déco-Stil mit Messing und Kupfer verkleidet war, zum eigentlichen »Adlerhorst«, der in der Tat nach allen Seiten einen erstaunlichen Ausblick freigab. Aber Hitler hatte hier oben nur ein paar Mal Gäste empfangen. Man hatte ihn regelrecht nötigen müssen, von Martin Bormanns und der Partei Geschenk zu seinem fünfzigsten Geburtstag Gebrauch zu machen. Albert Speer zufolge hatte Hitler mit solchen extravaganten Ausblicken wenig anzufangen gewusst; er hätte eine austriakische Neigung zu »gemütlichen Landschaften« gehabt. Aber entscheidend sei gewesen, dass der »Führer« stets ein technisches Versagen gefürchtet habe und ihm das Gefühl des Eingeschlossenseins unangenehm war. Fühlte er sich hier jedem Attentäter ausgeliefert? Er sprach immer wieder davon, dass er damit rechnen müsse, dass irgendein Exzentriker ihm nach dem Leben trachte. »Ich habe keine Sorge um mein eigenes Leben«, habe er immer wieder gesagt. Er war, wie Speer meinte, dabei ganz glaubwürdig gewesen. Aber er sei eine einmalige Chance für Deutschland, eine Gestalt wie er werde dem Land nur alle paar Jahrhunderte geschenkt.

Als Albert Speer uns dies erzählte, hatten wir es nicht ganz ernst genommen. Später lasen wir »Mein Kampf« mit anderen Augen. Hitler spricht schon 1923 davon, dass nur sehr selten der Programmatiker mit dem Politiker zusammenfalle und dass der Schöpfer einer neuen Weltanschauung zugleich auch berufen sei, sie in die politische Wirklichkeit umzusetzen. Als Hitler diese Sätze seinem Sekretär Rudolf Heß in der Landsberger Haft diktierte, war er Anfang der Dreissig gewesen, ein gescheiterter Bierhallenagitator, aber er scheint schon damals von seiner historischen Rolle überzeugt gewesen zu sein.

Frau Sotscheck-Cassirer wäre wohl sonderbar berührt gewesen, dass mir bei ihrem »Son Vida« Hitlers »Adlerhorst« in den Sinn kam. Aber so kommen und gehen die Erinnerungen.

Es muss in diesen Jahren gewesen sein, dass ich häufiger mit Nahum Goldmann zusammen war, dem Präsidenten des Jüdischen Weltkongresses. Irgendwann fragte mich Goldmann mit merkwürdiger Intensität, ob ich ihm eine Frage ganz offen beantworten würde. Sei Hitler nach meinem Gefühl mit dem Bewusstsein in den Tod gegangen, gescheitert zu sein? Oder sei er doch überzeugt gewesen, dass er seine historische Aufgabe erfüllt habe? Ich zögerte mit der Antwort. Dann sagte ich, auch wenn ihn das frappiere, für mein Gefühl sei Hitler im Bewusstsein in den Tod gegangen, seine sich ihm selbst gestellte Aufgabe erfüllt zu haben. Natürlich habe er ein grossdeutsches Reich gründen wollen, aber viel wichtiger sei ihm gewesen, die Juden auszumerzen. Von dieser Aufgabe sei er in den letzten zwei Jahren, als der Krieg sich längst gewendet hatte, geradezu besessen gewesen. Nur das erkläre, dass er die Vernichtungsmaschinerie bis zum letzten Moment habe weiterlaufen lassen, auch noch, als die Transporte nach Auschwitz dem Nachschub an die zusammenbrechende Front im Wege gestanden hätten. »Endlich sagt jemand, was für mich ganz ausgemacht ist.« Nicht der Sieg, sondern die Ausrottung der Juden sei für Hitler das wichtigste gewesen. »Vielleicht«, fügte Goldmann hinzu – an diesen Schluss des nächtlichen Gesprächs erinnere ich mich noch genau –, »weil sich Hitler ganz sicher war, dass die Weltherrschaft Deutschland ohnehin zufallen müsse, wenn der Hauptfeind, das internationale Judentum, vernichtet sein würde.«

Berlin ist eine Stadt mitten in der Geschichte, aber ohne Geschichte. Geht man heute an oft gesichtslosen Neubauten vorbei, so trifft man mitunter auf Gedenktafeln, die auf einstige Bewohner hinweisen – rührende Versuche einer Stadt, die ihre Geschichte lange verleugnet hat und sich jetzt hilflos das Verlorene imaginiert. In den letzten Jahren sass ich oft auf der Terrasse des kleinen Bistros »Lubitsch« in der Bleibtreustrasse, und von da fiel der Blick auf eine solche Tafel an einem unauffälligen Haus gegenüber, von dem man nach dem Krieg allen Stuck abgeschlagen hat, womit man es selber geschichtslos gemacht hat. Die Gedenktafel hält fest, dass dort Mascha Kaléko ganze drei Jahre gewohnt hat. Wer kennt noch die russische Jüdin, die in den zwanziger Jahren ein aufgehender literarischer Stern war, bis sie sich in die Emigration nach New York und später nach Jerusalem rettete? Ihren schnoddrig-melancholischen Versen hatte einst Hermann Hesse gehuldigt – »ihrer Mischung von Sentiment und Zynismus, frühreifer Desillusion und heimlicher Verzweiflung«.

Solche Gedenktafeln finden sich überall in der verwüsteten Stadt. Da in der Potsdamer Strasse hat Samuel Fischer seinen Verlag gegründet, dort hat er seine Villa in der Erdener Strasse gebaut, die noch heute, ziemlich verloren, in dem einst noblen Grunewald steht. In der Potsdamer Strasse hat Ernst Rowohlt sich selbständig gemacht, bevor er sich am Lietzensee ein Haus baute. Vielleicht macht auch dort heute eine Tafel darauf aufmerksam, dass das ein erinnerungswürdiger Ort für die deutsche Literatur ist? Aber die Menschen sind nicht mehr da, die diese Häuser einst bewohnten, und das macht die Armut Berlins aus.

Vor einigen Jahren lagen die Räume meines Verlages am Viktoria-Luise-Platz, der fast unbeschädigt durch den Krieg gekommen war und heute zu erkennen gibt, wie Berliner Plätze in der alten Zeit aussahen. Nach dem Krieg wurden sie vielfach durch Strassenerweiterungen zerstört, der Hohenzollernplatz wie der Olivaer Platz und der Lützowplatz, der einst das Zentrum von Berlins Kunst- und Antiquitätenhandel gewesen war. Am Viktoria-Luise-Platz, zwei Häuser neben meinem Verlag, stand ein Haus, das im Krieg zerstört und durch einen besonders gesichtslosen Neubau im Stil der fünfziger Jahre ersetzt worden ist. An seinem Kieselkratzputz wird aber darauf hingewiesen, dass Billy Wilder hier gewohnt habe und das auch nur ein Dreivierteljahr lang, vom Sommer 1927 bis zum Frühjahr 1928, noch dazu der unbekannte deutsche Wilder, als er noch Samuel hiess. Jahrzehntelang hat man sich nicht um Berlins Vergangenheit geschert, jetzt sucht man auch die banalsten Orte zu historisieren. Das heutige Gedenken ist so geschichtslos wie das gestrige Vergessen.

Von der Humboldt- zur Freien Universität

Maxim Gorki hat die Jahre seiner Verbannung in seinen Erinnerungen »Meine Universitäten« genannt. Er hat sich in dieser Zeit wohl tatsächlich angeeignet, was ihm die Herkunft aus einer armseligen Handwerkerwelt in Nishni Nowgorod vorenthalten hatte, wo er als Tellerwäscher und Hafenarbeiter für seinen Lebensunterhalt sorgen musste. Auch für mich waren die Jahre der Gefangenschaft keine verlorene Zeit. Selbst das halbe Jahr im Gefängnis, als ich keinen Zugang zu Büchern ausser »Mein Kampf« hatte, war zumindest in der Rückschau für mich intellektuell durchaus produktiv, und das Dreivierteljahr an der italienischen Front oder in wechselnden Lazaretten erweiterte meinen Horizont. Meine Verwundung im Apennin kam mir zu Hilfe, indem sie mir Monate entdeckerischen Lesens gab. In den Jahren der Kriegsgefangenschaft tauchte ich dann in eine gänzlich neue Welt ein, zum einen, weil ich lesend für mich die zwanziger Jahre nachholte, zum anderen, weil sich mir, lange auf englische Zeitschriften und Bücher angewiesen, eine neue Literatur erschloss.

Wie so oft stand die Poesie bei mir im Vordergrund, zuerst die romantische Welt Algernon Charles Swinburnes, dessen »Jacob's Ladder« ich noch heute auswendig weiss, vor allem aber Christina Georgina Rossettis melancholische Abschiedsverse:

> Remember me when I am gone away,
> Gone far away into the silent land;
> When you can no more hold me by the hand,
> Nor I half turn to go, yet turning stay.

Remember me when no more day by day
You tell me of our future that you plann'd:
Only remember me; you understand
It will be late to counsel then or pray.

Yet if you should forget me for a while
And afterwards remember, do not grieve:
For if the darkness and corruption leave

A vestige of the thoughts that once I had,
Better by far you should forget and smile
Than that you should remember and be sad.

Wenn ich heute dieses Gedicht lese, frage ich mich, ob die Melancholie dieser Strophen nicht an Sentimentalität grenzt. Aber ich erzähle, was mich damals bewegte, und nicht, wie ich Erlebtes heute sehe. Schliesslich verdrängten moderne Lyriker wie Wilfried Owen, Rupert Brooke, Stephen Spender und natürlich T. S. Eliot meine Ettersburger Idole Hofmannsthal und George, die mich früher ganz und gar mit Beschlag belegt hatten. Zuletzt kam W. H. Auden, mit dem ich zehn Jahre später gemeinsam mit Henry Moore, der der Stadt Wien gerade eine Skulptur übereignet hatte, einen langen Abend mit Bruno Kreisky beim Heurigen in Grinzing zusammen war. Es war der letzte Tag seines Lebens. Als ich am nächsten Morgen mit dem Wagen über den Brenner nach Rom fuhr, hörte ich im Autoradio, dass der englische Lyriker W. H. Auden, der seit 1957 ein Haus in Kirchstetten besessen habe, am Morgen des 28. September 1973 in seinem österreichischen Haus einem Herzinfarkt erlegen war.

Noch heute steht in meinem Bücherschrank der von Hans Feist während des Krieges in der Schweiz herausgegebene zweisprachige Band »Ewiges England«, auf den ich in der Kriegsgefangenenbibliothek gestossen war. Hier sind englische Gedichte aus tausend Jahren zusammengetragen, und seitdem bin ich ein Liebhaber englischer Lyrik. Ich habe den zerfledderten Band als Kostbarkeit von Benghasi erst nach Wilton Park, dann nach Hause gerettet. Auch Hans Feist begegnete ich auf makabere Weise im Augenblick seines Todes. Imke und ich waren bei einer Vorstellung von »Ein Phönix zuviel« des in der Nachkriegszeit gefeierten englischen Dramatikers Christopher Fry im Berliner Schlosspark-Theater. Der langgestreckte Bau, der einst der Pferdestall des Feldmarschalls Wrangel gewesen sein soll, hatte seine besondere Atmosphäre. Wir hatten Plätze in der letzten Reihe vor den drei oder vier erhöhten Logen. Während einer besonders lyrischen Szene von Frys Versdrama hörte man ein immer lauter werdendes Schnarchen, das bald die Stimmen von der Bühne übertönte, bis der Zuschauerraum in ungeniertes Gelächter ausbrach. Jedermann führte das auf eine gewisse Ermüdung des Publikums zurück, die mir angesichts des ein wenig angestrengten Stückes nicht unbegreiflich war. Aber es war nicht das Schnarchen eines Eingeschlafenen, sondern das verzweifelte Um-Luft-Ringen eines Sterbenden. Hans Feist, dem Übersetzer Christopher Frys, war ein Logenplatz eingeräumt worden, und nun hatte Feist nur wenige Meter von uns entfernt seinen Todeskampf.

Neulich, beim Wiederblättern in Hans Feists Anthologie, traf ich auf all jene Strophen, die ich in der Kriegsgefangenschaft so geliebt hatte, von Rupert Brooke, der 1915 in Flandern fiel, das ergreifende Pathos des vorweggenommenen eigenen Todes auf dem Schlachtfeld:

> If I should die, think only this of me:
> That there's some corner of a foreign field
> That is for ever England. There shall be
> In that rich earth a richer dust conceal'd.

Wahrscheinlich hatte mich der Kontrast zu den deutschen Kriegsgedichten, die den Heldentod feierten, zu W. B. Yeats' Gedicht »An Irish Airman forsees his Death« geführt:

> I know that I shall meet my fate
> Somewhere among the clouds above;
> Those that I fight I do not hate,
> Those that I guard I do not love.

So hatte niemand in Deutschland über den Tod auf dem Schlachtfeld geschrieben, und ganz sicher war es das, was mich bewegte. Nicht überrascht sehe ich, dass es der Tod und der Abschied gewesen sind, die den Achtzehn- bis Zwanzigjährigen damals so gefangennahmen:

> When you are old and grey and full of sleep,
> And nodding by the fire, take down this book
> And slowly read, and dream of the soft look
> Your eyes had once, and of their shadows deep;
>
> How many loved your moments of glad grace,
> And loved your beauty with love false or true,
> But one man loved the pilgrim soul in you,
> And loved the sorrows of your changing face;
>
> And bending down beside the glowing bars,
> Murmur, a little sadly, how love fled
> And paced upon the mountains overhead
> And hid his face amid a crowd of stars.

Ist es die Angst vor dem Leben, dass den Heranwachsenden der Tod die grosse Zuflucht ist? Jedenfalls sind die bewegenden Todeselegien fast immer von Jünglingen geschrieben worden, von den »Hymnen an die Nacht« des Novalis, der mit achtundzwanzig starb, über den »Woyzeck« des dreiundzwanzigjährigen Georg Büchner bis zum »Tod des Tizian« des siebzehnjährigen Hofmannsthal. Später wird das Leben den Heranwachsenden in Besitz nehmen, aber vorläufig schreckt er vor ihm zurück. Thomas Mann, der die »Buddenbrooks« mit ganzen dreiundzwanzig Jahren schrieb, hat dafür in der Figur des kleinen Hanno ein Bild dieser Angst vor dem Leben gegeben, und er lässt seinen Helden mit fünfzehn Jahren schon sterben.

Ich war mit siebzehn Jahren verhaftet worden und kehrte mit zweiundzwanzig in das Zuhause zurück, sodass mir eigentlich gerade jene fünf Jahre fehlten, die so entscheidend sind. Ich habe diese Jahre zur Überraschung meiner Eltern und der Freunde nicht als vertane Zeit gesehen. Den anderen Erstsemestern, die mit mir im Jahr 1948 an der Universität zu Berlin, die ein Jahr später in Humboldt-Universität umbenannt wurde, mit dem Studium begannen, fühlte ich mich überlegen, und vermutlich war ich es wirklich.

Auf jeden Fall war ich aber des geregelten Lernens nach Stundenplänen entwöhnt. Ich konnte mich schwer dareinfinden, als nun plötzlich feste Vorlesungsstunden angesetzt waren – von 9 Uhr c.t. bis 10.30 Uhr »Einführung in die Altgermanistik«, von 11 Uhr c.t. bis 12.30 Uhr »Grundriss der Soziologie« und so weiter. Vielleicht oder wahrscheinlich war ich ungerecht, aber mir kam die Präsentation des Stoffes ebenso belanglos vor wie die Vortragenden. Sehr bald schon setzte ich mich lieber zu Hause an Bücher, in denen der Stoff auf interessantere oder oft sogar aufregendere Weise abgehandelt wurde. Nach ein paar Wochen ging ich nicht mehr in die Vorlesungen, um mich stattdessen in Werke zu vergraben, die von den ersten Autoritäten ihres Fachs geschrieben worden waren. Als ich sehr bald, immer noch Student, die ersten Honorare für Artikel im »Monat« und in der »Neuen Zeitung« kassierte, gewann ich einen Kommilitonen, dessen Namen ich vergessen habe – ich weiss nur noch, dass er in der Schützallee zwischen Dahlem und Lichterfelde wohnte –, mir jene Testate zu besorgen, mit denen ein regelmässiger Vorlesungsbesuch bescheinigt wurde.

Merkwürdigerweise trat die Literatur, die mich doch immer beherrscht hatte, von nun an zurück. Das Eintauchen in die Welt der Religion, der Philosophie und der Antike nimmt wohl junge Menschen besonders gefangen. Ich vergrub mich in theologische Kontroversen der Reformation, und eine Zeitlang konnte ich gar nicht genug über den Synergismus-Streit des frühen Protestantismus lesen. Im Herbst 1946 sprengten die Kommunisten das Gesamtberliner Parlament im Neuen Stadthaus in der Stadtmitte, woraufhin die Stadtverordneten, von organisierten Demonstrationen bedrängt, nach West-Berlin auswichen und schließlich das Schöneberger Rathaus als Sitz wählten. Die Spaltung Berlins war vollzogen und sollte

mehr als vierzig Jahre bestehen. Ich aber las wochen- oder monatelang über die Gnadenlehre bei Luther. Findet der Mensch durch
göttliche Gnade oder durch eigenes Verdienst zum Glauben, was für
Luther doch einer Beeinträchtigung der Allmacht Gottes gleichkam?
Von da war es nicht weit zur Prädestinationslehre Calvins; wenn alles
Gnade ist, ist man gleich bei der Folgerung, dass der Mensch schon
im Mutterleib verworfen oder angenommen ist. Ich muss eine Zeitlang ganz und gar in derartigen theologischen Disputen versunken
gewesen sein.

Vorläufig dachte ich also weiss Gott nicht an eine Laufbahn. Die
Dinge, mit denen ich umging, standen einer Karriere eher im Wege.
Es war das Denken in seiner abstraktesten Form, das mich gefangennahm. Mit einem Mal war es die Philosophie, die mich in einem solchen Masse faszinierte, dass ich mich ganz und gar in ihr verlor. Sonderbarerweise waren es nicht Kant oder Hegel, die mich in ihren Sog
zogen, sondern der junge Fichte, der bekannt geworden war, weil
man seinen anonym erschienenen Erstling für ein Werk Kants hielt.
Mit der Besessenheit eines Zwanzigjährigen las ich alles, was es von
Fichte gab, seine »Wissenschaftslehre« in ihren verschiedenen Fas-
sungen wie seine Theorie des »Geschlossenen Handelsstaates«, die
mir wie eine Vorwegnahme der faschistischen und sozialistischen
Utopien der Gegenwart erschien. Das »Ich« als Grundlage aller
Kenntnis war hier auf die Spitze getrieben, denn »die Setzung des
Nicht-Ich durch das Ich« machte die Aussenwelt zu einem Produkt
des denkenden Individuums, sodass der Mensch der gedankliche
Schöpfer der Welt war. Ich war in solchem Masse auf Fichtes Werk
fixiert, dass ich auch die Kontroversen, die seine Entwürfe ausgelöst
hatten, geradezu mit Erregung verfolgte. Ich weiss noch, wie perplex
ich war, dass Friedrich Heinrich Jacobi seine Polemik gegen Fichtes
Radikalität mit dem Argument führte, dass dies »ein Stricken nicht
etwas des Strumpfs, sondern des Strickens« sei. So konnte man eine
philosophische Unbedingtheit ad absurdum führen, wobei ich nicht
entscheiden konnte, inwieweit Jacobi recht hatte.

Imke und ich gingen jeden Morgen in den Park des Schwarzen Grund und sassen stundenlang lesend auf einer Bank oberhalb der Stümpfe dreier uralter Weiden, die Ende des Krieges von einer Luftmine getroffen worden waren. Der Frühsommer 1948 war so strahlend, dass wir statt des heimischen Gartens jene Parkanlage zwischen den U-Bahnhöfen Dahlem-Dorf und Thielplatz aufsuchten, wo wir während dieser Leseabenteuer völlig ungestört waren. Spaziergänger gab es nicht, kein Parkwächter mähte das Gras, sodass statt eines Rasens nun der Blick zu den beiden Teichen über eine verwilderte Wiese führte. Ich sah halb neidisch halb mitleidig auf Imkes Lektüre, die so unernste Sachen las wie Stendhals »Kartause von Parma« oder Balzacs »Père Goriot«, während ich mich mit den Schriften Fichtes herumquälte.

Auf Umwegen nur tastete ich mich in die Vergangenheit und versuchte mir klarzumachen, was nicht nur mich, sondern auch die Öffentlichkeit vor zweihundert Jahren so aufgeregt haben mag. Fichte hatte seine heute so anrüchigen »Reden an die deutsche Nation« gleich nach der Katastrophe von Jena und Auerstedt in den Jahren 1807 und 1808 gehalten, und sie hatten ganz Berlin in eine solche Spannung versetzt, dass in den ersten Reihen adlige Damen der Gesellschaft und Gardeoffiziere der eben geschlagenen Regimenter sich drängten. Nie wieder haben philosophische Vorträge eine ganze Stadt so elektrisiert, und es war danach ausgemacht, dass dieser glühende Kopf der erste Rektor werden solle, als man 1810 daran ging, im alten Palais des Prinzen Heinrich, dem Bruder Friedrichs des Grossen, in Berlin zum ersten Mal eine Universität zu gründen.

Die Studenten der preussischen Residenz hatten bis dahin immer nach Frankfurt an der Oder, Halle oder nach Königsberg gehen müssen, wenn sie studieren wollten. Die berühmte Universität Leipzig lag auf sächsischem und die Greifswalder auf pommerschem Territorium, so dass es auffällig war, dass der preussische Staat in seiner Hauptstadt über keine Universität verfügte. Wollten Preussens Herrscher so unruhige Geister wie Studenten nicht allzu nah bei sich wissen? Immer waren Universitäten die Keimzelle von Aufsässigkeit gewesen, wie bei allen Unruhen deutlich wurde, so auch bei den »Göttinger Sieben« im Jahr 1837 und bei der Revolution 1848.

Im Oktober 1806 hatte Napoleon seine Doppelschlacht bei Jena und Auerstedt geschlagen, mit der das alte Preussen endete. Wie ein Symbol für die Demütigung Berlins hatte Napoleon die Quadriga Schadows vom Brandenburger Tor

geholt und als Kriegsbeute nach Paris gebracht. Was war es da für ein Wunder, dass eine nationale Emphase durch ganz Deutschland ging? Das muss man im Kopf haben, wenn man Fichtes »Reden an die Deutsche Nation« heute liest. Jeder Denker zollt seiner Epoche Tribut, wie wir wissen müssten, nachdem wir mit der nationalen

Der »Pferdedieb von Berlin« hiess Napoleon im Volksmund, als er Schadows Quadriga vom Brandenburger Tor als Kriegsbeute nach Paris entführen liess.

Aufwallung von 1933 genug Erfahrungen mit Auf- und Umbrüchen gemacht haben. Hatte nicht gerade ein anderer Philosoph, Georg Wilhelm Friedrich Hegel, in Napoleon den »Weltgeist zu Pferde« gesehen, gegen den man sich nicht aufbäumen solle? Goethes viel zitierter Satz »Rüttelt nur an Euren Ketten, der Mann ist Euch zu gross« schockierte die begeisterungsfähige Jugend.

Ach, die Geschichte und die Intellektuellen. Wer den Gang der Dinge lange genug verfolgt hat, wird milde auch die Verirrungen der eigenen Zeit verfolgen, auch die Martin Heideggers und Carl Schmitts. Der eine hatte als Rektor der Freiburger Universität 1933 seine Antrittsvorlesung unter das Motto gestellt: »Alles Grosse steht im Sturm«, der andere hatte den »Willen des Führers« als rechtsetzend gefeiert. Muss man nicht auch Fichte manches nachsehen, so seine These, dass nur in der deutschen Sprache der Geist der Philosophie zu sich selber komme?

Nach Fichte war es für mich der jüdische Religionsphilosoph Martin Buber, der fast alles andere zurückdrängte. Buber hatte in den zwanziger Jahren zusammen mit Franz Rosenzweig in Frankfurt am Main das Freie Jüdische Lehrhaus gegründet, und im Dritten Reich war er lange in Deutschland geblieben, bis er sich im letzten Augenblick nach Palästina gerettet hatte, wo er seine wahre Heimat zu finden glaubte. Nur im »Heiligen Land«, sagte Buber, stiegen die Gebete eines gläubigen Juden zu Jahwe auf, obwohl er doch ganz und gar in der deutschen Welt verwurzelt war. Seine alten und neuen Bücher und Schriften erschienen jetzt in schneller Folge bei Lambert Schneider in Heidelberg; sie zogen mich völlig in ihren Bann.

Lambert Schneider war wie Jakob Hegner einer der kleinen, aber noblen Verleger der alten Zeit, ganz in die Sprache und in das Denken vergraben; in der Zeit der Buchkonzerne muten beide wie Gestalten aus fernen Zeiten an. Die späten Jahre von Lambert Schneider, den ich zwei- oder dreimal in Heidelberg wie auf der Buchmesse getroffen habe und mit dem ich einen lebhaften Briefwechsel unterhielt, wurden ihm zum Debakel. Der bedeutende Mann hatte sich aus merkwürdigem Verlangen nach akademischen Würden einen Doktortitel angeeignet, obwohl er, wie wir alle – Friedrich Sieburg, Friedrich Luft, Joachim Fest, Johannes Gross und schliesslich auch ich selber –, nie einen akademischen Abschluss gemacht hatte. Die Entdeckung dieser Selbstpromotion erschütterte nicht nur die Verlagswelt, sondern vor allem Lambert Schneider selbst. Damals waren solche Dinge noch wichtig. Lambert Schneider verschwand ohne Wiederkehr aus der Öffentlichkeit.

Ich wartete fast süchtig auf die neuen Bücher Martin Bubers. Im Jahre 1953 erhielt Martin Buber den Friedenspreis des Deutschen Buchhandels, und da wir inzwischen in einem ausgedehnten Briefwechsel standen, forderte er mich auf, ihn auf der Buchmesse dieses Jahres zu besuchen.

Der kaum ein Meter sechzig grosse Buber sah mit seinem weissen Vollbart wie ein Prophet des Alten Testaments aus. Wir trafen uns an Lambert Schneiders Stand auf der Buchmesse und dann in seinem Frankfurter Hotel. Als erstes fielen mir seine wienerische Sprachfärbung, seine feingliedrigen Hände und seine grossen dunklen Augen auf. Inzwischen galt er aber bei allem Ruhm überall als ein Aussen-

Welche Wirkung die Erwerbung einer kosmischen Beweglichkeit auf den Menschen haben wird, dürfte wesentlich davon abhängen, wie er in Wahrheit heute beschaffen ist; welche, bisher etwa verborgene oder misskannte Kräfte und Bereitschaften sich in den neuen Begegnungen kundtun werden, was für Lebenssubstanz sie aus diesen werden holen können; genauer, ob das ungeheure Abenteuer eine neue Hybris oder eine neue Demut erwecken wird. ... könnte noch gar nichts aus

Jerusalem, 6. Dezember 1957

Martin Buber

Auszug aus einem der vielen Briefe von Martin Buber, in denen es immer wieder um die neuen Herausforderungen geht, vor denen die Menschheit steht. Lange vor dem Abenteuer der Raumfahrt spricht er von der kosmischen Beweglichkeit, die auf den Menschen zukomme. (Dezember 1957)

seiter, auch in deutschen Universitätskreisen, die seine chassidischen Studien mehr als Werk der Dichtung denn als Werk der Wissenschaft nahmen.

Es war sicher unter Bubers Einfluss, dass ich alles studierte, was mit der Rolle des Judentums in der europäischen Geschichte zu tun hatte; so faszinierte mich auch das monumentale Werk Américo Castros von 1948: »Spanien in seiner Geschichte. Christen, Mauren und Juden«, das die glücklichen Jahrhunderte behandelte, in denen Araber, Juden und Christen in Südspanien friedlich zusammengelebt hatten und deren gebautes Zeugnis die Alhambra von Granada ist. Die Reconquista hat all dies zunichte gemacht; die Araber wurden vertrieben oder, wenn sie nicht konvertierten, durch die Inquisition ausgemerzt. Die Juden suchten zumeist in den Niederlanden Zuflucht, wo sie mit Baruch de Spinoza das europäische Denken be-

Der einzige Bruder meiner Mutter, Erwin Wegener, Onkel Erwin aus Stettin, der nach seiner Flucht aus Pommern in der Landesregierung in Kiel eine Position gefunden hatte.

fruchteten. Das Christentum hatte in seiner radikalsten Form gesiegt. Ist Américo Castro wirklich ein so bedeutender Gelehrter zwischen den Religionen gewesen, wie er mir damals erschien? Mein Exemplar habe ich 1967 zum sechzigsten Geburtstag Hans Wallenberg geschenkt, der selber einer alten rabbinischen Berliner Familie entstammte und der mir in entscheidenden Stationen meines Lebens immer wieder zur Seite gestanden hatte.

Immer wieder beschäftigten mich Themen, Stoffe und Bücher, die mit meinem Studium kaum etwas zu tun hatten; und bei seinem ersten Nachkriegsbesuch im Falkenried wagte der Bruder meiner Mutter, Onkel Erwin aus Stettin, die behutsame Frage, wie ich bei solcher Besessenheit durch nutzlose Wissenschaften jemals zu einem Abschluss kommen wolle. Das war mir, wie ich mir eingestehen musste, selber höchst dunkel. Aber das Fernliegende, fast Abseitige fesselte mich mehr als alle Vorlesungen über gotische Grammatik oder Seminare über die barocke Dichtung von Martin Opitz oder Friedrich Spee.

Ich weiss nicht, ob die Seminare zuerst an der Humboldt- und später an der Freien Universität wirklich so medioker waren, wie sie mir damals erschienen, aber der Kontrast zwischen unseren Vorlesungen und den Standardwerken fiel mir in die Augen. Warum sollte ich mir namenlose und mir belanglos erscheinende Professoren anhören, wo es doch die Bücher der ersten Leute ihres Fachs gab? So beschaffte ich mir bei Heinz Hannmann im Bücherwurm in der Motzstrasse 24, dem alten Antiquariat meines Vaters, von dem mir später Ernst Jünger und Gottfried Benn erzählten, dass auch sie seit den zwanziger Jahren zu seinen Kunden gehörten, die berühmte »Griechische Geschichte« von Helmut Berve und wenig später auch die »Römische Republik« von Joseph Vogt; selbst Fritz Schachermeyrs Werke zur frühen griechischen Geschichte beeindruckten mich, obwohl man doch Schachermeyrs Namen ungern aussprach, denn er war der nationalsozialistischen Ideologie erlegen und hatte den alten deutschen Traum vom Reich mit Hitlers Zug in den Osten durcheinandergebracht. Der Österreicher Schachermeyr hatte fast anderthalb Jahrzehnte in Heidelberg gelehrt, bis er nach dem Krieg nach Wien berufen wurde. Sein Buch »Indogermanen und Orient« gab seine Neigung zur Rassenideologie zu erkennen. Er erregte 1949 noch einmal Aufsehen mit seinem wiederaufgenommenen Werk über Alexander den Grossen.

Solche Illusionen waren in Österreich weit verbreitet, und vielleicht auch deshalb ist Hitler 1938 in Österreich, aus dem dann die »Ostmark« des »Grossdeutschen Reiches« wurde, so stürmisch umjubelt worden. Nicht nur Historiker wie Heinrich Ritter von Srbik erlagen der Sehnsucht nach dem wiedergeborenen »Reich«; auch bedeutende Dichter wie Josef Weinheber, die eine neue Gebundenheit in der Lyrik heraufführen wollten, waren der nationalen Verheissung gefolgt, so sonderbar sich auch Weinhebers strenge Dichtung in der Nachbarschaft Baldur von Schirachs und Heinrich Anackers ausnahm. Als alles zu Schanden geworden war, wählte Weinheber den Freitod, in vielem seinem französischen Gegenstück Pierre Drieu la Rochelle verwandt, der sich im März 1945 mit Gas das Leben nahm, um dem Strafgericht der Résistance zu entgehen.

Für solche tragischen Figuren hatte ich eine merkwürdige Sympathie. Nachdem ich 1963 Verleger des Propyläen Verlages geworden war, brachte ich die Bücher Drieus in deutscher Übersetzung heraus, übrigens ohne viel Erfolg. Den sechziger Jahren waren diese frühen Verfehlungen inzwischen ferngerückt.

Die Jahre, in denen ich studierte, sind in meiner Erinnerung verblasst. Natürlich sehe ich die zerschossene Universität Unter den Linden noch vor mir, aber das allmähliche Emporwachsen der Freien Universität, einer Campus-Universität nach amerikanischem Vorbild, ist mir viel gegenwärtiger, schon weil es sozusagen vor mei-

ner Haustür stattfand. Zu Fuss sind es ja nicht einmal fünfzehn Minuten zum U-Bahnhof Thielplatz, und dort sah man schon die ersten Baugerüste der im Entstehen befindlichen neuen Universität. Ich zählte zu der Handvoll Studenten, die Stühle und Tische in eine kleine Villa in der Boltzmannstrasse 4 trugen, wo ein provisorisches Gründungsrektorat eingerichtet wurde. Nun verfolgte man voller Enthusiasmus das Emporwachsen der Universitätsgebäude mit ihren langgestreckten Hörsälen an der Garystrasse und dem Auditorium maximum an der Ecke zur Boltzmannstrasse.

Die Baustelle war für das zerschossene Berlin eine Sensation, die Schaulustige aus der ganzen Stadt anzog. Dabei war es nicht einmal ein Jahrzehnt her, dass 1934 bis 1939 in nur fünf Jahren überall in der Stadt gigantische Anlagen aus dem Boden geschossen waren: der Zentralflughafen Tempelhof, die Ausstellungshallen am Funkturm, das Olympiastadion, das entsprechend dem Sprachgebrauch jener Zeit »Reichssportfeld« hiess, wie es ja auch einen »Reichsstenographenverband« gab, das olympische Dorf in Staaken, das Reichsluftfahrtministerium an der Leipziger Strasse und am Vorabend des Zweiten Weltkrieges Hitlers Neue Reichskanzlei an der Voßstrasse von Albert Speer.

Seit dem Zusammenbruch aber war nicht viel mehr geschehen, als dass hier und da Trümmergrundstücke aufgeräumt und einzelne Ruinen bewohnbar gemacht worden waren. Wenn es irgendwo in der Stadt tatsächlich einen Neubau gab – etwa an der Ecke Bundesallee zur Grunewaldstrasse ein »Laubenganghaus«, was als das Modernste galt, weshalb Scharoun auch für die frühe Stalinallee ein solches Haus entwarf –, bildeten sich Trauben von Menschen, diese ersten Zeichen eines Wiederaufbaus zu sehen, alle Zeitungen brachten Reportagen. Die Provinzialität, die das eben noch weltstädtische Berlin inzwischen prägte, zeigte sich schon darin, dass man sieben oder zehn Stockwerke hohe Häuser »Wolkenkratzer« nannte. Aber dass überhaupt etwas geschah, war wie ein Versprechen, nun werde es endlich aufwärts gehen. Die Gelder für die Freie Universität kamen im Wesentlichen von der amerikanischen Ford-Foundation; und so trägt der Hauptbau an der Garystrasse noch heute zu Recht den Namen »Henry-Ford-Bau«.

In dem entscheidenden zweiten Halbjahr 1948 der Gründungsphase der Universität war ich nicht in Berlin gewesen, da ich auf Einladung der dänischen Widerstandsbewegung einige Monate in Kopenhagen an der Hochschule Krogerup studierte, die damals junge deutsche »Widerstandskämpfer« in die friedliche Atmosphäre Dänemarks aufnahm. Überraschend schnell hatte ich mich mit mehreren Dänen angefreundet, und in Torkil Moestrup, einem Sohn des Domprobsts von Odense, gewann ich einen richtigen Freund, der uns im Jahr darauf eine Woche in Berlin besuchte. Torkil und ich erregten einmal ziemliches Aufsehen. In Schlagzeilen meldeten dänische Zeitungen, ein junger Deutscher und ein junger Däne seien bei einer Segelpartie verschollen. Es wurde gerätselt, ob wohl ein ehemaliger SS-Angehöriger den jungen Dänen entführt haben könne. Alles Deutsche erweckte so kurz nach dem Krieg und nach der jahrelangen Besetzung Dänemarks Misstrauen.

Torkil Moestrup, der während des Semesters in Kopenhagen ein enger Freund geworden war, besuchte mich 1949 in Berlin. Die Aufnahme zeigt ihn als blonden Jüngling in einer fröhlichen Runde, Imke ganz rechts, ich ganz links.

Meine Segelleidenschaft war wieder einmal mit mir durchgegangen, und unter dem Vorwand des Kaufinteresses an dem wohl fünf Meter langen Boot gewann ich den ahnungslosen Fischer, uns für eine Probefahrt das Boot anzuvertrauen. Ich hatte nur ein oder zwei Stunden segeln wollen, aber in der Landenge zwischen Dänemark und Schweden kam plötzlich ein so heftiger Wind auf, dass ich nicht mehr zu kreuzen oder eine Halse zu machen wagte. Es wurde immer dunkler und der Wellengang immer höher, uns blieb nichts übrig, als festen Kurs auf die allmählich aus dem diesigen Dunst auftauchende schwedische Küste zu halten, die wir nach mehreren Stunden erreichten. Nachdem sich das Wetter nach Mitternacht beruhigt hatte, machten wir uns auf die Heimfahrt und wunderten uns, dass häufig Flugzeuge der Küstenwache über uns kreisten. Erst in der Morgendämmerung erreichten wir wieder die dänische Küste. Seitdem weiss ich, warum die Seeleute der alten Zeit vor dem Kattegat und dem Skagerrak solchen Respekt hatten. Das Auffinden von uns verschollen Geglaubten wurde von allen Zeitungen gemeldet.

Inzwischen war Berlin im Griff der sowjetischen Blockade, die Auto- und Eisenbahnen in den Westen waren vom einen zum anderen Tag unterbrochen. Berlin wurde nur durch alliierte Luftkorridore versorgt, auf denen nicht nur alle Güter zur Versorgung der Bevölkerung, sondern auch die Industrieanlagen in die belagerte Stadt gebracht wurden. Als ich mit einem britischen Kohleflugzeug mitten in der Blockade Berlin verliess, beschworen mich alle Verwandten, nicht zurückzukehren. Meine Mutter hatte alles in die Wege geleitet, dass mich ihr Bruder Erwin in Kiel aufnehmen würde, wo er lebte, seit der grösste Teil Pommerns polnisch geworden war.

Ich weiss nicht, ob es tatsächlich meine Monate in der Strafanstalt Wilhelmshaven gewesen waren, die mir zu dem Aufenthalt in Kopenhagen verholfen hatten oder ob unsere Nachbarin Maria Zwick ihre Hände im Spiel gehabt hatte. Die Zwicks waren mit zwei einflussreichen Wissenschaftlern der Kopenhagener Universität befreundet, dem Staatsrechtler Alf Ross und dem Theologen Hal Koch, die sich meiner in den ersten Wochen dort annahmen. Ich glaubte mir ihre Sympathie verdient zu haben, weil ich nicht nur leidlich dänisch radebrechte – bei Spaziergängen im Grunewald hatte ich mich auf Kopenhagen vorbereitet –, sondern auch im Bann von Søren Kierkegaards »Enten-Eller« stand, das durch die Existenzphilosophie von Jaspers und Heidegger inzwischen zu neuen Ehren gekommen war.

Ich schlug alle heimischen Ermahnungen und Ratschläge, länger in Dänemark zu bleiben, in den Wind. Alles drängte mich in die Stadt zurück, in der seit Kindertagen mein Zuhause war und wo vor allem Imke wartete. Imke droht mir gelegentlich mit dem Konvolut von Briefen, von denen sie behauptet, ich hätte mitunter drei an einem Tag geschrieben.

Damals verfasste ich meinen ersten Aufsatz für eine Zeitung: »Das Land, wo Milch und Honig fliesst«. Ich stellte das vom Krieg vollkommen unberührte Dänemark dem zerstörten Deutschland gegenüber, und der Artikel bezieht seinen Effekt aus diesem Kontrast. Natürlich hatte ich keine Verbindung zu Berliner Zeitungen, und so schickte ich den Artikel von Kopenhagen an Imke, damit sie ihn aufs Geratewohl bei irgendeiner Zeitung unterbringe. Die inzwischen Siebzehnjährige lief tatsächlich mit meinen zehn Schreibmaschinenseiten von Pontius zu Pilatus. Zu ihrer Enttäuschung wollte ihn aber weder der »Telegraf« von Arno Scholz noch der »Tagesspiegel« von Erik Reger. Aber am Ende meldete sie, dass der Aufsatz von der wichtigsten aller Berliner Zeitungen, der »Neuen Zeitung«, gebracht worden war, die die beiderseitigen Eltern abonniert hatten. Das war mein journalistisches Debüt, wobei ich allerdings nicht ahnte, dass ich zwei Jahre später in dieser »Neuen Zeitung« das beginnen sollte, was man bei einigem guten Willen meine Karriere nennen kann.

Während meiner Monate in Kopenhagen war in Berlin die Gründung der Freien Universität weit vorangekommen, und wahrscheinlich war der formelle Beschluss zu ihrer Gründung schon gefasst worden. War das, bevor ich mitten in der Blockade auf einem leeren Kohleflugzeug aus der belagerten Stadt ausgeflogen worden war, oder war das erst nach meiner Rückkehr aus Dänemark? Man beriet mit einem Kreis von Politikern um Ernst Reuter, nicht so sehr, ob man das Wagnis einer Neugründung überhaupt eingehen solle, sondern ob sie in der Stadtmitte oder im Vorort Dahlem im amerikanischen Sektor gebaut werden sollte. Es wurden alle möglichen Argumente ins Feld geführt, aber im Grunde gab es nicht den Ausschlag, dass man dem amerikanischen Campus-Modell folgen wollte, sondern dass die vollkommen zerbombte Innenstadt unzählige Eigentumsfragen für die Grundstücke aufgeworfen hätte und man mit einer Fülle von Schwierigkeiten hätte rechnen müssen. So kam man am Ende überein, nach Dahlem zu gehen, weil dort grosse unbebaute Flächen zur Verfügung standen und man Besitzverhältnisse leichter regeln konnte. Zudem war schon vor dem Ersten Weltkrieg mit der »Kaiser-Wilhelm-Gesellschaft« ein Wissenschaftskomplex in die stille Villengegend gelegt worden.

In diesen Zusammenhang fällt die spätere Umbenennung der Kronprinzenallee, die Dahlem vom Grunewald trennt, in Clayallee. Das führte bei Ausländern gelegentlich zu amüsanten Verwechslungen. Mein Freund Hans Meyerhoff, als Emigrant besuchsweise aus Amerika in seine Heimatstadt gekommen, verwunderte sich, was doch alles in Deutschland möglich sei. »Einer Allee geben die Deutschen den Namen eines Malers!« Meyerhoff hatte Clay und Klee durcheinandergebracht, so wie einige Jahre zuvor meine Mutter Beeren und Bären.

Die Amerikaner, die die Universitätsgründung kräftig vorantrieben, hatten lange Zeit Sorge, dass sich genügend Professoren finden würden, um der neuen Universität Seriosität zu geben. So stellten sie die Bedingung, dass eine bestimmte Zahl von ordentlichen Professoren einem Ruf nach West-Berlin folgen müsse. Sie wollten ihre Autorität und ihr Geld nicht leichtsinnig aufs Spiel gesetzt haben. Es erwies sich als schwierig, die Stimmung unter der Professorenschaft in der Sowjetischen Besatzungszone festzustellen. In Ost-Berlin galt die West-Berliner Neugründung als illegal, und für die »Kampfuniversität«, wie die Freie Universität im Osten genannt wurde, waren reguläre Berufungsverhandlungen nicht möglich. So fiel es mitunter Studenten zu, in Erfahrung zu bringen, wer einem Ruf in den Westteil der Stadt folgen würde. In dieser Lage machten sich Studenten nach Greifswald, Jena, Halle und Leipzig auf, um in verschwörerischer Verschwiegenheit die Stimmung zu erkunden.

Ich erinnere mich, wie konsterniert wir waren, als die Angesprochenen mitunter zuerst einmal wissen wollten, ob es denn in einer West-Berliner Neugründung ein Emeritierungs- oder ein Pensionierungsrecht geben würde, ob man also bei Erreichung der Altersgrenze bei vollen oder geminderten Bezügen in den Ruhestand gehe. Wir waren fassungslos, da sollte etwas völlig Neues entstehen, frei sowohl von der Reglementierung der nationalsozialistischen Zeit als auch von dem Druck der Sowjetischen Militäradministration, und da erkundigte man sich zuerst nach den materiellen Bedingungen. Aber am Ende war doch die nötige Anzahl von Professoren zum Sprung ins kalte Wasser bereit. Anfang Dezember 1948 wurde die Gründung einer »Freien Universität« im Steglitzer Titaniapalast von Ernst Reuter feierlich vollzogen. Sehr bald griff in der Bevölkerung Enthusiasmus um sich; niemandem machte es etwas aus, dass lange Zeit alle Vorlesungen in provisorischen Räumlichkeiten stattfinden mussten, so auch in dem unterirdischen Kino des U-Bahnhofs Onkel-Toms-Hütte. Da besuchte auch ich, zuweilen bereits zusammen mit Imke, mehr oder weniger regelmässig Vorlesungen.

Eine amüsante Begebenheit ist mir aus dieser Zeit in Erinnerung. Der weit über die Grenzen Deutschlands hinaus berühmte Gnosis-Forscher Hans Leisegang war aus Jena dazugestossen, und er war gerade in dieser Anfangszeit eine der Zierden der neuen Universität. Den Zulauf zu seinen Vorlesungen sah Leisegang jedoch mit Misstrauen, denn er setzte bei den Studenten nicht nur Beherrschung der alten Sprachen voraus, sondern auch Grundkenntnisse der Mathematik, da Philosophie und Zahlenkenntnis in der Antike kaum zu trennen gewesen seien. Vor allem aber verlangte er absolute Ruhe während seiner Vorlesungen, die nicht nur bei den Studenten, sondern auch bei ihm selber höchste Konzentration voraussetzten.

Eines Morgens hatte Leisegang gerade mit seiner Vorlesung begonnen, als eine ausnehmend attraktive Studentin mit Verspätung den Kinosaal betrat. Indigniert unterbrach Leisegang seinen Vortrag, und die Bedauernswerte zwängte sich im allgemeinen Schweigen durch die Klappsitzreihe bis in die Mitte, wo sie wohl noch einen freien Platz ausgemacht hatte. Das Geräusch zurückklappender Sitzflächen erfüllte den bis auf den letzten Platz besetzten Kinosaal. Als sie endlich an dem freien Platz angelangt war, schwieg Leisegang noch immer vorwurfsvoll, sei es, um die Konzentration wiederzufinden, sei es, um das Mass seiner Empörung deutlich zu machen. Da stand sie wieder auf und sagte laut in das Schweigen hinein: »Ach, hier findet gar keine Vorlesung statt?« Dann drängte sie sich wieder durch die engbesetzte Sitzreihe zum Ausgang, und erneut war das Klappen der Kinositze das einzige Geräusch. Leisegang brauchte weitere fünf Minuten, um sich von diesem Schock zu erholen. Die Autorität von Professoren war noch so gross, dass niemand zu lachen wagte, und man sich erst nach der Vorlesung über die provozierende Geistesgegenwart der Kommilitonin amüsierte.

Es sind solche Arabesken, die mir am deutlichsten vor Augen stehen. Ansonsten ist mir vergleichsweise wenig von dem Universitätsleben in Erinnerung geblieben; weder sind es die Vorlesungen oder Seminare noch die Zusammenkünfte im Auditorium maximum, das als einer der grössten Säle West-Berlins bald auch für Veranstaltungen aller Art genutzt wurde. Die Vorlesungen selber, das Auftreten der noch ganz aus der alten Universitätswelt kommenden Professoren und die Atmosphäre in den Hörsälen sind mir nur vage im Gedächtnis.

Dabei machte ich von der Freiheit eines Studenten wenig oder gar keinen Gebrauch. Kein Mensch dachte daran, zu »bummeln«, wie das mein Vater und seine Brüder aus ihrer Universitätszeit erzählt hatten. Nie bin ich so in das Denken vergraben gewesen, und gerade in seiner abstraktesten Form, wie in diesen frühen Jahren. Es war ja die Zeit meiner jungen Ehe. Imke war inzwischen achtzehn geworden, und mein dreiundzwanzigster Geburtstag im Januar 1949 war in Kopenhagen mit dänischen Studenten auf skandinavische Weise »gefeiert« worden. Auch in Berlin müssen wir damals mit neuen oder alten Freunden ständig gefeiert haben, wie man das damals nannte – Henning Schlüter, Friedrich Wilhelm von Sell (»Friwi«), Andrea Zwick, Alfred Kellner, Jürgen von der Hude und wenig später auch Hans Schwab-Felisch, der als einziger von uns schon in der Berufswelt angekommen war. Jeder musste etwas Trinkbares mitbringen, wenn es auch nur verdünnter Apotheker-Alkohol war, der damals noch nicht »vergällt« war. Durch Zitronenschalen, die meine Mutter von ihren Amerikanern mitbrachte, erhielt das Getränk ein wenig Geschmack.

Im Rückblick macht es den Eindruck, als seien wir im Schatten der Katastrophe gänzlich unbekümmert gewesen. Es war nicht lang her, dass sich die Rote Armee Viertel um Viertel und oft Haus für Haus in tagelangen Strassenkämpfen vorgearbeitet hatte, aber die Überlebenden feierten und tanzten. Das galt übrigens auch für mich, obwohl ich immer noch so schlecht tanzte, dass Freunde einmal sagten, ich tanze wohl zu Wetterstandsmeldungen. Meinem Vater muss das rhythmische Stampfen – unser Wohnzimmer lag gerade über dem Schlafzimmer meiner Eltern – auf die Nerven gegangen sein, mitgenommen nach einer schlaflosen Nacht sagte er zu meiner Mutter:

»Man hat ja geradezu das Gefühl, als wenn über einem ›Siedlers Tanzdiele‹ liegt.« Aber mein Vater verlor zu uns nie ein Wort darüber. Es war ihm wohl verständlich, dass die Jugend alles abwarf, nachdem Bombenteppiche, Front, Kriegsgefangenschaft und mitunter auch das Gefängnis hinter ihr lagen.

Ein Coup de Foudre: Imkes Welt

Es war eine völlig veränderte Welt, in die ich im Herbst 1947 nach Berlin zurückgekommen war. Ich war zwar wieder zu Hause, aber nicht in meinem Elternhaus. Da ich die Jahre seit meinem zwölften Lebensjahr nicht in Berlin, sondern in den Internaten Ettersburg und Spiekeroog gelebt hatte, fand ich auch nur wenige Schulfreunde in Berlin vor. Viele Mitschüler im Internat kamen von Gütern aus dem Osten, aus Ostpreussen, Westpreussen, Pommern oder Schlesien; dort gab es oft keine höheren Schulen in der Nachbarschaft. Jetzt lebten alle als Flüchtlinge verstreut in den Westzonen des besetzten Landes. In meiner Erinnerung hatte nach ihrer Rückkehr aus dem Krieg sich nicht einer meiner einstigen Klassenkameraden in die sowjetische Zone »repatriieren« lassen.

Aber ich habe die Mitschüler nicht wirklich vermisst, wie ich denn auch in späteren Jahrzehnten nie an Klassentreffen der sogenannten Altbürger teilgenommen habe, zu denen ich bis heute hin und wieder eingeladen werde. Ich ging, der Herbst dieses Jahres dauerte lange und war sehr warm, zum Grunewaldsee oder Schlachtensee, um zu schwimmen, oder ich suchte mit einem alten Fahrrad, das wohl zu klapprig und verrostet gewesen war, als dass es in der Russenzeit Liebhaber gefunden hätte, die alten Orte auf, zu denen wir als Kinder mit den Eltern Ausflüge gemacht hatten.

Anfangs war ich zuweilen auf einem nahegelegenen Tennisplatz in der Schorlemer Allee Ecke Podbielskiallee, der noch heute existiert. Aber ich spielte schlecht, von den anderen Spielern kannte ich niemand, und so verlor ich bald die Lust. Einen Tennisdress besass natürlich niemand; ich nahm abgetragene Flanellhosen und alte Turnschuhe aus der Internatszeit. Die Aufenthaltsräume des Tennisplatzes habe ich als Notbehelfsbauten in Erinnerung; vielleicht waren es ehemalige Wehrmachtsbaracken. Aber der Sport hatte nie in meinem Leben eine Rolle gespielt, weder im Dahlemer Arndt-Gymnasium noch in Ettersburg oder Spiekeroog, wo ich ein ziemlicher Einzelgänger gewesen sein muss. Ich kann mich jedenfalls nicht entsinnen, dass in diesem Herbst 1947 und in den nächsten Jahren für mich irgendwelche Sportereignisse eine Rolle gespielt hätten. Handball und Hockey, natürlich Landhockey, nicht das sozial verpönte Eishockey, waren die bevorzugten Sportarten von Ettersburg gewesen. Aber jetzt gab es das ohnehin nicht mehr, und die Zeit des Fussballs, der im Internat als proletarisch etwas über die Schulter angesehen worden war, sollte erst ein paar Jahre später kommen.

Merkwürdigerweise kamen aber sehr bald Boxkämpfe und Autorennen in Mode, der Kampf »Rux gegen Hucks« 1949 in der Waldbühne scheint ganz Berlin beschäftigt zu haben. Ich sehe noch die Litfasssäulen vor mir, die den Kampf plakatierten. Schon im Mai 1949 fand auch das erste Avusrennen wieder statt, bei dem Bud Monheim, der einen Arm bei Njasbar im Russlandkrieg verloren hatte, eine Rolle spielte, bis ihm die Teilnahme polizeilich untersagt wurde, weil er nicht nur sich selber, sondern auch die Mitfahrer gefährde. Bud Monheim bewohnte eine kleine schlossartige Villa auf der rechten Seite der Landzunge zwischen Schwanenwerder und dem brandenburgischen Yachtclub, wo auch ich zehn Jahre später meinen Jollenkreuzer unterbrachte. Er spielte damals in der Berliner Gesellschaft eine vielberedete Rolle, vielleicht, weil er mit Ada Tschechowa, der Tochter von Olga Tschechowa, liiert war. Einige Male hatte Bud Monheim auch versucht, die sechzehn- oder siebzehnjährige Imke für sich zu gewinnen, aber da war ich schon auf dem Plan erschienen.

Jetzt bewohnen wieder zwei Monheims den alten Familiensitz des Schokoladen-Königs Leonard Monheim, der vor hundertfünfundsiebzig Jahren die Marke »Trumpf« gegründet hatte. Dieter Monheim, ein Halbbruder Bud Monheims, hat die Anteile seiner Verwandten nach dem Kriege aufgekauft und dazu noch eine Reihe deutscher, niederländischer und Schweizer Schokoladenfirmen. Aber 1987 musste er seinerseits an übermächtige westdeutsche Konkurrenten verkaufen. In zweiter Ehe hat Dieter Monheim eine junge Polin aus Galizien geheiratet, Barbara Jaworska, die in ihrer Person die Internationalität der alten polnisch-habsburgischen Gesellschaft verkörpert.

Barbara Monheim spricht gleich gut deutsch, polnisch und ukrainisch, neben englisch und französisch natürlich. Mit ihrer Attraktivität und ihrem Charme hat sie das Haus noch einmal zu einem Treffpunkt deutscher und polnischer Intellektueller gemacht. Nach 1989 hat sie die Weizsäckers, Imke und mich auf Reisen oft durch diese östliche Welt Europas geführt. Später stiess auch Marion Gräfin Dönhoff zu uns. Wir fuhren entlang der Weichsel und in das alte deutsche Memel, das jetzt Klaipeda heisst, aber auf deren Hauptplatz wieder die nachgegossene Skulptur des »Ännchen von Tharau« steht.

Dann ging es über die Kurische Nehrung, wo wir Thomas Manns Haus in Nidden besuchten, das der litauische Staat zum Thomas Mann-Museum gemacht hat. Nur zwei Sommer haben die Manns dort verbracht und einen Teil seines Nobelpreises in dieses Ferienhaus investiert. Photographien aus den Sommern der Jahre 1931 und 1932 zeigen die Familie. Auch der achtzigste Geburtstag seines Schwiegervaters Alfred Pringsheim wurde hier gefeiert. Dann brach das Dritte Reich über Deutschland herein, und Thomas Mann kehrte erst nach der Katastrophe besuchsweise nach Deutschland zurück.

Es darf nicht der Eindruck entstehen, als hätten in meiner Jugend nur Literatur und Kunst eine Rolle gespielt. Aber in meiner Erinnerung aus dieser Zeit sind tatsächlich vor allem Theaterereignisse, Konzerte und Streifzüge in Buch- und Kunsthandlungen haften geblieben. Der junge, erst dreiunddreissigjährige Rumäne Sergiu Celibidache, jugendlich-blendend aussehend und etwas Zigeunerhaftes in die Musikwelt tragend, war in die Lücke gesprungen, die Wilhelm Furtwängler hinterlassen hatte, der seine Philharmoniker jahrelang nicht dirigieren durfte, da er bei nationalsozialistischen Staatsereignissen zu oft am Pult gestanden hatte.

Zwischendurch hatte es bei den Berliner Philharmonikern eine ebenso kometenhafte Karriere des sechsundvierzigjährigen Leo Borchard gegeben, die auf tragische Weise ihren Abschluss fand. Der Fahrer seines Wagens hatte ein Haltesignal von Militärpolizisten nicht beachtet, und der gefeierte Dirigent wurde auf der Fahrt vom amerikanischen in den britischen Sektor Berlins am heutigen Bundesplatz von einem amerikanischen Wachtposten erschossen. Damals fanden die Konzerte der Philharmoniker überwiegend im Titaniapalast in Steglitz und einmal sogar im Sportpalast in Schöneberg statt, dem Ort von Hitlers und Goebbels' Redeexzessen, wo die berüchtigte Frage gefallen war »Wollt ihr den totalen Krieg?«. Die berühmte Philharmonie in der Bernburger Strasse, wo meine Mutter den zehnjährigen Yehudi Menuhin als geigenspielendes Kind bestaunt hatte, war schon 1944 ausgebombt worden.

Das alles spielte plötzlich keine Rolle mehr, als eine Sechzehnjährige in mein Leben trat. Nun, da Imke und ich fünfundfünfzig Jahre zusammen leben, ist es wohl richtig zu erzählen, was in so unerwartetem Masse in meine Welt einbrach.

Es kommt uns selber mitunter unglaubhaft vor, dass wir tatsächlich seit über einem halben Jahrhundert zusammen sind. Dabei waren wir uns eigentlich auf eher zufällige Weise begegnet. Ein Freund aus Kindertagen, Henning Schlüter, der kaum fünf Minuten von unserem Falkenried entfernt im Haus seiner Eltern Im Gehege wohnte, kam eines Tages mit Karten zu einem Studentenball in der Mensa am Steinplatz, die gemeinsam von der Technischen Hochschule und der Hochschule für Musik genutzt wurde. Das liess mich eigentlich ziemlich kalt, obwohl solche Tanzveranstaltungen selten stattfanden und Karten entsprechend begehrt waren. Ich hatte wenig Neigung,

was vielleicht daran lag, dass ich mein Leben lang nicht nur ungern, sondern auch ungewöhnlich schlecht tanzte. Dabei hatte meine Mutter mich gedrängt, gleich nach der Rückkehr aus der Gefangenschaft in die nahegelegene Tanzschule Sommer am Platz Wilder Eber zu gehen, wohl um mich auf das gesellschaftliche Leben vorzubereiten.

Auf dem Rückweg vom Standesamt im September 1949: Imkes Vater (links) und mein Vater (rechts). Der Kurfürstendamm ist als Boulevard noch immer oder wieder vorhanden, selbst Markisen gibt es schon.

Diese Tanzstunden waren eine sonderbare Veranstaltung. Die jungen Männer waren Abiturienten oder Studenten in ihren ersten Semestern, und andere waren Kriegsheimkehrer Ende ihrer Zwanzig. Die jungen Mädchen waren überwiegend siebzehn oder achtzehn Jahre, oft gingen sie noch zur Schule, die in jener Zeit noch »Lyzeen« waren, wie am Ende des Falkenrieds auch das Gertrauden-Lyzeum lag, das in den letzten Jahren der Kaiserzeit gebaut worden und wo meine Schwester Gitty zur Schule gegangen war. Nach dem Krieg wurde der Name der längst vergessenen Heiligen Gertraude – einer Tochter Pippins des Älteren, die wohl als »Beschützerin der Saaten« für das Gelände der Domäne Dahlem als passende Schutzpatronin einer Mädchenschule erachtet worden war – gegen den des Naturforschers Alfred Wegener eingetauscht, der als

Geophysiker die Drift der Kontinente erforscht hatte. Er verdiente es wohl tatsächlich, Namensgeber der Schule zu sein, die heute eine moderne Realschule zu sein versucht. Hier kommen wir inzwischen unseren Wahlpflichten nach.

Auf jeden Fall war ich ziemlich ungerührt, als Henning Schlüter mich drängte, ihn zu dem Studentenball zu begleiten. Ich weiss nicht mehr, weshalb ich mich am Ende doch breitschlagen liess und meinen einzig vorzeigbaren Anzug mobilisierte. In Begleitung von Marie Luise von Brauchitsch – einer Nichte des Generalfeldmarschalls Walther von Brauchitsch, den Hitler nach dem Desaster vor Moskau in die Wüste geschickt hatte – machte ich mich im Winter 1947 auf den Weg zum Steinplatz. Der Vater von Marie Luise war einer der Direktoren von Karstadt, und auch er wohnte nur einige hundert Meter von uns entfernt, gleich gegenüber dem Arndt-Gymnasium in der Bitterstrasse. Marie Luise heiratete später einen Hamburger Grosskaufmann, und es soll eine glückliche Ehe geworden sein. Aber sein Unternehmen »fallierte«, womit man einst einen Konkurs, also landläufig eine Pleite, zu umschreiben pflegte, als es das Wort »Insolvenz« noch nicht gab. Marie Luises Mann löste den Skandal auf standesgemässe Weise. Er ging in den Jenischpark – wo nach dem Krieg neben der Jenisch-Villa das Barlach-Haus gebaut geworden ist – und erschoss sich, um der Familie einen Skandal zu ersparen. Das war hanseatischer Stil.

An Marie Luise habe ich nur undeutliche Erinnerungen, obwohl wir damals wohl ein paarmal, natürlich mit der S-Bahn, zum Wannsee fuhren, wo ein Verwandter oder Bekannter von ihr ein Paddelboot besass. Auf der Havel waren wir nahezu allein, bis auf wenige Schleppkähne, die Kohle in die bedrohte Stadt brachten. Ein oder zwei Jahre später legte ich meine ersten Honorare vom »Monat« und der »Neuen Zeitung« in der Luxusausführung eines doppelbreiten »Klepper«-Paddelboots an, das sogar über einen Mast samt Segeln verfügte, und im nächsten Jahr kaufte ich mir einen gebrauchten Aussenbordmotor.

Auf der Havel war ein Areal durch Bojen abgesperrt, weil an der Ausbuchtung des Zusammenflusses von Wannsee und Havel englische Flugboote landeten, die berühmten Thunderlands, die ziemlich urtümlich aussahen, weshalb sie von ihren Besatzungen liebevoll »Stachelschweine« genannt wur-

den. Hier luden die Wasserflugzeuge die bescheidenen Lebensmittelrationen ab, mit denen die Bevölkerung der belagerten Stadt am Leben gehalten wurde. In der friedlichen Atmosphäre, in der man auf der ganzen Havel nur drei oder vier Boote sah, wurde so die düstere Wirklichkeit in Erinnerung gerufen. Das irritierte uns wenig, das Absurde war ja das Normale.

Ein uralter Schären-kreuzer noch aus der Kaiserzeit gehörte einem Freund meiner Schwiegereltern. Auf ihm verbrachten wir manche Tage.

Erst beim Schreiben wird mir deutlich, wie mein Bekanntenkreis ohne Ausnahme aus der nächsten Nachbarschaft kam. Die Westzonen fielen ohnehin aus, weil man zum Passieren der Zonengrenze einen Interzonenpass benötigt hätte. Die Stadtmitte war ein einziges Trümmermeer, und im wirklichen Osten, im Prenzlauer Berg oder im Friedrichshain, hatten die Dahlemer ohnehin nie Bekannte gehabt. So kamen fast alle Freunde aus der nächsten Umgebung. Abends fuhren keine Verkehrsmittel mehr; so waren wir ohnehin auf die nächste Nachbarschaft angewiesen.

Kaum einer von uns besass Fahrräder, Motorräder oder gar Autos, es sollte Jahre dauern, bis die ersten Freunde über Wagen verfügten, Friwi Sell über einen Dixi, den ersten Kleinwagen aus dem Jahre 1922 aus den Eisenacher Dixi-Werken – die wenige Jahre später, 1928, von BMW übernommen wurden –, und Hans Schwab-Felisch über ein »Kommissbrot« von 1926, den zweisitzigen Kleinstwagen von Hanomag. Der kleinste Wagen von heute, der Smart, ist dagegen das reinste Luxusfahrzeug. Der Dixi wie das Kommissbrot waren Produkte der Notzeit nach dem Ersten Weltkrieg gewesen, inzwischen waren sie Jahrzehnte alt und von unseren Freunden mit Mühe einiger-

91

Allgemeiner Neid galt unseren Freunden Friwi Sell und Schwab-Felisch, weil sie in der autolosen Nachkriegs-zeit zwei uralte Vehikel erworben hatten, der eine besass einen »Dixi«, der andere ein »Kommissbrot«.

massen instand gesetzt worden. Aber immer wieder versagte der Anlasser, dann mussten wir die Wagen anschieben.

Als wir einmal alle zusammen zu der Hazienda in Pichelsdorf an der Havel fuhren, die diesen romantischen Namen trug, weil sie für Filmaufnahmen aufgebaut worden war, brachen beide altersschwachen Vehikel zusammen. Bei Friwis Wagen streikte der Motor, und bei Schwabchens Karosse brach die Lenkung. Erst nach einer halben Stunde fiel den Feiernden seine Abwesenheit auf, und wir machten uns auf die Suche nach dem Verschollenen. Endlich fanden wir Schwab und seinen Wagen fünfzig Meter abseits der Strasse auf einer angrenzenden Wiese. Die Lenkung hatte plötzlich den Dienst eingestellt, das Kommissbrot den Zaun durchbrochen und war endlich samt »Schwabchen« – sein Name wurde von allen näheren Bekannten nur in dieser Verkleinerungsform genannt – auf einem angrenzenden Grundstück gelandet.

Der Studentenball in der halbwegs durch den Krieg gekommenen Mensa fand in den Formen der Vorkriegszeit statt, was um so merkwürdiger war, weil fast jeder sich mit erkennbarer Mühe herausstaffiert hatte. Die Studenten trugen oft umgefärbte Wehrmachtsuniformen, die jungen Mädchen, die man früher junge Damen genannt hätte, kamen in Kleidern, denen mitunter anzusehen war, dass sie aus Stoffresten – Imke sagte mit dem Spott der Besitzerin eines wirklichen Abendkleides: aus alten Gardinen – zusammengenäht worden waren. Auf jedem Platz standen altmodisch Tischkarten mit den

Namen der Erwarteten. Das ist mir vor allem deshalb in Erinnerung, weil Imke ständig nach einem »Prinz von Hessen« Ausschau hielt, der angekündigt, aber nicht erschienen war, den ganzen Abend musste seine Tischkarte für ihn aufkommen.

Später, als ich mit dem Chef des Hauses Hessen, Prinz Moritz aus Panker in Holstein, näher bekannt wurde, versuchte ich herauszufinden, welcher Prinz von Hessen das damals gewesen sein könnte. Aber Moritz, der sich »Landgraf von Hessen und bei Rhein« nannte, konnte mir nicht helfen, es gab einfach zu viele hessische Linien und entsprechend viele Prinzen.

Jahre später zeigte uns Moritz von Hessen das ausgedehnte Schloss Fasanerie seiner Kurhessischen Verwandtschaft bei Fulda. Zusammen wanderten wir durch die unendliche Flucht der Räume des leerstehenden Schlosses, in dem nicht ein einziges Möbelstück, nicht ein Bild, nicht eine Tapisserie vorhanden war. Moritz hatte ganz offensichtlich noch immer einen Soupcon gegen die Vettern in Berlin, die Hohenzollern. Aufgebracht noch nach einem Jahrhundert, erzählte er, dass die ganze Einrichtung nach der Usurpation des Landes von den Preussen abtransportiert worden war: »Dutzende von Wagen«, sagte er empört, »haben die ganze Einrichtung als Kriegsbeute aufgeladen. Nur die eisernen Öfen wurden zurückgelassen.«

Ein Vorfahre hatte die Kachelöfen des 17. und 18. Jahrhunderts gegen klassizistische Öfen der neuen Eisenmanufakturen eingetauscht, die nun seit anderthalb Jahrhunderten ungenutzt in dem leerstehenden Schloss standen. Das erregte meinen Enthusiasmus, da ich seit langem ein Faible für die damals neu aufgekommene Mode des Eisengusses hatte. Meine Begeisterung muss übertrieben ausgefallen sein, denn plötzlich sagte Prinz Moritz: »Sie würden mir eine Freude machen, wenn Sie einen der Öfen als Erinnerung annehmen. Ich lasse ihn bei nächster Gelegenheit hier abbauen und nach Panka bringen. Aber Sie müssen schon selber kommen und ihn in Empfang nehmen.« Ich hielt die Anstandsfrist von einigen Wochen ein, dann fuhr ich mit Imke nach Schleswig-Holstein und holte mir den Ofen, der

bei uns zu Ehren gekommen ist. Er wurde an den Schornstein angeschlossen, und in kalten Wintertagen wird er mitunter in Betrieb genommen.

Zurück zu jenem Studentenball, der für mich so folgenreich sein
sollte, denn hier begegnete ich Imke, mit der ich dann ein Leben lang
zusammen blieb, sodass ich im Grunde von jetzt an immer »wir«
statt »ich« sagen müsste. Wie mag der Saal ausgesehen haben, der
nach den Begriffen jener Notzeit festlich geschmückt war? Ich weiss
nicht einmal mehr, ob wir an einem Achter- oder Zehnertisch
sassen. Trotz eines gewissen festlichen Anstrichs waren Speisen und
Getränke so armselig wie alles in diesen Jahren. Wer mag an unserem
Tisch gesessen haben? Deutlich sehe ich nur noch Henning Schlüter
mit seiner Begleiterin Imke vor mir und dann wohl Friwi von Sell,
aber ich habe keinen blassen Schimmer mehr, mit wem er eigentlich
gekommen war. Dunkel ist mir, als wenn ein Medizinstudent namens Helmut Coper dabeigewesen wäre, den ich ein Jahr später bei
der Gründung der »Freien Universität« häufig treffen sollte.
Unser Tisch muss jedenfalls aus der Reihe gefallen sein. Der alte Freiherr von Sell, der Vater von Friwi, war nach dem 20. Juli 1944 verhaftet, von den Sowjets 1945 aus einem Konzentrationslager befreit,
als »Schatullenverwalter« des ehemaligen Kaisers in Doorn jedoch
gleich erneut verhaftet worden und ist dann irgendwo in einem Lager verschollen. Helmut Coper war ebenfalls ein sogenanntes Opfer
des Faschismus, denn sein Vater, ein prominenter Berliner Anwalt,
war im Dritten Reich als »Nichtarier« ins KZ Theresienstadt deportiert und sein Sohn als »Halbjude« zur »Organisation Todt« einge-
zogen worden, um bei Jena Bunker für irgendwelche Geheimwaffen
zu bauen. Und auch ich konnte ja mit einer bescheidenen Gefängnis-
vergangenheit aufwarten.
Wahrscheinlich haben wir uns tatsächlich von den anderen ziemlich
deutlich unterschieden, wie wir da – drei Studenten Anfang ihrer
Zwanzig – über die Vergangenheit redeten und welche Folgerungen
aus ihr für die Gegenwart zu ziehen seien, merkwürdige Gespräche

*Die exotische, fremd-
artige Erscheinung
Imkes faszinierte mich
schon bei unserer ersten
Begegnung. Neben
Imke ihr Vater Herbert
Faigle.*

für einen Studentenball. Aber ich scheine damit die sechzehnjährige
Imke für mich gewonnen zu haben, und offensichtlich kam sie darüber hinweg, dass wir mehr redeten als tanzten.

Spielte das Orchester, das den Hintergrund zu unseren Gesprächen
gab, tatsächlich nur klassische Tanzmusik, wie sie mir in Erinnerung
geblieben ist? Oder ging man nach der ersten halben Stunde zu jenen
amerikanischen Rhythmen über, die inzwischen ihren Siegeszug
auch in Berlin angetreten hatten, Stücke von Glenn Miller, Benny
Goodman und Louis Armstrong, die natürlich bevorzugt waren? Ich
weiss nur noch, dass es sich bei meinem ersten Tanz mit Imke um
einen langsamen Walzer gehandelt hat, schon weil ich ihn kaum beherrschte, weder links herum noch rechts herum. Imke dagegen
blieb im Gedächtnis, dass ihr sofort meine steife Hand aufgefallen
sei, die mir von jener Verwundung bei den Kämpfen im Apennin im
Sommer 1944 zurückgeblieben ist.

Es war wohl wirklich das, was man einen Coup de Foudre nennt.
Nach dem ersten Tanz schon sagte ich zu mir: »Die ist es«. Natürlich

Imke wurde von der Schmidt-Rottluff-Schülerin Marianne Coenen-Bendixen gemalt. Als Siebzehn-jährige war Imke mit-unter Modell für Maler und Modephoto-graphen.

hatte ich bis dahin meine Flirts, aber nie ernsthaftere Gefühle gehabt oder gar an eine dauerhafte Bindung gedacht. Henning Schlüter hatte mich beschworen, ihm bei seiner Begleitung nicht in die Quere zu kommen, und ich hatte ihm das ohne Bedenken zugesagt, schon weil ich von Marie Luise okkupiert war. Aber nach einer halben Stunde bereits nahm ich mein Wort zurück und sagte zu Schlüter, ich würde alles daran setzen, das junge Mädchen für mich zu gewinnen.

Imke war mir nicht nur darum aufgefallen, weil sie mit ihren sechzehn Jahren bei weitem die jüngste war. In der Jugend ist, wie meine Grossmutter zu sagen pflegte, der Teufel schön. Aber das war es nicht allein. Es war wohl eher Imkes gewisse Fremdartigkeit, die mich faszinierte. Ihre Mutter war Anfang des Ersten Weltkrieges aus St. Petersburg über das finnische Karelien, das damals noch ein Teil des Russischen Reiches war, und Schweden nach Deutschland ge-kommen, und eine Aura von Exotischem umgab auch die Tochter.

Imke war als einzige im »New Look« gekommen, jenen dreivier-tellangen Kleidern, die 1947 von New York über Paris nun auch Deutschland erobert hatten, die aber im zertrümmerten Berlin jener

96

Jahre besonders absurd waren, weil sich schon der Stoffknappheit wegen niemand solche modischen Eskapaden leisten konnte. Imkes Eltern waren aber lose mit einer Baronin Sigrid von Laffert und deren Tochter bekannt. Von beiden hiess es, sie hätten in der anrüchigen Gesellschaft des Dritten Reiches eine zwielichtige Rolle gespielt und wären im Haus von Goebbels auf Schwanenwerder ein- und ausgegangen. Jetzt brachte sich die Tochter, inzwischen wohl in der zweiten Hälfte ihrer Zwanzig, als Mannequin durch; früher hatte man das »Probiermamsell« genannt. Aber in den zwanziger und dreissiger Jahren hatte sich allmählich die französische Bezeichnung durchgesetzt. Das hatte für ihre Bekannte das Angenehme, dass sie nach Modenschauen die vorgeführten Kleider zu annehmbaren Preisen abgab. Da sie auffallend gross war, wurden alle Kleider bei Imke mit ihren 1,61 Metern automatisch zum New Look. Damals, bei unserer ersten Begegnung, trug Imke ein hellgrünes Kleid, in dem sie wenig später von der Schmidt-Rottluff-Schülerin Marianne Coenen-Bendixen gemalt worden ist. Das Bild heben wir aus leicht verlegener Pietät noch immer auf, wenn wir es auch inzwischen in den Keller verbannt haben. Auf dem Studentenball machten das Kleid wie seine Trägerin jedenfalls Furore, bei mir die Trägerin mehr als ihr Kleid.

Schon nach zwei Tagen machte ich mich unter dem Vorwand, Imke jenen Roman zu leihen, über den wir gesprochen hatten, in die Meinekestrasse auf, wo ihre Eltern in einem der wenigen stehengebliebenen Häuser wohnten. Ich brachte ihr Hemingways »Fiesta«, seinen genialen Erstlingsstreich, mit dem er sich 1926 auf einen Schlag in der vordersten Reihe der amerikanischen Literatur etabliert hatte. Das war im Grunde ein sonderbarer Weg, sich einer Sechzehnjährigen zu nähern, denn »Fiesta« handelt von einer vergeblichen Liebe, da die Hauptperson durch eine Kriegsverwundung am Vollzug der Liebe gehindert wird. Der Schluss von »Fiesta«, der mich damals faszinierte und es im Grunde noch heute tut, hat das Pathos des Unausgesprochenen. Die letzten Sätze des Buches mit ihrer Resignation sind mir nie aus dem Gedächtnis gegangen:

»Ach, Jake«, sagte Brett. »Wir hätten so glücklich zusammensein können.« Vor uns hielt ein berittener Schutzmann in Khaki, der den Verkehr regelte. Er hob seinen Stab. Das Auto stoppte plötzlich und warf Brett eng an mich. »Ja«, sagte ich. »Wär' schön gewesen.«

Das war ein neuer Tonfall, und er kennzeichnete alle diese neuen amerikanischen Autoren, Ernest Hemingway, Francis Scott Fitzgerald, William Faulkner und auch John Dos Passos, dessen Roman »Drei Soldaten« ebenfalls ein grosses Erlebnis jener Jahre war. Die Menschen und Ereignisse werden hier nicht beschrieben, es wird eine Stimmung evoziert, und das war eindrucksvoller als jede Beschreibung von Gefühlen. Das machte auch die Wirkung des nächsten Romans von Hemingway »In einem anderen Land« aus, dessen englischer Originaltitel »A Farewell to Arms« im Grunde provozierender ist. Catherine, die grosse Liebe des Helden, stirbt bei der Geburt ihres gemeinsamen Kindes. Wieder kommt aus dem Nichtgesagten jene Wirkung, für die man vor ihm viele Sätze oder gar Seiten gebraucht hätte. Der Held ist in den letzten Stunden in der Klinik bei Catherine:

Ich ging in das Zimmer und blieb bei Catherine, bis sie starb. Sie war die ganze Zeit bewusstlos, und sie brauchte nicht sehr lange zum Sterben. Vor dem Zimmer im Gang sprach ich mit dem Doktor.
»Kann ich heut abend noch irgend etwas erledigen?«
»Nein. Nichts. Kann ich Sie in Ihr Hotel bringen?«
»Nein, danke. Ich bleibe noch eine Weile hier.«
»Ich weiss, man kann nichts sagen. Ich kann Ihnen nicht sagen ...«
»Nein«, sagte ich. »Man kann nichts sagen.«
»Gute Nacht«, sagte er. »Ich kann Sie nicht in Ihr Hotel bringen?«
»Nein, danke.«

»Es war das einzige, was man machen konnte«, sagte er. »Die Operation bewies …«

»Ich möchte nicht darüber sprechen«, sagte ich.

»Ich möchte Sie gern in Ihr Hotel bringen.«

»Nein, danke.«

Er ging den Gang hinunter. Ich ging an die Tür des Zimmers.

»Sie können jetzt nicht hereinkommen«, sagte eine der Schwestern.

»Doch, ich kann.«

»Sie können noch nicht herein.«

»Gehen Sie hinaus«, sagte ich, »die andere auch.«

Aber nachdem ich sie draußen hatte und die Tür geschlossen und das Licht ausgedreht hatte, schien es sinnlos. Es war, als ob man einer Statue Lebewohl sagt. Nach einer Weile ging ich hinaus und verließ das Krankenhaus und ging im Regen ins Hotel zurück.

Das war nahezu perfekt gesagt, das Erzählen selber war wichtig, nicht das Erzählte. Ich war mir, wie meine ganze Generation sagte, sicher, das 20. Jahrhundert werde »das Jahrhundert des amerikanischen Romans« sein. Ist das so ganz falsch, wenn man an Dreisers »Amerikanische Tragödie« denkt, an die »Babbit«-Romane von Sinclair Lewis, die Lanny Budd-Serie von Upton Sinclair, die »USA«-Trilogie von John Dos Passos, Scott Fitzgeralds »Der große Gatsby«, Faulkners »Licht im August« oder eben Hemingways beide Erstlingsromane? Die deutschen Erzähler der Weimarer Zeit, die mich eben noch so fasziniert hatten, kamen mir mit einem Mal altmodisch vor, all die Wassermanns, Zweigs und Döblins. Und vielleicht waren sie wirklich ein wenig von gestern, wenn man dagegen hält, was gleichzeitig in Amerika vor sich ging. Der »Fall Maurizius« und »Der Streit um den Sergeanten Grischa« signalisierten wohl doch eher das Ende der alten deutschen Erzähltradition, mit neuen Inhalten allerdings. Aber haben sie wirklich eine neue Technik des Erzählens heraufgeführt?

Während ich diese Passagen zu Papier bringe, frage ich mich, ob der frühe Hemingway für die heute Jungen noch die Revolution des Schreibens ist, als die er mir damals erschien. Für mich bleibt es dabei, die Träume der Jugend behalten ihre Magie auch im Alter. Der späte, der »reife« Hemingway des Welterfolgs von »Wem die Stunde schlägt« ist mir inzwischen blasser geworden, und die Bücher, die danach kamen, auch das mit dem Nobelpreis ausgezeichnete »Der alte Mann und das Meer«, kommen mir zuweilen wie die Arbeiten eines Hemingway-Epigonen vor. Aber der junge Rebell Hemingway in seinen Zwanzigern bleibt mir eine Offenbarung, und beim Wiederlesen seiner frühen Romane geht es mir wie Elias Canetti, der in den siebziger Jahren in seinen Erinnerungen darauf beharrt hat, Dos Passos, Hemingway und Faulkner seien die Erlebnisse seiner Jugend gewesen. Aber werden sie die Probe der Zeit, von der Walter Kiaulehn gesprochen hat, wirklich bestehen? Wird Hemingways leidenschaftliches Verlangen in Erfüllung gehen, eines Tages neben Tolstoi, Stendhal und Flaubert genannt zu werden? Die Literatur ist ein einziges Massengrab, und so bin ich mir und meinen Gefühlen gegenüber misstrauisch.

Wieviele Götter meiner Jugendzeit sind schon schal geworden? Als ich in der zweiten Hälfte meiner Zwanzig war und mich im Umkreis des »Monat« und der »Neuen Zeitung« bewegte, war mir Friedrich Luft eine so unzweifelhafte Grösse, dass ich ihn neben und manchmal über Kerrs Forciertheiten stellte. Als ich 1980 meinen eigenen Verlag gründete, war es daher mein erstes, mich mit Luft zu treffen, um ihn zur Niederschrift seiner Erinnerungen zu bewegen. Wir sassen im Chalet Suisse im Grunewald zusammen mit Jochen Severin, meinem damaligen Partner in der Verlagsgründung. Fast zu unserer Überraschung liess sich Luft von unser beider Enthusiasmus beflügeln und unterschrieb auf einer Papierserviette die erste Fassung eines Buchvertrages.

Aber nach zwei Jahren gab Luft uns den Vorschuss zurück: »Ich bin eben doch ein Kurzstreckenläufer. Mein ideales Mass ist und bleibt sechs, höchstens acht Schreibmaschinenseiten. Deshalb bin ich nie zu Essays gekommen.« Als er unsere Enttäuschung sah, sagte er: »Ich habe mir wirklich Mühe gegeben, meine Entwürfe und Skizzen füllen mehr Papier, als ihr wahrscheinlich hättet gebrauchen können. Aber ich komme damit nicht zu Rande.« Es liegt wahrscheinlich nicht nur daran, dass Luft ein Meister der kleinen Form war. Auch diese kleine Form, selbst die damals alle Welt bezaubernden Sammlungen seiner Feuilletons unter dem Titel »Luftsprünge« und »Luftballons«, ist doch zeitgebundener als wir das meinten. So habe ich den Plan fallenlassen müssen, Luft wenigstens mit diesen Miniaturen aus der Vergessenheit zu holen. Ich wollte mir die Erinnerung an den Charme und auch das Charisma Lufts nicht selber zerstören. Das ist wahrscheinlich die Lehre, die man daraus ziehen soll – man soll Erinnerungen vorsichtshalber Erinnerung sein lassen, die Götter der Jugendzeit sind empfindlich.

Das Elternhaus von Imke in der Meinekestrasse 3 gleich neben der Einmündung in den Kurfürstendamm stand in einem Meer von Trümmern. Auf der anderen Strassenseite wurden die Ruinen gerade abgeräumt, sodass man über die Leere hinweg jenen wilhelminischen Backsteinbau in der Joachimsthaler Strasse sehen konnte, der einst Imkes Grundschule gewesen war. Das Nachbarhaus der Faigles, das einst Zwicks, den Nachbarn Im Gehege, gehört hatte, war schon 1943 ausgebombt worden. In dem modischen Brutalismus der fünfziger und sechziger Jahre wurde in der Meinekestrasse ein Betongebirge als Hochgarage errichtet, das vom Senatsbaudirektor Werner Düttmann als einzigartiges »skulpturales Monument« präsentiert wurde. Es dauerte nur einige Jahrzehnte, bis man dieses Betonmonstrum, das in Wirklichkeit die ganze Meinekestrasse ruinierte, als Sünde der Nachkriegszeit ansah. Jetzt setzte man eine ganze Häuserzeile davor, sodass die Strasse eine reine Wohnstrasse geworden ist, wie sie das einst um die Jahrhundertwende gewesen war. Anstelle der grossbürgerlichen Wohnungen der Kaiserzeit waren nun aber Ein- und Zweizimmer-Appartments entstanden. Auch die einstigen Bewohner fehlten, die der Meinekestrasse ihren »vor-

Imke im Sommer 1948 in der Wohnung ihrer Eltern in der Meinekestrasse.

nehmen« Charakter gegeben hatten. Aber die Schicht des wohlhabenden Bürgertums gab es nirgends mehr, und so entspricht die Meinekestrasse der gewandelten Zeit.

Ihr bemerkenswertes Vermögen, dem die Zwicks mehrere Mietshäuser am Kurfürstendamm und einige Villen in Dahlem verdankten, kam von der mütterlichen Seite. Maria Zwick war eine geborene Mouson, kam also aus jener Dynastie, die ihr Vermögen mit der Herstellung von Parfümartikeln gemacht hatte wie ihre Kölner Konkurrenten, die Dynastie der Muelhens, das ihre mit dem »Echt Kölnisch Wasser 4711«. Die Zwicks wie die Muelhens waren die neuen Reichen der Jahrhundertwende, und sie wurden vom wirklich alten Bürgertum denn auch ein wenig über die Schulter angesehen. Inzwischen ist das Jahrhundert vergangen, und mittlerweile sehnt man sich nach Familien wie den Mousons und Muelhens, gibt es doch inzwischen gar keine Bürger mehr, weder alte noch neue.

Nicht nur das Haus selber war erhalten, selbst der Stil der Faigleschen Wohnung war der alte geblieben. Auch Imkes Eltern hatten zwar ebenso wie die meinen die meisten Möbel, Gemälde und Teppiche in den »Luftschutzbunker« des Reiches geschickt, weil Schlesien so abgelegen war, dass es dort am sichersten sein sollte. Aber inzwischen war ganz Schlesien eine polnische Provinz geworden, und alles dahin Verlagerte – auch Kommoden und Schränke meiner Eltern – war verloren. Imkes Mutter hatte die Leere der Wohnung inzwischen aber gefüllt, und als ich zum ersten Mal in die Meinekestrasse kam, machte sie den Eindruck, als hätte es nie einen Krieg gegeben. Man sollte doch denken, dass mit den zerstörten Häusern auch deren Einrichtung im Bombenkrieg untergegangen war, aber merkwürdigerweise waren die fünfziger und sechziger Jahre eine

grosse Zeit des Antiquitätenhandels. Die Männer waren oft gefallen oder noch in Gefangenschaft, und die
allein gebliebenen Frauen suchten sich durch den Ver-
kauf geretteter Dinge über Wasser zu halten. Auch waren die Sektorengrenzen noch durchlässig, viele Sachen
aus der sowjetischen Zone wurden in den Westen gebracht und dort verkauft.

Das war die Welt, in der Imke und ich uns Ende der vierziger Jahre bewegten: eine wirkliche Ruinenstadt mit der zerschossenen Gedächtniskirche im Mittelpunkt.

Für Imke und ihre Mutter gehörte auch in diesen Jahren nach dem
Krieg ein Rundgang durch Antiquitätengeschäfte zum Wochenaus-
klang, und als ich sozusagen zur Familie gehörte, wurde ich von dieser Leidenschaft angesteckt. Gemeinsam stöberten wir bei Wilhelm
Weick in der Eisenacher Strasse, bei dessen Vater in den zwanziger
Jahren schon mein Vater gekauft hatte und dessen Geschäft jetzt in
der dritten Generation von dem Enkel Thomas Weick fortgeführt
wird; wir gingen zu Wilhelm Klewer am Viktoria-Luise-Platz oder zu
Margarete Seidel in der Eisenacher Strasse, deren Sohn Bernd mir in
kurzen Hosen in Erinnerung geblieben ist; jetzt führt er eines der besten Antiquitätengeschäfte Berlins in der Keithstrasse.
Man musste damals nicht viel Geld haben, wer gab schon seine wenigen Mark für dergleichen Extravaganzen aus, und vor allem, wer
brachte in dieser Trümmerwelt das Interesse für Antiquitäten auf?

Ich weiss noch, dass mir Wilhelm Weick, in dessen Geschäft sich Museumsleute, Restauratoren und Sammler jeden Sonnabendvormittag trafen, eines Tages ein ganzes Biedermeierzimmer aus Birke mit einer Standuhr, einem Esszimmertisch und sechs Stühlen anbot; mit siebenhundertfünfzig Mark überstieg das aber meine Möglichkeiten bei weitem.

Alle diese Unternehmungen waren schon gemeinsame Abenteuer von Imke und mir, denn wir waren bald unzertrennlich. Als wir uns im Familienkreis mit wenigen Freunden 1948 ganz altmodisch verlobten, wurde hier und da von einer Kinderehe gesprochen, und viele Bekannte und Verwandte zweifelten an ihrer Haltbarkeit, so auch Fritz von Heede, der Bruder von Imkes Mutter, der 1949 aus russischer Gefangenschaft zurückkam. Als er hörte, dass Imke, die gerade einmal zwölf Jahre alt gewesen war, als er als Stabsarzt an die russische Front gegangen war, bei seiner Rückkehr schon verheiratet war, zeigte er sich entgeistert. Auch meine Eltern hatten unsere Pläne anfangs nicht ernstgenommen und hielten uns, gerade einmal siebzehn und zweiundzwanzig Jahre alt, für zu jung, um eine Lebensentscheidung zu treffen. Aber mit der Zeit fanden sich die beiderseitigen Eltern darein, dass alle Vernunft gegen Leidenschaft nichts ausrichten kann.

Imkes Mutter Elisabeth, eine geborene von Heede aus St. Petersburg, sah auch mit über vierzig Jahren noch ausnehmend gut aus, und Photographien zeigen, dass sie in ihrer Jugend eine wirkliche Schönheit gewesen ist. Mein Vater sagte zu meiner Mutter: »Ich hätte die Mutter, nicht die Tochter genommen.« Als es im Lauf der Zeit mit Imke und mir ernst wurde, fragte meine Mutter ihn eines Abends: »Und was sagst Du zu Wolfs neuester Eroberung?« Mein Vater soll, wie es seine ruhige Art war, nur gesagt haben: »Sie stört nicht«. Das bedeutete viel; damit war Imke in die Familie aufgenommen. In der Tat sollten wir mit meinen Eltern Jahrzehnte ohne Trübung im selben Haus im Falkenried leben; sie zogen in die untere Etage, wir nahmen das obere Stockwerk. Das Dachgeschoss, wo einst das Fremdenzim-

Elisabeth von Heede, Imkes Mutter, mit ihren vier Schäferhunden kurz nach der Flucht aus St. Petersburg.

mer, Gittys Jungmädchenzimmer und die Mädchenkammern gewesen waren, haben wir erst später ausgebaut, als ich einigermassen zu Geld gekommen war.

Bei Imkes Mutter waren die Türen für mich vom ersten Moment an weit geöffnet, was den Vater, der seine Tochter so schnell nicht loswerden wollte, ein wenig irritierte und auch Imke selber überraschte. Ein Besuch dort bedeutete für mich eine ziemliche Expedition, denn die U-Bahn fuhr vom Bahnhof Dahlem-Dorf aus zwar direkt zum U-Bahnhof Hohenzollernplatz, der nicht einmal zehn Minuten Fussweg von der Meinekestrasse entfernt liegt. Aber zurück musste ich mich jedesmal zu Fuss aufmachen, denn ab 18 Uhr verkehrten der Stromsperren wegen keine Züge. Diese Fussmärsche, von Imke und dem genossenen Wein beflügelt, sind mir noch heute gegenwärtig, schon weil ich bisher niemals zu Fuss von der Innenstadt in die Vororte gewandert war.

Eines Abends, die Familie war schon schlafen gegangen, sass ich mit Imkes Mutter noch eine Weile zusammen. Wir redeten über dies und das, als sie aus heiterem Himmel plötzlich sagte: »Nicht, dass ich Ihnen Imke aufreden will. Aber sollte es Ihnen beiden wirklich ernst sein, braucht es Sie nicht zu stören, dass Sie noch keinen Beruf haben. Mir wären Sie jedenfalls willkommen.« Imke war, als ich ihr das erzählte, zuerst amüsiert, dann aber leicht konsterniert, dass sie mir geradezu aufgeredet worden sei. Das habe ich in späteren Jahren mitunter aufgegriffen und dann gesagt, angesichts der weit ausgebreiteten Arme von Imkes Mutter hätte ich keinen Ausweg gehabt und mich in mein Schicksal ergeben.

Es waren wahrscheinlich nicht so sehr meine Vorzüge, sondern der Umstand, dass ich nur wenige Konkurrenten hatte. Viele meiner Generation, allein sechs meiner Ettersburger Mitschüler, waren gefallen, andere waren noch in Gefangenschaft in Russland oder in Frankreich, oder sie waren inzwischen in die westlichen Zonen gegangen. In dieser derangierten Nachkriegsgesellschaft verkörperte ich für Imkes Mutter vermutlich eine gewisse Bürgerlichkeit. Nicht nur die Stadt selber war eine Ruinenwelt, auch die alte Gesellschaft war derangiert. Ein Bürgertum gab es im Grunde gar nicht mehr, und es sollte sich auch in den kommenden Jahrzehnten nicht wieder herstellen. So war ich für Imkes Mutter wahrscheinlich ein Überbleibsel der alten Welt, und es mag sein, dass ihre Sympathie auch daher kam. Als ich im Winter 1948 auf dem Plan erschien, hatte die sechzehnjährige Imke noch keinen Schulabschluss. Ihr Vater hatte sie irgendwann einfach aus der Schule genommen, und ein Hauslehrer suchte ihr das Nötige in Privatstunden beizubringen. Der reizende alte Herr kam viermal in der Woche und war offensichtlich dankbar – erstens, dass er wieder eine Aufgabe hatte, zweitens, dass es vor Beginn der Unterrichtsstunden ein reichliches Frühstück gab. Für uns war dieser Hauslehrer der Bürger in Person.

Was ihn uns besonders interessant machte, waren die Erzählungen aus seiner Studentenzeit, während der er offenbar mit Lotte Lehmann, der später sehr gefeierten Sopranistin, eng verbunden gewesen war. Er gewann dadurch in den Augen der Familie an Ansehen, denn Lotte Lehmann war der Star von Bruno Walter, Arturo Toscanini und Richard Strauss. Imkes Hauslehrer nun in solcher Nachbarschaft zu sehen, verwirrte uns fast. Aber von Thomas Mann hatte ich ja gelernt, dass Bürger mitunter verschwiegene »Hunde im Souterrain« haben, und immer, wenn ich später diesen Passus las, dachte ich an Imkes Hauslehrer.

Eines Tages trat in diesem Idyll das Arbeitsamt auf den Plan und machte Lebensmittelkarten für Imke davon abhängig, dass sie, wenn schon nicht Schülerin, so doch irgendwo arbeiten müsse. Ihr drohte eine zwangsweise Beschäftigung in einer Behörde. In dieser misslichen Lage gab Achim von Biel ihr eine Bescheinigung, wonach sie in der Intendanz der Kurfürstendamm-Bühnen als Sekretärin arbeite; der Kelch der Dienstverpflichtung war an ihr vorübergegangen. Achim von Biel wohnte auf der gegenüberliegenden Flurseite der Meinekestrasse 3. Er war der Lebensgefährte der Jahrzehnte älteren Schauspielerin Mara Feldern-Förster, die eine Legende in der Berliner Theaterwelt gewesen war. Man erzählte sich, dass sie in den zwanziger Jahren in München die Lehrerin von Liesl Karlstadt gewesen sei. Achim von Biel und Mara Feldern-Förster waren schon 1946 und 1947 von den Alliierten zu Intendanten der Privattheater Komödie und Theater am Kurfürstendamm bestellt worden, wobei niemand wusste, welche Verbindungen oder Verdienste ihnen zu diesem Privileg verholfen hatten. Mara Feldern-Förster behauptete, dass sie im Sommer 1945 sich zu Fuss in das sowjetische Hauptquartier aufgemacht und es bei Oberst Tulpanow persönlich erreicht habe, dass ihr die beiden Theater zugesprochen worden waren.

Beide Bühnen waren zwischen 1921 und 1925 im Auftrag Max Reinhardts von dem berühmten Theaterarchitekten Oskar Kaufmann als elegante Theater des »Berliner Westens« erbaut worden. Heute sind sie reine Boulevardtheater, und man kann sich schwer vorstellen, dass in den zwanziger Jahren tout Berlin hier verkehrt hatte, sowohl auf der Bühne wie im Zuschauerraum. Zur Eröffnung waren der ehemalige Reichskanzler Prinz Max von Baden und Aussenminister Gustav Stresemann gekommen; dadurch waren beide Häuser gesellschaftlich etabliert.

Im September 1949 war es endlich soweit, dass wir heiraten konnten. Je älter wir werden, um so erstaunter sind wir, dass die beiderseitigen Eltern ein solches Abenteuer zuliessen. Ich begann gerade mein zweites Semester an der Freien Universität, und Imke hatte gar keinen Beruf. Das war weiss Gott keine Grundlage für eine solide Ehe, aber die Zeiten waren auch nicht solide, und beide Eltern taten alles, um uns den Start in die Ehe zu erleichtern. Meine Eltern räumten uns die obere Etage für vierzig oder fünfzig Mark Miete ein, und Imkes Eltern steckten bei einem Besuch im Falkenried ihrer Tochter heimlich zwanzig, in Ausnahmefällen sogar fünfzig Mark zu.

Der Vater von Imke, der Rechtsanwalt und Notar Herbert Faigle, hatte als junger Leutnant den Ersten Weltkrieg an der russischen Front mitgemacht und nach dem Krieg jenem Freikorps angehört, das im Baltikum gegen die Roten gekämpft hatte. Die ganze Familie amüsierte sich, wenn mein Schwiegervater von seinen damaligen Heldentaten erzählte, wie er 1919 – »mit meinen Männern«, wie er sagte – Riga zurückerobert hatte. Über den heroischen Tonfall dieser Wendung musste er schliesslich selber in das allgemeine Gelächter einstimmen. Nach der Rückkehr hatte Imkes Vater Jura studiert und sein Studium nach sechs Semestern mit dem Staatsexamen abgeschlossen. Danach war er durch irgendwelche Verbindungen am Kammergericht zugelassen worden, war also ein privilegierter Anwalt, denn dort wurden nur Prozesse mit einem gewissen Streitwert geführt. Das ermöglichte der Familie ein vergleichsweise luxuriöses Leben in der Kurfürstendamm-Welt.

Das väterliche Haus der Heedes in St. Petersburg hatte am Newski-Prospekt gelegen, und so war Imkes Mutter noch in jener Zarenwelt aufgewachsen, die heute wie aus fernen Zeiten anmutet. Auf dem Weg zur Schule war den Schwestern Elisabeta, Marussja, Tamara und Anuschka der Diener Pjotr gefolgt, um die Schulmappen der Mädchen zu tragen. Aber diese Dienerschaft gehörte ja zur Familie, und so war auch Pjotr ein Teil ihrer Kindheit. Im Grunde waren die Kinder mehr mit der Dienerschaft als mit den Eltern zusammen gewesen. In lebhafter Erinnerung waren die Abende geblieben, an denen die Mutter in grosser Toilette zu den Kindern noch einmal ans Bett kam und sich mit einem Kuss auf die Stirn von ihnen verabschiedete, bevor sie zu irgendeinem Empfang ging. Auch die Brüder Emiljok und Fritz, der aber nur Iluschinka genannt wurde, sprachen später noch häufig russisch, und Imkes Mutter fiel noch im Alter unwillkürlich ins Russische, wenn sie die Geschwister nach langer Trennung traf.

Einmal hätte das fast eine Katastrophe heraufbeschworen. Ihr Bruder Fritz war 1944 als Stabsarzt in russische Gefangenschaft geraten. Da es bei den Sowjets Misstrauen erweckte, wenn Gefangene gut russisch sprachen, hatte er all die Jahre in Sibirien seine russische Herkunft verschwiegen. Im Wehrpass hatte er mit Hilfe einer Rasierklinge aus dem Geburtsort Petersburg ein Petersberg gemacht. Nach seiner Rückkehr erzählte er, wie schwierig es gewesen sei, vier Jahre lang den Unwissenden zu spielen, wenn die Wachtposten sich ungeniert über die deutschen Gefangenen unterhielten.

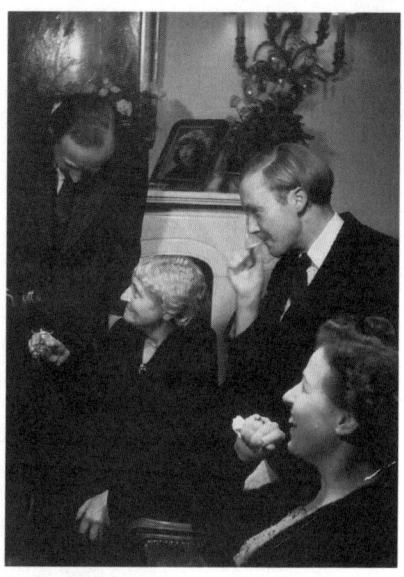

Die Hochzeitsfeier im September 1949. Von links: Herbert Faigle, meine Grossmutter Dorothea Wegener, mein ältester Jugendfreund, der spätere Schauspieler Henning Schlüter, und Elisabeth Faigle.

Endlich wurde Fritz von Heede im Sommer 1949 nach fünf Jahren Sibirien nach Deutschland entlassen. Vom deutschen Grenzbahnhof in Frankfurt an der Oder wählte er aufs Geratewohl die alte Telephonnummer in der Meinekestrasse, und tatsächlich war die Telephonnummer die alte geblieben. Imkes Mutter, die keine Ahnung von seiner bevorstehenden Rückkehr gehabt hatte, war von der Stimme ihres Bruders so überwältigt, dass sie in einen Schwall russischer Worte ausbrach. Fritz spielte den Verständnislosen. »Ich kann Dich nicht verstehen«, rief er immer wieder, »hier muss jemand in

Imkes Lieblingsonkel Fritz von Heede kurz vor seinem Abmarsch an die russische Front.

der Leitung sein. Da wird immer russisch gesprochen.« Seine Schwester sprudelte begriffsstutzig auf Russisch weiter aufgeregt auf ihn ein. So hängte er kurzerhand ein, in der Angst, das Gespräch könne abgehört werden.

In den letzten Wochen vor der sowjetischen Einschliessung Berlins 1945 hatte Imkes Mutter zusammen mit ihrer dreizehnjährigen Tochter Imke auf dem Schloss eines Bekannten Zuflucht gesucht, eines Herrn von Hase in Roggendorf in Mecklenburg. Grosse Teile Mecklenburgs waren von britischen Einheiten erobert und erst im Sommer 1945 den sowjetischen Truppen übergeben worden. Unter dem Siegel der Verschwiegenheit, denn der bevorstehende Abzug sollte streng geheimgehalten werden, warnte in letzter Stunde ein junger englischer Offizier die Berliner Flüchtlinge, dass um Mitternacht die Sowjets einrücken würden. Aber an diesem Nachmittag hatte man die dreizehnjährige Imke mit einer Freundin in ein Nachbardorf geschickt, und als sie endlich zurückkamen, war die Chance einer rechtzeitigen Flucht vertan.

Die Briten waren abgezogen und die Russen ein paar Stunden später eingerückt. Dieser Wechsel der Besatzung hat auf Imke bleibenden Eindruck gemacht. Von den Amerikanern mit ihren Jeeps und Verpflegungsrationen, wie man sie in der deutschen Wehrmacht seit Jahren schon nicht mehr kannte, war es nicht nur der Absturz in eine fremde, sondern in eine armselige Welt. Auf Panjewagen und mit zotteligen Pferden zogen die Rotarmisten ein. Die Sieger sahen so abgerissen aus wie die Besiegten.

Herr von Hase, wohl spät geadelt, war nicht mit der Familie jenes Generals Paul von Hase verwandt, der als Stadtkommandant Berlins in der Kommandantur Unter den Linden Nr. 1 residiert hatte und der in den Umsturzversuch vom 20. Juli 1944 verwickelt gewesen war. Er wurde zum Tode verurteilt und in Plötzensee hingerichtet. Der Mecklenburger Hase war ein Unternehmer, dessen immenses Vermögen ihm zu mehreren Schlössern verholfen hatte. Man erzählte sich, dass er sein Geld mit der Lieferung minderwertigen Stadtgases nach Hamburg gemacht hatte.

Im Speisesaal des Schlosses wurde auch in diesen letzten Tagen vor dem Abzug der deutschen und dem Einzug der alliierten Truppen das gemeinsame Essen in der alten Manier serviert, der Hausherr sass am Kopf der Tafel, und ihm wurden besondere Gerichte aufgetischt. Herr von Hase war übrigens seinen vielen Geliebten offensichtlich über ihre jeweilige Zeit hinweg zugetan gewesen, und am Giebel eines seiner vielen Schlösser waren sie in Sandstein-Büsten verewigt, über deren Bewandtnis aber niemand Näheres wusste. Im Alter hatte Herr von Hase in dritter oder vierter Ehe seine Wirtschafterin geheiratet, eine resolute, nicht unbedingt damenhafte Person, die um ihren Mann jedoch rührend besorgt war.

Herr von Hase, und deshalb ist die Geschichte erzählenswert, bewies wenigstens am Ende Stil. Er hatte in den letzten Wochen vor Kriegsende Trecks vertriebener Ostpreussen oder Pommern wie allen anderen Flüchtlingen auch nur eine vorübergehende Unterkunft verweigert, obwohl das grosse Haus fast leer stand. Eines Tages war ein siebzigjähriger Schulenburg aus Westpreussen mit seinem Treck durch Roggendorf gekommen. Auch ihm wies er die Tür. Auf archaische Manier hatte daraufhin der alte Graf die Arme weit ausgebreitet und Hase und sein Haus bis in alle Zukunft verflucht.

Nun war Herr von Hase selber ein Flüchtling. Die Sowjets beschlagnahmten das Schloss als Divisionshauptquartier, und nicht nur alle Flüchtlinge, sondern auch die Hases selber mussten das Haus innerhalb von zwei Stunden räumen. Da aber lief Herr von Hase zu grosser Form auf. Er schlug ein Kreuz und sagte: »Der Herr hat's gegeben, der Herr hat's genommen, der Name des Herrn sei gelobt.« Das Schloss mit allen Möbeln und Kunstschätzen verliess er mit einem Handkoffer. Wenige Jahre später soll er verarmt in Hamburg gestorben sein.

Anfang der neunziger Jahre wollte Imke aus Sentimentalität das Hasesche Haus wiedersehen. In ihrer Erinnerung war das Haus ein wirkliches Schloss gewesen. Aber wir fanden einen ziemlich scheusslichen Kasten der Jahrhundertwende, und auch die umgebenden Gartenanlagen im Stil Lennés waren verwildert, der Park kaum mehr erkennbar, auf dessen Teich einst schwarze Schwäne majestätisch dahinglitten. Der heruntergekommene Sozialismus hatte, wie so häufig, seine Plattenbauten unmittelbar in die Nachbarschaft des alten Hauses gesetzt. War es Gedankenlosigkeit oder bewusste Herabsetzung des einstigen »Junkersitzes«? So war man sehr häufig mit den alten Adelssitzen umgegangen, nicht nur mit dem Schloss Paretz Luises oder mit dem Schloss Neu-Hardenberg der Hardenbergs.

Imke und ihre Mutter hatten in Roggendorf mit »ihren« Russen, ohne es zu wissen, das grosse Los gezogen. Es war eine Elitedivision aus Leningrad, dem einstigen und jetzigen St. Petersburg, die eingerückt war, und auch der russische General benahm sich wie ein Gentleman. Als Hase mit seinen Bediensteten das Schloss hatte verlassen müssen, blieben Imke und ihre Mutter als einzige Deutsche im Haus. Ihres perfekten Russischs wegen war die Mutter als Dolmetscherin für den General verpflichtet worden. Ihr Russisch hatte

mitunter für Staunen gesorgt: »Sie sprechen ja, Elisabetha Pawlowna, ein literarisches Russisch.« Seit der Revolution war dieses
Russisch kaum noch gesprochen worden. Die Sprache war so heruntergekommen wie das ganze alte Russland. Imke erinnert sich noch
wörtlich an die Formulierung des Staunens: »U was literaturnyj
russkij jasyk, kak u Tolstogo.« In dem Vierteljahrhundert seit 1917
hatte sich die russische Umgangssprache offensichtlich sehr verändert, aber die altmodische Fremdartigkeit ihrer Sprache weckte bei
den sowjetischen Offizieren kein Misstrauen, sondern erkennbar
Sympathie.

Bald sollten Mutter und Tochter an vielen Abenden mit den russischen Offizieren teilnehmen. Da die Verbindungen zu den westlichen Gebieten inzwischen völlig abgebrochen waren, erstickte man
geradezu in Eiern, Fleisch, Sahne und Butter. Ein Major aus dem
Stab des Generals mit dem jüdischen Namen »Goldfarbe« hatte das
kleine Mädchen mit dem langen, blonden Haar in sein Herz geschlossen. Irgendwann fragte er Imke, was sie sich denn am meisten
wünsche: »Ein Fahrrad«, hatte Imke treuherzig gesagt, und Major
Goldfarbe war von Imkes Mutter nur mit Mühe davon abzuhalten,
ein Kommando durch die nächsten Dörfer zu schicken, um ein geeignetes Rad zu requirieren.

Es war eine merkwürdige Vertrautheit, die sich im Laufe der nächsten Tage und Wochen herstellte und die noch anhielt, als Imke und
ihre Mutter längst wieder in ihre Wohnung in der Meinekestrasse zurückgekehrt waren. Als ich in das Leben der Familie trat – oder Imke
in mein Leben –, gab es diesen freundschaftlichen Umgang noch
immer. Der General und seine Stabsoffiziere kamen gelegentlich
zum Essen nach Berlin, wobei es keine Rolle spielte, dass »W 15« –
man legte Wert darauf, dass die Meinekestrasse nicht in Charlottenburg war – im britischen Sektor von Berlin lag. Das Fleisch, soweit
ich mich erinnere Hirsch oder Wildschwein, brachten die Russen
stets mit, wahrscheinlich hatten sie es in den Wäldern Mecklenburgs
geschossen. Zuweilen waren auch amerikanische Offiziere dabei und
auch jene französische Capitaine Marianne Scheelkopf, deren Fami

lie selber aus St. Petersburg kam und die mit Imkes Mutter inzwischen nahezu befreundet war.

Solche Abende verliefen höchst ungezwungen. Sprachbarrieren spielten in dem durch Wodka beflügelten Kreis bald keine Rolle mehr. Immer wieder wurden Trinksprüche auf Stalin, Truman und Attlee ausgebracht. Roosevelt war schon im April 1945 gestorben und Churchill Ende Juli 1945 aufgrund der verlorenen Unterhauswahlen zurückgetreten. Die Verbrüderung zwischen Russen, Amerikanern, Franzosen und Deutschen wurde immer lärmender. Der russische General schien keinen Anstoss daran zu nehmen, dass gelegentlich auch Emigranten in der Runde waren, so ein ehemals hoher kroatischer Offizier, den alle Welt nur »Woija« nannte, weil niemand seinen jugoslawischen Nachnamen aussprechen konnte. Imkes Eltern hatten den Verdacht, dass er, einst zu den Ustascha, der kryptofaschistischen kroatischen Einheit zählend, Anlass gehabt hatte, vor der Partisanenarmee Titos das Weite zu suchen. Woija lebte jetzt mit einer russischen Emigrantin namens Nina zusammen, mit der sich Imkes Mutter nur russisch unterhielt. Nina muss in ihrer Jugend ausnehmend attraktiv, vielleicht sogar wirklich schön gewesen sein. Aber inzwischen war sie in die Jahre gekommen, und vor allem war der übermässige Konsum von »Wässerchen« an ihr nicht spurlos vorübergegangen. Sie sah selbst im Verfallsstadium wie eine Rokokofigur aus, und in unser Mitgefühl war Hochachtung gemischt. Was mochte Nina in ihrer Heimat gewesen sein? Auch sie stammte aus der alten Petersburger Gesellschaft und war in den Wirren der Revolution des Bürgerkrieges erst nach Kiew und Odessa ausgewichen und dann mit der zurückflutenden deutschen Wehrmacht nach Berlin gelangt.

Mitunter, aber sehr selten waren auch zwei enteignete Gutsbesitzer dabei, wohl aus Thüringen und Sachsen, Baron von Bockum-Dolffs, der Neffe von Elisabeth von Heyking, die jenen ergreifenden Bestseller »Briefe, die ihn nie erreichten« hinterlassen hat, und Paul von Bülow, ein Grossneffe des kaiserlichen Reichskanzlers Bülow. Er

Elisabeth von Heede, Imkes Mutter, nach dem Krieg in der halbwegs wiedereingerichteten Wohnung in der Meinekestrasse.

hatte die letzten Kriegsjahre in einem KZ verbracht, und Imkes Vater hatte ihn in dem vorangegangenen Prozess verteidigt. Es wurde gesagt, Paul von Bülow sei nicht seiner Gesinnung oder Tat, sondern seiner ausgeprägten Neigung zu jungen Männern wegen in das KZ gekommen. Imkes Vater schwieg dazu; das »Anwaltsgeheimnis« wurde selbst der Familie gegenüber gewahrt. Bockum-Dolffs und Bülow waren einst vermögend gewesen, jetzt aber lebten sie als Flüchtlinge von Sozialunterstützung in Dachkammern, und offensichtlich waren sie der Meinung, dass ein solches Ende nicht lebenswert sei.

Ich erinnere mich noch an jenen Abend, als Bockum-Dolffs detailreich »Paulchen« Bülow auseinandersetzte, wie man sich am einfachsten und sichersten vom Leben verabschieden könne. Er tat das auf so amüsante Weise, dass alle dieser Belehrung folgten, die mich an Thomas de Quincey's »Der Mord als eine schöne Kunst betrachtet« erinnerte, das ich kurz zuvor gelesen hatte. Es sei, erklärte Bockum-Dolffs, nicht empfehlenswert, ins Wasser zu gehen, Bülow könne ja wahrscheinlich schwimmen, und ausserdem sei immer zu befürchten, dass man gerettet würde. Auch gegen Gift hatte Bockum-Dolffs Bedenken. Der Todeskampf sei oft mit Qualen verbunden und könne sehr lange dauern, vor allem sage die Erfahrung, dass der Selbstmörder sehr häufig beim Würgen das Gift wieder von sich gebe. Nein, Bockum-Dolffs blieb dabei, nicht nur die schmerzloseste und schnellste, sondern auch die sicherste Methode bleibe der Strick. Er riet sehr davon ab, ihn an einem Haken zu befestigen. Wenn man es nur richtig mache, genüge ein Fensterkreuz, an dem man sich ganz langsam herunterlassen könne, es komme nur darauf an, dass der Knoten des Stricks nicht zu gross und nicht zu klein sei, er müsse direkt an der Halsschlagader zu liegen kommen, dann genüge die kleinste Fallhöhe.

Einige Wochen später hat sich Paul von Bülow genau nach dieser Anweisung das Leben genommen, und wenige Monate später schied auch Bockum-Dolffs freiwillig aus dem Leben. Er hinterliess einen Brief an meine Schwiegereltern, dass er ein schönes Leben gehabt habe und keinen Sinn darin sehe, seine letzten Jahre unwürdig zu verbringen. Er dankte meinen Schwiegereltern und allen, mit denen er so oft zusammengewesen sei, für viele schöne Tage und Abende.

Die Begleitung des russischen Generals – in der deutschen Armee hätte man sie »Burschen« genannt – war während des Essens in der Küche bei der Hausgehilfin Frau Bonack einquartiert. Der Bursche des Generals sagte eines Abends: »Elisabeta Pawlowna, notgedrungen habe ich ihre Gespräche mitangehört. Sie sprachen von der Datscha Ihrer Eltern. Wissen Sie noch, wo das Haus lag?« Imkes Mutter antwortete: »Bei Juki in Karelien« – der alten russischen Provinz, die seit dem russisch-finnischen Winterkrieg wieder russisch geworden war. Der Bursche des Generals kannte die Gegend offensichtlich genau. Er fragte, ob sie sich an das Birkenwäldchen auf dem Hügel erinnere und an das weisse Haus mit seinem Säulenvorbau. »Ja, natürlich«, sagte Imkes Mutter temperamentvoll, »das gehörte dem Grafen Schuwalow, einem der Freunde von Papa.« Da sagte der

Bursche: »Trinken wir, Elisabeta Pawlowna, auf unsere gemeinsame Jugend!« Imkes Mutter drang in ihn, woher er stamme und was seine Familie einst gewesen war. Aber die Jahrzehnte unter Lenin und Stalin hatten ihre Wirkung getan. Niemals hat er ein Wort über seine Herkunft verloren, und als die Russen das nächste Mal in die Meinekestrasse kamen, war er nicht mehr dabei. Diese Abende zwischen Siegern und Besiegten sind in vielen Einzelheiten in meiner Erinnerung geblieben.

Die Verlobungsfeier in der Meinekestrasse. Auf dem linken Bild Imkes Mutter, neben ihr sitzend Baron von Bockum-Dolffs, stehend hinter meinem Vater Paul von Bülow. Eine andere Aufnahme zeigt meine Mutter neben mir.

Noch zwei- oder dreimal kam der russische General, dann riss die Verbindung ab. Imkes Mutter versuchte in Erfahrung zu bringen, ob es »ihre« Russen in Roggendorf noch gäbe. Aber inzwischen hatte sich die politische Grosswetterlage geändert, sowohl in der Berliner Alliierten Kommandantur als auch in der sowjetischen Besatzungszone. War die Division noch in Mecklenburg stationiert? Oder scheute der General die Verbindung nach West-Berlin? War er längst in die Sowjetunion zurückbeordert worden? Wir haben es nie erfahren. Der Umgang nicht nur zwischen den vier Siegermächten, sondern auch zwischen Russen und Deutschen ging im Kalten Krieg unter.

Das alles gehört zu Imkes Welt – das Leben ihrer Mutter im alten Russland und in den Wirren danach, die Kindheit in der Meinekestrasse, der Weg zum Zoobunker während des Krieges, wo man ewig anstehen musste, bis man eingelassen wurde, die Evakuierung nach Mecklenburg und die Erlebnisse mit den Russen, damals als bedrückend empfunden, heute in der Erinnerung mit amüsanten Erlebnissen verbunden. Imke denkt oft an ihren Major Goldfarbe, und sie fragt sich mitunter, was aus ihm wohl geworden ist.

Imke sieht gern zurück, und ich bin es zufrieden, daran teilgehabt zu haben. »Besonnte Vergangenheit« heissen die Erinnerungen von Carl Ludwig Schleich, einem einst berühmten Arzt. War Imkes Jugend wirklich besonnt, oder liegt im Alter über jeder Kindheit der Glanz des Gewesenen? Die Antwort ist wohl eine Sache des Naturells, und unseres neigt am Ende zur Dankbarkeit.

Alte Geschichte als Zeitgeschichte

An der Freien Universität begegnete ich zum ersten Mal Franz Altheim, dem Aussenseiter unter den Althistorikern. Ohne Zweifel war er der Lehrer, der mich am meisten beeindruckt hat, mehr noch durch seine Bücher als mit seiner Person. Wann und warum hat er mich immer wieder in sein kleines Reihenhäuschen im Zehlendorfer Quermatenweg eingeladen, wo wir manchen Nachmittag und Abend zusammensassen? Einmal suchte er mich zu überzeugen, dass die Literatenexistenz nicht das Richtige für mich sei, wobei er zu erkennen gab, dass er mich gern in seiner Nähe sähe, wenn ich mich denn in den klassischen Sprachen vervollständigen und mich der Alten Geschichte anstelle der Germanistik widmen würde.

Die Erscheinung Franz Altheims war auf den ersten Blick nicht bestechend. Er war kein Gelehrter alten Stils wie mein Nachbar im Hirschsprung und erster Lehrer Friedrich Meinecke, und er hatte auch nichts Geheimratsmässiges wie Theodor Schieder an sich, der später mein Autor wurde. Aber seine Physiognomie belebte sich, sobald er auf seine eigentlichen Themen kam, nämlich das Ende der alten Reiche und das Hochkommen neuer Völkerschaften. Dabei war seine Vortragsweise eigentlich unspektakulär, die Faszination ging von dem Vorgetragenen, nicht vom Vortragenden aus. War es der Gegenstand, der mich fesselte? Das konnte man auch nicht gerade sagen, denn Altheim beschäftigte sich vor allem mit den Völkern, die im zweiten und dritten Jahrhundert n. Chr. gegen die alten Reiche brandeten, gegen Rom im Westen und Iran im Osten. Altheim zählte immer neue Völkerschaften auf, von denen man kaum je

Der Althistoriker Franz Altheim (rechts) mit seinem indologischen Kollegen Paul Thieme. Altheim besuchte ich mehrmals in seiner Doppelhaushälfte im Quermatenweg.

gehört hatte, Meder und Parther, Alanen und Dromedarnomaden – Wüsten- oder Steppenvölker, die damals in den Gesichtskreis der Alten Welt traten. In diesem Zusammenhang tauchten auch die Araber und die Goten auf, die Jahrhunderte später die römischen und die persischen Reiche umstürzen sollten.

Damit gewannen Vorgänge, die man bis dahin nur als Plünderungszüge von Barbaren gesehen hatte, weltgeschichtliche Bedeutung, »junge« Völker stürzten »alte« Reiche um. Der Einfall der Cimbern und Teutonen, die Plünderung Roms durch Alarich und die Züge Totilas waren mir noch aus dem Geschichtsunterricht einigermassen vertraut. Aber in dieser Weise hatten wir das germanische Vordringen nach Italien – und bald mit den Vandalen auch nach Afrika – noch nie gesehen.

Wie sollte einem dabei nicht der Gedanke an das eigene Erleben kommen? Die »Horden aus Mittelasien«, die Hitler und Goebbels mit dem düsteren Verlauf des »Unternehmens Barbarossa« immer häufiger beschworen hatten, ordneten sich also jener Bewegung ein, die seit Jahrtausenden aus Asien gegen Europa anbrandete. Was hatte man davon bisher gewusst? Von den Räumen zwischen der Donau und dem Indus hatte man kaum je gehört.

Manche von Altheims Thesen wurden bald fragwürdig, das Denken in allzu grossen Räumen hat seine Gefahren. So hat sich seine provozierende Entdeckung, dass es eine einzige Bewegung gewesen sei, die in dem halben Jahrtausend der Zeitenwende, also zwischen 250 v. Chr. und 250 n. Chr., gegen die chinesischen, die persischen und die römischen Reichsgrenzen drängten, inzwischen als allzu kühn herausgestellt. Altheim meinte nämlich, die umstürzende Entdeckung gemacht zu haben, dass es ein und dieselbe Wanderungsbewegung gewesen sei, die die Han-Dynastie in China und die östlichen Provinzen Roms geprägt und auf ihrer grossen Westwanderung das iranische Reich erschüttert habe. Die Hing nu am Westrand des chinesischen Reiches und die Hunnen am Ostrand des Imperium Romanum betrachte er zusammenhängend, was wirklich eine revolutionäre Verknüpfung der chinesischen und der römischen Geschichte war.

Seine Thesen trug Altheim mit immer neuen sprachlichen Beweisen vor. Er selber beherrschte ja Dutzende von Sprachen, selbst im Iranischen soll er, so erzählte man sich in seinem Seminar, in drei oder vier Dialekten zu Hause gewesen sein. So hatte bisher niemand die Völkerwanderungen gesehen, und die herkömmlichen Althistoriker waren angesichts so weit ausgreifender Perspektiven mehr oder weniger hilflos. Aber später stellte sich heraus, dass seine Beweisführung teilweise auf tönernen Füssen stand, und Altheim selber nahm allzu kühne Perspektiven nach ein paar Jahren zurück. In der zweiten Auflage seines Buches tat er das mit dem lapidaren Satz, der Autor habe die These von dem Zusammenhang der Hing nu und der Hunnen inzwischen fallengelassen.

Für mich aber hatten seine geschichtlichen Vorstellungen dadurch nichts an Faszination verloren, und wenn ich heute in seinen Büchern blättere, nimmt mich wieder der gedankliche und sprachliche Zugriff seines Denkens gefangen, das offenbar von Oswald Spengler beeinflusst war. Da stosse ich auch wieder auf die Notiz im Anmerkungsapparat seines mehrbändigen Werkes »Ein asiatischer Staat«, wonach er auf einen bestimmten Gedankengang durch Gespräche mit mir gekommen ist; aber ich weiss beim besten Willen nicht, worum es damals gegangen war.

Der Titel »Ein asiatischer Staat. Feudalismus unter den Sasaniden und ihren Nachbarn« war im Grunde eine Provokation. An der Welt der Sasaniden fällt also das »Asiatische« in die Augen, während man doch bisher das mittelpersische Reich als wiederbelebtes altpersisches Reich von Xerxes und Darius und als Vorläufer des neupersischen Reiches von Schah Abbas dem Grossen aufgefasst hatte.

Altheim aber sah im Asiatischen überzeitliche Züge, wobei er das Zarenreich und die Sowjetunion zusammendachte. Zentralistischer Staatsaufbau, quasi-religiöses Denken, streng gegliederte Hierarchien und ein machtvolles Militär waren für Altheim hier wie dort charakteristisch. Auch solche Parallelen, die ihre Gefahren, aber auch ihre Verführung hatten, faszinierten mich. Ich muss nur eines seiner Bücher aufschlagen, dass ich mich in die Gefühlswelt des Fünfundzwanzigjährigen versetzt fühle, wenn ich auch heute als Fünfundsiebzigjähriger Zweifel an der Vergleichbarkeit zwischen dem Persischen Reich und der Sowjetunion habe.

Der Ausgang des Zweiten Weltkrieges hat eine Krise der nationalstaatlichen Idee gebracht, deren Umfang und Folgen noch nicht abzusehen sind. Umfassende Staatengebilde sind in die vorderste Linie getreten, deren völkische Struktur noch im Werden zu sein scheint. Sie gleichen Kontinenten mehr als Ländern; Völkergruppen mehr als Völkern; sie greifen gewaltig aus und umfassen von vornherein den ganzen Erdkreis mit ihren Zielen. Die Geschichtswissenschaft – als Bewusstwerdung der Gegenwart an der Vergangenheit – muss daraus die Folgerungen ziehen. Wir müssen uns daran gewöhnen, nicht in einer Kultur, sondern in Kulturen, in Reichen und grossen Räumen zu denken. Geschichtliches Denken ist heute nur als universalgeschichtliches möglich; geschichtliche Fragen berühren uns nur dann, wenn sie unter universalgeschichtlichem Blickwinkel gesehen werden. Heute decken Lössstaub und Wüstensand alle Kulturen ab. Sie haben aneinander gelitten, sie sind aufeinander gefolgt und haben es doch erzwungen, dass sie für eine Spanne ihr Leben führen, dann ihren Tod sterben durften. Mehr gibt das Leben nicht. Das Land, darin sie gewesen, hat sich zur Einöde gewandelt, wie alles, darüber das Rad der Geschichte hinweggegangen ist.

Es ist kein Wunder, dass solche Gedankengänge den Zwanzigjährigen, der soeben aus den letzten Schlachten des Zweiten Weltkrieges
zurückgekommen war, in ihren Bann geschlagen haben. Denke ich
aus dem Abstand eines halben Jahrhunderts über meine frühe Faszination durch Altheim nach, so scheint es mir das eigene Erleben des
Umsturzes zu sein, das mich zu Altheim führte.

Inzwischen war ich so vertraut mit Altheim, dass ich ihn fragen
konnte, was ihn denn um Himmels willen zu Himmler gebracht
habe. Altheim hatte dafür eine verdächtig-plausible Erklärung: »Ach,
wissen Sie«, sagte er, »als Historiker hat man immer wieder mit den
Tätern der Geschichte zu tun, von Sulla und Marius bis zu Caesar
und Augustus. Aber wie sehen solche Männer aus der Nähe aus, wie
denken sie, wie sprechen sie von ihren Visionen, wenn sie denn welche haben?« Er habe damals, sagte Altheim dann, die Illusion gehabt,
dass Himmler ein Beweger von Geschichte sei, und erst spät sei ihm
klargeworden, wie machtlos und im Grunde belanglos der Mann
gewesen sei, mit dessen Namen die Vernichtungsstätten nicht nur
im Osten für alle Zeiten verbunden bleiben. In seinen Grenzen sei
Himmler ein gebildeter Mann gewesen, der von seinem Vater, einem
königlich-bayerischen Gymnasialprofessor, die Leidenschaft für die
Geschichte und vielleicht auch die Germanentümelei übernommen
habe. Und in der Tat hatte Himmler auf dem Höhepunkt des Russ-
landfeldzuges ein Heer von Historikern unterhalten, die die Spuren
der Goten weit im Osten erforschen sollten, wo tatsächlich das gotische Siedlungsgebiet eine Zeitlang gelegen hatte.
Auffälligerweise war Altheim seine Nähe zum Regime nicht peinlich.
Er erinnerte sich an die Tage, als er in den dreissiger Jahren mit dem
englischen Althistoriker Ronald Syme, der durch sein Buch »The Roman Revolution« 1939 bekannt wurde, am Ufer des Tigris zusammen
gesessen und sie sich beide gestanden hätten, ihren jeweiligen Ge-
heimdiensten vertrauliche Informationen gegeben zu haben.
Im Bücherschrank meines Vaters standen noch aus seiner Zeit als
Konsul in Konstantinopel und Alexandrien die in braunes Halbleder

gebundenen Bände über die Beduinen von Max von Oppenheim, einem in die Wissenschaft entwichenen Angehörigen der Kölner Bankiersfamilie, deren nobles Bankhaus noch heute besteht. Max von Oppenheim muss ein unruhiger Geist gewesen sein, ausgebildet in dem väterlichen Bankhaus trat er dann in das Auswärtige Amt ein, und aus dieser Zeit muss die Bekanntschaft mit meinem Vater stammen. Erst sehr spät konnte er sich seiner eigentlichen Leidenschaft zuwenden, der Arabistik und der Archäologie. In den zwanziger Jahren hat Oppenheim freimütig berichtet, dass er das Auswärtige Amt in Berlin vor dem Ersten Weltkrieg mit geheimen Informationen über englische Truppenbewegungen versorgt hatte. Es war so etwas wie Kameraderie zu spüren, als Altheim gestand, dass selbst in den dreissiger Jahren noch enge Beziehungen zwischen den Historikern Londons und Berlins bestanden hätten, wobei er die ironische Formulierung gebrauchte, dass es eine »Internationale der Althistoriker« gegeben hätte.

So hat durch Franz Altheim die Historie eine beherrschende Rolle in meiner Studentenzeit gespielt, obwohl ich doch eigentlich mehr zur Literatur neigte. Nicht zufällig gehörten Heinrich Böll und Martin Walser zu meinen frühesten Bekannten, der eine war schon in den fünfziger Jahren oft bei mir zu Hause, dem anderen gab ich als Vorsitzender einer Jury für die »Ehen in Philippsburg« den ersten Literaturpreis seines Lebens. Als ich, Mitte meiner Zwanzig, zum »Monat« stiess, war es wohl die Literatur gewesen, die mich Melvin Lasky empfohlen hatte. Und ich vermute, dass es auch bei der »Neuen Zeitung« so war, als man mich 1954 dazu brachte, mein Studium endgültig aufzugeben, um Literaturredakteur zu werden. Aber die Geschichte holte mich sozusagen ein. Kaum zehn Jahre später wurde ich Verleger des Propyläen Verlages; dadurch war ich auch für die Propyläen Weltgeschichte verantwortlich. Während der nächsten Jahre sollte mich das zwölfbändige Werk sehr weitgehend beschäftigen. Golo Mann und Alfred Heuß wurden als Herausgeber meine wichtigsten und engsten Gesprächspartner.

Meine frühe Begegnung mit Franz Altheim trug vielleicht dazu bei, dass mich der Umgang mit der Geschichte bald mehr faszinierte als der mit jenen Alltäglichkeiten, die in den Büchern der deutschen Nachkriegsliteratur eine so grosse Rolle spielten. Die Literatur trat jedenfalls in meiner verlegerischen Arbeit immer mehr zurück, und die grossen Reihenwerke, an die ich meine letzten Jahre wendete, hatten fast ausschliesslich mit der Geschichte zu tun, seien es die Bände von »Die Deutschen und ihre Nation« und »Das Reich und die Deutschen« oder die zehn Bände der »Deutschen Geschichte im Osten Europas«.

Mit dem allerletzten verlegerischen Vorhaben kehrte ich sozusagen in Altheims Welt zurück. Ich suchte Alfred Heuß, den Mitherausgeber und Autor der Propyläen Weltgeschichte, der gerade in einem Band über den »Ruin deutscher Geschichte« die antike Geschichte gegen die Gegenwart eingetauscht hatte, dafür zu gewinnen, zwei historischen Figuren nachzugehen, die wie kaum andere das Denken für Jahrtausende nicht losgelassen hatten – Alexander dem Grossen und Hannibal, beide halb mythische Gestalten, die das geschichtliche Nachdenken in Bewegung gesetzt hatten. Alfred Heuß hatte meinen Vorschlag vorsichtig abgewehrt – was man über Alexander und Hannibal wirklich wisse, habe ja auf wenigen Zeilen Platz. Aber ich kehrte sein Argument gegen ihn. Der mazedonische König und der punische Feldherr hätten ihrerseits solche Wirkung auf die Geschichte gehabt, dass es eine Kapitulation des geschichtlichen Nachdenkens sei, wenn man solche Gestalten ignoriere. Alfred Heuß wurde schwankend, und wir schieden mit der Verabredung, dass er sehen wolle, was ihm dazu einfiele. Das war sein letzter Brief, Alfred Heuß starb 1983, und ich nahm von einem Vorhaben Abschied, das an seine Person gebunden war.

Wenn ich heute darüber nachdenke, erscheint es mir nicht zufällig, dass es zwei grosse Historiker waren, die mich inspiriert haben: Franz Altheim am Beginn meines geschichtlichen Nachdenkens und Alfred Heuß am Ende meiner verlegerischen Arbeit.

Nachgeholte zwanziger Jahre

Ernst Jünger hatte mir nach meiner Rückkehr aus der Kriegsgefangenschaft im Herbst 1947 geschrieben, er werde sich nach dem Verlust des eigenen Sohnes meiner annehmen. Aber der Jünger der Nachkriegszeit war mir, bis auf das Pariser Tagebuch »Strahlungen«, merkwürdig fremd, nicht nur in seinen Schriften, sondern auch in dem Kreis, der ihm nahe stand. So legte er mir immer wieder Köpfe ans Herz, die wie er selber Aussenseiter im literarischen Klima der Nachkriegszeit waren.

Vor Thomas Mann hatte mich Gretha Jünger schon in einem ihrer ersten Briefe gewarnt. »Mein Mann lässt Ihnen sagen, dass Sie sein Gift vermeiden müssen. Es geht seiner Ansicht nach um die in ihm sichtbar werdende Form der Auflösung überhaupt, und da Sie auch Marcel Proust anführen, jenen schauerlichen Vertreter einer aussterbenden Nation, der mit gelben Handschuhen aus Ziegenleder angetan auf seinem Ruhesofa zu liegen pflegte, um in dieser Lage über seinen weiteren Schwanengesang nachzusinnen, warnt er Sie vor einem Irrweg.« Aber auch andere Autoren, die ich in meinen Briefen an Jünger offensichtlich ins Feld geführt hatte, fanden keine Gnade vor seinen Augen. Robert Musil und Hermann Broch liess er zwar gelten, aber ich hatte den Eindruck, dass seine Sympathie für sie hauptsächlich darauf beruhte, dass sie Emigranten in der Schweiz und in Amerika gewesen waren. Die Amerikaner Dos Passos, Hemingway, Faulkner oder Scott Fitzgerald hat er wohl gar nicht zur Kenntnis genommen.

Hat Ernst Jünger diese Autoren überhaupt jemals gelesen? Schriftsteller sind meist in die eigene Welt so eingebunden, dass sie mit dem ihnen Fremden wenig anfangen können, wobei sich Thomas Mann in ähnlichem Zusammenhang gern auf Goethes Satz bezog: »Lebt man denn, wenn andere leben?« So habe ich vorsichtshalber meine Faszination von Joyce und Proust Ernst Jünger nur sehr zurückhaltend gestanden. Damals machten neue Romane von sich reden, Norman Mailers »Die Nackten und die Toten« war 1948 erschienen und wenig später James Jones' »Verdammt in alle Ewigkeit«. Dagegen kamen die deutschen Romane nicht an, selbst Plieviers »Stalingrad« nicht, nur zwei Italiener hatten einen vergleichbaren Sensationserfolg, Curzio Malapartes »Die Haut« und sein »Kaputt« beherrschten fast ein Jahr lang die Bestsellerlisten. Kein deutscher Roman sollte die Grenzen des eigenen Sprachgebietes sprengen, die Bücher von Hans Erich Nossack und Wolfgang Koeppen blieben deutsche Erfolge.

Als mich später die »Propyläen Weltgeschichte« jahrelang mit Golo Mann zusammenbrachte, fragte ich ihn einmal, ob denn ein amerikanischer Autor seinen Vater wirklich beeindruckt habe. Golo Mann erzählte, dass sein Vater immer nur deutsche Autoren gelesen und in Grenzen geliebt habe, Amerikaner habe er wahrscheinlich nur befremdet zur Kenntnis genommen, mit den Südstaaten-Tragödien Faulkners und den Stierkampf-Erzählungen Hemingways habe er im Grunde wenig anfangen können. Das Gespräch führte zur Literatur der zwanziger Jahre, und ich wollte wissen, welcher Autor für seinen Vater wohl gleichen Ranges gewesen sei. Golo Mann gab ohne viel Nachdenken die Antwort: »Eigentlich nur Gerhart Hauptmann«, was Klaus Pringsheim, der Bruder von Katia Mann, ein paar Jahre später bestätigte. Im Alter habe sein Vater Sympathie für Hermann Hesse gehabt, die sich aber wohl weniger auf dessen Bücher als auf seine glasperlenhafte Distanz zu den deutschen Dingen bezog. In seinen mittleren Jahren hätten vor allem Hofmannsthal und Wassermann ihm nahegestanden; mit Jakob Wassermann sei er fast befreundet gewesen, und Hofmannsthal habe er mitunter in seinem kleinen Chateau in Rodaun besucht. Aber als »Pair«, also gleichen

Ranges, habe er doch nur Gerhart Hauptmann gesehen. Hieran habe sich nichts geändert, als der alte Hauptmann, zurückgezogen auf seinem Wiesenstein im Riesengebirge lebend, sich weigerte, auf Distanz zu den neuen Herrschern Deutschlands zu gehen. Aber Hauptmann blieb ein Fremdkörper im Dritten Reich, und zu seinem achtzigsten Geburtstag erliess Goebbels eine Anweisung, dass davon zwar Notiz genommen werden könne, er aber auf keinen Fall als Dichter im Sinne des neuen Reiches herausgestellt werden dürfe.

In der Mitte der dreissiger Jahre waren Gerhart Hauptmann und Thomas Mann zufällig in demselben Geschäft in der Züricher Bahnhofstrasse, wenn auch auf verschiedenen Stockwerken. Beide wurden auf die Anwesenheit des jeweils anderen aufmerksam gemacht, aber beide winkten ab, als der Verkäufer eine Begegnung arrangieren wollte. »Dafür ist jetzt wohl nicht die richtige Zeit«, beschied Thomas Mann den Verkäufer, der daraufhin sagte: »Genau das war auch die Meinung Hauptmanns.« Der eine wollte seine späten Jahre unbehelligt in seinem Agnetendorf leben, der andere war gleich nach dem Machtantritt Hitlers in die Emigration gegangen. Aber die Zeit ebnet alles ein. Sechs Jahre nach Hauptmanns Tod hat Thomas Mann 1952 zum neunzigsten Geburtstag des anderen eine gerührte und rührende Festrede gehalten, worauf ihn Margarete Hauptmann zu Thomas Manns Verlegenheit auf der Bühne umarmte und küsste. Deutsche Dichterschicksale in diesem Jahrhundert.

Aber Hauptmanns fehlende Distanz zu den Nationalsozialisten war es wohl nicht allein, dass Thomas Mann seinem grossen Antipoden, mit dem er einst gemeinsame Urlaubstage im selben Hotel in Bozen verbracht hatte – wo er jene Eindrücke gewann, die in die Gestalt Peeperkorns im »Zauberberg« eingegangen sind –, im Grunde fremd blieb. Schon 1932, also vor dem Machtantritt der Nationalsozialisten, berichtete er mit Sympathie und zugleich mit Ironie seiner Tochter Erika von den Münchener Feiern zu Hauptmanns siebzigstem Geburtstag und der nicht endenden Folge von Festaufführungen und Champagner-Gelagen. Er sei doch wirklich ein reizender Mann,

»und wenn er zu reden anfängt, ist es auch ein so zu Herzen gehendes Geplapper«.

Haben Thomas Mann Kollegen jemals wirklich nahegestanden, etwa die in der Sektion Dichtkunst der Preussischen Akademie der Künste, deren Präsident sein Bruder Heinrich geworden war: Walter von Molo, Hans Friedrich Blunck? Letzterer ist nur als Präsident der »Reichsschrifttumskammer« in Erinnerung geblieben. Er war aber in den zwanziger Jahren ein angesehener Justitiar der Hamburger Universität und stand mit Thomas Mann damals in freundlichem, fast freundschaftlichem Briefwechsel. Hat Thomas Mann mit Gottfried Benn, der 1932 in die »Preussische Akademie der Künste« berufen wurde und den sein Sohn Klaus damals überaus verehrte, wirklich etwas anfangen können? Auch Alfred Döblin hat keine Spuren im Werk Thomas Manns hinterlassen; er nahm ihn wohl bestenfalls als deutschen Dos Passos denn als grosse Gegenfigur, als den ihn die Jungen verstanden, die mit der gravitätischen Prosa Thomas Manns wenig anfangen konnten. Thomas Mann ist eigentlich allen Berühmtheiten seiner Epoche mit wohlwollendem Desinteresse begegnet, auch den Engländern und Franzosen von Shaw und Huxley bis zu Valéry und Gide. Haben sie ihn ganz einfach nicht besonders interessiert oder hat er in ihnen Konkurrenten für die Nachwelt gesehen? Aber es gab sie doch wenigstens in seinem Weltbild. Von Ernst Jünger aber gibt es kaum eine Äusserung über jene Autoren, die in seiner Zeit eine Rolle spielten.

Was mich anlangt, so wird mir erst nachträglich bewusst, dass es eigentlich immer Autoren von gestern oder vorgestern waren, die mich gefangennahmen. Im Internat waren das Hofmannsthal, George und der späte Rilke gewesen, denen ich so verfallen war, dass ich noch nach einem halben Jahrhundert Zeilen und ganze Strophen auswendig weiss. Zwar beeindruckte den Fünfzehnjährigen auch Hans Carossas »Jahr der schönen Täuschungen«, und Ernst Wiecherts »Einfaches Leben« hatte ich in einer Klassenarbeit sogar als Absage an die Nationalsozialisten gelesen, weshalb in Ettersburg eine Lehrerkonferenz stattfand, ob man den aufrührerischen Schüler nicht dem Inspektor für das Heimschulwesen, einem SS-General, melden müsse. Eine Zeitlang soll im Lehrerkollegium beraten worden sein, ob ich aus Ettersburg zu verweisen sei, was nicht geschah.

Aber auch als ich zwanzig Jahre alt war, standen die von mir bevorzugten Autoren dem eigenen Erleben merkwürdig fern. Ich blieb im Grunde bei Autoren, die bei meiner Geburt fünfzig Jahre gewesen waren, in der Internatszeit Lyriker des späten Kaiserreichs und in meiner Kriegsgefangenschaft oder in der Studentenzeit Romanciers der Weimarer Republik. Das ist später wahrscheinlich meine Stärke und meine Schwäche als Kritiker gewesen. Ich war nicht abhängig von dem, was gerade en vogue war.

Stefan Georges »Jahr der Seele« und seinen »Teppich des Lebens« hatte ich als Vierzehn- oder Fünfzehnjähriger in Ettersburg immer wieder gelesen, dass mir noch nach einem Menschenalter manche Verse gegenwärtig sind:

> Es lacht in dem steigenden jahr dir
> Der duft aus dem garten noch leis.
> Flicht in dem flatternden haar dir
> Eppich und ehrenpreis.

> Die wehende saat ist wie gold noch ·
> Vielleicht nicht so hoch mehr und reich ·
> Rosen begrüssen dich hold noch ·
> Ward auch ihr glanz etwas bleich.

> Verschweigen wir was uns verwehrt ist ·
> Geloben wir glücklich zu sein
> Wenn auch nicht mehr uns beschert ist
> Als noch ein rundgang zu zweien.

Was fasziniert einen kaum dem Kindesalter Entwachsenen an solchen Zeilen, die doch die Resignation des Alters haben? Und vor allem: Warum ist er immer wieder von der Melodie des Todes eingenommen? Aber Stefan George war selber jung, kaum neunundzwanzig Jahre, als er das »Jahr der Seele« schrieb, und Hugo von Hofmannsthal hatte beim »Tod des Tizian« gerade seine Matura hinter sich.

Mit Rainer Maria Rilke habe ich lange nichts anfangen können, sein »Stunden-Buch« war mir zu »weich«, zu reimverliebt. Aber das war ungerecht, denn darin finden sich unvergleichliche Strophen, so jene über den »Archaischen Torso Apollos« und das »Requiem auf den Freitod des jungen Grafen von Kalkreuth«. Erst die späten »Duineser Elegien« nahmen mich wirklich gefangen, ich las sie immer wieder, ohne ihre Dunkelheiten ganz zu verstehen, wozu mir erst ein kleiner Band von Romano Guardini verhalf: »Rainer Maria Rilkes Deutung des Daseins«. Aber das Rätselhafte steigerte ihre Verführung ja noch. Die berühmte »Erste Elegie« prägte sich mir unverlierbar ein:

Wer, wenn ich schriee, hörte mich denn aus der Engel
Ordnungen? und gesetzt selbst, es nähme
einer mich plötzlich ans Herz: ich verginge von seinem
stärkeren Dasein. Denn das Schöne ist nichts
als des Schrecklichen Anfang, den wir noch gerade ertragen,
und wir bewundern es so, weil es gelassen verschmäht,
uns zu zerstören. Ein jeder Engel ist schrecklich.

Der Zweite Weltkrieg war gekommen und gegangen, als ich aus der Gefangenschaft kam und in Stefan Georges Gedicht »Der Krieg« auf die Zeilen stiess: »Weit minder wundert es, dass so viel sterben, als dass so viel zu leben wagt.« Das hatte in den zwanziger Jahren, als Stefan George diese Strophen in seinen letzten Band »Das neue Reich« aufnahm, sonderbarerweise wenig provoziert, obwohl dergleichen doch nach Verdun dem allgemeinen Empfinden ins Gesicht schlug. Nach Auschwitz ganz unaussprechbar geworden, hat sich der Satz dennoch in meine Erinnerung eingegraben.

Das galt selbst für Heinrich Böll, den Hans Schwab-Felisch 1953 mit in den Falkenried brachte und mit dem ich bis in seine letzten Jahre

immer wieder in der freundlichsten Weise umging. Damals sassen wir zu dritt zusammen, es war noch die Zeit, da man anstelle von Wein den billigsten Fusel trank, Apotheker-Alkohol. Böll war dem nicht gewachsen, und mitten im Gespräch glitt er plötzlich vom Sessel und lag zu unser aller Füssen auf dem Teppich. Schwab und ich trugen ihn nach nebenan, wo er auf unserem Ehebett stundenlang fest schlief. Am nächsten Morgen kam für Imke ein Blumenstrauss zur Entschuldigung, dessen Grösse sie überwältigte. Und so habe ich Böll über die Jahrzehnte hinweg in Erinnerung behalten, als ein Rheinländer, der mit dem Berlinischen im Grunde so wenig anzufangen wusste wie ich mit ihm. Mich beeindruckten seine späteren Romane »Ansichten eines Clowns« von 1963 und »Gruppenbild mit Dame« von 1971 nicht besonders, für die er 1972 den Nobelpreis erhielt. Dieses Erzählen im Kleineleutemilieu faszinierte mich wenig, aber der freundschaftliche Umgang miteinander blieb erhalten, und er sollte sich bewähren, als der Schriftstellerverband alle Autoren zum Boykott des Springer-Konzerns aufrief, zu dem die mir unterstehenden Verlage Propyläen und Ullstein gehörten. Heinrich Böll wollte meine Buchverlage von einem Boykott ausgenommen sehen, »solange und sofern sie von WJS geleitet werden«.

In diesen fünfziger Jahren beeindruckte mich stattdessen Heimito von Doderer, der lange ein Aussenseiter blieb und von den Literaturpäpsten nicht wirklich ernstgenommen wurde. Das lag vielleicht daran, dass Doderer hinter Musil und Broch zurückging und die klassische Erzählweise wieder aufnahm. Aber vielleicht bestand sein Makel vor allem darin, dass er im Zweiten Weltkrieg ein deutscher Offizier gewesen war und eine Zeitlang das Parteiabzeichen getragen haben soll. Aber dergleichen interessierte mich nie, bei Kommunisten so wenig wie bei Nationalsozialisten. Und Doderers grosser Roman »Die Strudlhofstiege«, der 1951 herauskam, faszinierte mich in seiner österreichischen Erzähllust so sehr, dass ich mich zweimal mit Doderer in Wien traf, wo wir gemeinsam die »Strudlhofstiege« hinaufstiegen. Er besuchte mich später mehrmals in Berlin.

Was wollten die Autoren der Gegenwart dagegen besagen, von denen die Feuilletons der fünfziger Jahre beherrscht wurden – Wolfgang Borchert, Ernst Kreuder, Hans Werner Richter, Hermann Kasack, Elisabeth Langgässer oder Hans Erich Nossack? Ich jedenfalls holte stattdessen die zwanziger Jahre für mich nach, stand wieder im Bann von Autoren, die eigentlich der Generation meiner Eltern angehörten – Arnold Zweig mit dem »Sergeanten Grischa«, Jakob Wassermann mit dem »Fall Maurizius«, Alfred Döblin mit »Berlin Alexanderplatz« und dem »Aufstand der Fischer von St. Barbara« von Anna Seghers. Das waren die Aufregungen der zwanziger Jahre; aber ich nahm sie, als seien sie eben jetzt geschrieben.

Es war wahrscheinlich diese Sympathie für die Literatur von Weimar, dass ich auch die Bücher längst vergessener Autoren zu entdecken suchte: Paul Kornfeld, Reinhard Johannes Sorge, Reinhard Goering und Walter Hasenclever. Bei Kurt und Carl Wegner, dem Antiquariat in der Friedrichstrasse, das inzwischen mein Leib- und Magen-Antiquariat geworden war, suchte ich ihre einst berühmten Bücher aufzutreiben, und schliesslich hatte ich wohl gut ein Dutzend Bände zusammen, Schauspiele, Gedichte und Erzählungen. Aber ich war von der Lektüre gelangweilt, das sollten die Sensationen der Weimarer Epoche gewesen sein, die selbst die Kerrs und Iherings gefeiert hatten? Aus einer Sentimentalität heraus habe ich die Bände zwanzig oder dreissig Jahre aufgehoben, aber dann habe ich diese mühselig zusammengesammelten Kostbarkeiten alle wieder abgestossen. Ich habe nur wenige Mark dafür bekommen. Die Sensationen von Weimar waren zwischen die Zeiten gefallen, es war kaum zwei Jahrzehnte her, dass der Expressionismus seine Epoche gehabt hatte; und nun fiel es auch mir schwer, die einstige Begeisterung zu verstehen.

Ich besuchte Jünger regelmässig in Wilflingen, und er kam oft zu mir nach Berlin. Einmal gab ich für ihn ein Essen, wo ich viele meiner Freunde um einen Tisch versammelte: neben Ernst Jünger Frau Aufricht, dann Karl Silex, Chefredakteur des »Tagesspiegel«, neben Johannes Gross und Joachim Fest; und Jünger gegenüber Ernst-Josef Aufricht mit Imke als seiner Tischdame.

Für Ernst Jünger war das alles ohne Belang, die Wassermanns wie die Döblins. In seinen Briefen und Gesprächen wies er mich auf eine ganz andere Welt hin. Seine Zuneigung galt, wenn es überhaupt Zeitgenossen waren und nicht die geliebten Autoren des 17. und 18. Jahrhunderts, am ehesten noch den Franzosen, Henry de Montherlant, André Malraux und vor allem Paul Léautaud. Man hätte annehmen sollen, dass ihm auch Jean Giraudoux und Sacha Guitry nahestanden, da sie immer die Sache Deutschlands ergriffen hatten, und Giraudoux mit seinem Roman »Siegfried oder: Die zwei Leben des Jacques Forestier« geradezu den Roman der Versöhnung zwischen den beiden »Erbfeinden« geschrieben hatte.

Aber so etwas zählte für Jünger nicht, und dem wirklichen Kollaborateur Louis-Ferdinand Céline brachte er zwar ein distanziertes Interesse entgegen, aber in all den Jahren, in denen er als Besatzungsoffizier in Paris lebte, hat er Céline niemals getroffen, geschweige denn zu sich ins Hotel Raphael eingeladen. Das lag nicht daran, dass Céline nach der Befreiung Frankreichs im Tross des Marschalls Philippe Pétain durch die deutschen Ausweichquartiere des französischen

Staatschefs »von einem Schloss zum anderen« gezogen war. Jünger ging über politische »Belastungen« stets hinweg. Zuweilen hatte man den Eindruck, dass ihn dergleichen eher herausforderte. Céline war ihm bei aller Genialität zu »unappetitlich«, und als ich einmal in einem Gespräch Céline erwähnte, sagte er nur: »Ach, der grosse Schimpfer.«

Vielleicht stand das im Zusammenhang mit Jüngers damaliger These, die Zeit der psychologischen Literatur, des Gesellschaftsromans des 19. Jahrhunderts, sei abgelaufen, und die Epoche des »theologischen Romans« ziehe herauf, wofür Ernst Jünger 1949 mit seinem heute vergessenen Roman »Heliopolis« ein Modell zu geben suchte. Aber Jünger blieb schwer zu deuten, weshalb denn linke Kritiker ihm seine Tätigkeit im Stab des deutschen Militärbefehlshabers in Frankreich vorhielten, während französische Freunde dieser Jahre von Montherlant bis Malraux und Cocteau ihn bei jedem Besuch in Paris gerade wegen seiner Zeit als Besatzungsoffizier herzlich empfingen.

Mir dagegen rückte die Literatur Ernst Jüngers mit der Zeit ein wenig fern. Seine Figur aber blieb mir in all ihrer Sprödigkeit eindrucksvoll, und seinen Besuch in der Zelle im Februar 1944 vergesse ich nie. Jener Ernst Jünger, der seinen Sohn und mich im Februar 1944 im Wilhelmshavener Gefängnis besucht hatte, stand mir bis zu seinem Tod im Alter von hundertundzwei Jahren nahe, und ich besuchte ihn immer wieder in Wilflingen. Vor seinem hundertsten Geburtstag im September 1995 hatte Ernst Jünger gesagt, dass ich auf jeden Fall dabei sein müsse, wir hätten auch einen besonderen Tisch, neben François Mitterrand, den er kennzeichnenderweise als ersten nannte, Helmut Kohl, dem baden-württembergischen Ministerpräsident Erwin Teufel und Joachim Fest werde sonst nur noch seine Frau bei uns sein; der zweite Sohn Alexander hatte schon 1993 in einer Phase der Depression Selbstmord begangen. Liselotte Jünger, Jüngers zweite Frau nach dem verhältnismässig frühen Tod seiner ersten Frau Gretha von Jeinsen, schrieb mir dazu: »Es ist ja schwer für einen Vater, beiden Söhnen ins Grab nachschauen zu müssen.«

Aber einer Erkrankung wegen musste ich zwei Tage vor seinem Geburtstag absagen, was Ernst Jünger fast kränkend ungerührt nahm. Dann müsse ich den Besuch in Wilflingen eben bald nachholen. Ich nannte den kommenden Herbst, da ich dann ohnehin in Süddeutschland zu tun hätte. »Da bin ich gerade in Madrid, um die ›Silbermedaille‹ des spanischen Senats in Empfang zu nehmen.« Offensichtlich machte die Auszeichnung Jünger vor allem deshalb Vergnügen, weil sie sonst nur an europäische Parlamentspräsidenten vergeben wird. Ersatzweise nannte ich den Frühling des folgenden Jahres, aber wieder ging das nicht. Seit mehr als fünfzig Jahren verbringe er den Mai nach Möglichkeit in Paris, eine Stadt, die für ihn offensichtlich die eigentliche Hauptstadt des geistigen Europa war. »Das macht auch nichts«, sagte Jünger leichthin, »dann kommen Sie eben später. Ich muss ja noch eine Weile leben. Ich will nämlich in drei Jahrhunderten gelebt haben – geboren im 19. Jahrhundert, gelebt im 20. Jahrhundert, und für das Sterben habe ich das 21. Jahrhundert vorgesehen.« Aber Ernst Jünger ist am 17. Februar 1998 gestorben.

Ernst Jünger legt mir Ernst Niekisch
und Carl Schmitt ans Herz

Vor allem zwei alte Freunde hatte mir Ernst Jünger ans Herz gelegt, deren Nähe ich suchen solle, seinen alten Vertrauten aus den zwanziger Jahren, den Staatsrechtler Carl Schmitt, der eine Zeitlang so etwas wie der Kronjurist des Dritten Reiches wurde. Göring machte ihn wie auch Gustaf Gründgens und Wilhelm Furtwängler zum Preussischen Staatsrat, ebenso Ernst Niekisch, der zwar ein linker Revolutionär war, aber wie Ernst Jünger gleicherweise Distanz zu den Kommunisten wie zu den Nationalsozialisten gehalten hatte. Niekischs »Nationalbolschewismus« schien zeitweise sowohl Strömungen der kommunistischen und der nationalsozialistischen Partei nahezustehen, Gregor Strasser und zeitweise sogar auch Joseph Goebbels sollen von Niekisch beeinflusst gewesen sein. Aber weder Carl Schmitt noch Ernst Niekisch faszinierten mich, oder doch erst Jahrzehnte später.

Beide, Jünger wie Niekisch, waren in den frühen dreissiger Jahren Aussenseiter gewesen, auf jeden Fall keine Demokraten im Sinne von Weimar. Aber sie verweigerten sich auch den beiden Gewaltherrschaften, die nacheinander und in den vierziger Jahren gemeinsam Europa an den Rand des Abgrunds brachten. Die Freundschaft Jüngers und Niekischs bewährte sich über alle politische Fremdheit hinweg, auch und besonders als Niekisch 1937 von der Gestapo verhaftet worden war. Jünger nahm sich des Sohnes an und trug die Kosten des Internats, als der Vater von einem Zuchthaus ins andere geschleppt wurde.

Es ist im Grunde sonderbar, dass Niekisch mich trotz der Fürsprache

Ernst Jüngers so wenig faszinierte. Selbst seine schon im Januar 1933 erschienene Streitschrift »Hitler – ein deutsches Verhängnis« las ich nach dem Krieg mit gemindertem Interesse, vielleicht, weil diese Warnung nach der Katastrophe historisch geworden war. Auch seine auf dem schlechten Papier der Nachkriegszeit gedruckte »Deutsche Daseinsverfehlung« von 1946 hatte mir merkwürdigerweise keinen bleibenden Eindruck hinterlassen. Ich weiss allerdings noch, dass mich darin die These Niekischs frappierte, »das Pendel der Geschichte schlägt vom Pol der Freiheit zum Pol der Ordnung« zurück.

Eine meiner ersten Reisen nach dem Krieg führte mich zu dem Vater meines gefallenen Freundes, Ernst Jünger.

Die Sowjetunion war also kein »Reich der Freiheit«, sondern eine »Welt der Ordnung«? Das war ein so provozierender Gedanke, dass jeder andere in der Ostzone vor ein Tribunal gekommen wäre. Aber der Mithäftling Honeckers war sakrosankt, er blieb Mitglied der Staatspartei SED und wurde von ihr sogar in die Volkskammer delegiert.

Nach dem 17. Juni 1953 rückte Niekisch jedoch deutlich vom Regime Ulbrichts ab. Die gewaltsame Niederschlagung der Arbeiterunruhen war ihm für eine Arbeiterpartei unerträglich. Er legte 1954 alle politischen Ämter nieder. Der Lebenslauf dieses Mannes hätte mich eigentlich beeindrucken müssen, und die Entstehungsgeschichte seines Buches »Deutsche Daseinsverfehlung« tut es in der Tat noch heute. Niekisch waren im Zuchthaus Brandenburg Papier und Bleistift verweigert worden, so hatte er das Manuskript dieses Buches in der Zelle Zeile für Zeile auswendig gelernt. Nach der Befreiung konnte er es aus dem Gedächtnis herunterdiktieren.

Selbst Niekischs jahrelanger Kampf um eine Entschädigung für seine Zeit im Zuchthaus liess mich merkwürdigerweise unbeteiligt, auch noch als ich von mehreren Seiten, besonders nachdrücklich von Joseph E. Drexel, dem alten Kampfgefährten aus dem Widerstands-Kreis und wie Niekisch ein langjähriger Zuchthaushäftling – der von den Amerikanern zum Herausgeber der »Nürnberger Nachrichten«

gemacht worden war –, aufgefordert wurde, einen öffentlichen Aufruf in Sachen Niekisch zu unterzeichnen. Damals wird meinen Namen kaum jemand gekannt haben; aber der »Tagesspiegel«, dessen Feuilleton ich inzwischen leitete, war Berlins angesehenstes Blatt. So wird Drexel wahrscheinlich gedacht haben, dass er mit mir auch den »Tagesspiegel« für Niekisch einnehme.

Aber der Gesetzeswortlaut schloss Entschädigungen für Anhänger totalitärer Systeme aus, und in der Tat hatte er zwar leidenschaftlich gegen Hitler gekämpft, aber er konnte sich bei aller Kritik im einzelnen lange nicht entschliessen, sich auch vom Kommunismus sowjetischer Prägung loszusagen. Der Rechtsstreit ging durch alle Instanzen. Irgendwann wurde ihm gnadenhalber eine kleine Rente für die Jahre im Zuchthaus zugesprochen. Aber Niekisch fand wohl zu Recht, dass seine frühe Warnung vor Hitler nichts mit seiner Mitgliedschaft in der SED zu tun hatte. So lebte Niekisch die letzten Jahre verbittert in West-Berlin, wo er 1967 vereinsamt und fast vergessen gestorben ist.

Ich muss ihm damals so distanziert gegenübergestanden haben, dass ich von seinen »Erinnerungen eines deutschen Revolutionärs« keine Notiz nahm, obwohl doch deren erster Band »Gewagtes Leben« schon 1958 erschienen war. Er war in Westdeutschland – in Ostdeutschland durfte er nicht erscheinen – auf so wenig Interesse gestossen, dass das Manuskript des zweiten Teils, obwohl es bei seinem Tode schon abgeschlossen vorgelegen hatte, sieben Jahre warten

Diese frühe Photographie von Ernst Niekisch gibt den willensstarken Mann zu erkennen, den ich nur als einen von Zuchthaushaft gezeichneten Menschen kennenlernte.

musste, bis es 1974 mit dem Titel »Gegen den Strom« herausgebracht wurde. Die Einleitung schrieb mein Freund Hans Schwab-Felisch, der es aber auch nicht fertigbrachte, mich für das Werk zu interessieren.

Erst Jahrzehnte später habe ich beide Bände gelesen, und nun bedauerte ich doch, dass ich den des Zuspruchs bedürftigen Mann nicht ein einziges Mal besucht hatte, obwohl wir im selben West-Berlin lebten. Natürlich merkt man den Bänden an, dass ein fast Blinder sie diktiert hat. Wenn man die frühen Schriften Niekischs im Auge hat, weiss man, wie schneidend präzis er einst geschrieben hat. Aber insgesamt sind sie ein eindrucksvolles Zeugnis eines Mannes, der unbeirrbar seinen eigenen Weg gegangen ist.

Fabian von Schlabrendorff, einer der wenigen Überlebenden aus dem Verschwörerkreis der Heeresgruppe Mitte, schrieb damals in der »Zeit« einen Nachruf von einer noblen Gerechtigkeit, die mir nachträglich noch ein Vorbild ist: »Niekisch war ein Einzelgänger und ist von uns gegangen, ohne dass er im Massenzeitalter eine nachdrückliche Spur hinterlassen hat. Und doch war er eine gewaltige politische Persönlichkeit, wie sie Deutschland in der Zeit von 1920 bis 1960 nicht ihresgleichen gehabt hat.«

Wenn man älter und schliesslich alt wird, ist man von versäumten Gelegenheiten umgeben. Die Tugend der Gerechtigkeit auch dem gegenüber, der aus einer anderen Welt kommt, lernt man spät und oft zu spät. Niekisch lebte ganz und jeden Tag seines Lebens in der Politik und für die Politik, selbst wenn er sich mit Hegel oder Nietzsche beschäftigt, sieht er sie als Politiker. Das war meinem Naturell immer fremd, obwohl ich bei Niekisch in der Humboldt-Universität gehört hatte und Schlabrendorffs Erinnerungsbuch an den 20. Juli »Offiziere gegen Hitler« 1984 neu verlegt habe.

Der eine, Schlabrendorff, lebte ganz in der Vergangenheit, der andere, Niekisch, stets in der Zukunft, und ich war so von der Gegenwart okkupiert, dass ich beiden im Grunde nicht gerecht wurde, obwohl ich mich mit Schlabrendorff mehr als einmal in den Tessiner Stuben zum Essen getroffen habe, wo er mir in Einzelheiten erzählte, wie er zusammen mit Henning von Tresckow und anderen jüngeren Offizieren den Feldmarschall Kluge vergeblich gedrängt hatte, den Aufstand gegen Hitler zu wagen.

Meine Reserve Niekisch gegenüber kam daher, dass er eben zu lange ein Teil der Welt Ulbrichts gewesen war. Aber ist es nicht verständlich, dass es einem Mann schwerfiel, seinen lebenslangen Glauben an die Sowjetunion als die grosse Alternative zur westlichen Welt aufzugeben? Jetzt suche ich sein Denken zu verstehen. Wie sollte ich nicht fasziniert sein, wenn ich lese, wie er, gerade aus dem Zuchthaus befreit, das Scheitern Hitlers völlig leidenschaftslos, ganz unbeteiligt, quasi als Historiker gesehen hat?

Wie sehr das Hitlerreich auch seine Waffen vermehrt haben mochte: gerade indem es seine ganze Existenz auf eine solche politische Konzeption stellte, räumte es ein, keine wirkliche eigenständige Grossmacht zu sein. Es wollte Konstellationen ausnützen. Auch Weltmächte verschmähen nicht die Auswertung günstiger Konstellationen. Aber sie haben Reserven im Hintergrund, ihre Existenz bedeutet schon etwas Gewichtiges, sie hängen nicht auf Leben und Sterben von einer grossen Konstellation ab. Ein Staat, der nur von Konstellationen lebt, lebt gewissermassen von der Hand in den Mund. Er gedeiht nur innerhalb günstiger Umstände. Verschwinden diese, dann ist es mit seinem Glanz auch zu Ende. Sogar als Hitler auf der Höhe seiner Macht stand, war Deutschland nicht wieder zu einer echten Grossmacht geworden. Es war ein Koloss auf tönernen Füssen, und wer ein scharfes Auge besass, wusste im voraus, dass die neue Herrlichkeit nicht von längerer Dauer sein würde.

Das war, abgesehen von der eindrucksvollen Formulierung, eine scharfsinnige Analyse und gab einen tieferen Grund für das Scheitern des Dritten Reiches als politische oder militärische Fehler Hitlers. Um so merkwürdiger, dass ein solcher Kopf dem subalternen Politbüro so lange widerspruchslos gefolgt war und sich dem missratenen »Arbeiter- und Bauernstaat« über den 17. Juni und den 13. August hinaus zur Verfügung gestellt hatte. Hielt Niekisch immer noch an seiner Konzeption der zwanziger Jahre fest, dass allein die Sowjetunion ein möglicher Partner Deutschlands sei, wobei er aber immer »nationalbolschewistisch« dachte? Er hatte sich stets als deutscher Patriot empfunden, in der Weimarer Republik, während des Dritten Reiches, nun auch als Bürger der DDR. Über die grossen Säuberungen der Stalinzeit geht er mit wenigen, nichtssagenden Sätzen hinweg. So ist mir auch der zweite Band voller Unbegreiflichkeiten. Wieviel Demütigungen muss er hingenommen haben? Wie mag er unter dem Staat, dessen »Volkskammer« er angehörte, gelitten haben, bis er den Entschluss fasste, nach West-Berlin zu gehen?

Die Wirklichkeit des Staates von Ulbricht und Honecker hat sie alle ruiniert, Arnold Zweig wie Anna Seghers, Ernst Bloch und schliesslich auch Bertolt Brecht. Sogar Victor Klemperer, der in den Tagebüchern nach seiner Befreiung mit dem Titel »So sitze ich denn zwischen allen Stühlen« verzweifelt für sein Bleiben im Staat Ulbrichts eine Rechtfertigung zu finden sucht, hat die Ahnung, dass die DDR so missraten ist, wie es Hitlers Regime gewesen war. Beiden, Niekisch wie Klemperer, fiel es schwer, sich das Scheitern ihrer Träume einzugestehen. Immer hatte Niekisch in seiner Zuchthauszelle in Brandenburg eine zweite Chance Deutschlands erhofft, und immer war sich Klemperer, solange in ein »Judenhaus« verbannt, sicher gewesen, mit dem Ende Hitlers werde das Leben wieder beginnen. Niekisch war aufrichtig genug, das Scheitern seiner Hoffnungen zu sehen und als Konsequenz daraus in den Westen zu gehen. Klemperer war im Grunde vor Hitler wie nach Hitler ein unbedeutender Kopf. Die einzig bemerkenswerte Leistung seines Lebens war das Tagebuch »Ich will Zeugnis ablegen bis zum letzten«, eine unvergleichliche

Mit Carl Schmitt suchte mich Ernst Jünger schon Ende der vierziger Jahre zusammenzubringen, aber ich war merkwürdig resistent, obwohl mich der »Begriff des Politischen« früh faszinierte. Erst spät besuchte ich Carl Schmitt in Plettenberg, wo er schon seine Jugend verbracht hatte.

Chronik des Lebens eines Ausgestossenen. Was er vorher und was er nachher schrieb, auch seine anderen Tagebücher, sind dem gegenüber unerheblich. Er und Niekisch hatten im Westen nicht viel zu erwarten. Steht über ihrer beider Ende jene Zeile, die ich in der Kriegsgefangenschaft in Hans Feists Anthologie »Ewiges England« so oft gelesen hatte? Bei Shakespeare lautet sie »In my end is my beginning«, und T. S. Eliot kehrte sie um in »My beginnig is my end«. Damals in Benghasi hat sich mir eine dritte Variante eingeprägt: »And my end will be despair.«

Auf Carl Schmitt, den mir Ernst Jünger als Mentor ebenfalls ans Herz gelegt hatte, kam ich erst viel später zurück. Ich habe den Verdacht, dass ich damals in die allgemeine Verdammung eingestimmt und ziemlich unterschiedslos denjenigen verurteilt habe, der in den zwölf Jahren nicht in die Emigration, zumindest die innere, oder in den Widerstand gegangen war. Eine Unbedingtheit, die mir heute fremd ist, könnte mein Denken und Urteil als Fünfundzwanzigjähriger bestimmt haben. Spricht die Milde des Alters für Weisheit oder für eine Nachsicht, die daraus herrührt, dass man von einem gewissen Alter an die Dinge passieren lässt?

Carl Schmitt aber war die ganze Zeit in Amt und Würden geblieben, und nur seine Freunde wussten von seiner allmählich wachsenden Distanz zum Regime. Inzwischen sehe ich seine Haltung milder und vielleicht auch gerechter. Das Exil war nicht die einzige Antwort auf die Machtergreifung Hitlers, zwischen rechten, autoritären, faschistischen und nationalsozialistischen Gedanken liegen Welten. Wenn man mit vergleichbarer Gesinnungsstrenge französische, italienische und englische Denker beurteilen würde, wären einige der bemerkenswertesten Köpfe des Jahrhunderts zu verdammen, nicht nur Knut Hamsun und Ezra Pound, sondern auch Paul Claudel und George Bernard Shaw, die noch in der Mitte der dreissiger Jahre Mussolini und Hitler für eindrucksvolle europäische Staatsmänner gehalten haben.

In den siebziger Jahren war ich ganz offensichtlich gelassener geworden, und so ging ich damals mit dem Vorhaben um, im Propyläen Verlag die wichtigsten Schriften von Carl Schmitt in einer Art Gesamtausgabe herauszugeben. Mein Freund Johannes Gross, neben Rüdiger Altmann der engste »Schmittianer« aus seinem Kreis, hielt es für das beste, Carl Schmitt in dem kleinen Ort Plettenberg zu besuchen, wo er geboren war und wo er auch die letzten Jahrzehnte seines Lebens verbrachte. Einer dieser Besuche verlief sehr merkwürdig. Nachdem der schon fast neunzigjährige alte Herr nicht müde geworden war, immer wieder eine neue erlesene Flasche Wein aus dem Keller zu holen, fasste ich Mut und kam endlich auf die von mir geplante Gesamtausgabe zu sprechen.

Beiläufig sagte ich, dass man natürlich auf die jeweiligen Erstausgaben zurückgehen solle. Das machte Carl Schmitt misstrauisch. Warum lege ich solchen Wert darauf? Ich sagte, nicht wissend, welches heikle Eisen ich damit berührte, dass man auf diese Weise die antisemitischen Zusätze vermeiden könne, zu denen er im Dritten Reich genötigt gewesen sei. Ich wies darauf hin, dass er bei Autoren deren ursprünglich jüdische Namen in Klammern hinzugesetzt hatte, die die Betreffenden bei ihrem Übertritt zum Christentum abgelegt hatten. So hätte er beim Namen Julius Stahl, dem konservativen Staatsdenker Preussens, den ursprünglichen Namen Julius Jolson angefügt.

Damit war das freundliche, fast herzliche Gespräch abrupt zu Ende. »Ich sehe, dass Sie von meinem Denken überhaupt nichts verstehen«, sagte Carl Schmitt in völlig verändertem Tonfall und blickte Johannes Gross vorwurfsvoll an, dass er mich zu ihm gebracht hatte. »Es handelt sich bei mir um etwas ganz anderes als um banalen Antisemitismus.« Um was es sich handelte, liess Carl Schmitt im dunkeln. In den nächsten Stunden galt das Gespräch jedenfalls nur noch den Vorzügen von ausgesuchten deutschen Rieslingen und französischem Rotwein, besonders dem berühmten Lafitte-Rothschild, den der agile alte Herr besonders liebte. Meine Versuche, Carl Schmitt in den Propyläen Verlag zu holen, waren gescheitert.

Jenseits des Trümmermeers

Alte Bücher, neues Theater

Blicke ich zurück, kommt es mir mitunter so vor, als gäbe es eine wirkliche Wirklichkeit und eine erinnerte Wirklichkeit. In dem halben Jahrhundert, das seither verflossen ist, sind viele Dokumentensammlungen über die Berliner Nachkriegszeit erschienen. Hier spielt der Alliierte Kontrollrat im ehemaligen Kammergerichtsgebäude in Schöneberg eine grosse Rolle, und natürlich auch die Alliierte Kommandantur in der Kaiserswertherstrasse in Dahlem. Aber bald zogen die Sowjets aus beiden Institutionen aus, und nur symbolisch blieben die vier Maste erhalten, auf denen noch einige Zeit alle vier Flaggen wehten, obwohl sie längst nicht mehr für die Präsenz der Sowjets sprachen. Wenn ich später als Student an der Kommandantur vorbeiradelte, riefen mir die alliierten Flaggen die Tatsache ins Gedächtnis, dass die höchste Gewalt in Berlin bei den Alliierten lag. Welche Rolle das alte Berliner Neue Stadthaus im sowjetischen Sektor spielte, habe ich nicht mehr im Kopf, wusste es vielleicht auch damals nicht. Jedenfalls trafen sich dort erstmals freigewählte Abgeordnete eines Berliner Stadtparlaments, und hier amtierte auch der Magistrat der noch ungeteilten Stadt, neben den später der Senat der West-Berliner Stadthälfte trat.

Natürlich verfolgten meine Freunde und ich gespannt auch alle Nachrichten von Aussenministerkonferenzen und den Sitzungen des Kontrollrates und später der Hochkommissare, die zuweilen in Berlin stattfanden. Aber die Hoffnung wurde allmählich immer geringer, dass man zu einer Einigung über die Zukunft Deutschlands kommen würde. Am Ende schienen nur noch Routinesitzungen stattzufinden, die bei den Besiegten die Illusion einer endlichen Verständigung aufrechterhielten. Ich erinnere mich, dass man allmählich Nachrichten aus solchen Gremien nur noch gelangweilt überflog. Die westlichen Vertreter gingen anschliessend nicht selten in das Restaurant Ritz gleich neben dem Stumpf der Gedächtniskirche in der Rankestrasse, wo bis zu den achtziger Jahren Photos der oft uniformierten Gäste hingen. Das Ritz zeichnete sich dadurch aus, dass es Gerichte aus aller Herren Länder auf der Speisekarte hatte, asiatische Speisen waren eine Spezialität des Hauses, lange bevor die Mode der China-, Thailand- und Japanküche aufkam. Nach fünfunddreissig Jahren musste das Ritz im Jahre 1987 schliessen, weil inzwischen andere Restaurants modisch geworden waren. Nicht ohne Melancholie sahen die Gäste mit dem Ritz ein Stück des alten Berlin untergehen.

Leidenschaftlich griffen wir nach den Zeitungen, als sie fast täglich Meldungen über die immer radikalere Sowjetisierungspolitik in den gleich nach dem Einmarsch der Sowjets ins Leben gerufenen ostdeutschen Ländern brachten, die aber schon 1952 zugunsten einer Neuaufteilung in Bezirke liquidiert wurden. Waren die Namen Brandenburg, Sachsen und Thüringen schon zu viel Erinnerung an das alte Deutschland? Allmählich häuften sich Meldungen über die »Bodenreform« im Osten, von der behauptet wurde, damit kämen die Behörden der Sowjetzone Forderungen der bislang von den Junkern unterdrückten Bauern nach. Aber der Flüchtlingsstrom strafte die offizielle Politik Lügen, es kam zu einer zweiten Fluchtwelle, nachdem schon beim Einmarsch der Roten Armee Hunderttausende in den Westen gegangen waren. Vor dem Krieg hatten mehr als zwanzig Millionen Menschen in dem Gebiet der späteren sowjetischen Zone gelebt. Als das Land wiedervereinigt wurde, waren es nur etwa sechzehn Millionen, eine Entvölkerung, die das politische und wirtschaftliche Gewicht jenes Gebietes spürbar minderte, das man heute »Neue Länder« nennt.

Aber die Geschehnisse in der sowjetischen Besatzungszone betrafen uns in den Westsektoren nicht unmittelbar. Auf der einen Seite stand bei uns die Sorge um den Alltag im Vordergrund, um Lebensmittelrationen, um Kohlezuteilungen oder die Hamsterfahrten in das Umland, zum anderen drängte völlig Neues auf uns ein. Hierzu gehörte vor allem das Theater in den wenigen unzerbombt gebliebenen Bühnen in West- wie in Ost-Berlin und die neuen Filme, wobei amerikanische Streifen aus der Vorkriegszeit wie »Vom Winde verweht« und französische Filme aus der Besatzungsära wie »Die Kinder des Olymp« die grossen Sensationen waren. Und von überall her kamen amerikanische Rhythmen, von Glenn Miller über Benny Goodman bis zu Louis Armstrong. Das hatte wahrscheinlich mehr Wirkung als alle Umerziehungsanstrengungen der amerikanischen Behörden.

Imkes Grosseltern hatten nach ihrer Flucht aus St. Petersburg von ihrer staatlichen Entschädigung ein kleines Gut in Hohendorf erworben. Aber Imkes Grossvater konnte sich nicht dareinfinden, nun plötzlich ein besserer Bauer zu sein und vom schmalen Überschuss der Wirtschaft zu leben. Seinen Töchtern Tamara, Marussja und Elisabeta untersagte er, auf dem Markt Butter, Eier oder Sahne zu verkaufen. So liess es nicht lange auf sich warten, dass er den Hof aufgeben musste. Aber die Familie war seit dieser Zeit noch mit vielen Bauern aus ihrer Nachbarschaft gut bekannt, und so war das Haus in der Meinekestrasse für ostdeutsche Flüchtlinge ein erster Anlaufpunkt im Westen. Bald ergoss sich ein Strom von geflüchteten Bauern in die Meinekestrasse, weil sich in Pommern herumgesprochen hatte, dass man hier aufgenommen würde. So waren, als ich in die Meinekestrasse kam, fast immer ein oder zwei Flüchtlingsfamilien bei Imkes Eltern in dem Gästezimmer untergebracht, bis sie nach ein paar Wochen in den Westen ausgeflogen wurden. Zuweilen hatten ganze Familien mit Kindern und Angehörigen hier ein erstes Unterkommen gefunden, und immer wieder erzählten sie von den Schikanen, denen nicht nur Gutsbesitzer, sondern auch Grossbauern, die nach russischem Sprachgebrauch »Kulaken« genannt wurden, ausgesetzt gewesen waren.

Imke und ich lebten also durchaus nicht jenseits der Wirklichkeit, aber das alles betraf uns doch nur sehr am Rande. Doch hörten wir von den Schreckensgeschichten, wenn die Flüchtlinge von der oft brutalen Herrschaft der neuen Machthaber berichteten, nach den Erzählungen der Geflüchteten hatten ungelernte Arbeiter und »Gespannführer« die Macht auf dem Land ergriffen, was offensichtlich die unterste Stufe auf dem Dorf gewesen war. Die Autorität lag jedoch bei den Sowjets, die sich der deutschen Kommunisten als Handlanger bedienten. Das alles ist jetzt ein halbes Jahrhundert her, und so steht mir vieles nur schemenhaft vor Augen. Der sowjetische Sektor war von den Westsektoren in der ersten Zeit nur nominell getrennt, wenn wir in die Innenstadt gingen, achteten wir gar nicht darauf, ob wir im sowjetischen, englischen oder amerikanischen Sektor waren. Nur Momentaufnahmen sind im Gedächtnis geblieben, so die zerbombten Strassen, die meist menschenleer waren. Es fiel auf, wenn jemand zwischen den Schuttbergen wie ziellos umherirrte.

Am trostlosesten war die alte Königgrätzer Strasse, die vom Potsdamer Platz zum Belle-Alliance-Platz führte. Sie wurde 1947, gleich nach meiner Rückkehr aus Afrika, in Stresemannstrasse umbenannt. Damals war sie ein einziges Trümmermeer, und um so unwirklicher wirkte das Hebbel-Theater, das fast unbeschädigt war. Einige hundert Meter weiter stand das Gerippe des Anhalter Bahnhofs, bei dem nur die Dachkonstruktion gleich nach dem Kriege wegen Einsturzgefahr gesprengt worden war. Bis in die fünfziger Jahre liefen hier Züge ein und aus, und hier waren Imke und ihre Mutter im Herbst 1945 von ihrer Evakuierung in Mecklenburg nach Berlin zurückgekommen.

Da die anderen Theater zum grössten Teil nur Ruinen waren, fanden in diesem Hebbel-Theater einige der epochemachenden Nachkriegsaufführungen statt, so die Premieren von Jean-Paul Sartres »Die Fliegen« im Januar 1948 und Thornton Wilders »Wir sind noch einmal davongekommen« im Juli 1946. In der Vorkriegszeit hatte das Hebbel-Theater eine geringe Rolle gespielt, wie heute, wo es zu einem Gastspielhaus geworden ist. Damals war es ein merkwürdiger Anblick, wenn die Zuschauer, offensichtlich noch im Bann des Gesehenen, durch die Trümmerwelt der nächsten U-Bahn zustrebten. Die Aufführungen fanden meist an Nachmittagen statt, weil ab 18 Uhr der Stromsperre wegen keine Bahnen mehr fuhren. Tagsüber war die Stresemannstrasse menschenleer, und ich erinnere mich noch, wie eine merkwürdige, fast unheimliche Stille über ihr lag. Ich habe noch einen Handkarren mit allerlei Gerümpel vor Augen, den ein wohl zehn- oder zwölfjähriger Junge zog, das Knarren und Quietschen des Wägelchens war in der Stille das einzige Geräusch, das man hören konnte.

Die Friedrichstrasse war eine andere Welt. Sieht man heute Aufnahmen von damals, macht auch sie einen ruinenhaften Eindruck. Aber uns fiel in die Augen, dass hier noch einzelne mehr oder weniger zerschossene Häuser die Strassenkämpfe überstanden hatten, und selbst in den zerstörten Gebäuden waren mitunter noch die ersten beiden Etagen bewohnt. Hier und da hatten sogar wieder Gaststätten aufgemacht. Zur Zeit meiner Rückkehr, also im September 1947, wurden mitunter Kohlsuppen ohne Marken ausgegeben. Diese Friedrichstrasse, eine architektonisch fast grotesk belanglose Strasse der Zeit um die Jahrhundertwende, war bis zum Krieg ein Anziehungspunkt und Treffpunkt nicht nur für Nachtschwärmer gewesen, sondern und gerade für Intellektuelle, die von einer Buchhandlung zur anderen bummelten, was wohl an der nahegelegenen Universität gelegen haben mag.

Buchhandlungen waren von jeher ein Treffpunkt der Theaterwelt, von Autoren, Schauspielern, Regisseuren und Bühnenbildnern, und sie waren das in der Ruinenstadt mehr denn je, wo sie ein Magnet für die Überlebenden und die Heimgekehrten waren. Im Westen waren bald besonders die Geschäfte von Kurt Meurer und Marga Schoeller solche Anziehungspunkte, die am Innsbrucker Platz und am Kurfürstendamm in den Erdgeschossen ausgebrannter Mietshäuser aufge-

*Über die nahezu
vollständig zerstörte
Königgrätzer Strasse,
die 1947 in Stresemann-
strasse umbenannt
wurde, ging man zu
dem wie durch ein
Wunder erhalten
gebliebenen Hebbel-
Theater.*

*Dort fanden viele
Sensationen des Nach-
kriegstheaters statt.
Imke und ich versäum-
ten fast keine der
Premieren.*

macht hatte. Aber es gab daneben auch unzählige kleine Buchläden, die in einigen Zimmern einer Wohnung eröffnet hatten. Selbst in unserem Dahlem, das in Friedenszeiten nie eine Buchhandlung gesehen hatte, eröffnete Tilly Meyer am Hirschsprung 6 in zwei Zimmern ihrer Wohnung die Dahlemer Bücherstube, in der ich bald häufig vorbeischaute, wobei es meist dabei blieb, denn Geld für An-

Die Friedrichstrasse, die jetzt mit übergrossen »Quartieren« ein glanzvoller Boulevard sein will, war eine der wenigen Strassen, die einigermassen durch den Krieg gekommen waren.

schaffungen hatte ich fast nie. In Ost-Berlin lag in der Friedrichstrasse Hannemanns Buchhandlung der Brüder Carl und Kurt Wegner, schon in Vorkriegszeiten ein Treffpunkt der Intellektuellen, ein Magnet.

Der Rang der alten Läden bemass sich nach ihrem Kundenkreis und der Persönlichkeit der Inhaber. Die kleinsten waren oft die berühmtesten Geschäfte, in denen sich Verleger wie Ernst Rowohlt, Samuel Fischer, Kurt Wolff und Gustav Kiepenheuer getroffen hatten. Natürlich gibt es auch heute noch solche Buchhandlungen, aber sie werden immer seltener, den Verlagskonzernen entsprechen die Buchhandelskonzerne, die mit ihren Niederlassungsketten an die Stelle der traditionellen Buchhandlungen getreten sind. Man möchte es fast nicht glauben, wenn man Photographien der einst berühmten alten Geschäfte sieht, so ärmlich wirkten die Läden, die in den Erinnerungen von damals eine so grosse Rolle spielten.

Wenn ich von meinen Vorlesungen in der nahegelegenen Universität kam, das muss 1948 gewesen sein, hatte ich das Gefühl, dass Hanne-

manns Buchhandlung ein Treffpunkt einer aus dem Chaos aufge-
tauchten Gesellschaft war. Hannemanns Buchhandlung hatte auch
vor dem Krieg nur ein einziges Schaufenster, neben dem in kleinen
Vitrinen einige Bücher hervorgehoben wurden. Einer der beiden
Brüder gestaltete das Schaufenster, wobei er sich darauf beschränkte,
die Bücher, die ihm besonders am Herzen lagen – was durchaus
nicht immer jene Verkaufsschlager sein mussten, die man später
»Bestseller« nennen sollte –, ziemlich unbeholfen in die Auslage zu
legen. Es rührt einen fast, sieht man eine Photographie aus der
Vorkriegszeit: Vielleicht zehn oder fünfzehn Bücher stehen mehr
oder weniger ungeordnet in der Auslage herum; kein Schaufenster-
Dekorateur hat das Fenster noch modisch dekoriert.

Hannemanns Buchhandlung war nach dem Kriege noch an der alten
Stelle in einem sonst weitgehend zerbombten Haus. Das Erdgeschoss
war aber behelfsmässig verputzt worden. Erstaunlicherweise hatte
man eine mittelgrosse Glasscheibe aufgetrieben, sodass es wieder so
etwas wie eine Auslage gab. Drinnen lagen die Neuerscheinungen in merkwürdig farblosen Einbänden auf
provisorischen Tischen oder standen in Regalen. Viel
wichtiger aber war das Antiquariat geworden, das alles
überstanden hatte. Ich sehe noch einen der beiden Brü-

*Hannemanns Buch-
handlung in der Fried-
richstrasse vor und –
notdürftig wiederher-
gestellt – nach dem
Kriege.*

der auf einer Stehleiter aus den oberen Reihen Raritäten heraussuchen, die offensichtlich nicht beliebigen Passanten verkauft wurden. Häufig sah man Bertolt Brecht, der nicht nur seines hageren, gegerbten Gesichts, sondern auch schon seines Arbeiterhabits wegen auffiel. Es wurde erzählt, dass er es sich bei dem ehemaligen Herrenschneider Ludwig, dem alten Schneider meines Vaters, aus feinstem englischen Tuch fertigen liess, das Brecht aus London bezog. Brecht war schon gleich nach seiner Rückkehr wieder eine Berühmtheit, fast wie in den zwanziger Jahren, als er mit Carl Zuckmayer zusammen zur Gitarre Lieder und Balladen gesungen hatte, die inzwischen in alle Anthologien aufgenommen worden sind, die »Erinnerungen an die Marie A.« oder die »Moritat vom armen BB«. Wenn man Brecht nicht gleich erkannte, wurde man von anderen Studenten, manchmal auch von einem der beiden Inhaber, verstohlen auf ihn aufmerksam gemacht. Seine mittelgrosse, eher unauffällige Figur hatte, bis auf die ins Gesicht gezogene Schiebermütze, nichts an sich, das die Aufmerksamkeit auf ihn gelenkt hätte.

Mit der Brecht-Weillschen »Dreigroschenoper« und der Gedichtsammlung »Hauspostille« hatte Brecht in den letzten Jahren der Weimarer Republik Furore gemacht, mit beiden Werken sollte ich später verbunden sein. Die »Hauspostille« war im Propyläen Verlag erschienen, den ich seit Anfang der sechziger Jahre leitete, und die »Dreigroschenoper« war von Ernst-Josef Aufricht im Theater am Schiffbauerdamm 1928 herausgebracht worden, und Aufrichts Lebenserinnerungen »Erzähle, damit du dein Recht erweist« brachte ich im Propyläen Verlag heraus. Das Buch, das ich sehr liebte und literarisch überaus schätzte, wurde aber nur ein bescheidener Erfolg. Im selben Herbst 1966 waren nämlich die viel populäreren Lebenserinnerungen von Carl Zuckmayer »Als wär's ein Stück von mir« erschienen, und neben dem Bestsellerautor von »Des Teufels General«, das 1948 im Schlosspark-Theater Triumphe feierte, hatte der längst in Vergessenheit geratene Aufricht keine Chancen. Wäre ich als Verleger erfahrener gewesen, hätte ich seine Memoiren um ein halbes Jahr verschoben. So mache ich mir den Vorwurf, zum Misserfolg des

Buches, das über fünfzehntausend verkaufte Exemplare nicht hinauskam, das Meine beigetragen zu haben.

Ich war von der Lektüre des Manuskriptes, das mir der Historiker Walter Bußmann von einem Abend bei Wolfgang Staudte mitgebracht hatte, so enthusiasmiert, dass ich es bis morgens um vier in einem Zug las. Dann war ich gedankenlos genug, Aufricht ein Telegramm zu schicken, das ihn wahrscheinlich aus dem Schlaf riss: »Noch vollkommen im Bann Ihres Buches, das zu verlegen ich mich glücklich schätzen würde. Wolf Jobst Siedler.« Aufricht sagte, dieses Telegramm sei nach der Sensation seiner Aufführung der »Dreigroschenoper« 1928 der grösste Erfolg seines Lebens gewesen. Aber verlegerisch habe ich es ihm schlecht gelohnt.

Bertolt Brecht kehrte 1947 aus der amerikanischen Emigration zurück, gleich nachdem er vor dem Komitee zur Bekämpfung unamerikanischer Umtriebe des Senators McCarthy hatte aussagen müssen. Bis 1949 blieb er in der Schweiz, solange hatte er gezögert, sich auf das real existierende Arbeiterparadies einzulassen. Davor war ja auch Heinrich Mann zurückgeschreckt, als er von Johannes R. Becher »verehrungsvoll« aufgefordert worden war, die Präsidentschaft der 1950 gegründeten Deutschen Akademie der Künste in Ost-Berlin zu übernehmen.

Für den in Amerika völlig vereinsamten Heinrich Mann hatte das eine Genugtuung dargestellt, und er hatte lange tatsächlich mit dem Gedanken gespielt, nach Berlin zu übersiedeln. Aber als ihm Ost-Berlin die nötigen Dollar für die Rückreise überwies und Katia Mann schon eine Passage auf einem polnischen Schiff besorgt hatte, verwendete Heinrich Mann das Geld für die Rückzahlung seiner Schulden bei seinem Bruder und machte keinen Gebrauch von der Möglichkeit einer Heimreise – was Katia, die die Bürde Schwager loswerden wollte, ziemlich entgeistert registrierte. In den Tagebüchern Thomas Manns ist oft genug von der Unentschlossenheit des Bruders die Rede, was allerdings auch mit dem immer schlechter werdenden Gesundheitszustand Heinrich Manns zu tun hatte.

Bei seiner Rückkehr nach Europa hatte Bertolt Brecht vorsichtshalber die österreichische Staatsbürgerschaft angenommen, die er bis zu seinem Tode behielt, obwohl er immer wieder gedrängt wurde, DDR-Bürger zu werden. Sein Bankkonto behielt er vorsichtshalber in der Schweiz, und er legte Wert darauf, dass der Ost-Berliner

Der Antiquar Kurt Wegner legte für mich kostbare Ausgaben beiseite.

Aufbau Verlag und der Frankfurter Suhrkamp Verlag ihre Abrechnungen über seine Züricher Bankverbindungen vornahmen.

So sei, sagte Aufricht nicht ohne bittere Ironie, Brecht immer gewesen. Als er aus seinem schwedischen Exil weiterflüchtete, durchquerte er den verehrten Staat Lenins und Stalins, der doch seine ideale Gesellschaft weitgehend verwirklicht hatte, möglichst schnell mit der Transsibirischen Eisenbahn, um dann von Japan aus das nächste Schiff nach Amerika zu nehmen. »Ich spähe nach dem rettenden Ufer/Hoch oben im Norden sehe ich ein einziges Schlupfloch.« Die zweitausend Kilometer lange Grenze Finnlands zur Sowjetunion ignorierte er. Er war und blieb ein Mann der ständigen Rückversicherung.

Sein alter Freund Ernst-Josef Aufricht nannte das »typisch Brecht«, als er von seinem Treffen mit dem alten Weggefährten berichtete, den er bald nach seiner eigenen Rückkehr in Ost-Berlin besucht hatte. Brecht hatte zu erkennen gegeben, dass ihm die Herrschaft Ulbrichts und seiner Funktionäre eigentlich fremd war. Aber er hütete sich, offen davon zu sprechen, denn die inzwischen etablierte Deutsche Demokratische Republik erwies ihm alle Ehren und stellte ihm sogar ein eigenes Theater zur Verfügung. Aber den Arbeiteraufstand in der »Zone« vom 17. Juni 1953 kommentierte Brecht mit den später berühmt gewordenen Sätzen: »Ich habe eine Resolution vorzuschlagen. Da sich herausgestellt hat, daß unser Volk eine dumme Hammelherde ist, empfehlen wir der Regierung, sich ein anderes Volk zu wählen.« Daraus entstand später ein Gedicht, das sich in Brechts Nachlass gefunden hat. Wieder war es typisch für die Brechtsche Vorsicht, dass er die Verse niemals veröffentlicht hat. Angst vor Repressalien war es gewiss nicht gewesen, eher schon Sorge, es könne ihm Sympathie kosten. Er hatte sein Leben lang mit solchen Verschwiegenheiten gelebt.

Die Lösung
Nach dem Aufstand des 17. Juni
Ließ der Sekretär des Schriftstellerverbandes
In der Stalinallee Flugblätter verteilen,
Auf denen zu lesen war, daß das Volk
Das Vertrauen der Regierung verscherzt habe
Und es nur durch verdoppelte Arbeit
Zurückerobern könne. Wäre es da
Nicht einfacher, die Regierung
Löste das Volk auf und
Wählte ein anderes?

Damals besuchte Brecht den West-Berliner Kritikerpapst Friedrich Luft in der Maienstrasse hinter dem Nollendorfplatz, mit dem er sich, wie man sich unter vorgehaltener Hand sagte, besser verstand als mit den linientreuen Kritikern des »Neuen Deutschland« und der »Berliner Zeitung«, obwohl so respektable Köpfe darunter waren wie Fritz Erpenbeck und Paul Rilla. Aber Brecht blieb undurchsichtig auch in dieser Hinsicht, er liess sich nicht durchschauen und hielt mit seiner wirklichen Meinung immer hinter dem Berg.
Brecht selber habe ich nur ein einziges Mal getroffen, anschliessend an die Uraufführung seiner Bearbeitung von Maxim Gorkis »Die Mutter« durch das Berliner Ensemble am Deutschen Theater 1951. Der Abend ist mir unvergesslich. Das Stück selber ist als ein ziemlich plakatives Agitprop-Stück im Gedächtnis, und ich habe es in den Jahrzehnten seitdem nie wieder gelesen. Aber es war ein grosser Bühnenerfolg, und Helene Weigel ging nach der Aufführung den

Schiffbauerdamm entlang, einen Pelzmantel über die Schultern geworfen und einen übergrossen Blumenstrauss im Arm. Ich weiss nicht mehr, wer sie begleitete, vier oder fünf Bewunderer werden es gewesen sein, die ihr huldigten. Was Imke und mir in Erinnerung blieb, war ihr offener Horch – oder war es ein Maybach? –, der einige Meter neben ihr im Schritttempo fuhr. Ich glaube nicht, dass die Grössen der dreissiger Jahre je so provozierend aufgetreten sind. Die kleine Strasse führte im Knick an einem Haus vorbei, dessen Fenster weitgehend zugemauert waren, und man erzählte sich, dass dort politische Häftlinge untergebracht seien. Die Luxuskarosse, die auf dem Fahrdamm fuhr, während Helene Weigel und ihre Freunde auf dem Bürgersteig entlanggingen, hinter den Mauern des Volkspolizeigefängnisses aber die Häftlinge des gerade etablierten ersten sozialistischen Staates – der Polizeistaat trat an diesem Abend vor Augen.

Die Buchhandlung der Wegner-Brüder war in gewisser Weise mein Einfallstor in die Welt der Literatur. Nicht nur, weil ich dort immer wieder seltene, fast verschollene oder schon wieder verbotene Bücher fand, sondern auch, weil das intellektuelle Berlin jenseits aller Sektoren dort verkehrte. Die meisten der berühmten Kunden, die in den Regalen stöberten und von den Inhabern aufmerksam, aber zurückhaltend bedient wurden, kannte ich bestenfalls dem Namen nach. Es kommt mir heute merkwürdig vor, dass ich sie alle schon in diesen frühen Jahren gesehen habe – Curt Bois, der Komiker der zwanziger Jahre, der dann ein Star des Schillertheaters wurde, und Walter Felsenstein, der in diesen Jahren seinen Ruhm nicht so sehr als Intendant der Komischen Oper, sondern durch Operninszenierungen begründete, von denen eine ganze Generation von Regisseuren zehrte. Regelmässig sah ich dort auch Werner Klemke, den grossen Zeichner in der Tradition Max Schwimmers, der eigentlich sehr altmodisch arbeitete, aber durch die Virtuosität des Strichs und der Phantasie sanktioniert war. Im Osten waren alte Traditionen lebendig und erhielten sogar höhere Weihen, während der Westen weitgehend im Bann des jeweils Allerneuesten stand.

Später wurde Werner Klemke Sekretär der Sektion Bildende Kunst der Akademie der Künste und ein Aushängeschild des Oststaates. War es schon in den fünfziger oder erst in den sechziger Jahren, dass ich Werner Klemke in der Tassostrasse in Weissensee besuchte, manchmal mit Wolfgang Richter zusammen, der inzwischen mein Stellvertreter bei Ullstein und Propyläen war? Wolfgang Richter war schon vor 1933 Kommunist gewesen; er soll sogar kurzfristig verhaftet gewesen sein. Dann hatte er als Soldat in Russland den Krieg überstanden, wo er als »Spiess« den Schützen Peter Wapnewski unter sich gehabt hatte, weshalb sich die beiden ungleichen Freunde bis zum Tod Richters nahestanden. Nach dem Krieg war Richter in die SED eingetreten und Cheflektor des Potsdamer Rütten & Loening Verlages geworden. Er blieb seinen sozialistischen Idealen der Jugend treu, auch als es schon längst inopportun geworden war, zu sehr am alten festzuhalten.

Irgendwann aber geriet Richter in Konflikt mit der Parteilinie. Als er gewarnt wurde, er solle am nächsten Morgen verhaftet werden, floh er über Nacht nach West-Berlin, wo er zwar seinem Kommunismus, der SED und der DDR abschwor, nicht aber seinen sozialistischen Träumen, die er, oft über sich selber amüsiert, bis in seine letzten Tage mit Nachsicht sah. Dass ich einen Mann dieses Herkommens und Werdegangs zum »Stellvertretenden Vorsitzer« des Springerschen Buchimperiums machte, wurde im Konzern mit Verwunderung, vielleicht auch mit Misstrauen gesehen. Aber nicht nur Peter Tamm, der strikt konservative Alleinvorstand des Konzerns, sondern auch Axel Springer selber liessen das passieren, ohne mich ein einziges Mal zur Rede zu stellen.

Mit Sammler-, nicht mit Besitzerstolz führte uns Klemke durch das Labyrinth seiner Wohnung, die mit immer neuen Durchbrüchen durch Brandmauern in das Nachbarhaus auf unzählige Räume angewachsen war. Klemke war einer der grossen Sammler, die ich kennengelernt habe, seine Leidenschaft gehörte nicht nur Büchern, wo er vor allem Erstausgaben des 18. und frühen 19. Jahrhunderts zusammengetragen hatte, sondern auch Porzellanen, meist frühem Meissen, aber auch seltenen Stücken von Wegely und Gotzkowsky, jenen privaten Porzellanmanufakturen, die Friedrich der Grosse aufgekauft hatte, um sie zur Königlich Preussischen Manufaktur, der KPM, zu vereinigen.

Klemke lieferte immer neuen Gesprächsstoff. Als »Reisekader« konnte er gelegentlich auch nach West-Berlin oder in die Bundesrepublik reisen, und irgendwann hatte er in Wannsee einen alten Freund aus Kriegszeiten besucht. Eine halbe Stunde vor Mitternacht wankte er, schwer angeschlagen, zum nächsten S-Bahnhof, da er rechtzeitig in seinem »Demokratischen Sektor« sein musste. Aber Klemke schlief in seinem bezechten Zustand fest, bis er von seinem Sitznachbarn wachgerüttelt wurde: »Du musst hier 'raus. Das ist die letzte Station vor der Grenze.« Klemke ging schweren Schrittes auf den Bahnsteig. Aber es war die letzte Station vor der Mauer, und er befand sich noch immer im »Westen«, obwohl er doch pünktlich um 24 Uhr »drüben« sein musste. Schweren Schrittes ging er an der Mauer entlang und verlangte mit lautstarker Hartnäckigkeit Eintritt: »In unserem Staat hat jeder Bürger das Recht, in seinem Bett zu schlafen. Ich will hier 'rein.«

Endlich kam er an eine jener Stahltüren, die in regelmässigen Abständen in die Mauer eingelassen waren. Als er aufgebracht mit dem Fuss gegen das Tor trat, kamen endlich zwei Wachtposten, sie hätten Schiessbefehl, wenn er nicht Ruhe gäbe. »Ich bin ›Sekretär der Akademie der Künste‹«, und Klemke verlangte nach dem Offizier der Wache. Als nach einiger Zeit zwei Offiziere der Grenzpolizei erschienen, war Klemke ein wenig nüchterner geworden. Er zeigte seinen Ausweis, aber er konnte es nicht lassen, die wachhabenden Offiziere anzuschnauzen: »Glotzt nicht so dämlich. Ihr seid wohl völlig perplex, dass einer mal rein und nicht raus will?« Wie die Sache zu Ende gegangen war, hat Klemke nicht erzählt, aber auf jeden Fall wurde Klemke für ein Jahr das Recht der freien Aus- und Einreise in die DDR entzogen. Aber sein Status als Sekretär der Akademie der Künste blieb ihm bis zu seinem Tode im Jahre 1994 erhalten.

Die Neuerscheinungen dieser Jahre waren ärmlich wie alles. Die Pappbände steckten in auffallend blassen Umschlägen, und der eigentliche Buchkorpus war auf so holzhaltigem Papier gedruckt, dass er schon nach zwei- oder dreimaligem Lesen zerfiel. Nur die »Klassiker« von Marx, Lenin und Stalin hatten in Druck und Bindung noch etwas von der alten Leipziger Buchkultur. Aber ich suchte ohnehin nicht so sehr Neuerscheinungen, bei denen es sich, abgesehen von linientreuen Parteiautoren, zum Teil um bemerkenswerte Schriftsteller wie den dänischen Kommunisten Martin Andersen Nexö und natürlich um Maxim Gorki handelte, dessen angeblich enge Freundschaft mit Stalin überall auf Photos dokumentiert wurde. Beide zusammen sassen sie in den frühen Jahren nach der Revolution in Kitteln auf einer Holzbank. Aber Gorki war wohl sehr bald von der Wirklichkeit der Weltrevolution desillusioniert; nicht nur zu Stalin, sondern auch zu Lenin ging er auf Distanz. Doch war er schon so prominent, dass ihm die Ausreise genehmigt wurde, und er lebte Jahre auf Capri.

Es muss 1948 gewesen sein, dass ich in Hannemanns Buchhandlung besondere Funde machte, die ich noch in Reichsmark zahlen konnte und die noch heute in meiner Bibliothek stehen. Als erstes erwarb ich die sechs Bände von Norbert von Hellingraths berühmter Hölderlin-Ausgabe von 1923, wenig später fand ich die fünfzehnbändige E.T.A.-Hoffmann-Gesamtausgabe von 1924, die von Walter Harich, dem Vater des damaligen philosophischen Wunderkindes Wolfgang Harich, herausgegeben worden war, der inzwischen an der Parteihochschule der SED in Kleinmachnow Vorträge hielt.

Damals kannte man den Namen Wolfgang Harich kaum. Eigentlich begann er für uns erst eine Rolle zu spielen, als er an dem grotesken Versuch beteiligt war, Walter Ulbricht mit Genehmigung der sowjetischen Botschaft zu stürzen. Er hatte die Illusion, der Kreml sähe in dem rigorosen Sowjetisierungskurs Ulbrichts eine Gefährdung seiner Interessen. Aber der sowjetische Botschafter Michail Perwuchin hörte sich die abenteuerlichen Staatsstreichpläne Wolfgang Harichs geduldig und aufmerksam an und informierte anschliessend, wahrscheinlich nachdem er Direktiven vom Kreml erhalten hatte, Ulbricht selber über die Putschpläne Harichs und der anderen Verschwörer. In einem Schauprozess wurde Wolfgang Harich 1957 zu zehn Jahren Zuchthaus verurteilt, von denen er sieben Jahre absitzen musste, bis er, inzwischen physisch und psychisch ein gebrochener Mann, 1990 auch juristisch rehabilitiert wurde.

In diesem Jahr klingelte bei mir zu Hause das Telephon. Harich bot mir seine Lebenserinnerungen an, wobei er sich auf eine frühe Begegnung berief, die ich längst vergessen hatte. Das war wohl irgendwann Anfang der fünfziger Jahre auf der Frankfurter Buchmesse.

In den frühen fünfziger Jahren fuhr mein alter Freund Hans Schwab-Felisch, ein enger Bekannter Harichs, den die Russen gleich nach der Eroberung Berlins als Bürgermeister von Wilmersdorf eingesetzt hatten, mit Harich zusammen zur Buchmesse nach Frankfurt; dort traf ich beide im Gespräch: »Wann kommt denn nun endlich der Zusammenbruch eures Kapitalismus? Ich warte seit Jahren auf ihn.« Ich vergesse nie, wie Harich heiter fortfuhr: »Ja, der Kapitalismus muss sich mit seinem Zusammenbruch sputen. Sonst wäre ja alles Blödsinn, was ich seit Jahren predige.« Schwab und Harich lachten herzlich.

Gemeinsam ging man auf die Messe, die noch in jenem kleinen Rundbau des Kunstgewerbehauses stattfand, wo ich die berühmten Verleger der zwanziger Jahre in ihren bescheidenen kleinen Kojen sah – Ernst Rowohlt mit seinem Sohn Heinrich Maria Ledig-Rowohlt, der aber noch wenig beachtet wurde, Gottfried Bermann Fischer, Joseph Caspar Witsch, der inzwischen den Kiepenheuer & Witsch Verlag gegründet hatte, Anton Kippenberg vom Insel-Verlag, der fünfzigjährige Carl Hanser, der Namensgeber seines Verlages, und Horst Wiemer, den Cheflektor des Biederstein Verlages, der ein belletristischer Zweigverlag vom Münchner Beck Verlag war und zu dessen Verdienst es zählte, Heimito von Doderer entdeckt zu haben.

Dabei kommt mir in Erinnerung, wie Doderer sich bei seinem letzten Berlin-Besuch nur krächzend verständigen konnte. Er hatte

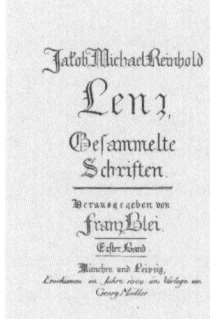

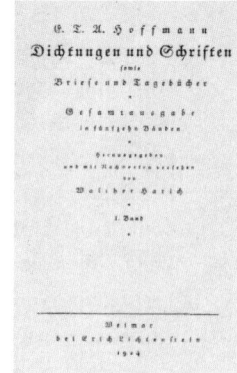

Kehlkopfkrebs, dem er nach zwei oder drei Jahren erlag. Im nächsten Jahr traf ich Wiemer auf der Frankfurter Buchmesse, er begrüsste mich ebenso herzlich wie
immer, aber er konnte ebenfalls kaum noch sprechen.
»Ja, das nennt man Verlegertreue. Ich habe jetzt aus
Sympathie für meinen Autor auch Kehlkopfkrebs.«
Aber Wiemer überstand die bösartige Krankheit um
viele Jahre, und ich habe ihn sowohl in München als

Es muss 1948 gewesen sein, als ich in der Buchhandlung der Brüder Carl und Kurt Wegner auf bibliophile Jagden ging. Zu meinen Erwerbungen gehörten Ausgaben von Lenz, Hölderlin und E. T. A. Hoffmann.

auch in Berlin noch zwei- oder dreimal getroffen. Die Verlagskojen
waren bei diesen ersten Buchmessen wenige Meter gross, jedem Verleger stand eine Sekretärin zur Seite, und nur wichtige Gäste erhielten Getränke. Die Bücher lagen auf billigen Regalen.

Bei den Wegners fand ich auch die in schwarzes Glanzleder gebun-
dene grossformatige Ausgabe der Werke von Jakob Michael Reinhold Lenz, die Franz Blei schon 1910 im Georg Müller Verlag herausgegeben hatte, also in den letzten Jahren des Kaiserreichs. Damals
kannten wenige noch den Namen von Lenz, man wusste bestenfalls,
dass er neben Klinger zu den Jugendfreunden Goethes gehört hatte,
dann aber als Hauslehrer nach Livland, schliesslich nach St. Petersburg gegangen war, wo er, zuletzt ganz unstet, 1792 in Moskau gestorben ist.

Zwei Jahre später machte Lenz durch Bertolt Brechts Inszenierung
des »Hofmeister« am Deutschen Theater noch einmal Furore. Auch
Imke und ich gingen natürlich zur umjubelten Premiere. Lenz, der

eigentlich ganz dem 18. Jahrhundert angehörte, wirkte in Brechts Bearbeitung modern, und nach der Aufführung bildeten sich Trauben von Menschen, die die revolutionäre Kühnheit dieses Stückes beredeten. Jedermann war überzeugt, dass es eine allgemeine Lenz-Renaissance geben würde, und auch die Dramaturgen und Intendanten der deutschen Theater musterten sein übriges dramatisches Werk. Aber sie scheinen nichts Rechtes gefunden zu haben; eine Lenz-Renaissance ist ausgeblieben. Lenz ist so schnell vergessen wie entdeckt worden. In den Jahrzehnten seither ist nur der »Hofmeister« ein paarmal aufgeführt worden, aber wohl mehr Brechts als Lenzens wegen.

Anfang der fünfziger Jahre war ich ein Niemand. Ich berichtete als freier Mitarbeiter über die Buchmesse erst für die »Neue Zeitung« und dann für den »Tagesspiegel«. Imke und mir war durch das Messebüro ein Zimmer in der völlig zerbombten Stadt vermittelt worden, was schon als Privileg galt. Wolfgang Harich war mir aus den Augen gekommen, und erst jener Anruf 1990 brachte ihn mir wieder in Erinnerung. Da ich Wolfgang Harichs Rechthaberei einigermassen zu kennen glaubte, lehnte ich sein Angebot unter dem Vorwand ab, dass ein solches Buch sich nicht in das Programm meines Verlages einfüge. Wenig später ist es ohne viel Aufsehen im Verlag Schwarzkopf & Schwarzkopf erschienen. Das Wunderkind von einst war jetzt ein kleiner Mann, an dem vor allem sein weisser Vollbart auffiel. Er war inzwischen ein heimatloser Rebell, den es zu den »Grünen« zog, von denen er zu sagen pflegte: »Die Grünen müssen ein wenig röter und die Roten ein wenig grüner werden.« Aber er blieb seinen Idealen treu und trat gleich nach der Gründung der Nachfolgepartei der SED in die PDS ein, wo er zu anderen altgewordenen Revolutionären stiess, zu Hans Modrow und Ernst Engelberg. Wolfgang Harich ist 1995 mit nur einundsiebzig Jahren gestorben.

Wer traf sich nicht alles in diesen Buchhandlungen. Bei Marga Schoeller am Kurfürstendamm im Erdgeschoss einer Ruine sah man regelmässig Friedrich Luft, der nicht nur durch seine von der ganzen

Stadt gelesenen Theaterkritiken in der »Neuen Zeitung«, sondern auch durch seine »Stimme der Kritik« im RIAS, dem Rundfunk im amerikanischen Sektor, mittlerweile so populär war wie Alfred Kerr es in der Weimarer Zeit gewesen war. Damals standen für mich Kerr und Luft nebeneinander, und Luft war uns im Grunde näher, weil er nicht ganz so outriert wie Kerr schrieb. Zuletzt hatte Kerr ein wenig ausserhalb der Zeit gestanden, und an vielen Autoren der zwanziger Jahre war er vorbeigegangen. Er mass alle Dramatiker im Grunde an dem Idol seiner Jugendzeit, und neben Gerhart Hauptmann konnte kaum jemand bestehen. Ich habe an Kerrs Fehlurteilen gelernt, dass auch die grossen Kritiker an ihre Zeit gebunden waren.

Ich mochte Luft sehr, auch als Mensch, manchmal kam er zu uns in den Falkenried, mitunter waren Imke und ich bei ihm in der Maienstrasse gleich hinter dem Nollendorfplatz. Für uns war es aufregend, wenn Fritz Kortner und Tilla Durieux bei Friedrich Luft zusammensassen, der eine war in der amerikanischen Emigration gewesen, die andere hatte in Jugoslawien bei den Partisanen überlebt. Und sie kamen unweigerlich bald auf die Zeit des alten Berlin, die auch ihre grosse Zeit gewesen war. Inzwischen ist es mir fraglich geworden, ob Lufts Kritiken wirklich Bestand haben werden. Der junge Kerr hingegen, der für seinen Jugendfreund Gerhart Hauptmann und für Maxim Gorki, Henrik Ibsen und August Strindberg gestritten hatte, ist dagegen frisch wie am ersten Tag. Die Zeit ist eben doch der grosse Prüfstein.

Die Sendereihe Lufts im RIAS hatte einen Titel, der das Geheimnis Lufts auf die kürzeste Formel brachte: »Die Stimme der Kritik«. Es war seine Stimme, die ein Gutteil seiner Wirkung ausmachte, und dabei hatte seine Atemlosigkeit, bei der man mitunter die Sorge hatte, ob er einen Satz auch zu Ende bringen werde, seiner Verpflichtung als »Sprecher« ursprünglich im Wege gestanden. Die Verantwortlichen im Sender waren mit dem Gedanken umgegangen, seine Kritiken von einem Sprecher lesen zu lassen, wogegen sich Luft aber verwahrte. Nun war die Unverwechselbarkeit seiner Sprechweise das Geheimnis seines Erfolges. Der Sender hatte im Grunde völlig Recht gehabt, als er befand, dass Luft keine Stimme für den Äther habe. Dieselben Einwände hatte man anfänglich auch gegen Sebastian Haffner erhoben, dessen sehr hohe, wie gequetschte Stimme tatsächlich befremdete. Aber auch Haffners Organ machte im Rundfunk wie im Fernsehen seine Unverwechselbarkeit, seine Faszination aus.

»Das höchste Glück der Erdenkinder ist doch die Persönlichkeit«, ist eines meiner Lieblingszitate von Goethe; das bringt wohl auch das Geheimnis der Stimme auf die bündigste Formel. Man will gar nicht die Perfektion des Vortrags. Das gilt für den Sprachduktus im Radio wie im Fernsehen, und das gilt auch für Alfred Kerrs Exaltiertheit, selbst wenn sie einem bisweilen auf die Nerven ging. Sogar die typographische Unterteilung seiner Kritiken in kurze und kürzeste römisch numerierte Abschnitte ist ein Teil dieser Forciertheit. Oft habe ich darüber mit Luft gesprochen. Aber er liebte nun einmal die Faxen Kerrs und seine stadtbekannten Repliken – so die Geschichte von dem jungen Nachwuchsdramatiker, der Kerr das handschriftliche Manuskript mit der Bitte um ein freimütiges Urteil geschickt hatte. »Sehr, sehr gut, junger Freund«, hatte Kerr den hoffnungsvollen Dichter beschieden. »Nur zu lang.« Nach ein paar Monaten legte der junge Mann sein Drama erneut zur Beurteilung vor. »Sehr, sehr gut. Aber zu lang.« Verzweifelt sagte der Autor, er habe doch schon die Hälfte gestrichen. »Ja, mit halben Massnahmen ist hier nichts getan«, soll Alfred Kerr geantwortet haben. Wieviele solcher Geschichten erzählte Luft nicht von seinem grossen Vorbild Kerr.

Fritz Kortner war 1947 gerade aus dem Exil zurückgekehrt. Angeblich hatte er sich vom Flughafen Tempelhof mit einem Taxi zu den Strassen fahren lassen, wo vor der Emigration seine Freunde oder noch häufiger seine Freundinnen gewohnt hatten. Die Orte waren in ihrem Trümmerzustand nicht mehr auffindbar. Angesichts von Kortners Verwirrung habe der Taxifahrer da gesagt: »Sie scheinen lange nich hierjewesen zu sein.« Kortner soll geantwortet haben, dass er vor zwei Stunden gerade aus dem Exil nach Berlin zurückgekommen sei, nachdem er schon im Frühjahr 1933 emigriert war. Da habe der Taxifahrer geantwortet: »Na, juter Mann, da ham'se ooch nich viel verpasst.« Von Kortner gingen unzählige Geschichten um; sein mitunter verletzender Witz war Legende. Hat er wirklich einen ziemlich mittelmässigen jüdischen Schauspieler bei einer Probe abgefertigt, »Jude allein ist auch nicht abendfüllend«?

In den zwanziger Jahren boykottierte der Ullstein-Konzern einmal den Presseball, für den die wichtigsten Häuser eigene Logen in den Sälen hatten. Die Familie Ullstein kam überein, dass sie Kerr als Beobachter auf den Presseball schicken würde. Am nächsten Morgen erstattete Kerr dem Familienrat Bericht, was denn sich an Bemerkenswertem ereignet hatte. »Gott«, soll Kerr da gesagt haben, »was soll schon gewesen sein? Eine miese Masse Mosse«, auf das andere grosse Zeitungshaus anspielend, das mit den Ullsteins stets in Konkurrenz stand. Mal rangierten die Ullstein-Zeitungen »Vossische Zeitung« oder »Morgenpost« an der Spitze, mal das Mossesche Aushängeschild »Berliner Tageblatt«.

Während eines Abends bei Wolfgang Staudte in der Pacelliallee, einige Häuser von unserem Falkenried entfernt, wurde die Unterhaltung, die natürlich hauptsächlich Kortner bestritten hatte, plötzlich durch ein heftiges Gewitter unterbrochen, das mit einem gewaltigen Donnerschlag seinen Höhepunkt erreichte. Da soll Kortner, sich zum Himmel wendend, gesagt haben: »Na reden wird man über dich doch wohl noch dürfen.«

Es ist kein Zufall, dass es fast immer Juden waren, von denen dergleichen überliefert wurde, ob nun von Kerr, Kortner oder Bois. Ich weiss nicht, ob es einen spezifisch jüdischen Witz gibt, wie es Salcia Landmann in ihrem Buch behauptet hat. Aber die aus dem Moment geborene Schlagfertigkeit war auf jeden Fall jüdischer Natur, und nach 1945 waren die Emigranten der Weimarer Zeit überwiegend nach Berlin zurückgekehrt, und so lag noch ein Hauch der zwanziger Jahre über der Nachkriegszeit. Inzwischen ist mit den letzten Emigranten auch dieser Witz ausgestorben, und das trägt vielleicht zu der spröden Atmosphäre der heutigen Gesellschaft bei.

Einige Male traf ich bei Marga Schoeller auch Günther Weisenborn, den Dramatiker aus den zwanziger Jahren, der 1928 mit dem Antikriegsstück »U-Boot S 4« einen sensationellen Erfolg gehabt hatte. Noch vor der Machtübernahme durch die Nationalsozialisten war er 1930 nach Argentinien gegangen, wo er sich ziemlich erfolglos als Farmer und Postreiter durchschlug, eine Erfahrung, die er in seinem Roman »Die Furie« verarbeitete. Im Jahr 1936 suchte er sein Glück dann als Reporter in New York. Doch Weisenborn kam in der Fremde nicht zurecht und kehrte auf dem Höhepunkt von Hitlers Triumphen 1937 nach Deutschland zurück. Hier schloss er sich bald dem Widerstandskreis um Harro Schulze-Boysen an, der im Herbst 1941 von der Gestapo ausgehoben wurde. Erst 1945 befreiten ihn sowjetische Truppen aus dem Zuchthaus in Luckau, wo es ihm erträglich gegangen zu sein scheint. Er hatte in der Zelle alle möglichen Dramenentwürfe zu Papier gebracht und auch ein Schauspiel »Die Illegalen«, das schon 1946 einen durchschlagenden Erfolg hatte.

»Blättern Sie ein wenig darin herum«, sagte Marga Schoeller, wenn ich aus dem Regal mit Neuerscheinungen den einen oder anderen Titel herauszog. »Das wird Sie auf die Dauer wenig interessieren.« Aber das »Memorial« von Günther Weisenborn empfahl sie mir, und in der Tat faszinierte mich diese eindrucksvolle Montage von Erinnerungen an seine Theatererfolge in den zwanziger Jahren mit seinem trostlosen Alltag im Zuchthaus. In den ersten Jahren nach dem Kriege galt Weisenborn als eine der grossen Hoffnungen der deutschen Literatur, und auch auf dem ersten und einzigen gesamtdeutschen Schriftstellerkongress vom Herbst 1947 spielte er eine grosse Rolle. Marga Schoeller legte mir seine Sachen jedenfalls immer wieder ans Herz. Weisenborn selber habe ich aber nur ein paarmal getroffen, und nur ein einziges Mal haben wir länger miteinander geredet. Es war etwas tragisch Umdüstertes um ihn, sein Ruhm war gross und durch die »Illegalen« gefestigt worden. Das Stück wurde auf 350 Bühnen im In- und Ausland aufgeführt, sodass er der meistgespielte Autor der Nachkriegszeit war. Er präsidierte bei allen möglichen Kongressen, leitete PEN-Club-Tagungen und gründete sogar zusammen mit Karl-Heinz Martin das »Hebbel-Theater« im We-

Die Buchhändlerin Marga Schoeller im Gespräch mit Thornton Wilder, dessen Stück »Wir sind noch einmal davongekommen« 1946/47 in Berlin Triumphe feierte.

sten. Heute ist Weisenborn fast vergessen, und man erinnert sich bestenfalls noch daran, dass er zusammen mit Bertolt Brecht den Roman »Die Mutter« von Maxim Gorki dramatisiert hat.

Inzwischen waren Jahrzehnte vergangen, die literarischen Sensationen der späten zwanziger Jahre waren fast in Vergessenheit geraten, aber die Amerikaner kamen – als »rowohlts-rotations-romane«, den »rororo« – neu auf den Markt, und in dieser Form erregten sie wieder Aufsehen.

Später hat mir Theodor Eschenburg erzählt, als ich die beiden Bände seiner Lebenserinnerungen »Also hören Sie mal zu« und »Letzten Endes meine ich doch« herausbrachte, wie er bei seinem Freund Ernst Rowohlt Ende des Krieges oft in seinem Haus in Grünheide bei Berlin gewesen sei. Beide überlegten, wie ein Verlag in dem Chaos, das Deutschland bevorstand, wieder auf die Beine kommen könne, denn Papier und Leinen werde es vermutlich für lange Zeit nicht geben. Da sei es Eschenburgs nächtliche Idee gewesen, Rowohlt solle doch Bücher im Zeitungsdruck herausbringen; Zeitungen würde es immer geben. Während sie eine Flasche Wein nach der anderen leerten, hatte Ernst Rowohlt beschlossen, nach Kriegsende, das nicht mehr lange auf sich warten lassen könne, damit einen Versuch zu machen.

Das Exemplar des ersten rororo-Bandes, Kurt Tucholskys »Schloß Gripsholm«, schickte Rowohlt seinem damaligen Trinkkumpan. Quer über den Titel hatte er geschrieben: »Für Theodor Eschenburg, mit Dank für die Anregung.« Eschenburg war bei der Niederschrift seiner Erinnerungen schon über neunzig, aber er hatte ein beneidenswert präzises Gedächtnis und gab Unterhaltungen minutiös wieder. Während seiner Erzählungen tranken wir annähernd so viele Flaschen Wein wie damals Eschenburg und Rowohlt während des apokalyptischen Untergangs des Dritten Reiches.

Zu Hause steht bei mir in der Bibliothek noch manche Ausgabe, die ich damals für fast wertlose Reichsmark gekauft hatte. Aber bald war ich ja privilegiert, denn seit 1948 schon studierte ich durch Oberst Tulpanows Gunst an der Linden-Universität, und alle Studenten erhielten von den Russen in unregelmässigen Abständen »Pajok-Pakete« mit Lebensmitteln, die alle Welt nur »Stalin-Pakete« nannte. Beim Gedanken an meine hungernden Eltern ging ich schlechten Gewissens damit dann an das andere Ende der Linden auf den Schwarzmarkt am Brandenburger Tor, um den Inhalt zu verkaufen. Ich legte den Ertrag in alten Büchern und neuen Graphiken an, die ich meist bei Gerd Rosen am Kurfürstendamm erstand. In einer Ruine am Kurfürstendamm zwischen Joachimsthaler Strasse und Gedächtniskirche hatte Gerd Rosen im Erdgeschoss 1947 ein Geschäft eröffnet, das als »Buchhandlung und Galerie« firmierte. Zu Hause hungerte man, nur meine Mutter brachte von »ihren« Amerikanern, der Familie des Major Robertson in der Ihnestrasse, zuweilen Reste eines »Brunchs« mit, eine damals völlig neuartige Mischung von Breakfast und Lunch, die sich inzwischen auch in Deutschland eingebürgert hat. Das ist eine ursprünglich amerikanische Variante des alten Gabelfrühstücks, zu dem Harry Graf Kessler englische Botschafter, deutsche Reichskanzler und nicht selten auch Schriftsteller und Tänzerinnen einlud, von Gerhart Hauptmann bis zu Josephine Baker. Nun war alles einfacher geworden. Es gab die Gesellschaft von einst nicht mehr, die sich bei Graf Kessler versam-

Vor allem junge Leute versammelten sich vor dem Schaufenster der Galerie Gerd Rosen am Kurfürstendamm (1947).

melt hatte, und kein Mädchen mit weisser Schürze oder gar Häubchen trug noch auf.

Heute sitzt man zusammen und bedient sich selber am Buffet. Die einen werden solche Zwanglosigkeit als Gewinn empfinden, die anderen als Verarmung des gesellschaftlichen Lebens, die auch daher kommt, dass es Personal früheren Stils nicht mehr gibt. Selbst Alfried Krupp, als er den gerade aus Spandau entlassenen Albert Speer nach Essen einlud, bewirtete ihn ganz unkompliziert. Die beiden einst mächtigen Männer der deutschen Industrie standen zusammen in der Küche und brutzelten sich Spiegeleier mit Speck, denn Krupp hatte seine Haushälterin nach Hause geschickt. »Als Krupp mich in den ersten Wochen nach meiner Entlassung zu Hause in Heidelberg anrief«, erzählte mir Speer, »war er ohne Sekretärin gleich selber am Telefon. Da wusste ich, es ist noch der alte Krupp, denn er hatte sich nie von seinem Vorzimmer verbinden lassen.« Das war noch ein Stück alte Welt; sie ging in meiner Zeit endgültig zu Ende. Das wurde mir ganz deutlich, wenn sich gute Bekannte und sogar alte Freunde durch ihre Vorzimmerdamen mit mir verbinden liessen.

Natürlich habe ich meinen Eltern niemals gestanden, dass ich immer wieder Speck und Dauerwurst auf dem Schwarzmarkt verkaufte, während zu Hause auf dem »Kanonenofen« die rationierten drei Scheiben Brot mit einem undefinierbaren Brotaufstrich halbwegs essbar gemacht wurden. Später hörte man übrigens, dass die Stalin-Pakete gar nicht aus der Sowjetunion kamen, die dafür als Wohltäter gefeiert wurde. In den Westen gegangene Funktionäre berichteten, dass die Lebensmittel von den Rationen für die Bevölkerung der Ostzone abgezweigt worden waren.

Die Sensationen auf der Bühne waren das eigentlich Aufregende dieser Jahre. Imke und ich gingen damals zu nahezu jeder Premiere, wobei es uns nicht kümmerte, ob sie im Osten oder im Westen stattfand. Imke war damals erst sechzehn, dann siebzehn Jahre, und am Anfang musste ich mitunter sanfte Gewalt anwenden, um sie an einem schönen Sommerabend dazu zu bringen, mit der U- oder S-Bahn in die zerbombte Innenstadt zu fahren, um Stücke von Autoren zu sehen, die man kaum dem Namen nach kannte. So gingen wir in Aufführungen von Thornton Wilders »Wir sind noch einmal davongekommen« ins Hebbel-Theater. Wir gingen zu Jean Giraudouxs »Der trojanische Krieg findet nicht statt« und Arthur Millers »Tod eines Handlungsreisenden«, fast regelmässig war ich in philharmonischen Konzerten. An ein Konzert im weitgehend vom Krieg verschont gebliebenen Steglitzer Titaniapalast erinnere ich mich besonders, denn das Erscheinen der alliierten Stadtkommandanten und Ernst Reuters, des zwar gewählten Oberbürgermeisters, aber aufgrund eines Einspruchs der Sowjets an der Ausübung des Amtes gehindert, gaben der Veranstaltung einen feierlichen Anstrich.

Auch Jean Anouilh war ein Autor der alten Zeit, selbst wenn er erst im besiegten Deutschland zur Wirkung kam. Seine geistreiche Absage an den Fortschrittsglauben – für die ich im Programmheft des Schlosspark-Theater Boleslaw Barlogs ein biographisches Porträt zu schreiben hatte – war so amüsant-reaktionär, dass es wenig ins Bewusstsein drängt, wie sehr sein ironischer Skeptizismus eigentlich eine Verteidigung der Illusion war, in die sich grosse Teile des politischen Frankreichs während der Zeit des Dritten Reiches hingegeben hatten. Nachträglich scheint mir der Erfolg des neuen Theaters auch damit zu tun gehabt zu haben, dass es im Grunde Vorkriegsdiskussionen waren, die auf der Bühne abgehandelt wurden. Den Deutschen begegnete die Moderne in gestriger Gestalt. Der Krieg, die Verbrechen des Regimes, das Chaos der Niederlage kamen nicht auf die Bühne, und quälende Schuldergründung so vieler deutscher Autoren gab es nicht.

Vielleicht war es die Flucht aus der Gegenwart gewesen, die in den dreissiger und vierziger Jahren immer mehr Autoren zu antiken Stoffen greifen liess. War ihnen die Mythologie eine Metapher für die Auseinandersetzung mit der Gegenwart? Jean Giraudoux hatte seinen »Amphytrion 38« ja schon 1929 geschrieben und seinen »Trojanischen Krieg« 1935. Thornton Wilders ironisches Nachwort zur Katastrophe des Zweiten Weltkrieges »Wir sind noch einmal davongekommen« entstand 1942, lange bevor der letzte Schuss des Krieges gefallen war. Selbst der achtzigjährige Gerhart Hauptmann hatte in den dreissiger Jahren in der Atriden-Tetralogie den Weg in den Mythos genommen, um der Gegenwart auszuweichen.

Für uns war das alles so neu und aufregend, weil zum ersten Mal die Gegenwart auf die Bühne zu kommen schien. Das war es wahrscheinlich, was die Sensation des Nachkriegstheaters ausmachte. Aber heute sind die Stücke und ihre Autoren fast völlig vergessen. Selten ist eine Theaterrevolution schon nach zwei Generationen so gänzlich von der Zeit verschlungen worden.

Schon der Weg ins Theater war ein Abenteuer. Fast alle Berliner Theater- und Opernhäuser waren im Krieg zerstört worden, von den Staatstheatern in der Stadtmitte existierte kein einziges Haus mehr – Schinkels Schauspielhaus auf dem Gendarmenmarkt so wenig wie Knobelsdorffs Oper Unter den Linden. Aber auch kaum eine Bühne in westlichen Stadtteilen gab es noch, weder das Schiller-Theater nahe dem Knie, dem heutigen Ernst-Reuter-Platz, noch die Städtische Oper an der Bismarckstrasse in Charlottenburg oder die Kroll-Oper am Platz der Republik, die unter Otto Klemperer in den letzten Jahren von Weimar die Speerspitze der Moderne gewesen war. Viele Stücke der Avantgarde von Paul Hindemith und Kurt Weill über

Ernst Křenek und Igor Strawinsky bis zu Arnold Schönberg hatten dort ihre Uraufführung gehabt.

Jetzt hatten die Zerstörungen den Theatern ihre Rollen zugewiesen. Jene Bühnen, die einigermassen davongekommen waren, sollten nun für lange Jahre Berlins wichtigste Theater sein. Schon 1950/51 entstand das neue Schiller-Theater in seiner scheinbaren Modernität, obwohl das alles eher die Form einer Konfektschachtel hatte, mit einer Dachbekrönung Bernhard Heiligers, den Mosaiken von Alexander Camaro und dem grossen Glasfenster im Foyer von Hans Kuhn.

Die Oper Unter den Linden wurde zehn Jahre nach dem Krieg wiedereröffnet, und das Schauspielhaus auf dem Gendarmenmarkt wurde sogar erst 1984 von der DDR als Konzerthaus wiederhergestellt, kurz bevor der ganze Staat in Konkurs ging.

In den ersten Jahren nach dem Krieg waren es vor allem drei Bühnen, die an die Stelle der Staatstheater traten – Max Reinhardts altes Deutsches Theater mit den angeschlossenen Kammerspielen in der Schumannstrasse und das Hebbel-Theater in der Stresemannstrasse. Noch war Berlin eine Stadt, zwar weithin in Ruinengestalt und in vier Sektoren unterteilt, aber das Häusermeer wurde trotz aller Sektorengrenzen als Einheit empfunden. Wer kümmerte sich darum, dass das Deutsche Theater im Osten lag, das Hebbel-Theater aber im Westen? Sartres »Die Fliegen« machten im Westen Furore oder Brechts »Mutter Courage und ihre Kinder« im Osten. Aber es spielte keine Rolle, ob man in den Ostsektor mit der U-Bahn ein paar Stationen weiterfahren musste. Beide Stadthälften waren gleich zerstört, und selbst die Lebensmittelrationen hatten im Osten eine Zeitlang den Ruf, reichlicher zu sein. Man sah noch nicht auf die ärmliche Welt des Ostens herab, wenn man auch mit Beklemmung erzählte, dass im sowjetischen Sektor und in der sowjetischen Zone willkürlich verhaftet werden konnte. Noch nahmen alle Besatzungsmächte gemeinsam Paraden ab. Man hatte kein schlechtes Gewissen, wenn man zu Konzerten oder Theateraufführungen in den Ostsektor ging, wie es später derjenige hatte, wer in den »Intershops« und »Interhotels« einkaufte, um an den Stangen amerikanischer Zigaretten, einer Flasche Whisky oder französischen Parfums ein paar Mark zu sparen.

Wenn meine Generation gefragt wird, was ihre aufregendste Zeit gewesen ist, so werden immer wieder diese Nachkriegsjahre genannt. Dabei lag die Stadt doch in Trümmern, die Wohnungen waren nicht geheizt. Ganz Berlin sammelte im Tiergarten oder im Grunewald Holz; in einzelnen Strassen war jeder zweite Baum zum Fällen freigegeben. Die Lebensmittelrationen waren zuviel zum Sterben und zuwenig zum Leben. Bei Hamsterfahrten ins Umland tauschte man Teppiche und Porzellan gegen Kartoffeln. Die Verkehrsmittel fuhren der Stromsperren wegen selten nach 18 Uhr. Und alliierte Militärpolizei und deutsche Hilfspolizisten suchten vergeblich durch Razzien den Schwarzmarkt einzudämmen.

Aber die Jugend feierte. Überall schossen Bars und Kabaretts aus dem Boden, oder sie etablierten sich in den Kellergeschossen von Ruinen. Am bekanntesten war die Künstlerkatakombe, auch »Malerkabarett« genannt. Die Badewanne in der Nürnberger Strasse war im Mai 1948 im einstigen Puszta-Keller im Untergeschoss der ehemaligen Femina-Bar von Valeska Gert eröffnet worden. Wenn man sich abends spät die Kellertreppe hinunter gedrängt hatte, sah man immer den einen oder anderen, den man aus Zeitungen kannte, eigentliche »Prominenz« gab es kaum, oder man kannte sie nicht. Wenn ich heute Photographien sehe, wird mir deutlich, wer alles damals schon dabei war – Dirigenten wie Sergiu Celibidache, Komponisten wie Hans Werner Henze, Bildhauer wie Waldemar Grzimek, Maler wie Werner Heldt, Heinz Trökes und Alexander Camaro, schriftstellernde Maler wie Alexander Gonda, von dem im Jahr meiner Rückkehr gerade der Roman »Der arme Kentaur« erschienen war, und dazwischen lauter Zwanzigjährige. Mitunter ging Werner Heldt, dessen Namen damals niemand kannte, von Tisch zu Tisch und bot jedermann für ein Glas eine Graphik an, wer eine ganze Flasche ausgab, konnte zu ihm nach Hause kommen und sich ein Bild aussuchen. Heute gilt Werner

Heldt als der bedeutendste malerische Chronist des Berlin der Nachkriegszeit, und seine Ansichten der Ruinen mit ihren leeren Fensterhöhlen vermitteln ein Bild von der Stadt in Trümmern, die er »Berlin am Meer« nannte.

Zwischendurch ging auf die Bühne, wen gerade der Geist überkam, und trug dann Eigenes vor. Berühmt wurden die »Gestellten Bilder«, Szenen nach Marc Chagall, Pablo Picasso, Joan Miró, Salvador Dalí, Giorgio de Chirico und Bertolt Brecht, die Grössen der zwanziger Jahre, die während der Nazi-Zeit in Vergessenheit geraten waren. Auf der Bühne der Badewanne wurden sie nun zum Leben erweckt, noch bevor sie wieder in die Galerien und Museen einzogen. Auch ein loser Bekannter, Hans Rauschning, der später in Gütersloh einen der Bertelsmann-Verlage leitete, tat sich mit dem Vortrag eigener Gedichte hervor, die er wohl für surreal hielt und von denen mir eine Phrase noch in Erinnerung ist: »Die stählernen Nerven klirrten.«

Mitunter gingen wir gemeinsam mit Henning Schlüter, Georg Heinrichs und seiner Freundin Ewa-Marja Klatt in die Badewanne. Die Neunzehnjährige wirkte auf mich fremdartig-verführerisch, obwohl sie aus einer alten Berliner Handwerkerfamilie kam. Georg Heinrichs, Halbrusse und Halbjude, stand ganz in der Tradition Erich Mendelsohns und hatte seine Lehrjahre im Atelier des finnischen Architekten Alvar Aalto verbracht. Als einer der ersten erhielt Heinrichs den Kunstpreis des Landes Berlin. Damals aber war er noch Student an der Hochschule für bildende Künste. Vor allem aber war er ein leidenschaftlicher Tänzer, womit er Imke gewann, die an der Seite eines notorischen Nichttänzers manches vermisst haben wird.

Schon als Kind war Imke von ihrer Mutter zu der berühmten Ballettmeisterin Tatjana Gsovsky geschickt worden, durch deren Schule eine ganze Generation des Berliner Nachkriegstanzes ging. Tatjana Gsovsky hatte wie so viele St. Petersburger und wie auch Imkes Mutter in den Wirren nach der Oktoberrevolution 1917 in Berlin Zuflucht gesucht und hier in den zwanziger Jahren eine Ballettschule gegründet. Wenn Imke und Georg Heinrichs in der Badewanne exzessiv tanzten, wurde ihnen auf der Tanzfläche mitunter Platz gemacht, und

Einer meiner damaligen Flirts war Ewa-Marja Klatt, die dann meinen Freund Georg Heinrichs heiratete.

einmal wurden sie von Arno Scholz, dem Verleger des »Telegraf«, der Zeitung der Berliner SPD, anschliessend an seinen Tisch geholt und bewirtet.

Theaterbars, Kabaretts und Künstlerkneipen sind damals und später immer wieder gegründet worden, aber nur die Badewanne hat sich in die Berliner Szene eingeschrieben. In der Badewanne verkehrte, wer wenig später in den Berliner Theatern, Konzerten und in der Kunst eine Rolle spielte, und wenn man heute Revue passieren lässt, wer auf der Bühne der Badewanne stand, hat man ein »Who's who« derer vor sich, die dann Jahrzehnte hindurch wichtig waren. Der Unterschied zu den späteren Künstlerlokalen liegt vermutlich darin, dass die Badewanne von Künstlern selber gegründet und fast ohne Absicht ein Treffpunkt intellektueller Jugend war. Nicht nur die Bühnenbilder wurden von den Architekten selber entworfen, die überhaupt das Programm entwickelten, sondern die »Gestellten Bilder« wurden von den Initiatoren der Badewanne vorgeführt. Die späteren Künstlerkabaretts dagegen kamen auf die übliche Weise zustande und hielten sich künstlerische Prominenz vor allem als Attraktion für die Gäste. Neulich ist ein kleiner Band über die Ära der Badewanne und ihrer Gründer erschienen, und da taucht fast jeder auf, der später wichtig in der Berliner Kunstszene werden sollte. Eine Photographie zeigt auch unseren Freund Heinrichs.

Es war gerade zwei Jahre her, dass die Philharmoniker im April 1945 ihr letztes Konzert gegeben hatten, wozu Speer der eingeschlossenen Stadt für zwei Stunden Strom bewilligt hatte. Dann war die Apokalypse über Berlin hereingebrochen, Stalinorgeln gaben die Begleitmusik zum letzten Konzert. Schon drei Wochen später, Ende Mai, fand auf ausdrücklichen Befehl der Sowjets das erste Konzert statt. Nur wenige Musiker waren zusammengetrommelt worden. Als der Sturm begonnen hatte, waren die ersten Knospen an den Bäumen aufgebrochen, jetzt zeigte sich die geschundene Stadt im Frühlingsgrün. Als ich zwei Jahre später, im Herbst 1947, nach Berlin zurückgekehrt war, lag die Stadt zwar noch immer in Trümmern, aber wir Zwanzigjährigen empfanden mehr den Anfang als das Ende. In den Kinos liefen die neuesten Filme. Man drängte sich nicht mehr um Zarah Leander, deren dunkle Stimme alle Welt faszinierte, sondern um die Südstaaten-Schönheit Vivian Leigh; die Szenen im brennenden Atlanta waren jedermann vertraut. Wenig später kam schon Marcel Carnés Film »Die Kinder des Olymp«, der unter der deutschen Besatzung in Paris gedreht worden war. Aber die Dreharbeiten wurden in die Länge gezogen, weil jüdische Schauspieler nur bis zur Premiere des Films von der Deportation ausgenommen waren. Dann kam schon »Der dritte Mann« mit Orson Welles und Joseph Cotten, und das Riesenrad im Prater blieb uns unvergesslich, die Zither des Harry-Lime-Themas hörte man bald überall. Die Chroniken sagen, dass damals auch schon Filme von Luchino Visconti nach Berlin gekommen seien, aber in meiner Erinnerung sind die Filme wie der ganze italienische Neorealismus nicht vorhanden. Glenn Miller war dagegen überall zu hören, sein Rhythmus ist die eigentliche Nachkriegsmelodie.

In den wenigen Vorgartencafés am Kurfürstendamm, deren gläserne Vorbauten noch zerschossen waren, sassen die ersten Gäste, und

In dem Künstlerlokal Badewanne in der Nürnberger Strasse trafen sich Schauspieler, Maler und Schriftsteller: so der junge Dirigent Sergiu Celibidache, der Bildhauer Waldemar Grzimek, die Maler Werner Heldt, Heinz Trökes und Mac Zimmermann, der Komponist Hans Werner Henze. In die Badewanne kam auch unser Freund Georg Heinrichs, der hier mit der Schauspielerin Inge Wolffberg tanzt.

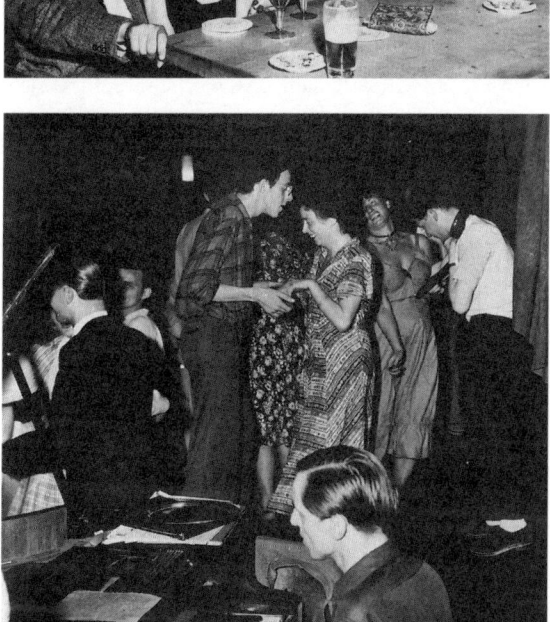

nach wenigen Jahren sollten auch wieder Kellner in weissen Jacketts servieren. Der Bombenkrieg war gestern gewesen und auch die Plünderungen und Vergewaltigungen. Es war die neue Welt, die nun von allen Seiten auf uns eindrang. Wir waren noch einmal davongekommen, und wir genossen es in vollen Zügen.

Kunstrevolutionen von gestern

Ich war inzwischen zweiundzwanzig Jahre alt, die Zeit in der Zelle, die Monate der »Frontbewährung« mit der Verwundung im Apennin und die Jahre der Gefangenschaft – das alles war merkwürdig aus dem Gedächtnis gefallen. Ich weiss noch, wie sonderbar es mir schon damals war, dass ich so wenig an die Erlebnisse im Gefängnis, die Schlachten im Apennin, die Verwundung bei Faenza, das Lager am Bittersee in Ägypten und meine wechselnden Stationen in Nordafrika dachte. Man sollte denken, dass solche Erlebnisse sich einem erst Achtzehnjährigen unverlierbar einprägen. Aber so war es nicht, zumindest nicht in meinem Fall. Das Zuhause hatte mich wieder, und die Sensationen der Gegenwart drängten alle Bedrückungen der Vergangenheit zurück. Ich lebte wieder im heimatlichen Dahlem, an dem der Krieg bis auf wenige ausgebrannte Häuser nahezu vorübergegangen war. Meine Eltern waren noch da, wenn sie auch nicht mehr im eigenen Haus wohnten. Selbst die Verwandten tauchten mit der Zeit wieder auf, wenn auch Desiderius Siedler nicht mehr im Patrizierhaus in Danzig lebte oder Tante Dagny und Onkel Erwin längst nicht mehr auf Schloss Lomnitz bei Hirschberg in Schlesien wohnten, sondern als mittellose Flüchtlinge in Kiel.

Langsam traf ich auch einige alte Schul- und Internatskameraden, vor allem aber gewann ich neue Freunde, die mich oft ein Leben lang begleiten sollten – Henning Schlüter aus dem benachbarten Gehege, der über manche Stationen in Wolfgang Langhoffs Deutschem Theater und Boleslaw Barlogs Schiller-Theater ein vergleichsweise erfolgreicher Film- und Fernsehschauspieler wurde; Friwi Sell aus dem Hirschsprung, der übrigens im Gegensatz zu meinem eher konventionellen Geschmack schon früh die Ungegenständlichen von Willi Baumeister über Ernst Wilhelm Nay bis zu Fritz Winter sammelte. Seine Abstrakten nannte ich in jugendlicher Unbekümmertheit zu seiner Empörung »Auferstehung des Schrotthügels«. Später wurde Friwi erst Justitiar des Sender Freies Berlin – in dessen Rundfunkrat ich als Vertreter der Akademie der Künste delegiert wurde – und dann Intendant des Westdeutschen Rundfunks.

Dann wurde Klaus Schütz ein enger Freund. Nach dem Sturz seines Vorgängers Heinrich Albertz war er auf Drängen von Willy Brandt Regierender Bürgermeister des Landes Berlin geworden. Zu meinem Fünfundsiebzigsten hielt er die Rede im alten Gerhus, einem Haus, an dessen Schicksal die wechselvolle Geschichte Berlins deutlich wird. Ursprünglich hatte sich der Anwalt Walther von Pannwitz aus altem schlesischen Adelsgeschlecht das weitläufige Landhaus im Grunewald von 1912 bis 1914 im Stil französischer Schlösser errichten lassen. Als Palais Pannwitz war es Schauplatz grandioser Festivitäten und Empfänge, deren Prunk Tagesgespräch in Berlin war. Tausend Gäste, von zweihundert Dienern umsorgt, konnte sich selbst der Kaiser kaum leisten, und Wilhelm II. war denn auch der erste Gast, der die Halle mit der berühmten Löwentreppe betrat. Nach dem verlorenen Weltkrieg und der Revolution hatte der Monarch in den Niederlanden Zuflucht gesucht, und Pannwitz war dem Kaiser nach Schloss Doorn in die Niederlande gefolgt. Frau von Pannwitz, eine geborene Argentinierin Catalina von Roth, zog 1939 aber die Schweiz dem von Deutschen besetzten Land vor. Um die Genehmigung für die Fahrt in die Schweiz zu erlangen, musste sie das Palais Pannwitz mit einem grossen Teil seiner Kunstsammlung an Hermann Göring verkaufen, wie es hiess zu einem Preis, der einen Bruchteil des Wertes betrug.

Nach dem zweiten Krieg wurde der leerstehende Prachtbau 1951 zu einem noblen Privathotel, dem Schlosshotel Gerhus, umgewandelt, genügte aber nach der Wende dem Anspruch seiner Klientel nicht mehr. Es wurde von dem Konzern Marriott International Hotels erworben, der es von 1991 bis 1994 von dem Modekönig Karl Lagerfeld ein wenig neureich als luxuriöses Grunewald Hotel Ritz Carlton ausstatten liess. Aber auch das genügte trotz aller Um- und Anbauten den Ansprüchen der neunziger Jahre nicht mehr, und im Januar 2002 übernahm es die Luxuskette Regent International Hotels und benannte es erneut um in The Regent Schlosshotel Berlin. Inzwi-

Das Hotel Gerhus war ein exklusives Landhotel in den Nachkriegs-jahrzehnten. schen versucht es unter dem wiederum neuen Namen Schlosshotel Vier Jahreszeiten Berlin zum vierten Mal sein Glück. Unsere Familie hat die wechselnden Schicksale des Gerhus im letzten hal-ben Jahrhundert begleitet. In den fünfziger Jahren luden meine Eltern in das Gerhus zum fünfundsiebzigsten Geburtstag meines Vaters ein, und 1974 feierten Imke und ich hier unsere Silberne Hochzeit mit einer Gesellschaft, die auf ihre Weise die Schicksale des Jahrhunderts spiegelte – Hans Wallenberg, der Generalbevollmäch-tigte Axel Springers, Albert Speer, der Theologe Klaus Scholder, der Bildhauer Waldemar Grzimek und meine ältesten Freunde Johannes Gross und Joachim Fest.

Der Alltag Berlins Ende der vierziger und Anfang der fünfziger Jahre war deprimierend, aber ich kann nicht sagen, dass mir das vor Augen steht, wenn ich an diese Zeit denke. Eher erlebte ich das Berlin der frühen Nachkriegszeit als aufgeregte und aufregende Epoche, in der täglich neue Seiten aufgeschlagen wurden. Später wurde man mitun-ter gefragt, was einem in die Erinnerung kommt, wenn man an die Nachkriegszeit denkt. Die meisten meiner Generation nennen das erste Jahrzehnt nach dem Kriege, das doch eigentlich trostlos war. Aber die nationalsozialistische Zeit und der Krieg, dessen Ruinen uns überall umgaben, schienen Ewigkeiten hinter uns zu liegen, die totale Niederlage hatte die totale Befreiung gebracht.

Nie sind wir mit solcher Leidenschaft ins Theater gegangen – das uns heute in seinem forcierten Modernismus oft irritiert und zugleich langweilt –, zu Konzerten und in Ausstellungen. Im Grunde war alles, was damals auf uns einstürmte, eine nachgeholte Moderne, aber das Bürgertum hatte sie weder im Kaiserreich noch in Weimar wirklich zur Kenntnis genommen, auch meine Eltern nicht. Mein Vater liebte noch immer seine deutschen Bilder des frühen 19. Jahrhunderts, und meine Mutter las nach wie vor dieselben Bücher, die sie seit je gemocht hatte, Theodor Fontane und Hermann Bang, Selma Lagerlöf und Eduard von Keyserling und vor allem Knut Hamsun, dessen »Segen der Erde« und »Die Weiber am Brunnen« sie sich alle paar Jahre vornahm. Die künstlerischen Revolutionen, die kurz vor und kurz nach dem Ersten Weltkrieg gekommen waren, hatten beide wenig zur Kenntnis genommen. Die Bauhausarchitektur befremdete sie, für sie waren es nur »kalte Schachteln«. Wassily Luckhardt und Hugo Häring werden sie nicht einmal dem Namen nach gekannt haben. Die abstrakte Kunst, die mit Wassily Kandinsky gekommen war, sahen sie irritiert, und die Zwölftonmusik von Arnold Schönberg war ihnen ganz einfach misstönend.

Sie waren eben Bürger, und bürgerlich war ihr Geschmack, was ihnen Kraft zum Bewahren gab und auch zum Widerstand gegen das Dritte Reich, das ihnen zutiefst zuwider war. Aber es verschloss sie auch gegenüber dem wirklich Modernen, wo sie nur für Picasso und Matisse eine Ausnahme machten; aber den Kubismus haben sie mit Unverständnis gesehen. Was im Kronprinzenpalais Unter den Linden, in dem seit 1919 die moderne Abteilung der Nationalgalerie untergebracht war, Einzug gehalten hatte – die Neuerer der Brücke und des Blauen Reiter –, ist an ihnen im wesentlichen vorbeigegangen, ich glaube, dass sie den frühen Marc Chagall und Giorgio de Chirico gar nicht wahrgenommen haben. Als ich mit meinen ersten Drucken der Brücke-Künstler von der Galerie Gerd Rosen zurückkam, sagten sie jedenfalls kein Wort. Einmal kamen wir an der Havel am Rupenhorn vorbei, wo eine ganze Reihe moderner Häuser steht, die überwiegend in der Wende zu den dreissiger Jahren von Wassily Luckhardt gebaut worden waren. »Sonderbar« fanden sie die Bauten, mehr hätten sie nicht gesagt, vielleicht, weil sie ihren Geschmack nicht gegen den meinen ausspielen wollten, vielleicht, weil ihnen die Sache nicht so wichtig war.

Aber sie waren an manche Merkwürdigkeiten der neuen Kunst und Architektur gewohnt. Vor die Wahl gestellt, würde auch ich lieber in Landhäusern von Alfred Messel oder Hermann Muthesius wohnen als in den spektakulären Häusern, wie sie in der Weissenhof-Siedlung in Stuttgart Furore gemacht hatten. Das eine lobte ich, wenn ich über das Neue Bauen zu schreiben hatte, das andere war mir vertraut und bequem. Aber die Alternative stellte sich mir nicht. Ich war und bin glücklich, in ein Haus aus der Zeit vor dem Ersten Weltkrieg hineingeboren zu sein, in dem Imke und ich noch heute leben.

Heutzutage sind die Namen Gropius und Mies van der Rohe fast sakrosankt. Aber man darf nicht vergessen, dass das vor dem Dritten Reich und nach seinem Untergang nicht so war. Gropius hatte mit seinem Dessauer Bauhaus das Bürgertum eher verschreckt. Als Hitler die neue Architektur verdammte, war er auf Zustimmung bei den meisten Stadträten gestossen. Mies van der Rohe aber hatte kaum etwas gebaut, nur ein paar landhausartige Villen. Projekte wie das nie gebaute Gläserne Hochhaus am Bahnhof Friedrichstrasse zeigten, wohin eigentlich seine Träume gingen. Bis 1938 war Mies van der Rohe in Deutschland geblieben, und er beteiligte sich an den Wettbewerben, die Albert Speer ausschrieb, erst in Chicago wurde er zu jenem Revolutionär, der ein neues Kapitel in der Architekturgeschichte aufschlug. Das muss man im Auge behalten, wenn man über Mies, Gropius, Häring, Scharoun und die anderen heute schreibt.

Bei meinem letzten Fronturlaub war ich mit meinem Vater übereingekommen, die längst wertlos gewordene Reichsmark, vor allem also meinen Wehrsold, eine Reichsmark pro Tag zuzüglich Frontzulage, in Bildern oder in Skulpturen anzulegen. Seit 1943 hatte ganz allgemein eine Flucht in Sachwerte eingesetzt, und auch meine Eltern legten ihr überflüssiges Geld in Gemälden oder in »Broncen« an; sonst gab es ohnehin nichts zu kaufen. Zurückgekommen aus Krieg und Gefangenschaft, war eine neue Zeit angebrochen. Es gab, sofern sie nicht ausgebombt waren, noch immer die alten Kunst- und Antiquitätengeschäfte, in denen mein Vater gerne gekauft hatte. Selbst dort war auch die Moderne inzwischen weitgehend etabliert. Zwischen den Rottmanns und den Blechens gab es mitunter auch die gestern noch verpönten oder verbotenen Bilder, mit denen meine Eltern nie viel hatten anfangen können. Mein Vater war, inzwischen fast siebzig Jahre alt, bei seinen frühen Neigungen geblieben. Aber ich selber entwickelte merkwürdigerweise ein Gefühl für das Neue und besuchte Ausstellungen, die sich vorerst zaghaft mit neuen Werken an die Öffentlichkeit wagten.

Mit einem Mal holten Galerien aus Schubladen hervor, was so lange in Acht und Bann getan worden war. Allerdings war die Moderne nur im Westteil der Stadt zugelassen. In Ost-Berlin und der sowjetischen Besatzungszone herrschte inzwischen ein rigider Kurs des »Sozialistischen Realismus«. Die neue kulturpolitische Linie war aus der Sowjetunion übernommen worden, wo das allmächtige Mitglied des Politbüros der KPdSU Andrej Shdanow inzwischen ein Kunstdiktator geworden war. Zunächst hatte man auch in Ost-Berlin an die zwanziger Jahre anknüpfen wollen. Die ersten Häuser von Hermann Henselmann und Richard Paulick in der Stalinallee gaben ihre Herkunft aus dem Bauhaus zu erkennen. Inzwischen waren sie »formalistisch«, und »Formalismus« war im Osten ein Schimpfwort.

West-Berlin wurde das Einfallstor der modernen Kunst in Deutschland. Da war es vor allem jene Galerie von Gerd Rosen am Kurfürstendamm. Daneben machten noch zwei andere Kunsthändler Furore, ein Geschäft von Reinhold Franz in einem Dachgeschoss der Bundesallee, und in Ost-Berlin eine Galerie Greco in der Nähe der Linden, die von einem etwa vierzigjährigen Mann namens Greco hart am Rande der Illegalität geführt wurde. Der Besitzer schien gute Beziehungen zu den Amerikanern, aber auch zu den Russen zu haben. Man sagte, er handele nicht nur mit Kunstwerken und orientalischen Teppichen. Ich erinnere mich, wie er einmal die Brieftasche hervorgeholt hatte, und ich staunend gesehen hatte, dass sie vor Dollar, Pfund und Schweizer Franken geradezu überquoll.

Der Kunsthändler, an den ich mich nur dunkel erinnere, war ein charmanter Mann unsicherer Herkunft, die einen sagten, er stamme aus Jugoslawien, die anderen, er käme aus Bulgarien, aber er sprach fliessend russisch, sein Deutsch hatte einen östlich-russischen Akzent. Er sah gut aus und man sagte ihm eine zwielichtige, zwischen Faschismus und Kommunismus hin- und herschwankende Vergangenheit nach. Eines Tages überredete er meine Schwiegermutter, ihm eine »Schwarze Madonna« abzulassen, die sie ein Jahr zuvor von einem russischen Emigranten gekauft hatte. Die Familie mochte das Bild nicht sehr, was wohl daran lag, dass die Madonna eben sehr schwarz war. Es hiess, sie sei eine wertvolle byzantinische Ikone, aber was wurde nicht in diesen Zeiten alles geredet? Ich weiss nicht mehr, was Greco meiner Schwiegermutter dafür gezahlt hatte, aber es muss eine ganz ordentliche Summe gewesen sein.

Nach Jahren, die »Schwarze Madonna« war schon aus unserer Erinnerung verschwunden, kam in ganz anderem Zusammenhang das Gespräch auf jenen Kunsthändler Greco, den einer unserer Bekannten gut zu kennen schien und der sagte: »Ach, West-Berlin ist leergeräumt. Hier macht man keine Trouvaillen mehr. Der jüdische Kunstbesitz ist mit den Emigranten nach Übersee gegangen. Dann kam der Bombenkrieg, der das meiste vernichtet hat.« Nur einmal, fuhr er fort, habe er eine byzantinische Schwarze Madonna vergleichsweise preiswert erstehen können, die er wenige Monate später in New York für das Hundertfache in Dollar verkauft habe. Solche Geschichten gab es in dieser wirren Zeit viele. Jeder der Übersiedler aus dem Osten berichtete von ähnlichen Erlebnissen.

Wie mag ich 1948 oder 1949 in diese Galerien gekommen sein? Wahrscheinlich hatten mich ganz banale Ausstellungsberichte, von denen ich mir nicht viel versprochen hatte, in Berliner Zeitungen darauf hingewiesen. Ich weiss noch, dass es bei Gerd Rosen einen Graphikschrank mit ganzen acht Schüben gab, auf deren einzelnen Fächern aber nicht die Namen der Künstler, sondern lediglich die jeweiligen Preise standen – acht bis zehn Mark für Pechstein, Heckel und Otto Mueller, zwölf Mark für Schmidt-Rottluff und Kirchner und vierzehn Mark für farbige Lithographien von Emil Nolde. Aber auch das konnte ich mir im Grunde nicht leisten, denn ich verdiente ja nichts, bestenfalls brachten mir auf dem Schwarzmarkt meine Pajok-Pakete einige Mark ein. Anfang der fünfziger Jahre erzielte ich mit gelegentlichen Artikeln im »Monat« und in der »Neuen Zeitung« kleinste Honorare.

Mit den Trophäen, Holzschnitte des »Zigeuner-Muellers« oder Radierungen von Heckel, kam ich dann schlechten Gewissens nach Hause, wo Imke stets die Sorge hatte, ich ruiniere die Familie. Wir zahlten damals meinen Eltern für unsere zwei Zimmer – in die anderen Räume hatte das Wohnungsamt Zwangsmieter eingewiesen – achtzig Mark Miete im Monat und konnten uns keine Sonderausgaben leisten. Aber meine Käufe erwiesen sich als gute Geldanlage. Die Blätter stiegen in wenigen Jahren erst auf fünfzig, dann auf hundert Mark, und als sie bei etwa tausend Mark je Blatt angelangt waren, trennte ich mich in dem guten Gefühl von ihnen, mit dieser Preisexplosion sei die Spitze der Pyramide erreicht. Das war das Hundertfache von dem, was ich ausgegeben hatte. Heute mustere ich melancholisch Auktionskataloge, in denen nicht wenige dieser Blätter mit mehreren tausend Euro taxiert sind.

In diesen Jahren kam ich auch zu meinen ersten Bildern der Berliner Secession, die ebenfalls für wenige Dutzend Mark angeboten wurden. Aber niemand wollte einen Theo von Brockhusen, einen Ulrich Hübner oder einen Lesser Ury besitzen, auf die auch ich auf eher zufällige Weise gestossen war, denn die Namen bedeuteten mir wenig oder gar nichts. So zählten zu meinen ersten Käufen so altmodische Gemälde wie eine Ansicht des nächtlichen Bahnhofs Friedrichstrasse

*In den vierziger, fünf-
ziger Jahren erwarb ich
Bilder der Berliner
Secession, unter ihnen:
Strassenkreuzung
zwischen der Leipziger
und der Friedrich-
strasse, Gemälde von
Ulrich Hübner. Berlin
im Fahnenschmuck
zu Kaisers Geburtstag
am 27. Januar 1918,
Gemälde von Leo von
König. Unten: Gemälde
von Heckendorf, das
früheste Stück meiner
Sammlung, ein Ge-
schenk von Imkes Mut-
ter. Seebrücke von Mis-
droy, Gemälde von
Theo von Brockhusen,
Anfang 20. Jahrhun-
dert.*

von Hans Hermann und das Bild der Kreuzung von
Leipziger und Friedrichstrasse von Ulrich Hübner,
beide in den neunziger Jahren des 19. Jahrhunderts
gemalt. Aber selbst sie überforderten mit hundert-
zwanzig und zweihundert Mark eigentlich meine
Möglichkeiten.

Besonders stach mir ein kleines Gemälde des mir
gänzlich unbekannten Erich Büttner in die Augen, ein
»Apachentanz« in einem Berliner Vergnügungseta-
blissement der Jahrhundertwende, ein eigentlich sehr
pariserisches Motiv. Wenig später stiess ich auf ein anderes Bild von Erich Büttner, das jenes Waldstück im
Tiergarten am Ufer der Spree zeigt, das als »In den
Zelten« bekanntgeworden ist. Hier hatte sich einst
tout Berlin am Rand des Tiergartens in improvisierten Zelten zum Tanz getroffen. Eine Generation später entstand dort eine noble Wohngegend nahe des

188

legendären Spreebogens. Heute steht hier das Kanzler-
amt von Axel Schultes. Ich sammelte also, wenn man
meine gelegentlichen Käufe für wenige Dutzend Mark
überhaupt sammeln nennen kann, Bilder von gestern
und vorgestern – eben Berliner Secessionisten, eine
Künstlergruppe, die sich in den späten neunziger Jahren des 19. Jahrhunderts als Rebellen gegen die kaiserliche Kunstpolitik zusammengeschlossen hatte.

Da alle diese Maler in Berlin gelebt und hier oder in der
Umgebung Berlins ihre Motive gesucht hatten, kam allmählich, ganz ohne Absicht, eine Berlin-Sammlung zustande, die heute den Eindruck macht, als sei ich damals schon auf der Jagd nach Berlin-Motiven gewesen.

*Der nächtliche Bahn-
hof Friedrichstrasse,
Gemälde von Hans
Herrmann. Stadt-
schloss mit dem Reiter-
standbild des Grossen
Kurfürsten, Gemälde
von Paul Paeschke.
Unten: Gemälde von
Karl Hagemeister, da-
neben Felder des länd-
lichen Charlottenburg,
Gemälde von Walde-
mar Rösler, im Hinter-
grund rechts die
Kuppel des Charlotten-
burger Schlosses.*

Darunter waren Bilder von Ludwig von Hofmann, den Thomas
Mann so geliebt hatte, dass einer der Jünglingsakte immer über seinem Schreibtisch hing, was verschwiegen seine Neigung zu »jung-
männlicher« Schönheit zu erkennen gab. Das Bild muss ihm so

wichtig gewesen sein, dass er es von der Münchner Poschinger-strasse erst zu den Pacific Palisades nach Kalifornien mitnahm und ganz zuletzt nach seiner Rückkehr auch in die Alte Landstrasse nach Kilchberg. Dann kaufte ich, wieder für einige Dutzend Mark, ein Schneebild von Leo von König, das hinter der Spree den festlich beflaggten Reichstag zeigt. Es muss also am letzten Kaisergeburtstag am 27. Januar 1918 gemalt worden sein. Ein Jahr später sollte nicht mehr geflaggt werden; die Revolution war schon da. Solche Historisierung von Gemälden spielte wahrscheinlich bei meinen Käufen immer eine Rolle. Fast stets erzählen die Bilder meiner Sammlung eine Berliner Geschichte. Leo von König war ein alter Freund von Gerhart Hauptmann und hatte ihn regelmässig auf dem Wiesenstein besucht. In zwei Gemälden hatte ich sozusagen die literarischen Ahnen der Moderne bei mir, Gerhart Hauptmann und Thomas Mann.

Ein anderer Fund war ein frühes Gemälde von Karl Hagemeister, der sich, in Werder geboren, ein kleines Haus, eigentlich nur ein Häuschen, bei Caputh gekauft hatte. Mein Antiquitätenhändler Wilhelm Weick besass ein winzig kleines Bild des Ateliers von Hagemeister, in dem er zusammen mit dem Münchener Carl Schuch gelebt und gearbeitet hatte. Ich bat Weick immer wieder, dieses Bild mir abzulassen, denn Hagemeister war, ganz abgesehen von der malerischen Qualität des miniaturhaften Gemäldes, der Entdecker des Schwielower und des Templiner Sees, also der eigentlich märkischen Landschaft. Hier hatte sich am Rande von Caputh in den zwanziger Jahren Albert Einstein ein kleines Holzhaus gebaut. Geschichte, wohin man auch blickte. Man sammelt, was für einen erreichbar ist, und ganz allmählich verliebt man sich in das Zusammengetragene.

Einmal hatte ich einen überlegenen Konkurrenten bei der Jagd nach einem Gemälde. Wie ich selber ging auch Leopold Reidemeister häufig zu den Witwen von Malern. Bei der Witwe von Heinrich Linde-Walther, dessen Namen heute niemand mehr kennt, hatten Reidemeister und ich die Augen auf dasselbe Bild geworfen. Es war ein

Gemälde, das für das späte 19. Jahrhundert nicht revolutionär, aber virtuos gemalt war: Plätterinnen in weissen Kitteln, die weisse Wäsche auf einem weissen Bügelbrett vor einer weissgetünchten Wand bügeln. Ich kämpfte um das Bild, das mit ein paar Hundert Mark im Grunde lächerlich preiswert war. Aber Frau Linde-Walther war halsstarrig; sie wollte das Gemälde lieber an Leopold Reidemeister verkaufen, hinter dem ja die Nationalgalerie stand, und so machte

er das Rennen. Aber das Bild wurde niemals gezeigt. Es fällt in der Tat neben den grossen Werken der Nationalgalerie nicht wirklich ins Gewicht. So hängt »mein« Linde-Walther seit einem halben Jahrhundert ungesehen im Magazin der Neuen Nationalgalerie.

Wilhelm Weick war der Doyen des Berliner Kunst- und Antiquitätenhandels. Bei seinem Vater hatte schon mein Vater so manches Stück erworben. Heute führt sein Sohn Thomas Weick in der dritten Generation das Geschäft.

Übrigens bot mir die Witwe Linde-Walthers zur Entschädigung für die entgangenen »Plätterinnen« ein anderes Bild ihres Mannes an, das noch bei ihr zu Hause hing, »Zaungäste in Hoppegarten«. Leicht karikierend zeigt es lauter Arbeiter und Kleinbürger, die durch Ritzen und Astlöcher ein Rennen verfolgen, das für den Betrachter selber nicht sichtbar ist. Das Bild hat seine malerischen Reize, aber es hat einen grossen Nachteil, weshalb es im Grunde nicht in meine Sammlung passt. Es stammt nicht aus den eigentlichen Jahren der Secession vor dem Ersten Weltkrieg, sondern aus den zwanziger Jahren, wie an der Kleidung der Zaungäste deutlich wird. Aber ich mochte das Bild und hatte seit dem verlorenen Kampf ohnehin eine sentimentale Zuneigung zu Linde-Walther. So kaufte ich es, und es hängt noch heute, ganz gegen die Chronologie meiner Sammlung, in jener Bilderwand, in der ich sie alle versammelt habe.

Als ich zehn Jahre später Chef des Propyläen Verlages war, gewann ich Leopold Reidemeister trotz jener verlorenen Schlacht als einen

Zaungäste in Hoppegarten, Gemälde von Heinrich Linde-Walther, ein typisches Bild der zwanziger Jahre, das daher eigentlich aus meiner Sammlung herausfiel.

der ersten Autoren für den Verlag. Seinen Band »Auf den Spuren der Maler der Ile de France« brachte ich 1963 heraus, und ich war noch so unerfahren in der Verhandlung mit Autoren, dass Peter Galliner, der Generaldirektor des Springer-Konzerns, bei Reidemeister ein gutes Wort für mich einlegte. Aber Reidemeisters Band litt darunter, dass damals wenig Interesse für diese Gegenüberstellung von gemalten Ansichten mit der Wirklichkeit bestand. Wer wollte schon wissen, wie die Ile de France ausgesehen hatte, die in den Bildern der französischen Impressionisten immer wieder gemalt worden ist? Reidemeisters Bild der wirklichen Brücke von Langlois mit dem Gemälde van Goghs fand man wenig aufregend, und so stand es auch mit den anderen Fundstücken, die Reidemeister in seinem Propyläen-Band zusammengetragen hatte. Ich setzte von seinem überaus reizvollen Band nur wenige tausend Exemplare ab. Erst die französische Ausgabe hatte einen wirklichen Erfolg.

Einer altarabischen Kasside zufolge nennt ein jeder seine Läuse Gazellen. Ist das auch in meinem Fall so? Bin ich in Gefahr, aus meinen Secessionisten Werke europäischen Ranges zu machen? Ich sehe deutlich, dass die Berliner Secession, deren Werke ich damals zusammentrug, nicht wirklich ersten Ranges ist. Was bedeuten selbst Max Liebermann und Lovis Corinth neben den grossen Franzosen, von den Malern zweiten Ranges wie Lesser Ury und Ludwig von Hofmann ganz zu schweigen? Nicht nur Picasso, sondern auch die frühen Werke von de Chirico und Chagall stellen sie in den Schatten, und selbst die Russen von Kandinsky bis zu Lissitzky und Malewitsch spielen eine grössere Rolle in der Kunst des Jahrhunderts. Das sehe ich nicht nachträglich; auch damals, als ich George Mosson auftrieb, wusste ich, dass die Berliner Secession die Kunstgeschichte nicht umgestürzt hatte.

Weshalb also sammelte ich sie? Ursprünglich natürlich, weil sie erschwinglich waren und erst ein Student, später ein Nachwuchsredakteur sie sich leisten konnte. Aber ich habe an dieser Sympathie ein halbes Jahrhundert festgehalten, und wenn ich heute an meiner Bilderwand vorbeigehe, habe ich gerührte Besitzerfreude. Vielleicht ist es das Berlinische an den Bildern, das mich ihnen mit sentimentalem Stolz so gewogen macht. Es rührt mich, wenn ich auf die Strassen und Plätze des alten Berlin und weiter draussen die märkischen Landschaften sehe, in die Julius Jacob und Karl Hagemeister hinausfuhren und wie sie sich ihnen vor mehr als einem Jahrhundert dargestellt haben.

Bis dahin war niemand auf den Gedanken gekommen, in ein märkisches Dorf zu fahren, um eine belanglose Kate abzumalen, die nun wirklich kein niedersächsisches Bauerngehöft ist. Mir aber begegnete gerade in ihrer Belanglosigkeit der Zauber der Mark. Fontane verwahrte sich im Alter dagegen, dass man ihn nach seinen »Wanderungen durch die Mark« zu einem Liebhaber Brandenburgs machte. »Dass die Toskana, die Provence und selbst Schottland etwas anderes und mehr sind, das weiss auch ich. Ich wollte nur sagen, Kinder, so schlimm, wie Ihr es macht, ist es auch nicht.« Etwas dieser Art wird wohl auch bei mir im Spiel sein, wenn ich Bilder zusammentrage, die es weiss Gott nicht mit dem »Les Lauves« eines Cézanne oder jenem weissrussischen Dorf bei Witebsk des jungen Chagall aufnehmen können.

Insofern nenne ich meine Läuse doch Gazellen. Gerade ihre Unaufgeregtheit stellt für mich den Reiz meiner Sammlung dar. Den Vesuv kann ein jeder malen, und es bedarf nicht Philipp Hackerts, um uns die Ausgrabungen von Pompeji und Herculaneum bedeutend zu machen. Aber das Schilf am Rande des Schwielow-Sees bedarf schon eines Sohnes von Werder, um gesehen und empfunden zu werden. Einige Secessionisten haben die Franzosen so sehr bewundert, dass sie selber französisch sein wollten, haben den Farbenrausch der Ile de France in die Mark getragen. Aber diese pariserischen Nachahmer sind längst vergessen. Die Berliner Maler dürfen ihre Herkunft nicht verleugnen und sich nicht fremde Leistungen erpumpen. Sie haben ja anderes zu bieten, Franz Skarbina die Gasometer am Rande der Millionenstadt und Hans Baluschek die Brandmauern von Miets-häusern, die sich in die Landschaft hineinfressen. Auch das unter-scheidet die Berliner von den Parisern. Die Industrielandschaft der werdenden Metropole spielt bei ihnen eine Rolle, während doch die Franzosen die Landschaft oder das Landschaftliche an der Stadt lieben und mit Vorliebe das Malerische an Paris zeigen, blühende Bäume an den grossen Boulevards. Die Unauffälligkeit der Palette der Berliner Secession, die auf alle Farbekstasen verzichtet, man könnte es auch Ärmlichkeit nennen, ist das Erkennungszeichen. Sie ist eben etwas anderes als der Impressionismus der Franzosen, und sie gewinnt dort ihren Rang, wo sie beim eigenen bleibt.

So habe ich, lange bevor ich etwas davon verstand, die Berliner Se-cession für mich entdeckt und nicht die anderen Künstlergruppen des Jahrhundertbeginns, die Wiener oder die Münchner Secession. Egon Schiele und Gustav Klimt sind so gut wie Liebermann und Co-rinth, der Kunsthandel schätzt sie heute fast höher ein, und in die Voralpenlandschaften von Marianne von Werefkin und Gabriele Münter verliebt man sich auf den ersten Blick. Aber die Wiener und die Münchner Secession sind nicht unsere Sache. Vielleicht bindet uns der Zufall der Geburt an das Eigene. So wäre die Entdeckung eines Fünfundzwanzigjährigen wiederum ein Beleg, dass seine Fa-milie eben seit Generationen in Berlin zu Hause ist. Diese Stadt, diese Landschaft und ihre Menschen – und eben auch ihre Kunst – sind mir ganz ohne Absicht ans Herz gewachsen.

Wie in der Literatur gehörte also auch in der Kunst meine Neigung den Neuerern von gestern oder vorgestern, das Allerneueste blieb mir fremd, ob es nun Lokalberühmtheiten wie Heinz Trökes oder Mac Zimmermann waren, oder die Ungegenständlichen mit Fritz Winter oder Willi Baumeister, die in den fünfziger Jahren die fast vergessene Brücke und den Blauen Reiter in den Hintergrund drängten. Lange bevor Kirchner oder Schmidt-Rottluff als moderne Klassiker galten, erlebte die deutsche Spielart der École de Paris ihren Siegeszug.

So war es nicht nur in Berlin, sondern auch in Paris, dass Picasso und Matisse von der École de Paris in den Hintergrund gedrängt wurden. Irgend jemand – Werner Haftmann oder war es Albert Schulze-Vellinghausen? – nahm mich zu Louis Kahnweiler in dessen Galerie in der Rue de Monceau 17 mit, wo Kahnweiler uns mit bitterer Melancholie durch sein Lager führte. Nicht nur die unverkauften Bilder seines alten Freundes André Masson stapelten sich dort Leinwand an Leinwand, sondern auch unverkaufte Bilder Picassos, was allerdings daran gelegen haben könnte, dass Kahnweilers Preisvorstellungen sich am Markt nicht durchsetzen liessen. Damals war Picasso vom Kunsthandel zwar nicht geradezu abgemeldet, aber auch nicht wirklich umworben.

Die neuen Grössen wie Pierre Soulages, Karl Hartung, Jean Bazaine und Maurice Estève waren die Leitfiguren. Selbst von dem Graphik-Zyklus der »Suite Vollard« von 1939, von dem niemand genau zu sagen wusste, wieviele Drucke eigentlich ursprünglich hergestellt worden waren, lagen noch Exemplare der ersten Auflage am Lager. Heinz Berggruen, den ich damals in seiner Wohnung Rue Guynemere 20 und in der Galerie in der Rue de l'Université 70 besuchte, hatte nicht sehr viele Konkurrenten, als er mit Kahnweiler einen Vertrag über die Exklusivrechte an der Graphik Picassos aushandelte. Damals war Picasso schon über Siebzig, und er galt als Mann von gestern. Seine frühen Arbeiten der »Blauen« und »Rosa« Periode wurden zwar als Inkunabeln der Moderne gehandelt, aber für die Arbeiten der dreissiger und vierziger Jahre musste Kahnweiler mühselig Käufer suchen.

So ist es immer – man muss nicht nur wissen, welche Preise ein Maler erzielt, sondern auch, wann diese Preise gezahlt werden. Die dreissiger Jahre brachten nicht nur die Kunstdiktatur der Nationalsozialisten, sondern auch ein allgemeines Abflauen des Interesses an der eben noch so hochgeschätzten Moderne. Als die deutschen Museen ihre neuesten Erwerbungen, meist auf Schweizer Auktionen, abstossen mussten, sank der Preis der eben noch hochgehandelten Künstler ins Bodenlose. Franz Marc und August Macke brachten nur einen Bruchteil der Summen, die man sich erwartet hatte, und die Handvoll Galerien, die ihren Künstlern in Deutschland die Treue hielt wie Karl Buchholz in Berlin, hatte Mühe, Käufer für die Arbeiten von Künstlern zu finden, die gestern noch umworben gewesen waren. Gleichzeitig hatten die Bilder eines neuen Biedermeier, Waldesschluchten und Gipfelglühen, wie Hitler sie schätzte, Hochkonjunktur. Der Besuch der Ausstellung im Haus der deutschen Kunst wurde niemandem aufgezwungen, aber die Schlangen vor Troosts Bau in München waren fast so lang wie heute die Reihen vor der »MoMA« in Berlin. Die Preislisten von damals sind zum grossen Teil erhalten geblieben, und da zeigt sich, dass die Bilder nicht nur von Werner Peiner, sondern auch von Richard Ziegler, der ironisch »Meister des deutschen Schamhaars« genannt wurde, Vormerklisten hatten. Auch die Kunst ist vom Zeitgeschmack abhängig. Das muss man wissen, wenn man staunend die Bewegung auf dem Kunstmarkt verfolgt.

Habe ich auch darüber mit Will Grohmann gesprochen, der nicht nur eine Grösse unserer »Neuen Zeitung« war, sondern auch der Kunstpapst des damaligen Berlin? Ich war Mitte meiner Zwanzig und der jüngste Redakteur der »Neuen Zeitung«. Aber Grohmann hatte offensichtlich Sympathie für mich, und so lud er mich mehr als einmal in sein Haus in Lankwitz ein. An den Wänden seiner schönen Wohnung in der Beethovenstrasse hingen von der Diele bis zum Badezimmer die berühmten Bilder der zwanziger Jahre, denn er war mit allen Künstlern sehr gut bekannt gewesen. Beim Rundgang durch sein Haus führte er Imke und mich auch durch sein Schlafzimmer, wo besonders schöne Bilder hingen, viele Arbeiten von Kirchner und Heckel.

Uns faszinierten allerdings die beiden Türen, die den Durchlass zu zwei weiteren Zimmern gaben, auf der einen Seite zum Zimmer seiner Frau, auf der anderen zum Zimmer seiner Sekretärin, die ihm nicht nur der Arbeit wegen verbunden war. Der Hausherr, dessen sächsischer Tonfall seine Dresdener Herkunft unverkennbar machte, hatte nach dem Kriege übrigens eine Rolle in der städtischen Kulturszene Dresdens gespielt. Damals hatte er das Seine getan, Victor Klemperer, der später durch seine Tagebücher »Ich will Zeugnis ablegen bis zum letzten« so berühmt wurde, 1945 wieder zu seiner alten Position als Professor an der Technischen Hochschule Dresden zu verhelfen.

Aber Grohmann hatte angesichts der totalen Machtergreifung der Kommunisten 1947 das Feld geräumt und die Freiheit West-Berlins gesucht, wo er zur »Neuen Zeitung« stiess. Er machte keinen Hehl aus seinem Arrangement mit Ehefrau und Sekretärin, und auch Frau Grohmann hatte dem offensichtlich das Beste abgewonnen. Beim Tee sagte sie ganz selbstverständlich: »Ach, Annemarie, seien Sie doch so nett und giessen Sie uns Tee nach.« Nach dem Tode seiner Frau sollte Annemarie übrigens eine Rechtfertigung erfahren. Grohmann, inzwischen achtzig Jahre, heiratete sie für das letzte Jahr seines Lebens.

Ein oder zwei Jahre später wurde ich Sekretär des Kongresses für die Freiheit der Kultur, die erste Anstellung meines Lebens. Im Kongress lernte ich Hans Meyerhoff kennen, einen jungen Philosophieprofessor, der in den dreissiger Jahren noch als Student nach Amerika emigriert war und jetzt an einer Universität im Westen der Vereinigten Staaten lehrte. Bald waren wir Freunde und eine Zeitlang unzertrennlich. Zum Schwimmen fuhren wir gemeinsam an das Grosse Fenster an der Havel, und ein- oder zweimal gingen wir auch zusammen in die Badewanne in der Nürnberger Strasse. Meyerhoff war ge-

Der ganze Stolz unseres amerikanischen Freundes Hans Meyerhoff war ein BMW 328, der unmittelbar vor Kriegsbeginn auf den Markt gekommen war.

rade ein Sportwagen BMW 328 angeboten worden, das letzte Vorkriegsmodell, ein zweisitziges Cabriolet, das auch heute noch ein hochgehandelter Oldtimer ist. Wir beide handelten mit dem Verkäufer, wobei wir nicht zu erkennen gaben, dass Meyerhoff über Dollar verfügte. So wurde das Geschäft schliesslich zu einem Preis abgeschlossen, der für einen Amerikaner überaus günstig war. In nächster Zeit fuhren wir zu dritt nicht nur den ziemlich leeren Kurfürstendamm entlang, sondern auch über die damals noch verwaiste Havelchaussee. Meyerhoff hatte in die Emigration nicht nur seine Liebe zu BMW-Sportwagen aus den dreissiger Jahren mitgenommen, sondern auch seine Leidenschaft zu den Bildern der Brücke, und dort gehörte seine Leidenschaft vor allem Otto Mueller.

So brachten wir Meyerhoff sowohl zu Gerd Rosen als auch zu Reinhold Franz, der sein Hauptgeschäft in Ost-Berlin, sein Lager aber im Westen hatte, wo er lange keinen offiziellen Kunsthandel eröffnen durfte, da man ihm dunkle Verbindungen zum sowjetischen Geheimdienst nachsagte. Aber schliesslich fasste er Vertrauen zu uns und unserem amerikanischen Schützling, er holte aus seinem Hinterzimmer immer neue Schätze. Er verfügte nämlich über den Nachlass von Otto Mueller oder doch grosse Teile davon, da er Zugang zu der Witwe Maschka Mueller in Dresden hatte. Meyerhoff war von einem grossformatigen Gemälde in Mischtechnik, einem Zigeunermädchen, ganz hingerissen, das halb im Schilf an jenem Waldsee sass, der in fast allen Bildern Muellers aus jenen Jahren auftaucht. Ich weiss nicht mehr, was Meyerhoff dafür gezahlt hat, es waren besten-falls wenige tausend, wenn nicht nur einige hundert Mark. Beides aber lag für Imke und mich weit ausserhalb der Reichweite. Wir blickten voller Neid sowohl auf den Sportwagen als auch auf seinen Otto Mueller.

Es war die Zeit, da vom Wohnungsamt Zwangsmieter zugewiesen wurden. Ein ganzes Haus für nur vier Personen, das war im zer-bombten Berlin undenkbar. An unsere beiden Zimmer grenzte mein früheres Kinderzimmer. Hier lebten wechselnde Zwangsmieterin-nen, die einquartiert waren. An die Tänzerin Ingeborg Settgast erin-nere ich mich noch und vor allem an Tamara Müller, wahrscheinlich weil sie eine attraktive Achtzehnjährige war, die gelegentlich in schwarzen Dessous im Treppenhaus herumlief. Letzteres war ver-mutlich der Grund, weshalb Imke sie nach einiger Zeit exmittierte. Tamara Müller verdiente sich ihren Lebensunterhalt in einer Wein-stube in der Thielallee Ecke Bitterstrasse, die vor allem von Professo-ren der gerade gegründeten Freien Universität besucht wurde. Für uns wurde das ehemalige Ankleidezimmer meiner Eltern zur Not-küche umfunktioniert, wozu ein zweiflammiger Kocher diente, und als ich ein wenig mehr verdiente, wurde sogar für den Ausguss eine Zuleitung vom Badezimmer durchgebrochen.

In diesen zwei Zimmern verbrachten Imke und ich unsere ersten Ehejahre, hier haben uns unsere Freunde Friwi Sell, Andrea Zwick, Jürgen von der Hude und später auch Henning Schlüter besucht, und auf dem Balkon zum Garten haben wir wohl häufig »gefeiert«, was mitunter ziemlich lärmend gewesen sein wird. In die Mansar-denzimmer des Dachgeschosses, wo neben einem Fremdenzimmer einst meine Schwester Gitty gewohnt hatte, war nun unser ehema-liges Dienstmädchen Gertrud einquartiert. Gertrud war nämlich während des Krieges unverheiratet schwanger geworden und hatte trotz aller Personalknappheit der Kriegsjahre keine »Herrschaft« gefunden, was wahrscheinlich weniger an der Illegitimität ihres Zu-standes als an der zu erwartenden wochenlangen Dienstunfähig-keit lag. In dieser winzigen, ehemaligen Mädchenkammer richtete ich mir ein Arbeitszimmer ein, und hier hängte ich meine Expressionisten auf, die ich in der Galerie Rosen am Kurfürstendamm gekauft hatte.

Manche Bilder kamen auf eher zufällige Weise zu uns. Mein Schwiegervater vertrat als Anwalt mitunter Mandanten, die seine Liquidationen mit Kunstwerken begleichen wollten, was ihm zu meinem Entsetzen gar nicht recht war. Einmal stand wochenlang ein Gemälde von François Bouchet in der Meinekestrasse, das ihm ein Mandant aufzudrängen versuchte, für den er jahrelang Prozesse geführt hatte. Aber Herbert Faigle war an Bouchet nicht und überhaupt nicht an Kunst interessiert, sondern an Speck und Kaffee für die Familie, und so bestand er auf der Begleichung in Mark. Melancholisch sah ich das Meisterwerk entschwinden, von dem sich später herausstellte, dass es eine Fälschung gewesen war. Das andere Mal deponierte ein Mandant eine starkfarbige Dünenlandschaft im Anwaltsbüro. Fischer ziehen gerade ihr Boot auf den Strand. Wer der Maler des unsignierten und undatierten Bildes war, wusste der Mandant selber nicht. Ich hatte noch wenig Ahnung von dem Brücke-Kreis, aber sonderbarerweise hatte ich das dunkle Gefühl, es könne sich um einen frühen, wahrscheinlich auf der Kurischen Nehrung gemalten Pechstein handeln.

In der »Neuen Zeitung« war gerade eine Notiz erschienen, dass Pechstein, der zwölf Jahre lang geächtet gewesen war, vom Wohnungsamt entschädigungshalber ein Haus am Bismarckplatz nahe des Kurfürstendamms zugewiesen worden sei. So machte ich mich mit dem Gemälde unter dem Arm auf und klingelte mit der Ungeniertheit eines Zwanzigjährigen an der Haustür. Ohne grosse Umstände wurde ich von einem jungen Mann, von dem sich herausstellte, dass es Pechsteins Sohn war, in das Atelier geführt, wo der Meister gerade in seinem Kittel arbeitete. Er war geradezu konsterniert, seinen frühesten Spuren zu begegnen. Das Bild zeigte tatsächlich die Kurische Nehrung, wo Pechstein vor dem Ersten Weltkrieg

Max Pechstein arbeitete unermüdlich an neuen Gemälden, aber sie hatten die Kraft von einst verloren, 1948 besuchte ich ihn in seinem Haus am Bismarckplatz.

oft gemalt hatte. Pechstein wollte sein Frühwerk unbedingt besitzen, und er bot drei neue Gemälde zum Tausch dafür an. Aber ich konnte darüber ja nicht verfügen, und so versprach ich, seinen Vorschlag dem Besitzer zu übermitteln. Allein diese Aussicht elektrisierte Pechstein, ohne viel zu fragen, signierte er das Bild: »Gemalt 1908, signiert 1948. M P«. Das schrieb er mit starker schwarzer Tusche, was ich mit Sorge sah, denn ich fürchtete, der Besitzer könne darin eine Wertminderung seines Gemäldes sehen. Ich hoffte, dass ich Imkes Vater überreden könnte, das Bild in Zahlung zu nehmen. Aber er war unerbittlich; Herbert Faigle hatte kein Interesse an einem »typischen Expressionisten«, der ihm schon seiner grellen Farben wegen gegen seinen Geschmack ging, und so war er nicht bereit, dafür seine vergleichsweise geringe Honorarforderung einzutauschen. Ich warf einen abschiednehmenden Blick auf meinen ersten Expressionisten, wenn mir auch erst heute deutlich ist, welches Geschäft meinem

Schwiegervater und mir entgangen war. Inzwischen kosten frühe Arbeiten Pechsteins Hunderttausende von Euro.

Diese Begegnung mit dem alten Max Pechstein war meine erste Erfahrung mit grossen Männern vom Jahrhundertbeginn, die, kaum dass sie über Dreissig waren, den Elan ihrer Anfänge verloren hatten. In den fünfziger Jahren sollte ich mitunter noch auf Bilder stossen, die Pechstein oder Heckel in den dreissiger und vierziger Jahren gemalt hatten. Sie waren hübsch und sehr dekorativ, aber sie wirkten wie Arbeiten von Pechstein-Adepten. Jene Explosion der Farben und Formen, die seine Arbeiten von der Kurischen Nehrung einst so unverwechselbar gemacht hatten, war wie ausgelöscht. Das war nicht ein individuelles Versiegen, sondern das all jener Künstler, die vor dem Ersten Weltkrieg mit Eruptionen von Neuem in die Kunst hineingeboren worden waren.

Erich Heckel, ein anderer aus der frühen Brücke-Zeit, habe ich nie selber getroffen, aber auch er war schon in den zwanziger Jahren ins Dekorative abgeglitten. Seine Bodenseelandschaften mit blühenden Apfelbäumen gaben nicht die Vitalität des Mannes zu erkennen, der um 1910 einige der kraftvollsten Bilder der Geniezeit gemalt hatte. Dagegen habe ich in den sechziger Jahren Karl Schmidt-Rottluff durch Leopold Reidemeister kennengelernt, die beide schon damals mit dem Plan eines eigenen Museums umgingen, in dem Bilder von ihrer aller Aufbruch im ersten Jahrzehnt des Jahrhunderts zusammengetragen werden sollten. Erst viel später ist es 1967 als Brücke-Museum draussen in Dahlem am Rand des Grunewalds eröffnet worden, wofür Werner Düttmann einen eingeschossigen Bau entworfen hatte, der in seiner formalen Anspruchslosigkeit wie ein Kontrast zu den eruptiven Bildern der Sammlung wirkt. Schmidt-Rottluff hatte dem Museum durch eine Schenkung von vierundsiebzig Bildern die Grundlage gegeben.

In späteren Jahren traf ich Karl Schmidt-Rottluff häufiger; erst 1976 sollte er mit zweiundneunzig Jahren sterben. Seine Arbeiten aus den letzten Jahrzehnten hatten im Gegensatz zu denen seiner Weggefährten Heckel und Pechstein noch immer eine gewisse Kraft, aber sein frühes Genie hatte auch er verloren. Das ist die Tragik der Deutschen im Vergleich zu den Franzosen, die wie Henri Matisse bis in ihr höchstes Alter ihre Ausdruckskraft behielten, was vielleicht an ihrer Wandlungsfähigkeit lag. Wie mögen das die Brücke-Künstler gesehen haben, die den Verfall ihrer Geltung und ihres Marktwertes miterlebt haben? Ich war noch zu jung, stand ihnen auch zu fern, als dass sie zu erkennen gegeben hätten, wie sie auf die schwindende Wertschätzung reagierten. Nur bei dem siebzigsten Geburtstag von Edwin Redslob war eine Spur von Resignation Schmidt-Rottluffs erkennbar. Er wird realistisch genug gewesen sein, um den Wertverfall seiner Bilder von Jahrzehnt zu Jahrzehnt kritisch zu betrachten.

Zwei grosse alte Männer – Karl Schmidt-Rottluff und Edwin Redslob an dessen siebzigsten Geburtstag. Den Pensionären verdankt Berlin zwei seiner schönsten Museen: Schmidt-Rottluff und Leopold Reidemeister gründeten das Brücke-Museum, Redslob das Berlin-Museum.

Wenn Reidemeister ein Schmidt-Rottluff angeboten wurde, mussten Zehntausende von Mark zur Verfügung gestellt werden, wenn es Bilder aus der eigentlichen Brücke-Zeit waren, also aus der Zeit vor dem Ersten Weltkrieg, war ein Kauf unter Hunderttausenden von Mark nicht möglich. Aber nie habe ich darüber eine Äusserung von Schmidt-Rottluff gehört, und auch Redslob wie Reidemeister waren schweigsam, wenn es um die Entwicklung der Preise ging. Die beiden alten Männer hatten ihre beste Zeit vor und nach dem Ersten Weltkrieg gehabt, als Edwin Redslob als Reichskunstwart der Republik mit Ehren überschüttet worden war. Jetzt lag die grosse Zeit hinter ihnen.

Aber vielleicht ist das ein deutsches Schicksal, erst eine Explosion von Genie und dann die Normalität. Die Dürerzeit ein erstes Exempel: die Deutschen um 1500 stehen gleichen Ranges neben den Italienern, dann fallen sie ab, sind nichts als vorzügliche Künstler. Oder das halbe Jahrhundert von 1770 bis 1820, das ein Ausbruch an Genie auf jedem Felde brachte, von Goethe bis zu Schiller, von Kant bis zu Hegel, von Schadow bis zu Rauch. In dem halben Jahrhundert nach ihnen spielen Paul Heyse, Emanuel Geibel und Karl Immermann die erste Rolle, und auch die dritte Eruption dichterischen Genies ist ein Beispiel dafür. Um 1880, im Rausch des neuen Kaiserreichs, scheint die literarische Kraft Deutschlands ermattet zu sein, niemand kennt mehr die Namen derer, die damals für die Grossen gehalten wurden. Aber dann ist plötzlich Gerhart Hauptmann da, und fast gleichzeitig meldet sich Stefan George und mit ihm Hugo von Hofmannsthal, mit der Jahrhundertwende kommt schon Thomas Mann, und zehn Jahre später sind auch Gottfried Benn und Bertolt Brecht da. Ein sonderbares punktuelles Genie diese Deutschen, da die Franzosen doch von Rabelais, Racine, Molière, Balzac und Stendhal ein Genie an das andere reihen, und mit Mallarmé und Verlaine kommt schon die Moderne, die dann mit Sartre und Camus die zweite Nachkriegszeit prägt. Den Vergleich mit den Franzosen halten die Deutschen vielleicht aus, es ist nicht ausgemacht, ob Benn im europäischen Massstab nicht Claudel aussticht und Thomas Mann nicht Malraux. Aber diese nicht abreissende Kette von grossen Männern gibt es eben doch nur in Frankreich. Das Phänomen könnte mit der Misere der Wirklichkeit zusammenhängen, dass die Deutschen eben niemals eine wirkliche Nation gewesen sind.

Wahrscheinlich hat die Generation meiner Eltern diesen Untergang wie Aufstieg anders erlebt, wobei beide noch in das Kaiserreich hineingeboren waren und hier ihre eigentliche Prägung erfahren hatten. Aber wir Fünfundzwanzigjährigen nahmen vor allem das Umstürzend-Neue wahr, das über alle Trostlosigkeit der Gegenwart triumphierte. Heute sage ich mir, dass wir gut reden hatten angesichts dessen, dass Imkes und mein Elternhaus fast unbeschädigt über den Krieg gekommen war.

Immer wieder denke ich an die allgegenwärtige Trümmerwelt, erst einzelne ausgebrannte Häuser, dann Strassenzüge, in denen nur wenige Gebäude noch erhalten waren, und schliesslich vollkommen

planierte Viertel. In der Kochstrasse, die mit den grossen Zeitungshäusern einst Berlins Fleet Street gewesen
war und wo ich fünfundzwanzig Jahre später in Sprin-

*Axel Springer gratuliert
mir zu meinem fünf-
zigsten Geburtstag.*

gers Hochhaus meinen fünfzigsten Geburtstag feiern sollte, standen
nur noch einzelne Häuser. Das ganze Ausmass der Zerstörung wird
mir erst wieder bewusst, wenn ich alte Photographien sehe. Obwohl
ich die Kochstrasse fast täglich auf dem Weg zur Universität oder zu
Hannemanns Buchhandlung passierte, ist mir die Trostlosigkeit der
Gegend kaum in Erinnerung. Mein Lebensgefühl bestimmte diese
Trümmerwelt nicht. Jugend ist wohl immer gewissenlos. Wir sahen
das Elend um uns herum, die zerlumpten Flüchtlinge aus dem Osten
und die Kriegsbeschädigten in ihren abgerissenen Uniformen. Aber
das konnte uns auf Dauer nichts anhaben, obwohl die Zeitungen in
den Wintermonaten fast täglich die Zahl der in ihren Wohnungen
Erfrorenen meldeten. Gegen Sartre, Benny Goodman und Gershwin
kam das alles nicht an.

Schon zu Lebzeiten Wilhelms II. war die Siegesallee ein Gegenstand des Spotts. So war eine Karikatur populär, auf der die Hohenzollern durch Odolflaschen ersetzt waren.

Der Alltag wurde in jedem Winterhalbjahr von der Sorge um die Holzzuteilung für die kommende Frostperiode bestimmt, im Tiergarten gab es keine Bäume mehr, denn er war längst ein Kartoffel- und Rübenacker, in dem die zerschossenen Denkmäler der einstigen Siegesallee verloren herumstanden. Der letzte deutsche Kaiser hatte die absurde Triumphallee »aus eigener Schatulle« der Stadt Berlin geschenkt. Aber die Berliner mochten sie wenig und nannten sie nur »Puppenallee«. Der Bevölkerung waren bestimmte Parzellen im Grunewald und in manchen Strassen jeder zweite Baum zum Abholzen freigegeben worden.

In den späten vierziger, selbst noch in den frühen fünfziger Jahren gab es kaum einen Neubau. Es war eine Sensation, wenn hier und da Ruinen wieder bewohnbar gemacht wurden. War es nur für meine Familie eine Aufregung, als die Schlösser im Ostsektor abgerissen und auch in West-Berlin darüber diskutiert wurde, ob der Wiederaufbau des Charlottenburger Schlosses sich lohne? Die Bevölkerung nahm von solchen Absichten wenig Notiz. Die Abräumung des Platzes der Republik erregte niemanden, obwohl doch dort nicht nur das preussische Generalstabsgebäude, sondern auch die Kroll-Oper von Ludwig Persius gestanden hatten, die anstelle des ausgebrannten Reichstagsgebäudes zehn Jahre lang den Nationalsozialisten als Tagungsstätte gedient hatte, wo die »Volksversammlung« die Reden Hitlers mit Jubel quittierte, weshalb die Reichstagsmitglieder der »teuerste Gesangverein Deutschlands« genannt wurden.

Der Wiederaufbau des Charlottenburger Schlosses, heute ein Wahrzeichen der Stadt, war heftig umstritten, weil er ein »Falsifikat« ergeben würde. Für den Pavillon Belvedere im Schlosspark war diese Frage schon entschieden, seine Reste sollten gesprengt werden. Das

Schlösschen, das Langhans für den neuen König Friedrich Wilhelm II. am Ufer der Spree errichtet hatte, sei kunsthistorisch nicht sonderlich bedeutend, sodass sich eine Rekonstruktion nicht lohne. Ich erinnere mich noch, dass an einem Morgen in aller Herrgottsfrühe das Sprengkommando anrücken sollte. Aber dort sass Margarethe Kühn, die kommissarische Direktorin des Charlottenburger Schlosses, in der Ruine: »Wenn man das Belvedere beseitigen will, muss man mich mitsprengen.« Soweit ich weiss, ist es Ernst Reuter gewesen, der die Entscheidung für den Wiederaufbau des Belvedere fällte, entgegen dem Rat von Architektenverbänden und Denkmalschützern.

Später habe ich zu Margarethe Kühn, die dann jahrzehntelang Direktorin des Schlosses Charlottenburg war, mitunter gesagt, dass im Grunde sie, nicht der Grosse Kurfürst als Reiterstandbild vor dem Schloss stehen müsse. Margarethe Kühn blieb ganz ruhig: »Aber, Herr Siedler, ich kann doch nicht reiten.« Heute ist im Belvedere die Sammlung der Königlichen Porzellan-Manufaktur ausgestellt, und man denkt voller Melancholie daran, wie leicht sich auch das wichtigste Werk Eosander von Götes, das Schloss Monbijou gegenüber der Museumsinsel, hätte retten lassen. Der Authentizitätswahn war das eine Mal kunsthistorisch, das andere Mal geschichtsmoralisch begründet. Die Herausgeber der linkskatholischen »Frankfurter Hefte«, Eugen Kogon und Walter Dirks, kämpften jahrelang gegen einen Wiederaufbau der Ruine des Frankfurter Goethehauses: Der Goethesche Humanismus habe Deutschland nicht vor der Barbarei des Nationalsozialismus bewahren können, und eine Rekonstruktion laufe daher auf eine Verfälschung der Geschichte hinaus.

Nun sind mehrere Generationen von Besuchern durch die wiederaufgebauten Räume des Charlottenburger Schlosses gegangen, und allmorgendlich steht eine Kette von Reisebussen davor. Wer kümmert sich darum, dass vom Neuen Flügel, von Friedrich dem Grossen selber entworfen und von Georg Wenzeslaus von Knobelsdorff erbaut, nach dem Krieg nur noch wenige Mauerreste standen und sein Wiederaufbau nur eine Kopie zustande gebracht hat? Die Rekonstruktion des Verlorenen wird als authentisch genommen, wenn es selber alt geworden ist. Das ist eine Erfahrung, die man schon beim Campanile des Markus-Platzes von Venedig hätte machen können, von dem nach seinem Einsturz um 1900 nur ein wirrer Ziegelhaufen geblieben war.

Die Jahre nach dem Krieg waren eine Zwischenzeit. Einen deutschen Nationalstaat gab es nicht mehr, und die beiden Ersatzstaaten nahmen erst langsam Gestalt an. In immer neuen Aussenministerkonferenzen, die in Genf, Paris, London und zuweilen auch in Berlin stattfanden, schien es zwar um die Bewahrung eines einheitlichen Deutschland zu gehen, aber immer deutlicher wurde, dass den Sowjets vor allem am Zugriff auf das Ruhrgebiet und an der Verhinderung deutscher Streitkräfte gelegen war.

Wahrscheinlich war die Blockade Berlins das einschneidende Ereignis, nachdem in Ost wie in West schon seit einiger Zeit alles auf zwei Einzelstaaten zugelaufen war. Berlin war die ehemalige Hauptstadt eines zerschmetterten Reiches. Allzu oft benahmen sich nicht nur die Sowjets, sondern auch die westlichen Alliierten als Sieger, was deutlich wurde, wenn die ausländischen Diplomaten nicht dem Regierenden Bürgermeister, sondern den alliierten Stadtkommandanten ihre Beglaubigungsschreiben überreichen mussten. Solche protokollarischen Demütigungen wurden von der Bevölkerung kaum wahrgenommen. Aber die staatlichen Repräsentanten des westdeutschen Rumpfstaates registrierten solche Finessen genau.

Berühmt ist die Szene, als Bundeskanzler Konrad Adenauer bei seinem Antrittsbesuch am 21. September 1949 bei den Alliierten Hochkommissaren auf dem Petersberg das Betreten des »Protokollteppichs« untersagt worden war. Dem Repräsentanten der neuen deutschen Regierung war ausdrücklich mitgeteilt worden, dass der Teppich in der Mitte des Saales nur von den Vertretern der drei Siegermächte betreten werden dürfe. Adenauer selber solle seine Erklärung auf dem blanken Parkett abgeben. Der dreiundsiebzig Jahre alte Adenauer machte aber einen vom Protokoll nicht vorgesehenen Schritt auf den Teppich und meldete damit den Souveränitätsanspruch der Deutschen an. Als ich Adenauer – wir waren über den Kölner Zweig der Familie ins Gespräch gekommen – einmal danach fragte, ob er nicht gefürchtet habe, auf seinen Platz verwiesen zu werden, sagte er in seiner Kölner Mundart: »Wat hättense denn machen sollen? Vor all den Kameras und Mikrophonen? Mich wieder runterschubsen?« Das war Adenauer, und nicht zuletzt solcher Repliken wegen war er bald überall populär.

Ein merkwürdiges Durcheinander prägt meine Erinnerung an die Nachkriegszeit: geflüchtete pommersche Bauern, die in der Wohnung meiner Schwiegereltern Zuflucht suchten, bevor sie »in den Westen« ausgeflogen wurden; erste Begegnungen mit Bildern aus der Vorweltkriegszeit und den altgewordenen Revolutionären von damals, Max Pechstein und Karl Schmidt-Rottluff; mein Vater in seinem kleinen Behelfsbüro am Kurfürstendamm, meine Mutter als Housekeeper bei den Amerikanern und ich selber sehr bald auf freundschaftlichem Fuss mit amerikanischen, französischen und sowjetischen Offizieren; abenteuerliche Streifzüge in Galerien und Antiquariaten; und immer wieder unser Ärger über die alles beherrschende Abrisswut nicht nur im Ostsektor, sondern auch im Westen Berlins, wo die Fürsprecher des Zeitgeistes an der Tête ritten, ohne zu merken, dass sie dabei waren, eine »Gemordete Stadt« herzustellen.

Als ich aus Afrika zurückkam, war ich einundzwanzig Jahre alt, und als ich mit dem Schreiben begann, Mitte meiner Zwanzig. Ich machte allmählich, ohne es geplant zu haben, auf mich aufmerksam. Gottfried Benn lernte ich in diesen Jahren kennen, und Heimito von Doderer traf ich in Berlin, wo er mir seine »Strudlhofstiege« widmete. Aber mein Gott war Thomas Mann, dem ich mit Imke nach Luzern und Bad Gastein nachgereist war. Eine unordentliche, aber aufregende Jugend. Nachträglich gesehen, waren diese Jahre die Voraussetzung alles Kommenden.

Bei Thomas Mann in Bad Gastein

Damals stand ich ganz und gar im Bann von Thomas Manns »Joseph und seine Brüder«, dass ich für das »Thüringer Tageblatt« – ein CDU-Blatt, das sich noch manche Freiheit herausnehmen konnte – ein so unmässig langes »Tagebuch bei der Lektüre des Josephsromans« schrieb, dass es nur »unter dem Strich« in Fortsetzungen abgedruckt werden konnte. Einige Wochen später, am 29. Juli 1950, erreichte mich ein Brief Thomas Manns aus St. Moritz, dem sein Verlag wohl diesen frühesten meiner Ausflüge in die Literaturkritik in die Schweiz geschickt hatte.

Ich habe mich aufrichtig über den Eindruck gefreut, den die Josefs-Geschichten auf Sie gemacht haben und der in Ihrem Aufsatz, den Sie all zu bescheiden ›beiläufige Notizen‹ nennen, einen so gewinnenden Niederschlag gefunden hat. Was auf so verhältnismässig knappem Raum Verständnisvolles und Sympathisches über das Buch gesagt werden kann, haben Sie wirklich gesagt, und ich bin Ihnen dankbar dafür. Auch ist mir der Artikel ein Zeugnis, dass immer noch in Deutschland freundwillige Äusserungen erscheinen können, die mir als Künstler nicht allen Wert absprechen, weil ich mit einzelnen oft entstellt wiedergegebenen politischen Äusserungen die Gemüter verärgert habe.

Ich weiss noch, wie es mich amüsierte, dass Thomas Mann mit der Schreibweise seines Josephsromans als Josefsroman in Unordnung geraten war. Aber so geht es den Autoren mit den eigenen Werken nicht selten, immer wieder bringen sie Titel und Jahreszahlen später durcheinander. Ihre frühen Werke scheinen ihnen mit der Zeit ferngerückt zu sein.

Mit einem Brief an den schwedischen Journalisten Olberg hatte Thomas Mann kurz zuvor schockiert. Er hatte von der »Wohltat« der Lager in der Ostzone gesprochen, »da andere Erziehungsversuche für die Deutschen auch nicht genutzt« hätten. Das war eine sonderbare Umschreibung für das nach der Befreiung des Lagers durch die amerikanische Armee von den Sowjets wieder in Betrieb genommene Konzentrationslager Buchenwald. Monatelang stand dieser Brief von Thomas Mann der angemessenen Würdigung seines Werkes im Wege. Auch ich war von seiner Bewertung der ostzonalen Lagerwelt konsterniert, und so schrieb ich ihm in jugendlicher Unbefangenheit einen vorwurfsvollen Brief. Thomas Mann, damals fünfundsiebzig, antwortete mir handschriftlich, dass man ihm die trotz seines Alters gezeigten Temperamentsausbrüche nachsehen solle, und deutete an, derartige Auffassungen nicht wiederholen zu wollen. Unser Briefwechsel – eine schmale Korrespondenz – liegt heute im Thomas Mann-Archiv in Zürich.

Als Inge Jens die späten Tagebücher Thomas Manns herausgab, sah ich jene Eintragung, in der Thomas Mann damals meinen Aufsatz registriert hatte. »Völlig verwirrt« sei ich wohl von der »Inkommensurabilität des Joseph« gewesen, und dieser Roman habe wohl geradezu »erdrückend« auf mich gewirkt. War das wirklich so? Aber in der Tat muss mich Thomas Mann ganz überwältigt haben, denn ich schrieb, wie ich dem Hunderte von Seiten umfassenden Anmerkungsapparat der Tagebuchbände Manns entnehme, immer wieder in der »Neuen Zeitung« oder im »Monat« über sein Werk. Einmal muss ich ihn auch gegen »falsche Freunde« in Schutz genommen haben, die ihn für den Marxismus in Anspruch zu nehmen suchten. Aber Helmut Jaesrich, der mit Melvin Lasky zusammen den »Monat« leitete, bemerkte in einer Fussnote zu meinem Beitrag streng, Thomas Mann sei sich vor allem wohl zuweilen selber ein »falscher Freund«.

Über den Brief Thomas Manns wäre ich vielleicht weniger geschmeichelt gewesen, wenn ich gewusst hätte, dass Thomas Mann sich seit seinen Anfängen bei nahezu allen Kritikern in übertrieben freundlichen Briefen zu bedanken pflegte. Mir schien das eine ganz ungewöhnliche Courtoisie, die mich beeindruckte. In Wirklichkeit kam die Höflichkeit Thomas Manns wohl eher aus Kalkül einem in Zukunft möglicherweise wichtigen Kritiker gegenüber, aber vor allem aus jenem Ernstnehmen der eigenen Existenz, wie Thomas Mann in seinen Tagebüchern ja oft verwundert über die eigene Vorzüglichkeit den Kopf schüttelt. Ich erinnere mich, als sei es gestern gewesen, wie mein Vater, ich kam gerade vom Gehege zurück, wo ich die morgendlichen Brötchen geholt hatte, auf den Treppenstufen vor der Haustür stand und schon von weitem den Brief schwenkte: »Du hast einen Brief von Thomas Mann.« Das erschien mir völlig unglaubwürdig, der weltberühmte Autor und ein namenloser Student in seinen ersten Semestern. Und zudem gerade von dem Gott meiner Jugend.

Im Bücherschrank meiner Mutter hatten die »Buddenbrooks« gestanden, aber ich nehme an, dass ich dieses Jugendwerk des gerade dreiundzwanzigjährigen Thomas Mann nur als Kaufmannsgeschichte gelesen habe, wenn ich auch nie auf die Idee wie manche Kritiker kam, die »Buddenbrooks« seien fast so gut wie Gustav Frenssens »Jörn Uhl«, der damals ein Bestseller war und von der Kritik ganz ernst genommen wurde. Aber dass die »Buddenbrooks« von einer unbegreiflichen, künstlerischen Vollkommenheit sind, habe ich erst später begriffen, und die melancholische Frage des alten Thomas Mann ist mir verständlich, ob von allen seinen Werken vielleicht doch »nur das Werk meiner jungen Jahre« bleiben werde.
Wir liebten die »Buddenbrooks« geradezu, und manche Passagen wie die von der Revolution 1848 in Lübeck, als die aufsässige Menge vor das Haus des alten Buddenbrook zieht, lasen wir uns immer wieder vor:

»De Ordnung, seg ick!« beschloss Konsul Buddenbrook. »Nicht mal die Lampen sind angezündet ... Da geiht denn doch tau wied mit de Revolution!«

Corl Smolt aber hatte nun seinen Bissen verschluckt und, die Menge im Rücken, stand er breitbeinig da und hatte seine Einwände ...

»Je, Herr Kunsel, dat seggen Sei woll! Öäwer dat is man bloss wegen das allgemeine Prinzip von dat Wahlrecht ... «

»Grosser Gott, du Tropf!« rief der Konsul und vergass, platt zu sprechen vor Indignation ... » Du redest ja lauter Unsinn ... «

»Je, Herr Kunsel«, sagte Corl Smolt ein bisschen eingeschichtert; »dat is nu allens so as dat is. Öäwer Revolutschon mütt sein, dat is tau gewiss. Revolutschon is öwerall, in Berlin und in Paris .... «

»Smolt, wat wull Ji nu eentlich! Nu seggen Sei dat mal!«

»Je, Herr Kunsel, ick seg man bloss: wi wull nu 'ne Republike, seg ick man bloss ... «

»Öwer du Döskopp ... Ji heww ja schon een!«

»Je, Herr Kunsel, denn wull wi noch een.«

Henning Schlüter, dessen schauspielerische Begabung sich schon damals zu erkennen gab, musste uns die Szene immer wieder vorlesen, besonders oft jene Passage, wo der Sprecher der Menge eine Republik verlangt. Der revolutionäre Elan der Menge wird auf unnachahmliche Weise ins Lächerliche gezogen, womit Thomas Manns eigener Konservativismus vermutlich zur Geltung kam, der ein Jahrzehnt später zur Entzweiung der Brüder Heinrich und Thomas führte.

Die Schlüters waren eine alte Hamburger Familie und hatten lange zu den Honoratioren der Stadt gehört, waren Konsuln und Senatoren der Freien und Hansestadt gewesen. So konnte mein Freund, lange bevor er Schauspieler wurde, die Sprachmelodie des Plattdeutschen unvergleichlich wiedergeben. Auch Episoden um Christian sowie Tony und ihre beiden Ehemänner Grünlich und Permaneder las er virtuos.

Aber dass Thomas Mann, dieser humoristische Melancholiker, der deutsche Erzähler des Jahrhunderts war, das habe ich damals nicht gesehen, und ich begriff erst später die Vollkommenheit der »Buddenbrooks« als Kunstwerk. Heute stehen Thomas Manns »Buddenbrooks« für mich zwischen Theodor Fontanes »Stechlin« und Hermann Brochs »Pasenow oder die Romantik«, Dokumente jener wenigen Jahrzehnte, in denen der deutsche Roman Weltrang gewann. Vorher bleibt er im Provinziellen gefangen, auch in Wilhelm Raabes liebenswürdigen Büchern, die man neben französischen und russischen Erzählungen gar nicht nennen darf. Nach Thomas Mann bricht etwas Neues in das deutsche Erzählen ein, sei es nun die »Neue Sachlichkeit« von Jakob Wassermann oder der »Expressionismus« von Alfred Döblin.

Der »Zauberberg«, den ich erst nach meiner Rückkehr aus der Gefangenschaft las, schlug mich dagegen sofort in seinen Bann und hat für mich bis heute von dieser Faszination nichts eingebüsst. Inzwischen war meine Leidenschaft für Hofmannsthal, George und Rilke geringer geworden, und Thomas Mann war mir der Autor der Epoche. Dass gerade er der erste Autor sein sollte, von dem ich einen Brief in den Händen hatte, konnte ich kaum fassen. Ich weiss noch, wie ich den Brief Thomas Manns immer wieder las und an seinen handschriftlichen Korrekturen herauszufinden suchte, was er wohl ursprünglich hatte sagen wollen, dann aber verworfen hatte. Sogar den Briefumschlag hatte er in seiner ein wenig greisenhaften Handschrift selber beschriftet, was mich rührte. Wenig später schickte Thomas Mann mir seine autobiographische Skizze »Meine Zeit« – in der Widmung hatte er geschrieben, dass ich dieses Buch als Zeichen nehmen solle, »dass ich dem ›veralteten Humanismus‹ die Treue halte« –, und auch da hatte er den Karton des Umschlags selber beschrieben. In Gedanken sah ich Thomas Mann, wie er an seinem Schreibtisch in Pacific Palisades sass und sich die Mühe machte, einen Umschlag zu nehmen, der gross genug war, um das bei S. Fischer erschienene Buch zu fassen. Es sind solche Kleinigkeiten, die

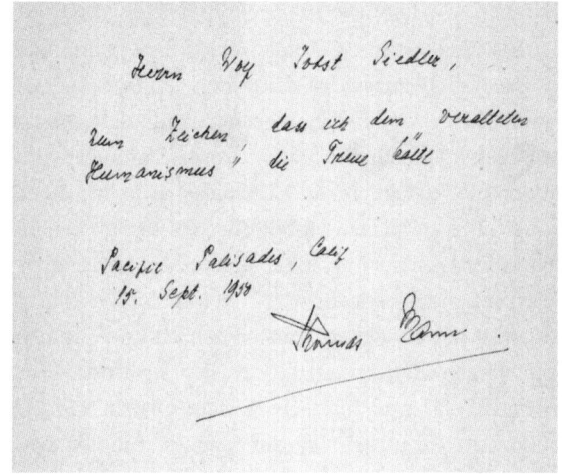

Handschriftliche Briefe und Widmungen in seinen Büchern machten auf den Vierundzwanzigjährigen grossen Eindruck.

ans Herz gehen, und vermutlich hat diese Begebenheit meine Anhänglichkeit an Thomas Mann noch gesteigert.

Jedenfalls stand es von nun an für mich fest, dass ich Thomas Mann sehen und nach Möglichkeit sprechen müsste, so schwer sich das auch in jenen Nachkriegsjahren bewerkstelligen liess. Man brauchte ja ein Visum für die Schweiz und Österreich und benötigte Devisen, die damals kaum erschwinglich waren. Aber Imkes Vater steuerte zweihundert Mark bei, für uns damals ein immenser Betrag, und so machten Imke und ich uns eines Tages mit unserem altersschwachen Wagen auf, Thomas Mann in der Schweiz zu treffen, wo er sich erst in Zürich und dann in Luzern einige Tage aufhalten würde. Aber als wir nach allen möglichen Schwierigkeiten in Luzern anlangten, war Thomas Mann nach kurzem Aufenthalt schon weitergereist und befand sich nun, wie die »Neue Zürcher« meldete, in Bad Gastein, wo er aus seiner gerade entstehenden Fortsetzung der »Bekenntnisse des Hochstaplers Felix Krull« lesen werde.

Diese erste gemeinsame Reise von Imke und mir ist uns auch der Begegnung mit Schweizer und österreichischen Kurorten wegen in Erinnerung. Die Hotelpaläste strahlten im Glanz der alten Zeit, der untergegangenen bürgerlichen Welt. Aus den Trümmern Berlins kommend, sahen wir fassungslos den Reichtum und den Luxus. Der

Anblick der vom Krieg unberührten Orte Luzern, Salzburg und Bad Gastein führte uns das Ausmass der deutschen Katastrophe vor Augen. Imke stand stumm vor den Schaufenstern und sah staunend die Auslagen mit all den Dingen, die man in Deutschland nur vom Hörensagen her kannte. Besonders ein Hotelpalast steht mir noch vor Augen, wo die Gäste an kleinen Marmortischen sassen, die auf das Trottoir gerückt waren. Zwei Engländer sind mir im Gedächtnis, die mit ihren Schnurrbärten wie britische Kolonialoffiziere aussahen. Sie sassen an ihren Tischchen, spielten Schach und nahmen von den Vorbeischlendernden keinerlei Notiz. Ich sehe noch ihre schmalen Oberlippenbärte und ihre scharfgeschnittenen, wie gegerbten Physiognomien, die für jahrelangen Aufenthalt in den Tropen sprachen. Sie verzehrten nichts, kein Glas Champagner, keinen schottischen Whisky, nur eine Tasse Tee, ganz in ihre Schachzüge vergraben.

Der Anblick deprimierte uns geradezu. Wie lässig bewegten sich die Engländer im Ausland, wie wenig herausfordernd. Unser Bild der Deutschen war von den Eindrücken in Berlin geprägt und von den Bildern deutscher Untaten, die immer wieder in den Wochenschauen und den Zeitungen vor Augen geführt wurden – von auftrumpfenden deutschen »Siegern« auf den Champs-Élysées oder Besiegten auf dem Kurfürstendamm, die sich nach den Kippen beugten, die von den »Amis« weggeworfen worden waren. Wahrscheinlich war das eine so ungerecht wie das andere, und später erzählte mir Gerhard Heller, mein »Scout« als Verleger des Propyläen Verlages, wie er in Paris als Offizier der »Propagandastaffel« der deutschen Militärregierung Dienst getan hatte. In vielerlei Einzelheiten schilderte mir Heller, wie die jungen deutschen Offiziere von der Pariser Gesellschaft umworben waren: »Wir konnten uns vor Einladungen in die Salons der Aristokratie und der Bourgoisie nicht retten.« Der Sieg macht attraktiv und die Niederlage verächtlich. Das muss man immer im Auge haben, obwohl im deutschen Fall das moralische Debakel zum militärischen Desaster hinzukam.

Obwohl unsere Schweizer Franken und österreichischen Schillinge inzwischen zu Ende gingen, hatten wir es doch fertig gebracht, Thomas Mann nach Bad Gastein nachzureisen. Aber wie sollten wir zu Karten für die Lesung kommen? Der Saal war natürlich längst ausverkauft, und die Chancen schienen gering, noch Eintrittskarten zu bekommen. Aber die Handschrift Thomas Manns wirkte Wunder. Ich hatte sicherheitshalber den Umschlag seines letzten Briefes mit auf die Reise genommen, und das wurde tatsächlich als Billettersatz genommen. Zwei Stühle wurden ziemlich weit hinten in den Saal gestellt, so dass wir das Profil Thomas Manns nur undeutlich erkennen konnten.

Thomas Mann war stets der beste Interpret seiner Werke, und er liebte es, aus gerade entstehenden Manuskripten vorzulesen; oft las er Katia, Klaus und Erika und manchmal auch Golo noch am Abend das am Vormittag Geschriebene vor. Von der frühesten Jugend bis zum späten Alter trug er seine Dichtungen nicht nur seiner Familie, sondern auch Freunden und sogar zufälligen Gästen vor, vielleicht zur Erprobung ihrer Wirkung. Sehr früh spielten solche »Lesereisen« auch eine finanzielle Rolle und besserten die Familienkasse auf. Thomas Mann war schon vor dem Ersten Weltkrieg so berühmt – obwohl der »Zauberberg« doch gerade erst im Entstehen war –, dass er überall die Säle füllte, in Winterthur wie in Wien, in Budapest und Stockholm. Allmählich waren seine Honorarforderungen so gross, dass der Ertrag dieser Lesungen die Familie über Wochen und sogar Monate hinüberrettete.

Vor allem während der Inflation nach dem Ersten Weltkrieg verlegte er diese Reisen ins Ausland, und dann notierte er im Tagebuch detailliert, was ihm an Schweizer Franken, holländischen Gulden oder schwedischen Kronen in einer Zeit zugeflossen war, als die Reichsmark wenig galt. Ich habe später viele Autoren lesen gehört, von Brecht und Benn über Doderer bis zu Böll und Grass, aber Thomas Manns Virtuosität war unvergleichlich. Kein Schauspieler kam gegen ihn an, selbst Gerd Westphal nicht, dessen Stimme von fern doch an die Thomas Manns erinnerte und der zahlreiche Werke Thomas

Manns für das Radio und auf Schallplatten gelesen hat, selbst den vierbändigen Roman »Joseph und seine Brüder«.

Damals in Bad Gastein las Thomas Mann aus dem Manuskript der gerade entstehenden Fortsetzung des »Felix Krull«. Er machte nicht ohne Eitelkeit das Publikum darauf aufmerksam, wie ungewöhnlich es sei, dass er ein Fragment wieder aufgegriffen hatte, das er noch vor dem Ersten Weltkrieg begonnen und dann zugunsten des »Tod in Venedig« abgebrochen habe. »Ich habe tatsächlich«, eröffnete er seine Lesung, »den Faden dort aufgenommen, wo ich ihn vor vielen Jahrzehnten fallengelassen habe. Die Tinte auf dem Geschriebenen«, dabei deutete er auf das auf seinem Pult liegende Manuskript, »ist sozusagen noch nicht trocken. Das mag für Sie ein zusätzlicher Reiz sein.« Das Publikum quittierte diese kokette Eröffnung mit Applaus, und der Dichter hinter seinem Lesepult verbeugte sich leicht.

Tatsächlich schlug Thomas Mann die Hörer ganz und gar in seinen Bann. Nichts unterbrach die andächtige Stille. Bei keiner anderen Dichterlesung habe ich je etwas Derartiges wieder erlebt. Das leichte Vibrieren seiner modulationsreichen Stimme, die doch unverkennbar die eines alten Herrn war, verstärkte die Wirkung noch. Nach der Lesung erhob er sich, um mit altmodischer, fast übertriebener Verneigung dem Publikum zu danken. Die Ovationen nahmen wohl zwanzig Minuten in Anspruch, bis er mit einer letzten Verbeugung im Künstlerzimmer verschwand. Auch hier wirkte die Handschrift Thomas Manns auf die Saalwächter Wunder. Nur zwei oder drei Verehrer wurden zugelassen, obwohl eine ganze Traube von Wartenden vor der Tür stand. Imke und ich aber wurden, nachdem man offensichtlich Rücksprache genommen hatte, zur Familie gebeten.

Das ist jetzt mehr als fünf Jahrzehnte her, aber noch immer sehe ich die sehr aufrechte, fast hagere Gestalt Thomas Manns vor mir, korrekt in einen Zweireiher mit Weste gekleidet. Katia beschützte ihn, und vor allem Erika stand ihrem Vater zur Seite. Immer wieder fiel sie nicht nur mir, sondern auch ihrem Vater ins Wort, so dass ich auf meine vorsichtig geäusserten Fragen fast nur Antworten seiner Tochter erhielt. »Ja, natürlich, es ist ja ungewöhnlich, dass man als

Ich begleitete die Familie nach der Lesung nach draussen. Jetzt sahen sie sehr bürgerlich aus, ein nobler alter Herr, seine Ehefrau Katia und die Tochter Erika, von der alles Exaltierte abgefallen war. Eine eher unauffällige Familie, in der niemand einen der grossen Autoren des 20. Jahrhunderts gesehen hätte.

Siebzigjähriger eine Erzählung fortführt, die man als Dreissigjähriger begonnen hat. Das ist aber auch die Schwierigkeit«, sagte sie, fast als handele es sich um ihr eigenes Werk, »eine Arbeit fortzuführen, die in ganz anderer innerer und äusserer Situation begonnen wurde. Damals war für uns« – sie sagte tatsächlich: uns – »die Künstler-Bürger-Problematik wichtig. Jetzt im Alter ist uns das natürlich ferngerückt.« Es sei das eigentliche Problem gewesen, den Stoff auf eine neue Ebene zu heben.

So zog sich das Gespräch wohl eine halbe Stunde hin, Katia sagte kaum etwas, Thomas Mann vergleichsweise wenig. Erika redete die ganze Zeit, den Vater gelegentlich unterbrechend, wenn er einmal zur Beantwortung einer Frage angesetzt hatte. Das irritierte mich, obwohl es deutlich war, dass Erika nur aus Fürsorge ihrem Vater die Mühsal einer Antwort abnehmen wollte, nicht aus eigener Geltungssucht. Sie hatte in den letzten Jahren die Schauspielerei wie die

Schriftstellerei aufgegeben und stand ganz im Dienste des Vaters, nachdem sie als Kriegskorrespondentin in London noch einmal eine eigene Rolle gespielt hatte. Diese Begegnung hinterliess einen Eindruck, der mich mein ganzes Leben begleiten sollte. Die Gestalt des patrizierhaften Dichters in seinem altmodischen, etwas gravitätischen Habitus verkörperte das ganze 19. Jahrhundert in seiner Würde und in seiner Gestrigkeit. Solche Dichterfiguren werden nicht wiederkommen, weder ein Gerhart Hauptmann noch ein Thomas Mann. Die heutige Generation, ob Thomas Bernhard, Botho Strauß oder Peter Handke, steht für eine andere Welt, ihr Werk ist wichtig und nicht ihre Gestalt.

Das 19. Jahrhundert hat viele grosse Männer der Literatur hervorgebracht, und Thomas Mann liebte es, vom »Geschlecht der Riesen« zu sprechen, vielleicht in der zweifelnden Hoffnung, eines Tages selber dazuzugehören, zu all den Balzacs, Tolstois und Dostojewskis bis hin zu dem lebenslang geliebten Richard Wagner. Aber Thomas Mann war wohl eher ein Nachzügler denn ein Vorläufer, was er selber deutlich empfand und oft betonte. Von den Zeitgenossen liess er offensichtlich nur Knut Hamsun gelten, dessen episches Erzählen ihm ein Muster war, wobei er den unüberhörbaren Affront Hamsuns gegen alles Intellektuelle mit nachsichtiger Überlegenheit übersah. So war Thomas Mann; er verehrte Gerhart Hauptmann und Knut Hamsun, und sie waren für ihn seine »Pairs«, aber ganz ernst nahm er sie denn doch nicht. Er hatte das deutliche Empfinden, dass beide an erzählerischem Genie und Erfindungskraft über ihn hinausgingen, was ihn nicht hinderte, sie ironisch zu betrachten.

Wie mag er sich selber gesehen haben? Sonderbarerweise wollte er zu den grossen Engländern und Franzosen seiner Epoche gezählt werden, obwohl er doch sein Leben lang nicht viel mit ihnen hatte anfangen können, zu Marcel Proust und James Joyce. In den Tagebüchern spricht er gelegentlich von den deutschen Autoren, die im Gegensatz zu ihm aus der Emigration nach dem Kriege nach Ost-Berlin zurückgekehrt waren, von Arnold Zweig und Anna Seghers.

Er preist beide, aber man wird den Verdacht nicht los, dass er damit mehr ihre Unbedingtheit in der Ablehnung des Hitler-Regimes meint als ihr literarisches Werk. Natürlich lobt er »Das Beil von Wandsbek« von Arnold Zweig nach Kräften, aber im Grunde weiss er wenig mit dem Roman anzufangen, und seine Anerkennung von Anna Seghers' »Die Toten bleiben jung« ist geradezu beleidigend freundlich. Sie waren seine Gefährten im Exil, aber ganz ernst nahm er ihr Werk offensichtlich nicht. Sein eigenes Erzählen, sagte er gelegentlich, sei eben doch mehr vom Schlage eines Proust und eines Joyce.

Selbst seinem Bruder Heinrich galt eine eher respektvolle als bewundernde Anerkennung, und wenn er zu den beiden letzten Romanen »Der Atem« und »Empfang bei der Welt« etwas sagen musste, so sprach er von ihrem »Greisenavantgardismus«. Hat ihn der naive Enthusiasmus seines Bruders irritiert, der in Gestalt des guten Königs »Henri Quatre« unverkennbar Stalin feierte, der ihm gelegentlich »eine Verheissung der Güte und Milde« für sein Jahrhundert war? Aber Thomas Mann selber war auch der Gefahr erlegen, im historischen Gewand sein Wort zur gegenwärtigen Erscheinung von Grösse zu sagen. Der Pharao der beiden letzten Bände des »Joseph«, die schon im Exil geschrieben wurden, war ihm der »Ernährer«. Es ist unübersehbar, dass er dabei den amerikanischen Präsidenten Roosevelt im Auge hatte, den aristokratischen Volksbeglücker des »New Deal«. In dessen Land hatte er Zuflucht gefunden. Die Roosevelts hatten ihm sogar die ungewöhnliche Ehre eines privaten Dinners im Weissen Haus erwiesen.

Vielleicht war Thomas Manns Selbstzweifel, der in den Tagebüchern der letzten Jahre so deutlich wird, tatsächlich berechtigt. Hatte er sein Bestes nicht immer im Aufgreifen von Vorgefundenem gegeben, in der Geschichte der eigenen Familie in den »Buddenbrooks«, im »Zauberberg« die Erfahrungen Katias und eigene Beobachtungen im Sanatorium sowie im »Joseph«, der die biblische Geschichte nacherzählt, die ihm die Mutter oft genug vorgelesen hatte? War alles, was später kam, der Goethe-Roman »Lotte in Weimar«, der geniale Fehlschlag des »Doktor Faustus«, der fortgesponnene Jugendstreich des

»Krull« und die peinliche Bagatelle der »Betrogenen« nicht ein Aus-klang und Abgesang, zu dem Thomas Mann selber in deprimierten Momenten sagte, sie seien im Grunde seiner »unwürdig«?

Aber wider Erwarten wurden die »Bekenntnisse des Hochstaplers Felix Krull«, die er so missmutig zu Ende geschrieben hatte, 1954 sein letzter grosser Erfolg. Er hatte sich ungern daran gemacht, war während der Arbeit immer wieder von Zweifeln geplagt gewesen, ob das nicht etwas Unernstes, ein höherer Jux sei, den man sich in seinem Alter eigentlich nicht leisten dürfe. Er weigerte sich denn auch strikt, die Geschichte des »Krull« in einem abschliessenden Band weiterzu-erzählen, so stürmisch sein Verlag und die Leser das auch von ihm verlangten. Zu seiner Verblüffung flossen die Tantiemen so reichlich, dass er sich davon sein letztes Haus in Kilchberg kaufen konnte.

War diese Erlahmung seiner »Schöpferkraft«, die er im Tagebuch mitunter konstatierte, eine Sache des Alters? Er war eben doch in-zwischen siebzig Jahre alt geworden und ging am Ende auf die acht-zig zu. Oder war das eine Bestätigung des Satzes von Ernst Jünger, dass sich in ein »schwächeres Element« begibt, wer in die Emigration geht? Brauchte Thomas Mann das Vertraute, das Heimatliche, um ganz er selber zu sein? Sein Werk wäre dann doch an den deutschen Boden gebunden gewesen, an Lübeck und an München, und auch an den Kontakt mit seinen deutschen Lesern. Mit dem Weg Thomas Manns nach draussen war vielleicht sein eigentliches dichterisches Werk zu Ende gegangen. An seinem siebzigsten Geburtstag fragte er sich in seinem Tagebuch, ob er nicht mit den »Buddenbrooks«, dem »Zauberberg« und dem »Joseph« das ihm Mögliche gesagt habe. »Ich glaube«, heisst es in einer bewegenden Selbstreflexion, »dass der Josephroman doch wohl das Höchste, mir Erreichbare darstellt.« Den »Faustus« hatte er immer wieder sein Schmerzensbuch ge-nannt, und es ist der einzige Band, dem er ein eigenes Buch, die »Entstehung des Doktor Faustus«, hinterhergeschickt hat. Aber in verschwiegenen Momenten scheint er den »Faustus« eben doch als Nachklang empfunden zu haben. Das Beste seiner Produktivität war sein kritischer Sinn. Er sollte ihn bis ans Ende nicht verlassen.

Aussenseiter im Mittelpunkt

Mein Verhältnis zu den Büchern der fünfziger Jahre, die alle Welt so erregten, dass sie die Feuilletonseiten beherrschten, blieb kühl und skeptisch. Mir schien es damals und scheint es heute noch so, als wenn die Botschaft der Gruppe 47 auf literarisch-konventionelle Weise vermittelt wurde. Mein alter Freund Hans Schwab-Felisch hatte in den frühen fünfziger Jahren Heinrich Böll gelegentlich in den Falkenried mitgebracht. Seit dieser Zeit standen wir auf bestem Fusse miteinander, sodass ich später sein Gesamtwerk im Ullstein Taschenbuchverlag herausbrachte. Aber ich hielt mich mit jeder Äusserung über sein Werk zurück. So ging es mir auch mit Günter Grass, den ich in der Hochschule für Bildende Künste kennenlernte, wo er mit druckgraphischen Techniken beschäftigt war. Er veröffentlichte 1956 den Gedichtband »Die Vorzüge der Windhühner«, der die Literaturkritik auf ihn aufmerksam machte, bevor ein paar Jahre später das Geniestück »Die Blechtrommel« erschien.

Unter dem Eindruck der späten Gedichte von Gottfried Benn und den frühen Versen von Bertolt Brecht – die in jenem Propyläen Verlag erschienen waren, den ich sehr bald leiten sollte – waren mir Bölls erste Bücher »Wanderer, kommst Du nach Spa ...« und »Wo warst du, Adam?« nicht wirklich wichtig. Ich hätte jedenfalls niemals vorausgesehen, dass Böll und Grass die einzigen deutschen Nobelpreisträger der Nachkriegszeit werden würden. Böll spielte für mich neben den grossen Romanciers vom Beginn des 20. Jahrhundert keine grosse Rolle. Und ich war nicht überrascht, als mir Lew Kopelew erzählte, Alexander Solschenizyn sei es ebenso ergangen.

Der junge Uwe Johnson, dessen Erstling »Mutmaßungen über Jakob« ich enthusiastisch besprochen hatte, in seiner Berliner Wohnung. Wir blieben Jahrzehnte freundschaftlich verbunden.

Moskauer Freunde hatten berichtet, dass Kopelew bei seiner Ausreise aus der Sowjetunion 1980 in seinem Gepäck das Manuskript eines Romans bei sich habe, der in der Sowjetunion nicht habe veröffentlicht werden können und den Kopelew dann mir für den Severin und Siedler Verlag gab: »Ein Dichter kam vom Rhein. Heinrich Heines Leben und Leiden«.

Solschenizyn war in den ersten Wochen seiner erzwungenen Emigration von Böll in seinem Sommerhaus in der Eifel untergebracht worden. Die beiden so ungleichen Freunde waren zusammen stundenlang in den Wäldern spazierengegangen. Aber Solschenizyn, sagte Kopelew, sei niemals bereit gewesen, über die Bücher seines Gastgebers zu sprechen. Seine Dankbarkeit und seine Freundschaft galten wohl ausschliesslich dem Menschen Böll, der sein Prestige nutzte, um Konterbande in den Westen zu schmuggeln, darunter wohl auch manche geheime Botschaften von Solschenizyn. Der Autor Böll scheint Solschenizyn dagegen immer fremd geblieben zu sein; er wich Fragen nach Bölls literarischem Rang aus.

Bin ich durch die Verleihung der Nobelpreise an Böll 1972 und Grass 1999 in meiner Einschätzung ihres literarischen Ranges widerlegt worden? In dieser Frage bin ich zurückhaltend. Was bedeuten Bölls »Billard um halbzehn« und die Bücher von Grass, die nach der »Blechtrommel« kamen, im Gang der deutschen Literatur des 20. Jahrhunderts? Ich will nicht rechthaberisch sein. Vielleicht hatte ich mich aus der deutschen Gegenwartsliteratur, wie mein Vater in den dreissiger Jahren von der Literatur zu sagen pflegte, »herausgelesen«. Aber ich stelle mir die Frage, welchen Platz ganz allgemein das deutsche Schreiben der Nachkriegszeit, sein moralischer Impetus und seine gesellschaftskritische Energie beiseite gelassen, neben dem amerikanischen Aufbruch der zwanziger Jahre einnehmen wird? Nur Uwe Johnson, von seinem ersten Buch »Mutmaßungen über Jakob« bis zu dem von niemandem mehr erwarteten vierten Band seiner »Jahrestage«, zählte für mich wirklich. Den gerade Fünfundzwanzigjährigen, der 1959 aus Mecklenburg nach West-Berlin gekommen war – aber darauf bestand, kein politischer Flüchtling zu sein –, begrüsste ich 1959 im »Tagesspiegel« als den wichtigsten deutschen Autor seit dem Kriege:

Unsere Literatur krankt vielleicht an allem Möglichen, gewiss aber nicht an irgendeinem Eskapismus. Sie ist weit über das zuträgliche Mass hinaus mit Ideen, Auseinandersetzungen, Plädoyers befrachtet. Kein besserer Kriegsroman lässt seine Soldaten nicht im Unterstand über Tyrannei und Freiheit diskutieren, kein Zeitbuch, in dem man nicht nächtlicherweise in Bars über »Lobbyismus«, »pressure groups« und das »Wirtschaftswunder« räsoniert. Unsere Autoren leben weiss Gott nicht in einem elfenbeinernen Turm, sie sind überpolitisiert in einem Maße, das auch ihre besten Bücher ruiniert. Das erste Buch nun, das all das – die grossen Worte, Gespräche, Fragen – mit einer ruhigen entschiedenen Gelassenheit beiseite schiebt, ist das einzige Buch, in dem die Wirklichkeit dieses unseres zweigeteilten Deutschlands jenseits aller Polemik oder Apologie literarischen Ausdruck gefunden hat.

Seit den fünfziger Jahren traf ich Uwe Johnson immer wieder. Oft war ich bei ihm in der Niedstrasse in Berlin-Friedenau, wo mich seine damalige Frau mit Königsberger Klopsen traktierte, die von der Konsistenz einer preussischen Kanonenkugel waren. Dann sah ich ihn mehrmals in New York, wo er seine »Jahrestage« zu Ende schrieb, was niemand mehr erwartet hatte, denn er war physisch und psychisch schwer angeschlagen. Damals wohnte er in New York meist bei Hannah Arendt, die sich mütterlich um ihn kümmerte. Man musste sehr früh am Riverside Drive sein, um einen gemeinsamen Vormittag zu erleben, denn schon gegen Mittag zog er sich zurück, von einer ganzen Batterie von Bierflaschen erschöpft. Aber 1983 erschien der letzte Band der »Jahrestage«, und er brachte den Höhepunkt eines Romanwerkes, das die deutsche Literatur der Nachkriegszeit rehabilitierte.

Aber im allgemeinen stand ich quer zu den Büchern meiner Zeit. Die jungen deutschen Lyriker von Günter Eich über Ilse Aichinger bis zu Ingeborg Bachmann beeindruckten mich nicht wirklich, denn ich war ganz und gar im Bann der Autoren der zwanziger Jahre, Gottfried Benn und Bertolt Brecht. Jedes Jahr erschienen neue Bücher der sogenannten Trümmerliteratur. Ich aber hielt Musil, Broch und Thomas Mann die Treue. Selbst Manns Schwanengesang »Der Erwählte«, von der Kritik nicht sonderlich geschätzt, in meinem »Monat« von dessen Chefredakteur Helmut Jaesrich geradezu verrissen, erneuerte meine alte Liebe. Es muss mich bestochen haben, dass der Autor des angestrengt-überfrachteten »Doktor Faustus« ein so ironisches Kunststück zustande gebracht hatte. Thomas Mann spielt hier mit mittelalterlichen Überlieferungen und einer höchst modernen Parodie der alten Legende, und doch bleibt unklar, ob er dieses Spiel mit der Gnade nicht im Grunde doch ganz ernst nimmt.

Aus dieser ironischen Nacherzählung der mittelalterlichen Legende vom sündigen Papst Gregor ging ein Dialog in unseren festen Sprachschatz ein. Der Abt irritierte die Mönche seines Klosters mit seinem Wissen selbst von Ausgefallenem immer aufs Neue: »Ja, ja, meine Kenntnisse, die sind erstaunlich.« Das liebte auch ich bald zu sagen, wenn ich meine Freunde mit reichlich Weithergeholtem verblüffte. Aber die Geschichte von der heiklen Geschwisterliebe amüsierte uns sehr. Der sündige Bruder wird nächtlicherweise von seiner Schwester anfangs zurückgewiesen, »weil meine Knie partout beieinanderbleiben wollen«. Das war eine Wiederaufnahme eines Themas, das Thomas Mann sehr beschäftigt zu haben scheint, von der Erzählung »Wälsungenblut« von 1921 bis zu dem artistischen Bravourstück des »Erwählten« von 1951. Dazu fügte sich, dass auch in der eigenen Familie dergleichen Verlockungen nicht fremd gewesen zu sein schienen. Seinen Kindern Klaus und Erika sagte man, wahrscheinlich fälschlicherweise, ein inzestuöses Verhältnis nach, seit sie auf ihrer gemeinsamen Amerikareise in New York die Weltpresse zusammen im Bett empfangen hatten, um ein Interview zu geben. Derart zweideutige Verhältnisse gibt es im Werk wie in der Familie der Manns mehrfach.

Das waren Jahre, in denen Martin Walsers Erstlingsroman »Ehen in Philippsburg« Aufsehen erregte, und wenig später kamen Wolfgang Koeppens »Tauben im Gras« und »Der Tod in Rom«, mit denen der Autor eine verheissungsvolle Karriere zu eröffnen schien. Aber für mich zählten sie wenig neben den Autoren der zwanziger Jahre, die vor dem Dritten Reich in die Schweiz und nach Amerika ausgewichen waren, Robert Musil, Hermann Broch und Elias Canetti. Musils »Mann ohne Eigenschaften«, Brochs »Tod des Vergil« und Canettis »Die Blendung« waren mir bedeutender als alles, was in den fünfziger Jahren geschrieben wurde. Neulich habe ich noch einmal den »Tod des Vergil« gelesen, und wieder hat mich der Rhythmus des ersten Satzes, der fast die ganze erste Seite füllt, in seinem Wiegen in seinen Bann gezogen. Die Sprache scheint die Dünung des Mittelmeeres wiederzugeben:

Stahlblau und leicht, bewegt von einem leisen, kaum merklichen Gegenwind, waren die Wellen des adriatischen Meeres dem kaiserlichen Geschwader entgegengeströmt, als dieses, die mählich anrückenden Flachhügel der calabrischen Küste zur Linken dem Hafen Brundisium sanft überglänzt von der Nähe menschlichen Seins und Hausens, sich mit vielerlei Schiffen bevölkerten, mit solchen, die gleicherweise dem Hafen zustrebten, mit solchen, die aus ihm ausgelaufen waren, jetzt, da die braunsegeligen Fischerboote bereits überall die kleinen Schutzmolen all der vielen Dörfer und Ansiedlungen längs der weißbespülten Ufer verließen, um zum abendlichen Fang auszuziehen, da war das Wasser beinahe spiegelglatt geworden, perlmuttern war darüber die Muschel des Himmels geöffnet, es wurde Abend, und man roch das Holzfeuer der Herdstätten, so oft die Töne des Lebens, ein Hämmern oder ein Ruf von dort hergeweht und herangetragen wurden.

Wie wollten Hans Werner Richter, Hans Erich Nossack und Alfred Andersch dagegen bestehen? Von der Literatur der fünfziger Jahre waren für mich ganz andere Autoren und Werke wichtig: Heimito von Doderers »Strudlhofstiege«, Martina Wieds »Geschichte des reichen Jünglings«, Gregor von Rezzoris »Ödipus siegt bei Stalingrad«, Albert Vigoleis Thelens »Insel des zweiten Gesichts« und die »Blendung« von Elias Canetti, den ich damals mitunter im Atelier von Alfred Hrdlicka in Wien traf.

Sehr viel später schrieb Hans Mayer, einer der Wortführer der Gruppe 47, zwei Bücher für mich, die eine Bilanz der Nachkriegsliteratur zu geben suchten, »Die umerzogene Literatur« und »Die unerwünschte Literatur«. Sie erschienen 1988 im Siedler Verlag. Hans Mayer, der inzwischen aus Leipzig nach Tübingen übersiedelt war, meldete die Fertigstellung jedes Kapitels brieflich und erwartete, dass ich jedes Kapitel selber in Empfang nehme. Das bedeutete, dass ich jedesmal von Berlin nach Stuttgart fliegen musste, wo ich dann einen Mietwagen nahm, um die paar Dutzend Kilometer nach Tübingen

Eine Tagung der Gruppe 47: Erich Fried, Siegfried Unseld, Peter Weiss, Joachim Kaiser, Reinhard Baumgart, Peter Szondi, Ivan Nagel, Uwe Johnson, Peter Rühmkorf, Hellmuth Karasek.

zu fahren. Dann gingen wir ins Museum, das legendäre Honoratioren- und Intellektuellen-Restaurant der kleinen Universitätsstadt und tafelten ausgiebig. Aber es gelang mir nicht, Hans Mayer zu überreden, die Namen meiner Favoriten auch nur zu erwähnen. Ernst Jünger war für ihn eben ein alter Nationalist und blieb ihm tief unsympathisch. Heimito von Doderer verübelte er, dass er im Zweiten Weltkrieg Soldat gewesen war und wohl auch der NSDAP angehört hatte. Darüber kam er nicht hinweg, und ich hatte das Gefühl, dass Mayer sich gar keine Mühe gab, Jüngers »Strahlungen« oder Doderers »Strudlhofstiege« zu lesen.

Der wichtigste Roman dieser Jahrzehnte war für Hans Mayer die »Geschichte der Empfindlichkeit« von Hubert Fichte, die nicht zu Ende geschrieben worden ist, ein unvollendetes und wohl auch nicht vollendbares Romanwerk, auf hundert Bände angelegt, die erst geschlossen veröffentlicht werden sollten, nachdem der Zyklus komplett wäre. Aber Fichte verstarb 1986 im Alter von fünfzig Jahren, es soll auch heute noch Berge von unveröffentlichten Manuskripten in seinem Nachlass geben. Bis sie publiziert worden sind, muss man ein Urteil wohl der Nachwelt überlassen. Ich jedenfalls habe mit Hubert Fichte niemals viel anfangen können.

Jedenfalls bin ich an den meisten Büchern, die in aller Munde waren, vorbeigegangen. Deshalb nahm ich auch nur zweimal an Tagungen der Gruppe 47 teil. Aber das fand ein abruptes Ende, als ich die Reso-

lution der Gruppe 47 zur Spiegel-Affäre 1962, die, herausfordernd als
»Manifest« präsentiert, die Aufmerksamkeit der Öffentlichkeit verlangte, als weltfremd kritisierte. Zudem bemerkte ich süffisant, dass
die Gruppe 47 in »schlechtem, aber getragenem Deutsch« formuliert
habe. Die Resolution zeige, dass die Autoren der Gruppe 47 nicht
wüssten, wovon sie reden. Die Begriffe Hochverrat, Landesverrat,
Geheimnisverrat verwende sie austauschbar. Das unterscheide eben
die Spiegel-Affäre von der Weltbühnen-Affäre. Die deutschen Autoren disqualifizierten sich selber, wenn sie Geheimnisverrat eine
moralische Verpflichtung deutscher Schriftsteller nannten. Weiter
schrieb ich:

Die Unterrichtung der Öffentlichkeit über sogenannte militärische Geheimnisse sei eine sittliche Pflicht, die alle Schriftsteller jederzeit erfüllen müssten. Dies erfüllt, um juristisch zu
sprechen, den Tatbestand einer Aufforderung zu Staatsgeheim-
nis- und Landesverrat. Gegen die Unterzeichner dieses Aufrufs
könnte schon heute die Staatsanwaltschaft aufgrund der Paragraphen 48, 49a, 100 und 101 des Strafgesetzbuches vorgehen, das
in diesen Fällen Zuchthausstrafen vorsieht, wenn sich, wie denkbar und wünschbar, herausstellen sollte, dass sich der »Spiegel«
keines Landesverrats für schuldig gemacht hat – die »Gruppe 47«
hat sich auf jeden Fall der Anstiftung zum »Staatsgeheimnisver-
rat« schuldig gemacht. Es wird aber niemand gegen Andersch,
Enzensberger, Johnson, Kuby, Richter, Ledig-Rowohlt, Trökes,
Unseld und Walser vorgehen. Das ist die vernichtendste Antwort
an die Intellektuellen: Der Staat nimmt sie gar nicht mehr ernst.
Der »Spiegel« setzt alles daran, den Vorwurf des Landesverrats, der
landesverräterischen Fälschung und der aktiven Bestechung als
ganz und gar unbegründet von sich zu weisen. Die »Gruppe 47«
erklärt sich mit Augstein »solidarisch«, weil Geheimnisverrat zur
Sicherung des Friedens sittliche Pflicht sei. Dies ist die sonder-
barste Schützenhilfe, die einem Angeklagten je zuteil geworden
ist. Die deutschen Intellektuellen, an deren geistiger und politi-

scher Funktion innerhalb der Gesellschaft und der staatlichen Ordnung wir mit verzweifeltem Beharren festhalten, manövrieren sich aus der moralisch-politischen Verantwortung für dieses Gemeinwesen heraus. Solche Resolutionen sind strafbar – oder lächerlich.

In der aufgeheizten Situation nach der Verhaftung Rudolf Augsteins und der Durchsuchung der Spiegel-Redaktion erregte dieser ironische Kommentar Entsetzen in der Gruppe 47. Hans Schwab-Felisch erhielt den formellen Auftrag, mir mitzuteilen, dass meine Teilnahme an künftigen Tagungen der Gruppe 47 unerwünscht sei. Meine freundschaftlichen Beziehungen mit Heinrich Böll waren ernsthaft beschädigt, und es brauchte zwei oder drei Jahre, bis wir zum alten Umgangston zurückfanden. Nur Uwe Johnson distanzierte sich sehr bald von der aufgebrachten Stimmung und lud mich demonstrativ zum Essen in seine Wohnung in der Niedstrasse ein. Im Grunde, sagte Johnson, der seine Unterschrift unter die Resolution wohl schon bedauerte, sei er ganz meiner Meinung. Besorgt war ich, wie Rudolf Augstein, dessen Verhaftung der Anlass der ganzen Affäre gewesen war, darauf reagieren würde, dass ich scheinbar die Partei der Obrigkeit gegen ihn ergriffen hatte. Aber seine politische Vernunft bewährte sich auch jetzt. Als wir uns das nächste Mal in seinem Hamburger Lieblingslokal, dem Mühlenkamper Fährhaus, zum Essen trafen, ging er über die Angelegenheit hinweg: »Natürlich war die Erklärung, dass es Pflicht jedes Intellektuellen sei, Landesverrat zu begehen, ein Schlag gegen die Verteidigungslinie meiner Anwälte. Sie setzten ja gerade alles daran, dass ich keinen Landes- oder Hochverrat begangen hätte.«
Wenig später begingen die Freunde den Geburtstag von Joachim Fest in der Holztwiete in Othmarschen im Kreise weniger Freunde. Als wir gegen Mitternacht aufbrachen, nahm mich Augstein in seinem amerikanischen Cabriolet, dessen Ausmasse in einem Missverhältnis zu seiner Körpergrösse standen, mit ins Zentrum von Hamburg. Wir sprachen über unser altes Thema – »Die Intellektuellen

In den fünfziger Jahren lernte ich den jungen Joachim Fest kennen. Wir trafen uns vor dem Eingang des Ricci am Lehniner Platz.

und die Macht«. Der nächtliche Spaziergang führte uns zweimal um die Binnenalster, und irgendwann machte er mir das Angebot, als einer von zwei gleichgestellten Chefredakteuren zum »Spiegel« zu kommen. Aber ich sagte frei heraus, dass mir die Mentalität des Blattes im Grunde ziemlich fremd sei, was ich an einigen Beispielen illustrierte, an die ich mich nicht mehr erinnere. Aber meine Ablehnung steigerte nur sein Interesse und erhöhte das Gebot. Nächtlicherweise gingen wir zum »Du« über, und tatsächlich blieben wir befreundet bis zu seinem Tod. Mitunter korrespondierten wir noch, wobei er sich in den letzten Jahren entschuldigte, dass er nicht mehr selber schreibe, da er nicht mehr sehen könne. In einem seiner letzten Briefe fragte er nach der Fortsetzung meiner Erinnerungen »Ein Leben wird besichtigt«: »Mit dem zweiten Band möge es Dir nicht gehen wie Golo Mann, der Zürcher Buchhändler beschimpfte, weil sie den zweiten Band seiner Memoiren nicht ausstellten. Allerdings hatte er vergessen, dass er ihn niemals geschrieben hat. Herzliche Grüsse, Dein Rudolf.«

Die Spiegel-Affäre hatte uns nur näher gebracht. Als er Jahre später einmal hörte, dass ich mit Imke bei Jochen und Helga Severin in St. Tropez Urlaub machte, kam er zum Frühstück von seinem eigenen Haus herüber. Dabei haben wir über das Gerücht gesprochen, er arbeite an seinen Erinnerungen. Haug von Kuenheim, ein alter Freund aus Tagesspiegel-Zeiten, hatte mir erzählt, Augstein sei dabei schon ziemlich weit vorangekommen. So schrieb ich Augstein, dass er seine Memoiren auf jeden Fall dem Siedler Verlag geben müsse. Seine Antwort ist nur wenige Zeilen lang gewesen: »Lieber Wolf, ich habe ja nicht viel andere Möglichkeiten. Wenn ich einen Roman schreiben würde, gäbe es ja mehrere Alternativen von Hanser und Suhrkamp bis zu Hoffmann & Campe. Aber mit dem, womit ich umgehe, muss ich wohl oder übel zu Dir kommen – schon, um mir das Vergnügen zu machen, dass mein Buch dann zwischen Adenauer, Speer und

Strauß kommt. Aber ich weiss nicht, ob ich jemals damit zu Rande komme. Dein Rudolf.«

Er ist wohl nicht mit seinen Memoiren zurande gekommen, obwohl ich ihm mehrmals vorschlug, dass er doch seine Tochter Franziska heranziehen solle. Zuletzt schlug ich ihm vor, dass wir über die Anlage seines Erinnerungsbuches zu dritt mit unser beider Freund Haug von Kuenheim wieder einmal im Mühlenkamper Fährhaus essen sollten. »Das können wir auf jeden Fall. Triolen habe ich, wie Du weisst, stets gern gehabt«, antwortete er. Entwürfe oder doch Vorarbeiten sollen existieren. Im Hause des »Spiegel« oder im Kreis der Familie soll man sich noch immer bemühen, ein Buch daraus zu gewinnen.

An der Spiegel-Affäre wurde mein Missverhältnis zur deutschen Gegenwartsliteratur deutlich. Es war nicht Kritik an der politischen Haltung der meisten Autoren, die in linksliberaler Opposition zur Adenauerwelt standen, was mich zu einem Aussenseiter machte. In meiner Sicht war es genau umgekehrt. Die Bücher der deutschen Autoren waren mir nicht politisch genug, und ihrer kleinstädtischen Welt war ich überdrüssig. Unsere Generation hatte Ungeheures erlebt, mehr als hundert Millionen waren in die Kriege gerissen worden, mit denen Hitlers Deutschland Europa überzogen hatte. Fünfzig Millionen waren Opfer seiner Eroberungskriege, sechs Millionen waren in den Vernichtungslagern im Osten ermordet worden. Die Deutschen hatten die grösste Katastrophe ihrer Geschichte erlebt, nahezu ein Viertel des deutschen Staates von Ostpreussen über Pommern bis nach Schlesien und der Neumark Brandenburgs war für alle Zeiten verloren. Der Flüchtlingsstrom von Millionen prägte die Nachkriegszeit. Aber die deutschen Romane beschäftigten sich mit Kleinbürgern im Rheinland, Fabrikanten in Württemberg und unappetitlichen Affären der Provinz.

Ich war, bringe ich es nachträglich auf eine Formel, fassungslos über die Wirklichkeitsverweigerung der deutschen Schriftsteller. Es war nicht Eskapismus, der mich beherrschte, es war eher das Gegenteil.

Ich suchte die Wirklichkeit, und sie fand ich nur in der nichtdeutschen Literatur. Daher kam meine Neigung zur italienischen und auch zur französischen Literatur der Nachkriegsjahre, wo mich ein unter der deutschen Besatzung geschriebener und in der Illegalität erschienener Roman »Das Schweigen des Meeres« besonders beeindruckte. Sein Autor verbarg sich unter dem Pseudonym Vercors. Der Roman beschreibt eine französische Familie, die einem – als sehr sympathisch geschilderten – deutschen Offizier gegenüber, der als Einquartierung in ihr Haus eingewiesen worden ist, striktes Schweigen bewahrt.

Wo gab es Ähnliches in Deutschland, wo man nach 1945 auf eine »Schubladen-Literatur« vergeblich wartete? Es zeigte sich, dass diese Schubladen leer waren, dass niemand während jener zwölf Jahre insgeheim weitergeschrieben hatte. In Rom und Paris dagegen beschäftigte man sich in dieser Nachkriegszeit fast ausschliesslich mit der jüngsten Vergangenheit, es schien so, als wenn nichts anderes die italienischen und die französischen Schriftsteller in ähnlichem Masse beherrschte.

Die herausragende Figur der italienischen Literatur war Anfang der fünfziger Jahre Ignazio Silone, den ich 1953 beim Kongress für die Freiheit der Kultur kennenlernte. Er war ein typischer Vertreter dieses Jahrhunderts der Extreme. Ursprünglich Mitgründer der Kommunistischen Partei Italiens, soll er, nachdem er in Italien in die Illegalität gegangen war, undurchsichtige Verbindungen zum Apparat Mussolinis unterhalten haben, was Jahrzehnte später – nach seinem Tod – zu einer Enthüllungs-Kampagne führte, die mich wie derartiges immer wenig interessierte. Vor Kommunismus und Faschismus war Silone geflohen und 1927 ins Exil gegangen.

Als Flüchtling hatte er in der Schweiz seinen ersten Roman »Fontamara« geschrieben, der ihn mit der Übersetzung in achtundzwanzig Sprachen nicht nur weltberühmt, sondern auch mit mehr als drei Millionen verkauften Exemplaren zu einem der meistverdienenden Autoren Europas machte, nur John Steinbeck und Louis Bromfield hatten mit »Strasse der Ölsardinen« und »Der grosse Regen« in den zwanziger und dreissiger Jahren einen ähnlichen Erfolg. Das war die Zeit, in der das Italien Mussolinis in ganz Europa bewundert wurde, weil ihm zu gelingen schien, das Land aus dem südlichen Trott herauszuführen. Die Trockenlegung der Pontinischen Sümpfe galt als Muster einer neuen Energie, die das Land aus der jahrhundertealten Lethargie befreite. Auch die Konservativen waren beeindruckt, so hatte Winston Churchill Rom in diesen Jahren mehrfach besucht und aus seiner Bewunderung Mussolinis keinen Hehl gemacht. So war die Situation gewesen, als Silones »Fontamara« das Leben der Bauern in seinen heimatlichen Abruzzen schildert, die unvorstellbare Not der Menschen, ihre Vitalität und auch ihre Verschlagenheit und den Witz, mit dem sie sich gegen Willkür und Unterdrückung wehren und in allem Elend ihre Würde verteidigen.

Gelegentlich kam Silone in das Haus des Kongresses in der Zehlendorfer Schmarjestrasse. Einmal wohnte er sogar in unserem Gästezimmer, was ein grosses Erlebnis für mich, den Sechsundzwanzigjährigen, war. Allmählich gewöhnte ich mich daran, mit weltberühmten Autoren umzugehen, mit Theodor Plievier, dessen »Der Kaiser ging, die Generäle blieben« mich beeindruckt hatte, mit Arthur Koestler, der gerade nach seinem Bruch mit der Sowjetunion in seinem Buch »Sonnenfinsternis« Furore machte, und auch mit George Orwell. Aus Schweden kam eines Tages Eyvind Johnson, der dem Vorstand des »Kongresses« angehörte. Zehn Jahre später war ich Eyvind Johnsons Verleger, obwohl sein bedeutendstes Buch, »Träume von Rosen und Feuer«, zu meinem Schmerz noch im Claassen-Verlag erschienen war. Als er 1974 den Nobelpreis erhielt, gratulierte ich ihm, lud ihn ein und zeigte ihm West-Berlin, das seit dreizehn Jahren durch die Mauer eingeschlossen war.

Alle diese Bücher hatten es mit einer anderen Welt zu tun als die Romane von Thomas Mann, Robert Musil und Hermann Broch, die in dem bürgerlichen Milieu spielten. Ignazio Silone aber wie Eyvind Johnson gingen mit »kleinen Leuten« um. Johnson verdankte der Schilderung der Welt seines Herkommens sogar seinen literarischen

Durchbruch. »Hier hast du dein Leben« hiess der Roman, der ihn berühmt gemacht hat. Wenig später stiess ich auf Carlo Levi, einen Schriftsteller-Arzt, bei dem es lange unentschieden blieb, ob er mehr Arzt, mehr Maler oder mehr Schriftsteller war. Ich weiss nicht mehr, wer uns zusammenbrachte oder bei wem wir uns kennenlernten, aber wir trafen uns immer in einer Osteria in der Via Babuina, die damals ein intellektueller Treffpunkt war. Aber wir kamen uns nicht näher, vielleicht, weil er nicht sehr redselig war, vielleicht, weil mein Italienisch noch zu schlecht war.

Die grosse Zeit Carlo Levis lag hinter ihm; vielleicht wird er als Autor eines einzigen Buches in die Geschichte eingehen. Mit »Christus kam nur bis Eboli« hatte er eines der wichtigsten Bücher der Nachkriegszeit geschrieben, und er sollte nie wieder den Rang und den Erfolg dieses Berichtes über seine Jahre als Verbannter des Regimes in einem kleinen Gebirgsdorf erreichen. Die Medizin hatte Carlo Levi, als ich ihn kennenlernte, schon lange aufgegeben. Aber die Malerei blieb seine eigentliche Leidenschaft, als er schon längst ein weltberühmter Schriftsteller war. Vom neuen Italien war Carlo Levi mit Ehren überschüttet und auch zum Senator auf Lebenszeit ernannt worden. Einige seiner Texte fanden in Schulbücher Eingang.

Ein dritter italienischer Autor überwältigte mich geradezu, und seine Bücher erfüllen mich immer wieder mit Bewegung und Bewunderung. Giorgio Bassani, ein Jude wie Carlo Levi, hat mit den »Gärten der Finzi Contini« den Roman vom Untergang des italienischen Judentums geschrieben, nicht nur sein eigenes Schicksal und das seiner Familie, sondern das einer ganzen Welt ist in sein Werk unverlierbar eingegangen. Eine schwebende Liebesgeschichte, deren melancholisch-geheimnisvolle Heldin Micòl scheinbar das Heute geniesst und sich doch nach der »geliebten, sanften, barmherzigen Vergangenheit« sehnt. Micòls Spur verliert sich im Herbst 1943, als alle Finzi Continis nach Deutschland deportiert werden und »keiner weiss, ob sie ein Grab gefunden haben«.

Bassanis Heimatstadt Ferrara, die der Schauplatz aller seiner Bücher ist, wird allmählich überlagert von dem Verhängnis, das mit dem

Spätfaschismus 1937 über die jüdische Bevölkerung der Stadt herein-bricht. In Deutschland sind unter Hitler Millionen Juden in die Emi-gration gedrängt oder ermordet worden, aber kein Buch, das für die Literatur etwas bedeutet, hat diese Katastrophe zum Thema. Die weniger als zehntausend getöteten Juden Italiens haben die italieni-schen Schriftsteller nicht losgelassen. Das Empfinden der Unange-messenheit ihrer Themen, im Grunde der Belanglosigkeit der Stoffe der deutschen Nachkriegsliteratur hat wahrscheinlich mit meiner Distanz zur Gruppe 47 zu tun.

Giorgio Bassani muss auch als Person undurchschaubar gewesen sein. Als Grossbürger aus Ferrara, immer korrekt gekleidet, auf der Strasse nie ohne Hut und Handschuhe in der linken Hand unter-wegs und auch gegenüber seinen Bekannten stets Distanz wahrend, blieb er im Literaturbetrieb ein Aussenseiter. Der einzige deutsche Schriftsteller, der seine Grösse erkannt zu haben scheint, war Alfred Andersch, selber in vieler Hinsicht ein Aussenseiter, der sich nie um Rubrizierungen kümmerte. So stand er auch jahrzehntelang Ernst Jünger nahe, als es in der Gruppe 47 fast ein Sakrileg war, seinen Na-men auch nur zu nennen. »Ich schreibe, damit man sich erinnere«, hat Bassani zu den Motiven seiner Schriftstellerei gesagt. Das hatte aber nichts mit der kämpferischen Attitüde einer *littérature engagée* zu tun, kein Schriftsteller wäre weiter davon entfernt gewesen als Giorgio Bassani, für den die Literatur eine »autonome Kunst mit eigenen Regeln« war. Schon das musste ihn dem deutschen Litera-turbetrieb entfremden.

Noch heute bedaure ich, dass ich Bassani nie getroffen habe, ob-wohl manche Freunde uns immer wieder zusammenbringen woll-ten. Die deutsche Ausgabe der »Gärten der Finzi Contini« war schon 1962 erschienen, aber ich habe den Band erst mit grosser Verspätung gelesen, obwohl ich seit 1963, als ich Leiter des Propyläen Verlages ge-worden war, oft im Süden gewesen bin und bald viele Schriftsteller, Maler und Bildhauer Italiens persönlich kannte. Aber auch Alberto Moravia oder seine Frau Dacia Maraini, deren wichtigster Roman

»Memoiren einer Diebin« im Ullstein Verlag erschienen ist, hatten im Gespräch niemals Bassani erwähnt, wobei ich nicht weiss, ob eine persönliche Animosität oder politische Distanz hinter diesem auffallenden Schweigen standen.

Die Gelegenheit eines zwanglosen Kennenlernens war also vorbeigegangen. Bald muss Bassani einen deprimierenden Eindruck auf seine Umgebung gemacht haben. Er litt an einer Krankheit, die man nur eine »rätselhafte Gehirnerweichung« nannte und von der die Ärzte heute annehmen, dass es Alzheimer war. Er verliess seine Frau und seine beiden Kinder und lebte mit einer Jahrzehnte jüngeren Amerikanerin zusammen. Schliesslich scheint sich sein Zustand so weit verschlechtert zu haben, dass er vor der Öffentlichkeit verborgen wurde. Am Ende strengte die Familie ein Entmündigungsverfahren gegen ihn an, dem das Gericht nach mehreren Verhandlungen stattgab, »um ihn davor zu schützen, sein Vermögen zu verschleudern«.

Inzwischen war mir Bassani immer bedeutender geworden, und heute ist er mir ein Autor von Weltrang, wahrscheinlich die grösste Gestalt der modernen italienischen Literatur, nur mit Alessandro Manzoni im 19. Jahrhundert vergleichbar, dem Bassani sich nicht zufällig tief verbunden fühlte. So stellte er ein Manzoni-Zitat den »Gärten der Finzi Conti« voran: »Gewiss, wer auf das Herz hört, dem hat es immer etwas von den Dingen zu sagen, die geschehen werden. Aber was weiss denn das Herz? Kaum ein wenig von dem, was schon geschehen ist.« Der Schluss der »Gärten der Finzi Contini« liest sich wie eine Antwort Bassanis über ein Jahrhundert hinweg an »Die Verlobten« von Manzoni: »Fest steht jedenfalls, dass Micòl wie eine Vorahnung ihres nahen Todes sowie des Todes all ihrer Angehörigen auch Malnate gegenüber ständig wiederholte, dass ihr an seiner demokratischen und sozialen Zukunft nichts gelegen sei, ja, dass ihr die Zukunft an sich eine entsetzliche Vorstellung sei und sie ihr bei weitem le vierge, le vivace et le bel aujourd'hui vorziehe und mehr noch als alles andere die Vergangenheit, die geliebte, sanfte, barmherzige Vergangenheit.«

Auf einer Ferienreise in Taormina: Meine Kinder – Sophie und Wolf Jobst – konnten sich kaum von einem Musikanten lösen, der speziell für sie zu singen schien. Rechts beobachtet Imke amüsiert die Szene.

Kam meine Faszination von italienischen Autoren, Malern und Bildhauern wirklich von deren Werken oder aus meiner Liebe zu Italien, seiner Landschaft, seinen Städten und seinen Menschen? Schon 1944, als ich nach der Entlassung aus dem Gefängnis auf dem Weg zur »Front« durch kleine Landstädte wie Pesciera, Forlì und Faenza, in dessen Nähe ich verwundet wurde, kam, verfiel ich dem Zauber Italiens ein für allemal so sehr, dass ich dann jahrzehntelang davon nicht lassen konnte. Von Werner Haftmann, dem ersten Direktor der Neuen Nationalgalerie, sagte man oft, dass er so viele, mitunter zweitrangige Werke italienischer Künstler gekauft habe, weil ihm nie das Jahr aus dem Sinn ging, das er während des Krieges in Rom und Florenz verbracht hatte. Erlag auch ich solcher erinnernden Sentimentalität und überschätzte die Werke Renato Guttusos, Marino Marinis oder eines Giacomo Manzù, weil ich ihre Welt so liebte?

Schon in unserer jungen Ehe suchte ich Imke mit einer Reise durch Ligurien für meine Liebe zu Italien einzunehmen. Seitdem vergingen wenige Jahre, bis wir gemeinsam die Emilia Romagna, die Toskana oder die Ebene von Terracina erkundeten, aus der sich plötzlich das felsige Vorgebirge des Cap von Circeo San Felice erhebt, wo Odysseus sein Abenteuer mit der Circe hatte. Einmal waren wir Wochen in Apulien, dessen Urwälder, die Foresta Umbra, das Lieblingsjagdgebiet des Hohenstaufen Friedrich II. – Frederico secondo il suevo – war, und ein paarmal ging es weiter nach Sizilien, wo sich die Kinder in Taormina von einem Sänger nicht lösen konnten, während wir zu den Tempeln von Agrigent und Selinunt weiterfahren wollten. Guttuso, Marini und Manzù waren geradezu eine Institution in der

Renato mit seiner Frau Mimise und Pablo Picasso, 1970. Zu meinen engen Bekannten in Rom zählte auch der schillernde Guttuso.

römischen Society. Renato Guttuso wohnte im Palazzo Grillo an der Piazza Grilla gleich neben dem Forum, dem am meisten von der Geschichte geprägten Ort Roms. Aber auch zu meiner Zeit gehörte er dem ZK der KPI an, und der spätere Parteichef, der sardische Graf Enrico Berlinguer, stand ihm offensichtlich persönlich nahe. Das hinderte Guttuso nicht, kurz vor seinem Tode die heilige Kommunion zu nehmen und in den Schoss der Kirche zurückzukehren, die er vor Jahrzehnten verlassen hatte. Es war ein öffentlicher Skandal, als sich bei der Testamentseröffnung herausstellte, dass Guttuso, von dem man sagte, er sei in seinen letzten Tagen seiner Sinne nicht mehr ganz mächtig gewesen, vor seinem Tode all seinen Besitz – die Häuser in Rom und in Velate, deren Einrichtungen, seine Sammlungen mit samt der Gemälde von Picasso und Balthus und auch Dutzende von eigenen Arbeiten – der katholischen Kirche vermacht hatte.

Seine jahrzehntelange Geliebte, die Gräfin Marta Marzotto – die Frau jenes Grossindustriellen Marzotto, der den »Premio Marzotto« gestiftet hatte –, konnte es anfangs gar nicht glauben, dass sie im Testament nicht bedacht worden war. Einmal hatten Joachim Fest und ich Marta Marzotto auf Vorschlag von Guttuso in ihrem Landsitz auf dem Argentario besucht, wo von den Angehörigen des Königshauses über Industriemagnaten bis zu Künstlern die Schönen und Reichen Italiens ihre Häuser hatten. Wir wurden auf das liebenswürdigste empfangen, ein dienstbarer Geist, der wie in Italien oft anzutreffen, je nach Bedarf Diener, Chauffeur oder Gärtner war, fuhr uns in einem Jeep die Serpentine zum Strand hinunter, und als wir zurückkamen, bestand Marta Marzotto darauf, uns durch ihr Haus zu führen, das natürlich voll von Gemälden Guttusos war. In ihrem Schlafzimmer holte sie endlich ein ziemlich grosses Bild unter dem Bett hervor: »Meinem Mann ist das peinlich. Er will nicht, dass andere es sehen.« Das Bild zeigte Marta in enger Umarmung mit Guttuso auf einer Felldecke, offensichtlich der Liebe hingegeben. Fest und ich wussten nicht, wie wir uns aus dieser Situation retten konnten. Schliesslich fragte ich verlegen: »Aber mit wem telephonieren Sie denn gerade?« Marta hatte nämlich auf dem Bild einen Telephonhörer in der Hand, dessen verschlungenem Kabel Guttuso graphische Reize abgewonnen hatte. Marta antwortete ironisch: »Mit meinem Mann natürlich.«

Ich glaube nicht, dass Guttuso, Manzù und Marini viel miteinander anfangen konnten, aber man konnte ungerührt von einem zum anderen gehen, während man in Deutschland nicht eingestehen wird, wenn man den einen Maler verlässt, um den anderen zu besuchen. »Lebt man denn, wenn andere leben?« fragt schon Goethe. Gegensätzlicher konnte man sich die Häuser der Künstlerfürsten nicht vorstellen. Sie legten keinen Wert darauf, ihre Modernität auch in ihrem Zuhause auszudrücken, und so hatte der eine keine Scheu, in einem barocken Palazzo, der andere in einem Landhaus von amerikanisch anmutendem Charakter zu leben und der dritte in einem ziemlich gesichtslosen Wohnblock.

Mehr als einmal besuchte ich Manzù, der auf der Akropolis des antiken Ardea seine weitgestreckte kalifornische Villa gebaut hatte, die besser nach Los Angeles als nach Rom gepasst hätte. Bäuerlich wirkend – er kam wohl wirklich aus einer Bauernfamilie – und wenig mehr als 1,60 Meter gross, hatte sich Giacomo Manzù aus Salzburg die österreichische Tänzerin Inge mitgebracht, die er später heiratete. In allem Wirtschaftlichen war Inge die Seele seines Geschäftes, denn sein starker Konsum an alkoholischen Getränken machte es Manzù schwer, finanzielle Verhandlungen zu führen. Eines Tages waren wir zusammen an die Küste gefahren, um dort in einem Restaurant am Meer zu essen. Im Laufe des Mittags, Manzù hatte dem frischen Wein kräftig zugesprochen, beugte er sich zu mir herüber und sagte in verschwörerischer Geheimnistuerei: »Sie selber, caro

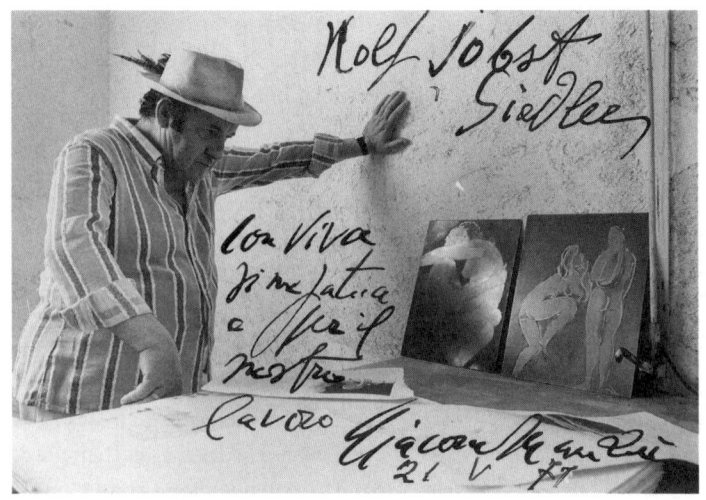

Immer wieder besuchte ich Giacomo Manzù.

amico, wären auch ein Kommunist, lebten Sie in Rom. Ich bin dagegen nicht sicher, ob ich noch Kommunist wäre, wenn ich in einer Stadt lebte, die durch eine Mauer geteilt ist.«

Aber Manzù verlor bald den Faden, im Schatten eines Baumes schien er seine Mutter zu sehen, mit der er lebhaft sprach, bis ihn Inge endlich in sein riesiges amerikanisches Cabriolet verfrachtete. Manzùs ganzer Stolz waren amerikanische Strassenkreuzer, an deren Steuer der kleine, untersetzte Mann fast nicht zu sehen war. Er winkte Joachim Fest und mir noch lange zu, während wir uns anschickten, nach Rom aufzubrechen.

Der einzige italienische Künstler, der internationalen Ruhm genoss, der Guttuso wie Manzù versagt blieb – wenn auch einzelne Sammler und auch Museen das eine oder andere Werk gekauft hatten –, war Marino Marini, der fast gleichen Ranges neben Henry Moore gestellt wurde. Marino Marini hatte sich von seinem ursprünglichen »etruskischen« Stil seines Frühwerks immer weiter entfernt, wobei er Wert darauf legte, dass seine Familie tatsächlich aus dem alten Etrurien kam. Dann war er zu starker Vereinfachung gelangt, wobei besonders die Figur eines Reiters mit seinem stürzenden Pferd fast kanonischen Rang erreicht hatte. Zuletzt gelangte er fast zur Abstraktion. Alle Welt wollte einen stürzenden Reiter von ihm besitzen, und so fertigte er unzählige Varianten dieses Motivs, die aber erstaunlicherweise immer neu und wie spontane Erfindung wirkten.

Einmal machten Imke und ich auf der Rückreise von Rom nach Deutschland ein paar Tage Station in Morcote am Luganer See, dem romantisch an den Felsabhang gebauten Flecken, dessen Friedhof sich viele Künstler als letzten Ruheplatz gesucht hatten. Durch irgendeinen gemeinsamen Freund war es Marino Marini zu Ohren gekommen, dass wir gerade in Morcote in der Nähe seiner Zweitwohnung in Locarno waren. Ich habe den Mittag auf der in den See hinausgebauten Holzterrasse in heiterer Erinnerung. Es war nur schwer, bei der Verabschiedung den Marinis abzuschlagen, dass wir sie unsererseits in Locarno besuchen sollten, weil wir feste Verabredungen hatten.

Das gab den Begegnungen mit italienischen Künstlern die besondere Note – man wird sofort in ihren Freundeskreis aufgenommen, auch wenn man sich nur flüchtig kennt, man wird bald zu ihnen nach Hause eingeladen, in ihre Ateliers oder in ihre bevorzugten Restaurants.

So wurde ich gleich zu Beginn unserer Bekanntschaft von Guttuso in eine Trattoria in Trastevere mitgenommen, wo um einen langen Tisch wohl zehn oder zwölf Freunde versammelt waren. Man war offensichtlich schon lange zusammengewesen, denn die Lautstärke war beträchtlich angewachsen und der vergossene Rotwein auf dem Tischtuch und die Brotreste zeigten, dass man nicht auf uns gewartet hatte. Damals traf ich auch zum ersten Mal Carlo Levi. Er fiel in dieser Runde wenig auf, da er ziemlich schweigsam blieb. Irgendwann stellte Guttuso die These auf, die bei den italienischen Linken sehr verbreitet war: eine »Verschwörung« der Rechten stehe hinter dem Mord an Kennedy. Die »Reaktion« habe ihn schon seit langem auf jede nur erdenkliche Weise bekämpft. Mein Italienisch reichte nicht aus, dem Gang des immer hitziger werdenden Disputs im einzelnen zu folgen, an dem sich auch Enrico Berlinguer und der damalige italienische Aussenminister, der Sozialist aus der Partito Socialista Italiano, Gaetano Martino, nur durch Einwürfe hin und wieder beteiligten.

Plötzlich standen sich Guttuso und sein Gegenspieler an beiden Seiten des Tisches gegenüber. Der Streit nahm zu. Beide hatten die Lehnen ihrer Stühle in der Hand und schlugen so heftig damit auf den Boden, dass wir Sorge hatten, die Auseinandersetzung werde jeden Moment in Handgreiflichkeiten übergehen. Merkwürdig war, dass man an den Nebentischen von uns kaum Notiz nahm, obwohl sich die Lautstärke immer mehr steigerte. Aber Temperamentsausbrüche ist man in Italien gewöhnt, und man achtet wenig auf sie, selbst wenn in der Trattoria manche der Besucher bekannt gewesen sein werden.

Als es gerade den Anschein machte, die Kontrahenten würden tatsächlich aufeinander losgehen, umarmten und küssten sich plötzlich Guttuso und sein Gegenüber. Der Gegenstand des Streits spielte keine Rolle mehr, alles löste sich in Einzelgruppen auf. Irgendwann nach einer oder anderthalb Stunden verabschiedete man sich, wieder mit Umarmungen, wobei die Herzlichkeit keinen Unterschied zwischen Linken und Rechten machte. Das war einer meiner ersten Abende im Kreis römischer Intellektueller. Eine solche Szene war in Berlin kaum vorstellbar, Sozialdemokraten, Christdemokraten und Liberale hatten ihre jeweils eigenen Lokale, der andere wäre fast als Spion gesehen worden, ganz abgesehen davon, dass Abgeordnete, Schriftsteller, Mitglieder des Senats und Künstler in eigenen Kreisen lebten.

Ich will nicht sagen, dass italienische Maler und Bildhauer in jedem Fall bemerkenswerter als deutsche Künstler sind, und ich glaube, dass es Italien trotz Giorgio de Chirico und Carlo Carrà schwerfiele, es mit der Brücke, dem Blauen Reiter oder dem Bauhaus aufzunehmen. Aber weltläufiger sind italienische Künstler auf jeden Fall, ganz abgesehen davon, dass sie mit ihren scharfgeschnittenen italienischen Physiognomien wesentlich besser aussehen. Vor allem aber sind sie in ganz anderem Masse in die Gesellschaft eingebettet, in der sie und für die sie leben und arbeiten. Wenn ich mit einem von ihnen durch die Strassen von Rom oder Florenz ging, schien jedermann sie zu kennen, sie wurden sofort in oft banale Unterhaltungen verwickelt. In Deutschland – Lokalgenies wie der Hamburger Horst Janssen ausgenommen – ist der Künstler eine isolierte Grösse, geniesst nur bei seinesgleichen Ruhm und auch Popularität. Wer hätte in den zwanziger Jahren Ernst Ludwig Kirchner auf der Strasse erkannt, wem bedeutete Walter Gropius etwas, bevor er auswanderte und in Amerika Ruhm gewann; hätte jemand Willi Baumeister oder Fritz Winter erkannt?

Wenn ich an das Zusammensein in Italien denke, wird mir bewusst, dass mich die Spontaneität und Urbanität italienischer Künstler für sie einnahm, ganz jenseits ihres Ranges. Vielleicht hat das doch etwas mit einer jahrtausendealten Kultur zu tun, die den Fischern in Sizilien so selbstverständlich ist wie den Bauern in Umbrien und den Städtern in Perugia. Obwohl sie alle wahrscheinlich so wenig von der Antike wissen wie von der Renaissance, sind sie von der Vergangenheit geprägt. Jedenfalls war ich bald in solchem Masse voreingenommen für alles Italienische, dass Paris und London, so sehr ich diese Städte bewunderte und so gern ich dort lebte, es stets schwer hatten, dagegen anzukommen.

Man geht nicht immer, aber doch oft an den grossen Büchern seiner Epoche vorbei. Giuseppe Tomasi di Lampedusas »Der Leopard« hatte man selbst in seinem Heitmatland ignoriert. Elf Verleger, darunter alle grossen Verlagshäuser Italiens von Mondadori über Feltrinelli bis zu Bompiani, hatten das Manuskript abgelehnt, das heute als eines der bedeutendsten Werke der italienischen Erzählkunst des 20. Jahrhunderts zählt. Nur Giorgio Bassani erkannte das Genie des Fürsten Lampedusa und überredete seinen Verleger Guilio Einaudi – bei dem alle seine eigenen Bücher erschienen waren –, »Il Gattopardo« in sein Programm aufzunehmen.

War ich wirklich ein »Aussenseiter im Mittelpunkt«? Ein Aussenseiter gewiss, was die deutschen Erzähler anlangt, die im Brennpunkt der Diskussion standen, und doch war ich dem Mittelpunkt nahe. Die Bücher, die ich an deren Stelle setzte, haben sich im Nachhinein als die wirklich grossen Bücher erwiesen – Robert Musil, Hermann Broch, Elias Canetti, Italo Svevo und eben Giorgio Bassani. Ganz so schlecht hat mich mein Instinkt also doch nicht beraten.

Einmal habe ich in dieser Zeit, im Oktober 1961, also noch bevor ich Verleger wurde, anlässlich der Frankfurter Buchmesse im »Tagesspiegel« eine Absage an die zeitgenössische deutsche Literatur geschrieben. Ich rücke sie hier ein, um deutlich zu machen, warum ich zu einem Kritiker der deutschen Nachkriegsliteratur wurde, der ich mit so grosser Skepsis gegenüberstand.

Es ist so viel in diesen Jahren davon die Rede gewesen, dass die Bundesrepublik ein ausnehmend geistfeindlicher Staat sei, und damit wird dann die Tatsache in Verbindung gebracht, dass die Auflagen deutscher Autoren niedrig sind und dass der Intellektuelle von der restaurativen Gesellschaft nicht akzeptiert wird. Aber diese Bundesregierung, rührend in ihrer Unfähigkeit, sich des Wortes zu bedienen und der Macht der Rede, der symbolkräftigen Geste, der nationalen Gebärde, kurz: des Stils auch in dramatischer politischer Lage in tölpischster Weise nicht mächtig, ist ja um den Geist, die Kunst, die Modernität auf geradezu servile Weise bemüht. Keine Stadt, deren Väter nicht den Zorn der Bürger durch die Aufstellung abstraktester Denkmäler auf sich lenken, kein Gesellschaftskritiker, dem nicht aus dem Rockaufschlag ein staatlicher Literaturpreis heraushängt, kein Lyriker, dessen spärliche Auflage nicht zur Hälfte von den öffentlichen Bibliotheken aufgekauft wird.

Und die Gesellschaft sei restaurativ? Ach, wäre sie das nur, Eure Auflagen wären höher. Die hochbürgerliche Gesellschaft ist es, die an der Rebellion zärtlichstes Gefallen findet, in Grunewald-Villen war man auf Piscator-Premieren abonniert, und in der Tiergartenstrasse las man Thomas Mann und Fritz von Unruh. Stülpt nur die Gesellschaft um, und Ganghofer kommt zu

Ehren, im Osten heisst er dann Strittmatter. Die gewagten Wahrheiten, die verschlüsselten Bosheiten, die aufsässigen Ironien, die paradoxen Schlüsse, die experimentellen Fragwürdigkeiten – nun soll eine Ministerialbürokratie von oben herab Gefallen daran dekretieren? Der in der »Alternative« immer wieder variierte Satz, dass dieser anonyme Bonner Staat es nicht verstanden habe, eine geistige Atmosphäre zu schaffen, ist ungeistig und antigeistig bis zum Exzess.

Wo ist – nimmt man Rezzoris balkanesische Schnörkel und die Bolatitzer Skurrilitäten unseres eigensinnigen August Scholtis aus – das deutsche Buch dieser 13 Jahre, dessen Antlitz dem Osten zugewendet ist? Da liegt Koeppens Amerika-Buch, dort die Irische Reise Bölls, hier die Amerika-Reise Hagelstanges, dort das Frankreich-Buch Koeppens [...].

Deutschlands Schriftsteller waren, trotz hochfahrendster Verneinung des kleinbürgerlichen Konsumglücks und in verständnislosester Verachtung wirtschaftswunderlicher Wanderlust, nach dem Ausweis ihrer Bücher selber beträchtlicher Teil dieser Zeit hindurch Schriftsteller auf Pneus – aber es gibt, ein oder zwei Ausnahmen abgerechnet, kein Buch von ihnen über Osteuropa, keiner von ihnen hat über Ostdeutschland geschrieben, nicht einer über Berlin. Sie, auch sie, die Kritiker der bundesdeutschen Mentalität, zog es nach Rom, nach Paris, vor allem nach New York. Hat sich Bonn allzu einseitig nach dem Westen orientiert? Dann waren die deutschen Schriftsteller ihrer Majestät Bundesregierung allerloyalste Opposition.

Das alles klingt bitter und ist bitter. Denn wenn etwas während dieser 13 Jahre Frankfurter Buchmesse deutsche Wirklichkeit war, dann war es die Wirklichkeit der Spaltung Deutschlands, und – ebenso wichtig für den, der in den Kategorien des alten Europas fühlt und denkt – der Spaltung Europas. Es sind gute, und es sind bewegende Bücher während dieser 13 Jahre geschrieben worden – nimmt man erst Hans Scholz und dann Uwe Johnson und vielleicht auch Wolfdietrich Schnurre beiseite, nichts über Berlin und nichts über Ostdeutschland und nichts über unsere zerrissene Wirklichkeit. Das Bürgertum in Frankfurt und Düsseldorf und Würzburg hat gelebt, als gäbe es die Zweiteilung nicht. Die deutschen Schriftsteller sind in ihren Büchern auch ohne sie ausgekommen. Bliebe nach einem Atomkrieg nichts als die Romane dieser Nachkriegszeit übrig, ist nur das Andenken brillantengeschmückter Wurstfinger, mercedesfahrender Lebedamen und einiger sonstiger unappetitlicher Exzesse von einer wie immer schuldhaft verdienten und doch tragischen Epoche deutscher Geschichte für die Nachgeborenen bewahrt worden.

Man kann nicht so weiter machen wie bisher in Bonn? Vielleicht nicht, wahrscheinlich nicht. Man kann auf keinen Fall so weiter machen wie bisher in der deutschen Literatur: mit dem Ärger über die ehebrechende Industriellenfrau und den kunstfremden Regierungspräsidenten.

Inzwischen sind Jahrzehnte seit jenen Auseinandersetzungen vergangen, Hans Werner Richter ist so vergessen wie Hans Erich Nossack. Habe ich die Dinge falsch gesehen? Insgeheim habe ich mitunter die Empfindung, dass es mit der deutschen Literatur der Nachkriegszeit so gehen wird, wie Walter Kiaulehn es von jeder Literaturepoche konstatiert: »Das grosse Schwurgericht der Literatur, das insgeheim alle fünfzig Jahre zusammentritt – keiner kann sagen wie und wo –, verurteilt in Schnellverfahren ganze Reihen von Schriftstellern und ihre Bücher zum Tode des Vergessens. Es gibt keine Revision gegen diese Urteilssprüche, und kein Lamento hilft. Dennoch erschrickt man bei dem Blick zurück, wieviele auf der Strecke geblieben sind.«

Nach ein oder zwei Generationen werden Legionen von Zelebritäten, mit oder ohne Nobelpreis, dahinsinken. Die Namen eben noch gefeierter Berühmtheiten erinnert dann niemand mehr. Wer wird diesmal vom Abgrund der Zeit verschlungen werden?

Heikle Begegnung

Als Marcel Reich-Ranicki dreizehn Jahre nach dem Krieg 1958 aus Polen nach Deutschland übersiedelte, kam er gemeinsam mit Hans Schwab-Felisch – Patenonkel unserer Tochter Sophie – zum ersten Mal zu uns in den Garten. Wir sassen auf dem Rasen unter dem blühenden Goldregen. Marcel Reich-Ranicki machte ironische Bemerkungen über sein ausschweifendes Blühvermögen, worauf ich sagte, dass mir eben die Botanik geben müsse, was mir die Ökonomie verweigere. Damals suchte sich Reich-Ranicki in Berlin, wo er einst zur Schule gegangen war, wieder heimisch zu machen.

Über die Jahrzehnte hin blieb ich in loser Verbindung mit ihm. Unser Umgang miteinander war immer distanziert, obwohl ich das vorzügliche polnische Essen nicht vergesse, zu dem mich Reich-Ranicki und seine Frau in ihre Hamburger Wohnung einluden – das muss in den späten fünfziger oder frühen sechziger Jahren gewesen sein. Mitunter attackierte er mich oder doch meine Position, die ihm zu konservativ war, was immer er darunter verstand. Einmal schloss er eine Aufzählung meiner Ungerechtigkeiten mit dem Satz: »Aber sonst: grossartig.« Manchmal strich er mich in seinen Aufsätzen geradezu heraus, und er scheint Geschmack an dem Raffinement meiner Verschlagenheit gehabt zu haben: »Wolf Jobst Siedler gilt als ein rabiater Rechter, schreibt aber intelligent und witzig. Offen gesagt, ich habe dergleichen nicht gern, denn erstens steht es im Widerspruch zur deutschen Tradition, und zweitens erschwert es mir die Orientierung. Sein Artikel über Fremdwörter zum Beispiel ist ein kleines Meisterwerk [...] einen gelernten Polemiker und Demagogen muss vor allem die nordisch-talmudische List begeistern, mit der Siedler den Puristen begegnet.« Aber am Ende war er doch höchst unzufrieden mit mir, und in seinen Memoiren zieht er ein Resümee unserer Beziehungen, das vollkommen zutreffend ist: »Siedler ist nicht mein Freund. Und er wird es nie werden.«

Einmal besuchte mich Reich-Ranicki zusammen mit Hilde Spiel, um eine Diskussion zu besprechen, die wir an diesem Abend zu bestehen hatten, wobei übrigens Hilde Spiel ihn und mich sehr leise und damenhaft in Grund und Boden redete. Eine weitere Erinnerung: Eines Tages kam ich spätabends nach Hause, wo mich unsere Haushälterin, die damals schon hoch in den Siebzigern war – und die mit dreiundneunzig in unserer Familie gestorben ist –, beunruhigt empfing. »Marcel Reich-Ranicki hat Sie schon mehrmals sprechen wollen. Sie sollen ihn gleich anrufen, wenn Sie nach Haus kommen, auch wenn es schon spät ist, die Sache sei dringend.«

Es stellte sich heraus, dass er irgendeinen Zusatz bestätigt haben wollte, dass das Schinkelsche Schauspielhaus am Gendarmenmarkt nicht von Bomben oder in den Strassenkämpfen zerstört worden sei, sondern es die SS in den letzten Tagen des Krieges in die Luft gesprengt habe, damit es nicht in die Hände der Sowjets falle. Reich-Ranicki war irritiert, als ich ihm erklärte, das Schauspielhaus sei sogar mehrmals zerbombt worden, das erste Mal schon 1943, als der Südflügel und der Konzertsaal völlig zerstört wurden, 1944 und 1945 dann noch zwei weitere Male, sodass es das Ende des Krieges nur noch als Ruine erlebte. Aber die SS hatte in den letzten Kriegstagen tatsächlich Feuer in dem leeren Gehäuse gelegt, wobei ungeklärt sei, ob das auf Hitlers Nero-Befehl der »verbrannten Erde« zurückginge oder ob verzweifelte Einheiten sich in der Ruine besser zu verschanzen glaubten. Reich-Ranicki war davon schwer zu überzeugen. Offensichtlich war er auf der Suche nach einem Beleg für die Entschlossenheit, das eigene Land eher selber zu zerstören, als es in die Hände der Sowjets fallen zu lassen. Aber sein so begreiflicher Hass auf die Verderber Deutschlands führte ihn mehr als einmal in die Irre.

Was konnte West-Berlin einem Heimkehrer Reich-Ranicki schon

bieten? Die grossen überregionalen Zeitungen wie die »Frankfurter Allgemeine«, die »Süddeutsche Zeitung« und die »Welt« erschienen in Frankfurt, in München oder in Hamburg, wo auch die grossen Wochenblätter herauskamen, die »Zeit« von Gerd Bucerius und Marion Dönhoff, der »Stern« von Henri Nannen und der »Spiegel« Rudolf Augsteins. In der westlichen Halbstadt gab es nur den »Tagesspiegel«, die »Morgenpost« und den »Abend«, daneben bestenfalls noch die SPD-Zeitung »Telegraf«, die CDU-Zeitung »Der Tag« sowie das »Spandauer Volksblatt«; der französisch-lizenzierte »Kurier« war schon eingegangen. Ein namenloser Übersiedler aus Polen hatte wenig Chancen. Endlich fand Reich-Ranicki in Hamburg bei der »Zeit« ein Auskommen als Literaturkritiker. Aber er blieb ein freier Mitarbeiter, erhielt niemals Redakteursstatus. Seine eloquente Rechthaberei war wohl den anderen auf die Nerven gegangen. Später, als sein Literarisches Quartett ein spek-

Unser Garten hat mehr von einem bescheidenen Pfarrgarten als von einem Park. Mit verschiedensten Bäumen versammelte ich neben Birken, Buchen und Linden auch exotische Gehölze wie eine Sumpfzypresse, Gingko und Bambus. Der Raum ist gegliedert in eine Rasenfläche, die von Hortensien begrenzt wird, und in einen familiären Bereich mit einem Brunnen und einer Sitzgruppe. In diesen hinteren Teil des Gartens mit einer Skulptur von Gerhard Marcks zog ich mich oft mit meinen Autoren zurück.

Die beiden Götter der Berliner Kunst, Gottfried Schadow und Adolph von Menzel, tauchen zusammen auf einer Radierung auf, die von Generation zu Generation weitergegeben wurde und die zuletzt im Besitz meines Vaters war. Auch wir präsentieren sie mit stolzer Rührung in unserer Diele.

JUBILÄUM D°. J. G. SCHADOW'S
30 JAHRE MITGLIED RECTOR UND DIRECTOR D. K. AC. D. K.
Den 20 ᵗᵉ Januar 1838.

takulärer Fernseherfolg geworden war, führte er diese Besserwisserei auf fast komische Weise vor. Einer aus der Runde warf einmal eine wirklich originelle Frage auf. Reich-Ranicki war momentweise verblüfft, dann sagte er: »Eine interessante Frage. Aber stellen wir eine andere.« Er liess sich nicht aus dem Konzept bringen.

Auf jeden Fall hatte die Isolierung, die er in der »Zeit« erfuhr, nichts mit einem Antisemitismus zu tun, den Reich-Ranicki Jahrzehnte später dem Hamburger Blatt zuschrieb. Es wäre auch sehr sonderbar gewesen, wenn alle drei, Marion Dönhoff, Gerd Bucerius und Theo Sommer, durch ihre Biographie von jedem Verdacht frei, sich auf ihre alten Tage auf die Seite der Antisemiten geschlagen hätten. Schliesslich holte ihn Joachim Fest, ein Freund seit der Mitte der fünfziger Jahre, inzwischen Mitherausgeber der »Frankfurter Allgemeinen Zeitung«, zu sich nach Frankfurt. Reich-Ranicki sollte das Literaturblatt, das in der Gefahr war, kultivierte Langeweile zu verbreiten, frischer, lebendiger und streitbarer machen. Das ist Reich-Ranicki weiss Gott gelungen.

Von Brecht bis Speer:
Restaurants als Bühnen der Zeit

Die Restaurants einer Epoche spielen in Memoiren selten eine Rolle. Man erzählt, von den grossen politischen Ereignissen abgesehen, immer nur von den Theaterpremieren und von jenen Ausstellungen, die in einer Zeit Furore gemacht haben. Wann wurde eigentlich ein neues Schiller-Theater gebaut, denn das Haus Heinrich Georges war 1944 untergegangen? Es war übrigens der 6. September 1951, dass Boleslaw Barlog den neuen Bau mit dem »Wilhelm Tell« einweihte. Schillers Ruf »Seid einig, einig« löste in der geteilten Stadt so stürmische Emotionen aus, dass die Aufführung fast zehn Minuten unterbrochen werden musste. Wer waren die Maler oder Bildhauer, die nach den Künstlern der Reichskammer Bildende Künste in den ersten Nachkriegsausstellungen präsentiert wurden? Man kennt sie kaum noch. Selbst die einst berühmte »Mondkanone« von Heinz Trökes nicht und die Bilder von Mac Zimmermann. Die Premieren bei Boleslaw Barlog oder Karl-Heinz Martin waren aber grosse Ereignisse. Das Theater brachte sich wieder zur Geltung; in der Kunst brauchte es lange, bis die Moderne arrivierte. Max Beckmann war von dem Desinteresse in Deutschland so deprimiert, dass er, kaum von seinem Exil in den Niederlanden zurückgekehrt, 1947 nach Amerika auswanderte. Schmidt-Rottluff oder Kirchner brauchten gut zwanzig Jahre, bis sie als die Grossen der ersten Hälfte des 20. Jahrhunderts erkannt wurden.

Von den sich langsam etablierenden Restaurants berichten die Zeitungen überhaupt nicht, als seien sie so banal, dass es sich nicht lohne, von ihnen zu reden. Dabei präsentiert sich die Atmosphäre einer Epoche an wenigen Orten so deutlich wie in ihren Restaurants und Weinstuben. Das hatte im 18. Jahrhundert begonnen, also als die feudale von der bürgerlichen Kultur abgelöst wurde. Das Lutter & Wegner am Gendarmenmarkt – das nach der Wende 1989/90 wiedergegründet wurde – war der erste Platz, wo sich die bürgerliche Gesellschaft sammelte. Es war sozusagen das Hauptquartier der Musiker, Dichter und Künstler des beginnenden 19. Jahrhunderts gewesen. Aus seinen Fenstern konnte man beobachten, wie sich Berlin ins Komödienhaus drängte. Dann brannte, bald nach den Freiheitskriegen, 1817 der merkwürdig ungeschickte Bau von Langhans ab, der wenige Jahre zuvor mit dem Brandenburger Tor ein Revolutionär der Architektur gewesen war. Der sparsame König spendierte 1818 der Stadt ein neues Theater; neben dem Brandenburger Tor war dieses Schauspielhaus von Schinkel das eigentliche Fanal des neuen Jahrhunderts.

Das Lutter & Wegner wird fast nur mit E.T.A. Hoffmann zusammengebracht, was wahrscheinlich daran liegt, dass der Wortführer der Berliner Romantik im zweiten Stockwerk seine Wohung hatte. Aber wer verkehrte dort nicht sonst noch alles, Joseph von Eichendorff und Dietrich Grabbe, Heinrich Heine und Heinrich von Kleist, Schinkel und der Kreis der Varnhagen. Ganz in der Nähe lag der Salon Rahels, der geborenen Levin. Die Gesellschaft um 1800 hatte offensichtlich wenig antisemitische Vorbehalte.

Auch die Geschichte der Nachkriegszeit Berlins kann man nicht erzählen, ohne von den Restaurants zu sprechen, in denen sich in den fünfziger und sechziger Jahren traf, wer davongekommen war. Als diese berühmten Lokale in den späten siebziger und achtziger Jahren eines nach dem anderen die Fahnen strichen, ging eine Nachkriegsepoche zu Ende. Erst schloss das eine Restaurant, dann war plötzlich auch das andere nicht mehr da, und in den achtziger Jahren verschwand auch der letzte jener Plätze, in dem sich der westliche Teil der Vier-Sektoren-Stadt getroffen hatte. Nun traten ganz andere Lokale an ihre Stelle. Diese Epoche hatte so ziemlich genauso lange gedauert wie das alte West-Berlin. Seit der Wiedervereinigung verschob sich der Schwerpunkt der Lokalerie in die alte Mitte. Zwischen dem Pariser Platz und dem Gendarmenmarkt öffneten nun so zahlreiche Luxusrestaurants, als wäre Berlin wie Paris und London eine Zehn-Millionen-Stadt. Inzwischen sind manche Träume welk geworden, der alte Westen um den Kurfürstendamm scheint wieder zu Ehren zu kommen.

Einmal, in den fünfziger Jahren, lud mein Vater die Familie in das Aben am oberen Kurfürstendamm ein, das Imke und ich uns natürlich nicht hätten leisten können. Dort verkehrte ein ausgesuchtes Publikum, in das sich zuweilen auch alliierte Offiziere und Diplomaten mischten. Aber das Aben lag auf dem oberen Kurfürstendamm auf dem Weg nach Halensee, wo einst das Tivoli gewesen war, also ziemlich abgelegen. Die Restaurantwelt war zwischen dem Steinplatz und der Kaiserallee zu Hause. Damals hatte die Strasse noch das alte Profil. Später wurde sie zu einer sechsspurigen Schnellstrasse ausgebaut, obwohl sie den bürgerlichen Charakter verlor, den sie noch im Trümmerzustand bewahrt hatte. Hier war ich mit Imke und meinem Freund Henning Schlüter zuweilen in einen Tanzclub gegangen, der in einer der alten Villen untergebracht war, die die Kaiserallee einst geprägt hatten. Davon ist weiss Gott nichts geblieben.

In den zwanziger und dreissiger Jahren lagen Berlins berühmte Restaurants nicht mehr Unter den Linden oder in der Stadtmitte, sondern an der Martin-Luther-Strasse. Zuerst kam das Horcher, zu dessen Stammgästen die Grössen der Republik und dann des Dritten Reiches gehörten, der »Reichsmarschall« Göring und sein Freund General Udet, daneben die Grossverdiener aus der Wirtschaft und viele prominente Schauspieler. Meinen Eltern war das Horcher zu luxuriös und wohl auch zu teuer. Mein Vater war nur zwei- oder dreimal dort gewesen, wenn er mit Mitgliedern seines Wirtschaftsverbandes – »deinen Herren«, wie meine Mutter zu sagen pflegte – aus besonderem Anlass dort ein Essen hatte.

Für gewöhnlich ging er schräg gegenüber in das Schlichter, das vom alten Küchenchef des Horcher eröffnet worden war. Man nannte es

»das kleine Horcher«, weil es zwar auch ein Platz prominenter Gäste war, aber eher aus der Theater- und Kunstwelt als aus der Industrie. Als ich einigermassen zu Geld gekommen war, wurde es für einige Jahre »mein« Restaurant, in dem ich mich mit Freunden und Autoren traf – beides waren jetzt häufig dieselben.

Das Schlichter war in den zwanziger Jahren von Max Schlichter, dem Bruder des Malers Rudolf Schlichter, gegründet worden, einem durchaus bemerkenswerten Maler und Graphiker aus der Schule von George Grosz, dessen satirische Bilder sonderbar auf die Gäste blickten, die zu ihren Füssen tafelten und die eigentlich der Welt angehörten, die sie karikierten. Gutbürgerliche Restaurants zeichneten sich dadurch aus, dass die Kellner, die früher einen Frack, jetzt selbstverständlich einen dunklen Anzug trugen, um die Fünfzig oder älter waren. Dreissigjährige Kellner wurden als ein Zeichen genommen, dass man das Lokal nicht besonders ernst nehmen musste. Mein Vater begrüsste die ihm offensichtlich vertrauten Kellner; vor allem einer von ihnen ist mir in Erinnerung, nicht nur der zurückhaltenden Vertraulichkeit wegen, mit der er bediente; die eine Hälfte seines Gesichts war tiefrot gezeichnet, ob Spätfolgen einer Kriegsverletzung oder eine Hautkrankheit, danach fragte man nicht. Berühmt waren bei Schlichter die kalten Platten, die in einer Vitrine gleich am Eingang präsentiert wurden und die so vorzüglich waren, dass es schwerfiel, sich des Hauptgangs wegen zurückzuhalten.

Schlichter war das alte Stammlokal von Theo Lingen und Bertolt Brecht, von Jürgen Fehling und Heinrich George – Gerhart Hauptmann ging natürlich nur ins Adlon. Im Schlichter bot Brecht seine »Dreigroschenoper« Ernst-Josef Aufricht an, als dieser für sein neues Theater am Schiffbauerdamm – das er von dem Geld seines Vaters, eines reichen jüdischen Unternehmers aus Schlesien, erworben hatte – ein Stück für die Eröffnung suchte. Von der Erzählung des Inhalts und den ersten Songs, die ihm Brecht halblaut vorsang, war Aufricht so angetan, dass beide an Ort und Stelle einig wurden. Brecht hatte hier im Freundeskreis nach einem Titel für die »Dreigroschenoper« gesucht. Elias Canetti schildert in seinen Erinnerungen sehr anschaulich, wie jeder in der Runde Vorschläge machte, die Brecht alle mit gleicher Aufmerksamkeit ohne jeden Kommentar zur Kenntnis nahm. Am Ende übersetzte Bertolt Brecht ganz einfach den englischen Titel »The Beggar's Opera«.

Er war so wenig von dem Stück überzeugt gewesen, dass er Aufricht ersatzweise ein »richtiges« Stück versprach, dies hier sei ja im Grunde nur ein Entwurf. Tatsächlich schrieb er die »Dreigroschenoper« eigentlich während der Proben im Sommer 1928 zu Ende, wobei er einige der berühmtesten Songs aus dem Stegreif hinzudichtete, als der Regisseur Erich Engel und die Schauspieler Erich Ponto, Roma Bahn und Harald Paulsen »Zugnummern« verlangten.

An eben diesem Tisch im Schlichter, an dem Brecht gesessen hatte, sass ich ein Vierteljahrhundert später mit Aufricht, als ich seine Erinnerungen »Erzähle, damit Du Dein Recht erweist« herausbrachte. Aufricht erzählte bei diesem Essen in allen Einzelheiten, wie sie stundenlang beratschlagt hatten, ob sich die »Dreigroschenoper« für die Eröffnung eines neuen Theaters eigne. Aufricht war dabei sehr komisch und sehr melancholisch, wie es sein Naturell war.

Zu dieser Zeit hatte ich im Schlichter meine erste Begegnung mit Albert Speer. Ich hatte ihm noch in das Spandauer Kriegsverbrechergefängnis geschrieben und ihm vorgeschlagen, nach seiner Entlassung für den Propyläen Verlag seine Erinnerungen zu schreiben. Speers Tochter Hilde war die Briefbotin, weil sie Verbindung mit jenem niederländischen Gefängniskoch hatte, der die geheime Korrespondenz zwischen Speer, seinem alten Vertrauten Rudolf Wolters aus der Zeit des Generalbauinspektors und seiner Familie mit Kassibern bewerkstelligte. Seit seiner Verurteilung hatte Hilde alles für ihren Vater getan, den sie, bei seiner Verhaftung praktisch ein Kind, im Grunde nicht kannte. Sie hatte selbst den amerikanischen Hochkommissar für die vorzeitige Entlassung des Vaters gewonnen, aber alles blieb vergeblich. Willy Brandt war jedoch von den nicht nachlassenden Bemühungen der Tochter so gerührt, dass er ihr, nicht dem Vater, Blumen schickte, als Speer nun freikam. Jetzt aber war

Hilde auch unsere Botin beim Verkehr mit dem Kriegsverbrechergefängnis.

Als Albert Speer Anfang Oktober 1966 aus der Haft entlassen wurde, kam er auf meine Aufforderung zurück. Eines Tages klingelte das Telephon in meinem Büro, und meine Sekretärinnen waren ganz verstört, als sie meldeten, der legendäre Albert Speer sei am Apparat. Speer fragte ohne grosse Umschweife, wann er mich in Berlin besuchen könne. »Ich kann mir vorstellen«, sagte ich abwehrend, »dass Sie keine Neigung zu einer Reise nach Berlin haben, wo Sie hier zwölf Jahre mit und unter Hitler gearbeitet und dann zwanzig Jahre wegen Hitler im Gefängnis gesessen haben.« Speer ging darüber hinweg: »Ich habe meine zwanzig Jahre bis zum letzten Tage abgesessen und bin mit der Zustimmung der Russen entlassen worden. Warum sollte ich eine Reise nach Berlin scheuen?« Aber wo sollte ich Speer treffen, etwa bei mir zu Hause in Dahlem oder im Springerschen Hochhaus in der Kochstrasse? Also schlug ich das Schlichter vor.

Ich sah der Begegnung mit einiger Unruhe entgegen. Hitlers fast geliebter Chefarchitekt und später sein allmächtiger Rüstungsminister, gerade aus der Einzelhaft entlassen, war noch immer eine geheimnisumwitterte Gestalt, und manche Zeitungen waren schockiert, als sich die Nachricht herumsprach, Speer würde in den Kreis der Autoren des Propyläen Verlages treten. So waren wir wohl beide befangen, als wir uns das erste Mal begegneten. Aber der Umgang mit ihm war merkwürdig leicht, ein älterer Herr, erkennbar aus guten Kreisen, wie von langer Abwesenheit zurückgekommen. Nur an Details erkannte man, dass er gerade aus einer jahrzehntelangen Gefängnishaft entlassen worden war. So zum Beispiel, als er Wein zum Essen ablehnte: »Sie müssen bedenken, dass in Spandau Alkohol verboten war.«

Einmal brachte ein vorsichtiger Scherz eine Gefährdung der Atmosphäre. Ich hatte, als es schon klar war, dass er mit seinen Memoiren zu mir kommen würde, leichthin gesagt: »Wissen Sie eigentlich, Herr Speer« – »Professor« wollte er nicht mehr genannt werden, »denn diesen Titel hat mir Hitler verliehen« –, »dass wir Kollegen sind?« Auf seinen fragenden Blick fuhr ich fort: »Wir haben beide im Gefängnis gesessen – Sie wegen Hitler und ich unter Hitler.« Das überforderte ihn offensichtlich, und er fragte mich, sichtlich verstört, ob es mir unangenehm sei, meinen Namen mit dem seinen verbunden zu sehen, was mich nun wiederum verschreckte, weil er allen Ernstes anbot, vom eben geschlossenen Vertrag zurückzutreten. Es dauerte einige Zeit, bis ich ihn beruhigt hatte, dass das ein offensichtlich misslungener Versuch gewesen sei, das Gespräch aufzulockern.

Am Ende schlug ich vor, ihm einen Vertragsentwurf nach Heidelberg zu schicken, aber Speer sagte, dass er eigentlich mit der Hoffnung nach Berlin gekommen sei, einen Verlagsvertrag gleich mitzunehmen. So rief ich den Leiter der Vertragsabteilung der Ullstein-Propyläen-Gruppe, Walter Kabisch, an und sagte ihm am Telephon die Bedingungen eines Vertrages, den er mir gleich ins Schlichter bringen solle. Vertragsausfertigungen sind zwölf oder fünfzehn Seiten stark, und ich wollte Speer Zeit lassen, das Papier zu Hause in Ruhe zu lesen. Aber er schlug gleich die letzte Seite auf und setzte seinen Namen unter den Vertrag. Ich protestierte, er müsse doch lesen, was er unterschreibe, aber Speer blieb dabei: »Ach, wenn man Vertrauen hat, soll man auf den ersten Eindruck bauen. Verstehen tue ich ohnehin nichts von den Paragraphen eines solchen Vertrages.« In den zwei oder drei Stunden unseres Essens waren wir so vertraut miteinander geworden, dass ich beharrte: »Blindes Vertrauen hat Sie schon einmal ins Unglück gestürzt. Bleiben Sie diesmal misstrauisch, und seien Sie vorsichtig.« Als ich am späten Nachmittag in den Verlag zurückkam, wurde ich in meinem Büro von jedermann gefragt, wie das Treffen mit Speer denn verlaufen sei. Niemand wollte es glauben, als ich den unterschriebenen Vertrag aus der Tasche zog.

An dem Manuskript seiner Erinnerungen – eine fast tausend Seiten lange Rohfassung hatte er in Spandau geschrieben – arbeiteten wir so ziemlich zwei Jahre, oft zusammen mit Joachim Fest, den ich für die historischen Passagen hinzugezogen hatte. Zuweilen gab ich meiner Neigung nach, Arbeitssitzungen mit Autoren an angenehme Orte zu verlegen. Im Sommer waren wir mitunter auf Sylt, und manchmal wohnten wir acht oder zehn Tage in Axel Springers Gästehaus Klentner Hof in Kampen. Dann arbeiteten wir einmal mehrere Wochen in jenem zum Hotel ausgebauten Hohenstaufenkastell Schloss Korb in Südtirol, das inzwischen ein Lieblingsort von Imke und mir war. Ein anderes Mal waren wir an der Loire, wo Speer das Zusammensein aber nach wenigen Tagen abbrach, da zu Hause sein gewaltiger Bernhardiner krank geworden war.

Als das Resultat unserer Mühen in Form des ersten Vorausexemplars vor uns lag, schlug Speer vor, dass wir alle zusammen – er und seine Frau Margarete, Fest mit seiner Frau Ingrid und ich mit Imke – im Erbprinz in Ettlingen ein festliches Essen haben sollten. Am nächsten Tag würde das Buch der Öffentlichkeit und vor allem der Presse präsentiert werden, ein Ereignis, dem Speer mit ziemlicher Sorge entgegensah. Seine Bedenken galten einem möglichen Misserfolg des Buches, das dann mit vierzehn Auflagen und mehr als einer halben Million Exemplaren einer der spektakulärsten Bestseller der Nachkriegszeit wurde. In einer gelösten Stimmung ärgerte ich Heinrich Böll bei einem meiner Besuche in seinem Landhaus in der Eifel: »Sie haben es zu unser aller Bedauern trotz des Nobelpreises nie zu einem solchen Erfolg gebracht.«

In einer für Speer ganz ungewöhnlichen Feierlichkeit, die um so rührender wirkte, als er wie immer spröde und unbeholfen war, setzte er mit einer angedeuteten Erhebung zu einer Art Tischrede an. »Sie werden spüren, dass ich dem Erscheinen des Buches mit Zweifeln entgegensehe. Ich bin nicht meinet-, sondern Ihretwegen nervös, denn Sie haben soviel Zeit, Mühe und Geld investiert.« Er war noch immer ziemlich sicher, dass das Buch ein Misserfolg werden würde, wobei ich manchmal das Gefühl hatte, dass das Koketterie war, denn ich hatte ihm schon vertraulich gesagt, dass der Buchhandel ziemlich enthusiastisch reagiert habe. Aber Speer schien allen Ernstes einen möglichen Misserfolg mehr des Verlages als seinetwegen zu befürchten. »Sie

Mit Albert Speer auf dem Weg zu einer Arbeitssitzung.

wissen gar nicht, Herr Siedler, was Sie für mich in diesen zwei Jahren gewesen sind. Ich bin ja im Grunde ein Mensch, der immer eines ›Katalysators‹ bedarf. In meiner Assistentenzeit an der Charlottenburger Technischen Hochschule war das mein Lehrer Tessenow, von dem ich so vollkommen abhängig war, dass ich die anderen grossen Architekten der zwanziger Jahre kaum zur Kenntnis nahm. Dann wurde Hitler mein übermächtiger Katalysator, dem ich willen- und fast bewusstlos in eine Welt folgte, die mir eigentlich fremd war. Jetzt sind Sie mein Katalysator, dem ich wieder fast blind folge. Der Gedanke ist mir unerträglich, dass ich Ihnen das durch einen Misserfolg schlecht lohne.«

Wir waren alle betreten, Fest beugte sich schweigend über seinen Teller, ich sah abwechselnd Imke und Margarete Speer an, und da ich antworten musste, suchte ich mich leichthin aus der Affäre zu ziehen. »Mit Ihrem letzten Katalysator, Herr Speer, hat es ein schlechtes Ende genommen. Hoffen wir, dass ich aus dem Abenteuer dieses Buches besser hervorgehe.« Und damit hob ich das Glas – Speer hatte sich inzwischen an Wein und Champagner wieder gewöhnt – und trank ihm mit einer Herzlichkeit zu, die nun wieder für mich ungewöhnlich war. Aber alle waren, nachdem wir das Formelle hinter uns gebracht hatten, erleichtert, und so endete jener Abend im Erbprinz heiter-gelöst.

Einige Wochen später erhielt ich einen Brief von Margarete Speer:

> Lieber Herr Siedler!
> Nun habe ich Zeit und Ruhe, um diesen Danke-Brief an Sie zu schreiben. Dank für Ihren Brief, über den ich mich besonders freute, für den bunten Herbststrauß und für die Übersendung des ersten Buches.
> Ich hatte Angst vor diesem Buch; sie tritt zurück beim Lesen vor den Gestalten, die auch ich alle kannte, und vor dem Geschehen, das ich miterlebte und vergessen wollte. Es war auch mein Leben, wie Sie schrieben.
> Für mich ist das Buch so aufregend und erschreckend, daß ich es abends nicht lesen kann.
> Ich denke, es wird ein Erfolg. Das wünsche ich auch Ihnen, weil Sie so sehr mit dem Buch lebten.
> Und dann wünsche ich mir noch, daß unser freundschaftliches Beisammensein mit Ihrer Frau und Ihnen auch in Zukunft nicht aufhört, und daß ich noch oft die Freude haben werde, Ihren Gesprächen mit Herrn Fest zuzuhören.
> Herzlichst
> Ihre
> Margarete Speer.

Ein weiter Weg von Brecht über Aufricht zu Speer. Aber alle drei haben mit Schlichter zu tun. Jedes der alten Berliner Restaurants ist eben mit Geschichten verbunden. Das gilt selbst für die Volle Pulle, eine kleine Weinstube am Steinplatz, die im ehemaligen Gepäckeingang des Hotel Steinplatz einige Jahre nach dem Krieg als Künstlerlokal aufgemacht hatte. Die Eröffnung hatte im Dezember 1950 stattgefunden, und dazu waren Michael Bohnen, der berühmte Bariton, und Sergiu Celibidache gekommen, der schon in der Badewanne Stammgast gewesen war. Hans Sixtus, der mit den Eltern Zellermayers befreundete Generaldirektor der Schultheiss-Brauerei, hatte ein ausgedientes Riesenfass beigesteuert, das nun als Eingang diente.

In den fünfziger und sechziger Jahren war die Volle Pulle der eigentliche Treffpunkt für die Künstler und Schriftsteller Berlins – von Heinrich Böll und Arthur Koestler, Erich Maria Remarque und Ignazio Silone bis zu Thornton Wilder und sogar Ilja Ehrenburg. Wahrscheinlich hing das mit den drei Geschwistern Zellermayer zusammen, dass vor allem Musiker Stammgäste der Vollen Pulle waren, neben Pablo Casals gehörten Claudio Arrau, Paul Hindemith, Zubin Mehta und Wieland Wagner zu den regelmässigen Gästen. Auch wer im internationalen Showgeschäft an der *Tête* ritt, verkehrte selbstverständlich in der Vollen Pulle. Wir haben aber Maurice Chevalier und Louis Armstrong nie dort gesehen, und auch der gefeierte Filmstar Winnie Markus, die mit Heinz Zellermayer verheiratet war, habe ich hier nie getroffen, obwohl sie sehr häufig in der Vollen Pulle einen Drink genommen haben soll. Gottfried Benn, schon schwerkrank, gab im Hotel Steinplatz für seine Frau und seine Tochter, seinen Verleger und einige wenige Freunde ein Essen anlässlich seines siebzigsten Geburtstages; vorher hatten sich alle in der Vollen Pulle getroffen. Es war das letzte Treffen, 1956 starb Gottfried Benn, glücklicherweise im Glauben, ihn habe ein besonders heftiger und sehr schmerzhafter Rheumaanfall getroffen. Bis zuletzt hatten seine Freunde das hässliche Wort »Krebs« vermieden. Ach, die Ärzte und die Krankheiten. Wieviel Mediziner habe ich getroffen, die sich über ihre eigene Krankheit täuschten. Auch mein Vater, doch sonst nicht zu Illusionen neigend, hatte seine zwei Schlaganfälle verharmlost. »Glücklicherweise sind es keine Schlaganfälle, Dr. Päpra« – der alte Hausarzt in Lichterfelde – »hat mich beruhigt, dass es nur eine Durchblutungsstörung war.« Als er starb, war es ganz gleich geworden, wodurch der Tod gekommen war, der Krebs, der es in Wirklichkeit war, spielte keine Rolle mehr; seine Zeit war mit achtzig Jahren abgelaufen.

Eine besondere Spezialität der Vollen Pulle war das für uns neuartige »Pilaw«, ein Gericht, über das man stritt, ob es jugoslawischer oder arabischer Herkunft war. Pilaw, Reis mit kleingeschnittenem Rinderfilet, gehackten harten Eiern, Tomatenmark und Tomatenketchup, konnten Imke und ich uns nur selten leisten. Als Imke dieses Pilaw nach Jahrzehnten selber zubereitete, war der alte Geschmack wieder da. Oder waren es die Erinnerungen von einst, die die Empfindungen von damals heraufriefen? Die Räume in der Vollen Pulle waren klein, sehr verwinkelt, sehr dunkel, und es war stets sehr heiss, vielleicht weil auf jedem Tisch Kerzen standen. Seinen besonderen Charakter hatte das Lokal dadurch, dass die Kellner oft Maler- oder Bildhauerstudenten von der gegenüberliegenden Hochschule für Bildende Künste waren, die sich damit ihre kargen Mittel aufbesserten.

Heinz Zellermayer ist sogar in die Geschichte Berlins eingegangen. Die Sowjets hatten nämlich für ihren Sektor eine Sperrstunde eingeführt, die eine Stunde später begann als die Sperrstunde der drei westlichen Sektoren. Das erwies sich für die Lokale im Westen als katastrophaler Nachteil, denn damals war es noch üblich, dass man einfach die zwei oder drei Stationen in den sowjetischen Sektor fuhr und dort weiterfeierte. So überredete Heinz Zellermayer den anfangs unwilligen amerikanischen Stadtkommandanten Frank L. Howley – dessen schlossartiges Landhaus in der Gelfertstrasse nicht weit vom Falkenried lag –, einer Ausdehnung der Sperrstunde auch im Westsektor zuzustimmen: »Schaffen Sie doch die Sperrstunde völlig ab, Sie glauben nicht, welche Attraktivität das Berlin geben würde.« Howley sah ihn unsicher an, denn eine derart einschneidende Massnahme bedurfte der Zustimmung des Hochkommissars. Aber der Westen der Stadt war durch die Einschnürung ohnehin so benachteiligt, dass man sich schliesslich von Zellermayers Überredungskunst überzeugen liess und die Sperrstunde nicht etwa verlängerte,

sondern gänzlich abschaffte. Das gab West-Berlin das für ganz Deutschland einzigartige Privileg, seine Kneipen und Destillen bis zum frühen Morgen offen zu halten.

Das Hotel Steinplatz musste bald die Segel streichen, inzwischen waren so viele neue Hotels eröffnet worden, dass immer weniger Gäste kamen und ein rentabler Betrieb nicht mehr möglich war. So verpachtete Heinz Zellermayer das Hotel Steinplatz an einen erfindungsreichen Manager, der es mit seinen zahlreichen Zimmern zu einem Altersheim machte, modisch gesprochen: zu einer »Altersresidenz«. In dieser Form lebt das alte Hotel Steinplatz, das so viele Gäste hat kommen und gehen sehen, noch heutigen Tages, wenn auch nun nicht mehr Künstler und Studenten, sondern betagte Damen die grüne Fläche des Steinplatzes auf ihre Weise beleben.

Gleich neben der Vollen Pulle lagen an der Ecke zur Hardenbergstrasse, gegenüber der noch zerschossenen Hochschule für Bildende Künste – bei der man ernsthaft überlegt hatte, ob man sie abreissen solle –, die Börsenstuben, eines der nobelsten Restaurants jener Jahre. Man musste arriviert sein, um dort zu verkehren, die Gäste kamen – wie der Name schon sagt – von der nahegelegenen Börse oder der Berliner Bank, die sich gerade ein Hochhaus baute, und natürlich war auch die Professorenschaft der Technischen Hochschule und der

Hochschule für Bildende Künste vertreten. Gerade wurde von Baumgarten ein Konzertsaal für die Hochschule für Musik gebaut, dessen Garagenstil den Geist der fünfziger Jahre noch heute bewahrt.

Joachim Tiburtius, Berlins langjähriger Volksbildungssenator, lud mich mitunter in die Börsenstuben ein, was wahrscheinlich weniger mit meiner Person als mit meinem Namen zu tun hatte. Tiburtius kam nämlich aus Danzig, und er war in seiner Jugend von dem vermögenden westpreussischen Zweig unserer Familie protegiert worden, die seit Jahrhunderten eine der grossen Ostseereedereien besass. Joachim Tiburtius, schon 1948 als Professor für Volkswirtschaftslehre an die Freie Universität berufen, kam aus einer bürgerlichen, jedoch nicht vermögenden Familie. Desiderius Siedler, der einen Mittagstisch für vielversprechende junge Leute unterhielt, gewährte dem jeweils begabtesten Studenten eines Jahrgangs ein Stipendium. So auch Tiburtius, und das hat er nie vergessen. Er war dankbar bis in seine letzten Tage, wobei er allerdings die Familien und Generationen mitunter durcheinanderbrachte. In der Weihnachtzeit kam stets eine Geschenksendung mit einer Flasche Danziger Goldwasser in den Falkenried, einem scheusslich süssen Likör, in dem hauchdünne Goldblättchen schwimmen. Tiburtius wehrte Richtigstellung und Dank ab: »Ich denke noch immer voller Dankbarkeit an Ihren Herrn Vater.«

Joachim Tiburtius war der erste und vielleicht bedeutendste Senator für die Kultur Berlins. In seine Ära fallen die Wieder- oder Neugründung der meisten Berliner Theater, Hochschulen und auch der Akademie der Künste, für die ich zusammen mit ihm ein nobles Landhaus als erstes vorübergehendes Quartier in der Dahlemer Musäusstrasse fand. Ich weiss nicht, ob ich es mir selber oder meinem Namen verdanke, dass Tiburtius mich sehr bald in einen dreiköpfigen »Beirat« seiner Senatsabteilung berief. Das hatte für Imke und mich die angenehme Beigabe, dass wir für alle Theater-Festwochen und Film-Festspiele Karten bekamen. Die Etablierung des Berliner Balletts von Imkes alter Ballettlehrerin Tatjana Gsovsky wurde gebührend gefeiert, und dann ist uns besonders das erste Gastspiel des Pantomimen Marcel Marceau in Erinnerung, den Friedrich Luft in Paris entdeckt hatte, als ihn selbst dort kaum jemand kannte. Vor allem aber machte 1949 der Auftritt der französischen Primaballerina Janine Charrat in einem Gastspiel von Werner Egks »Abraxas« an der Städtischen Oper Berlin Furore, das vom Bayerischen Kulturminister Alois Hundhammer wegen »Gotteslästerung, amoralischer Inhalte und Verherrlichung des Satanskultes« verboten worden war. Bei mir hatte hauptsächlich Janine Charrat Furore gemacht. Sie war sehr jung und hatte ein auffallendes Tänzerinnenprofil. Dass in ihr Haar graue Strähnen gemischt waren, minderte nicht, sondern erhöhte ihren balletteusen Reiz. Anschliessend an die Premiere gab Tiburtius ein Essen, und da plazierte er die Primaballerina zwischen sich und mir. Momente im Leben eines Siebenundzwanzigjährigen, an die sich der Achtundsiebzigjährige erinnert.

In den Börsenstuben hatten zwei berühmte Komponisten der Nachkriegszeit ihren Stammtisch, deren Musik mir im Grunde fernlag, da ich von der musikalischen Moderne nichts verstand und verstehe. Der einzige Schritt ins Neuland der Moderne war mein Enthusiasmus für Arnold Schönbergs »Gurrelieder«, die ich immer wieder auflegte, bis Imke protestierte. Boris Blacher – der nach Hans Scharoun der zweite Präsident der Akademie der Künste wurde – kam einmal im Monat von der Musikhochschule in die Börsenstuben herüber und traf sich hier mit Gottfried von Einem, der bei den Salzburger Festspielen eine entscheidende Rolle spielte. Ich war bald der Dritte im Bunde. Wir standen so freundschaftlich miteinander, dass wir einmal in Braunlage im Harz zu dritt ein paar Tage Urlaub machten, wo im Waidmanns Lust auch Senator Tiburtius stets seinen Urlaub verbrachte. Eigentlich waren wir zu viert, denn in Gottfried von Einems Begleitung war die sehr begabte und sehr schwarze amerikanische Mezzosopranistin Vera Little, die ihn ständig vom Trinken abzuhalten suchte, wogegen er sich aber erfolgreich wehrte: »Husch, Husch, rauf auf die Palme, von der Du doch erst gestern heruntergeklettert bist.« Jahrzehnte später, ich war inzwischen Verleger, schlug mir Vera Little vor, ihre Erinnerungen zu veröffentlichen. Sie waren aber noch gar nicht geschrieben, und ich hatte meine Zweifel, dass sie sie jemals zu Papier bringen werde. Damit zog ich mich aus der Affäre, denn offensichtlich hatte sie die Hoffnung, dass der Verlag ihr zu einem Manuskript verhelfen würde. Aber vor ein paar Jahren sind sie unter dem Titel »Der einsame Priester und die Samstagsesser« erschienen, und sie sollen sehr hübsch erzählt sein. Damals gingen wir gemeinsam essen und liessen im Gespräch die alten Tage heraufziehen.

Eine Weinstube gehört eigentlich nicht in die Reihe »grosser« Restaurants der Nachkriegszeit. Aber ich mochte das Kottler, das nur zwei Häuser neben dem Schlichter in der Martin-Luther-Strasse lag. Dort gab es nur schwäbische Gerichte und württembergische Weine, weshalb das Kottler auch Der Schwabenwirt hiess. Sonnabends kehrte ich häufig mit meiner Tochter Sophie dort ein, nachdem wir unseren Antiquitätenbummel absolviert hatten. Das Kottler war ein bürgerliches, eher unelegantes Restaurant mit traditionellen regionalen Gerichten und sehr gutem Trollinger. Wenn ich dort meinen Frühschoppen trank und Sophie ihre Coca Cola, waren wir oft die einzigen Gäste. So war ich nicht überrascht, als das Kottler eines Sonnabends geschlossen war. Der Wirt hatte sich aus dem Fenster im vierten Stock gestürzt, um die Misere zu beenden. Er blieb am Leben, doch querschnittsgelähmt, und jahrelang soll er noch in einem Heim dahingelebt haben.

Merkwürdigerweise waren wir nur ein- oder zweimal in einem Restaurant, das den schönen altmodischen Namen Mampes Gute Stube trug. Es hatte den Bombenkrieg und die Strassenkämpfe überdauert, sodass die alte Einrichtung erhalten geblieben war, zu der ausgesuchte Kachelöfen des 18. Jahrhunderts gehörten, für die der Besitzer offensichtlich ein ebenso grosses Faible gehabt hatte wie ich selber. Mampes Gute Stube lag an der Ecke des Kurfürstendamms zur Joachimsthaler Strasse. Im Mai 1945 hatten die Russen das Mampe zu einem Stall für ihre Panjepferde umfunktioniert, wie mir ein alter

Ober erzählte. Jetzt, ein Jahrzehnt später, war es ein Treffpunkt der sich allmählich wieder herausbildenden West-Berliner Gesellschaft. Aber dennoch ging man im Grunde nicht zu Mampe, und die wenigen Male, dass ich dort war, fielen mir die vielen alten Damen auf, die das Restaurant füllten. Schräg gegenüber am Kurfürstendamm lag in der ersten Etage das Rollenhagen, das Lieblingslokal von Ernst-Josef Aufricht, wo wir uns regelmässig trafen. Ich weiss nicht mehr, ob es dort wirklich so exzellentes Essen gab, aber der Traiteur des Rollenhagen, den man inzwischen »Tafeldecker« nannte, war eine Grösse dieser Zeit, wo man auch hinkam, sah man ihn und seine Mannschaft. Inzwischen spricht man von Catering, und nur die Eingeweihten kennen die Unterschiede zwischen Traiteuren, Tafeldeckern und dem Catering sehr genau.

Immer wieder wollte ich Aufricht zur Abwechslung vom Rollenhagen in das Mampe lotsen; aber er war halsstarrig. Die Aufrichts waren eben erst als schlesische Juden aus der Emigration zurückgekehrt, aber sonderbarerweise brachte er gegen das Mampe vor allem vor, dass dort fast ausschliesslich der jüdische Mittelstand verkehrt hatte. Es war, um mit Thomas Manns »Zauberberg« zu sprechen, die Herablassung der »guten« zu den »schlechten« Juden, obwohl es doch eigentlich in Deutschland gar keine Juden mehr gab. Aber Aufricht war in der Welt solcher Unterschiede aufgewachsen, als die Distanz zwischen »Westjuden« und »Ostjuden« eine Rolle gespielt hatte, die »Grunewald-Juden« wollten nichts mit den »Scheunenviertel-Juden« zu tun haben. Nur wenn uns der Sinn nach »Hechtklösschen« stand, liess sich Aufricht bewegen, quer über den Kurfürstendamm zu gehen, wobei er aber wieder darauf hinwies, dass »Hechtklösschen« das Stammgericht der alten jüdischen Gesellschaft Berlins gewesen waren. Davon wusste ich nichts, es war mir auch ziemlich gleichgültig. Hecht mieden wir ohnehin, weil die Vielzahl der Gräten das Essen zu einer Mühsal macht. Mampes Gute Stube allerdings hatte die Vermeidung solcher Tortur der Küche übertragen, und der unvergleichliche Geschmack des Hechts war nicht mit eigenen Mühen verbunden.

Aber es waren nicht nur solche gastronomischen Dispute, die unsere Restaurant-Besuche amüsant machten, er hielt auch an anderen literarischen Göttern als ich fest. Thomas Mann war ihm im Grunde altmodisch; seine Zeit würde in ein paar Jahrzehnten abgelaufen sein, was die heute Zwanzigjährigen vielleicht längst sehen; meine Neigung zum »Erwählten« wird inzwischen wohl von wenigen geteilt. Wen Aufricht wirklich schätzte – obwohl er ihn als Mensch nicht sehr gemocht hatte –, war Joseph Roth, der für ihn weit über Arnold Zweig, Alfred Döblin und Jakob Wassermann stand. Inzwischen bin ich meiner Sache nicht ganz sicher, ob nicht der »Radetzkymarsch«, der »Hiob« und der »Tarabas« länger leben werden als die Bücher, die Imke und ich auf der Bank im Schwarzen Grund verschlungen hatten. Joseph Roth, ein Trinker seit seiner frühen Jugend, ist am Ende am Alkohol zugrunde gegangen, im Herbst 1939 starb er wenige Wochen, bevor Hitler zur Weltherrschaft ansetzte, als Ahasver in Paris. Manchmal will es mir so vorkommen, als sei mit ihm einer der grössten Romanciers der zwanziger Jahre dahingegangen, dann bedauere ich, dass ich Joseph Roth zu spät erkannt und seiner Wertschätzung durch Aufricht so verständnislos widersprochen hatte.

In den letzten Monaten vor der Machtergreifung der Nationalsozialisten hatte Joseph Roth monatelang an einem bestimmten Tisch in Mampes Guter Stube gesessen, hier hatte er grosse Teile seines »Radetzkymarschs« geschrieben, und seine Trauer über den Untergang Habsburgs und des uralten Kaisers war wohl die Trauer über den Untergang des alten Europa. Im Juli 1932 schon hatte er gesagt: »Jetzt ist Zeit wegzugehen, sie werden unsere Bücher verbrennen und uns damit meinen.« Auch Heinrich Mann hatte oft im Mampe gesessen, wer war denn nicht am Kurfürstendamm zu Hause gewesen, von Fritzi Massary bis zu Marlene Dietrich? Thomas Wolfe war von dem literarischen Klima des Boulevards und seinen unzähligen Buchhandlungen so beeindruckt, dass er, zurückgekehrt nach Amerika, schrieb: »Der Kurfürstendamm ist das grösste Kaffeehaus Europas.« Das ist nun wirklich vorbei.

Jedes Restaurant hatte seine eigene Gesellschaft. Im Hiller, das wie

Joseph Roth und seine Frau Friederike auf dem Kurfürstendamm in den späten zwanziger Jahren. Unstet wie überall hatte er in Berlin eine Vielzahl von Adressen.

das Dressel Unter den Linden gelegen hatte, verkehrten vorzugsweise Hof- und Finanzkreise, im Dressel Generäle und Minister, Kommerzienräte und Bankiers, Diplomaten mit eleganten Damen und auch die ein wenig anrüchige Lebewelt aus dem neuen Westen. Das dritte der berühmten Restaurants der Kaiserzeit war das Borchardt in der Französischen Strasse gewesen, ein kleines, aber sehr exquisites Lokal, das als einziges den Krieg und die Nachkriegszeit überlebt hat, selbst den Sozialismus, wenn auch in einer HO-Gestalt, und zuletzt nur noch als Lagerraum. Heute ist das Borchardt zu neuen Ehren gekommen, seine Kundschaft spiegelt das, was man jetzt die Gesellschaft nennt. Gerhard Schröder ist Stammgast, man zeigt sich den Kanzler verstohlen, aber er gibt dem Haus keine besondere Note. Das Borchardt ist das, was man heute ein »In-Lokal« nennt. Günter Rexrodt war dort regelmässig, und zuweilen sieht man auch Guido Westerwelle, vor allem aber die Welt der Prominenten um Thomas Gottschalk und Udo Walz. Insofern ist das Borchardt doch repräsentativ. Nach der feudalen Gesellschaft der Kaiserzeit kam die gutbürgerliche der Weimarer Epoche und auch des Dritten Reiches, die im Gehabe bis in ihre letzten Tage hinein das Bürgerliche herauskehrte. Jetzt gibt es das eine so wenig wie das andere, die Aristokratie spielt keine Rolle mehr und, bei Lichte besehen, auch das Bürgertum nicht. Es ist jene egalitäre Gesellschaft, die die Bundesrepublik prägt, und sie kommt im Borchardt zu ihrem Recht.

Vielleicht hatte Ralf Dahrendorf 1961 in seinem ersten und möglicherweise wichtigsten Buch »Gesellschaft und Freiheit in Deutschland« recht. Die Modernität der Bundesrepublik beruht vielleicht darauf, dass alles, was zum Untergang der ersten Republik von Weimar geführt hat, im grossen Schlamassel von 1945 verschwunden ist, die »Ruhrlade«, die »Ostelbier« und die »Reichswehr«, die im Grunde eine ganz kleine, verkappte kaiserliche Armee war. Aus den Katarakten des Zusammenbruchs tauchte die amorphe, egalitäre Gesellschaft der Nachkriegszeit auf, die man die Bundesrepublik nennt. In ein wenig anderen Worten hat dies Ernst Jünger in dem Motto gesagt, das ich meinem Buch vorangestellt habe.

Die Restaurants, in die meine Eltern und später auch wir gingen, die Lokale der Halbstadt also, haben sich in den siebziger und achtziger Jahren verabschiedet. Wenn man ihre Namen nennt, steigt die Atmosphäre der Alliierten Kommandantur, des Austauschs von Agenten an der Glienicker Brücke und jener Stadtkommandanten auf, die das letzte Wort in West-Berlin hatten, was den Regierenden Bürgermeistern noch in den allerletzten Jahren zuweilen in ärgerliche Erinnerung gebracht wurde, so, wenn es um diplomatische Etikette ging. Dann kam die große Wende, die durch einen Versprecher des Politbüro-Mitglieds Günter Schabowski unwissentlich und unwillentlich eingeleitet wurde. Wieder hat eine neue Zeit begonnen, man isst wie einst am Pariser Platz, am Gendarmenmarkt oder am Prenzlauer Berg, der zum ersten Mal in seiner Geschichte ein Treffpunkt der Jugend und zugleich der Schickeria geworden ist, wohin selbst amerikanische Präsidenten und französische Premiers von deutschen Bundeskanzlern geführt werden. Wer aber alt geworden ist, denkt an das Schlichter, an die Börsenstuben und an das Aben gern zurück. In der Erinnerung hat die Zeit der Teilung ihren eigenen Charme. Neben der Ostalgie steht die Westalgie.

Mit Adenauer im Hotel am Zoo

Der Name Konrad Adenauer war während des Dritten Reiches hin und wieder im Falkenried genannt worden. Die Schwester meiner Grossmutter, Marie Stahr, unsere Tante Mariele, hatte nach Köln geheiratet, und ihr Mann, Hermann Hoffmann, gehörte dort zu den bürgerlichen Honoratioren. Sie hatten ihr Haus in Lindenthal gebaut, einem der nobelsten Stadtteile Kölns. Sowohl in den letzten Jahren des Kaiserreichs als auch in der Weimarer Zeit hatte Onkel Hermann mit dem Oberbürgermeister Adenauer verkehrt. Einige Jahre nach dem letzten Besuch von Onkel Hermann und Tante Mariele in Berlin kam der Krieg, und wiederum drei Jahre später fielen Bomben flächendeckend auf deutsche Städte. Das Haus in Lindenthal war schliesslich nur noch eine Ruine.

Onkel Hermann war schon in den dreissiger Jahren gestorben; der Familie blieb er doch seines kaustischen Humors wegen in Erinnerung. Er war nicht übertrieben liebenswürdig; oft wehte ihn aus heiterem Himmel Missstimmung an, worauf er selber seine Umgebung aufmerksam machte. Der Fünfundsiebzigjährige erschien dann im Garten bei seinen Gästen und warnte: »Mit mir ist heute nicht gut Kirschen essen.« Und es konnte ihn nicht besänftigen, wenn Tante Mariele sagte, das wolle ja auch niemand.

Die kinderlose Tante Mariele kaufte sich nach der Zerstörung ihres Hauses in ein Damenstift in Königswinter ein. Mein Vater hatte ihr nach dem Tode ihres Mannes eine Lebensrente von monatlich hundert Mark ausgesetzt, wofür sie meine Eltern in ihrem Testament mit der Ruine in Lindenthal bedachte. So erinnere ich mich an manche

Gespräche im Wintergarten, ob diese Entscheidung der Tante vernünftig sei, denn meine Eltern dachten nicht im Traum daran, eines Tages nach Köln umzuziehen. Nun hatte die Wirklichkeit solche Fragen überholt. Tante Mariele bat meine Eltern um Zustimmung, das parkartige Grundstück mit der Ruine zu verkaufen. Was blieb ihnen übrig, als ihr Einverständnis zu geben? Ein oder zwei Mal besuchte meine Mutter nach dem Krieg Tante Mariele in Königswinter. Und meine Schwester Gitty, die damals in Köln im Gerling-Konzern arbeitete, schaute ebenfalls ein paar Mal nach der hoch in den Achtzigern Stehenden. Als Tante Mariele in den späten fünfziger Jahren starb, hatte sich das Phantom der Erbschaft eines grossbürgerlichen Anwesens in Köln längst in Nichts aufgelöst.

Onkel Hermann und Tante Mariele hatten kein allzu sympathisches Bild von Adenauer gezeichnet. Adenauer gehörte als erster »Studierter« seiner Familie nicht eigentlich zum rheinischen Patriziat. Aber kraft seiner Persönlichkeit und seines oft autoritären Auftretens regierte er fast als Alleinherrscher die Domstadt und durchaus zu deren Bestem. Der Kölner Grüngürtel, dessen Durchsetzung im Stadtparlament heftig umstritten war, erwies sich später als Wohltat für das explosionsartig wachsende Köln. Onkel Hermann hat meinen Eltern gelegentlich von der Amtsenthebung Adenauers durch die Nationalsozialisten erzählt. Schon im März 1933 war er aus seinem Amt getrieben worden und hatte dann die ganzen zwölf Jahre als Privatmann gelebt, nicht gerade in beengten Verhältnissen übrigens. Abfindung und Pension reichten aus, sich ein Haus für seine grosse Familie in Rhöndorf am Hang oberhalb des Rheins zu bauen. Heute ist das Adenauer-Haus eine Stiftung und ein Museum des ersten Bundeskanzlers.

Gelegentlich erzählte meine Mutter, wie standes- oder richtiger wie amtsbewusst schon der junge Adenauer gewesen sei. Nach dem Tod seiner ersten Frau Emma Weyer hatte er die zwanzig Jahre jüngere Gussie Zinsser geheiratet, die als Tochter aus bestem patrizischen Kölner Hause ihrem Mann den Zugang in die gute Kölner Gesellschaft erleichterte. Gussie Zinsser war in ihrer Jugend einige Zeit mit meiner Mutter im selben Pensionat gewesen. Nach ihrer Hochzeit hatte sie den Verkehr mit mehr oder weniger allen Jugendfreundinnen abgebrochen, da ihr Mann ihr ziemlich apodiktisch erklärt hatte, als erste Frau Kölns habe sie nun repräsentative Pflichten zu erfüllen. Davon wurde mitunter im Falkenried ein wenig verständnislos gesprochen, und das waren die ersten Male, dass ich den Namen Konrad Adenauer gehört habe. Aber 1938 war ich ganze zwölf Jahre alt. In diesem Alter interessieren einen Gespräche über Verwandte nicht viel, vor allem, wenn man sie sehr selten sah, schon weil Köln eine Weltreise entfernt war.

Aber immerhin war ich wahrscheinlich der einzige meiner Freunde, der mit dem Namen Adenauer überhaupt etwas anfangen konnte, als er Ende der vierziger Jahre in der deutschen Politik immer häufiger genannt und 1949 dann mit der berühmten einen Stimme Mehrheit vom Bundestag zum ersten Kanzler der Bundesrepublik Deutschland gewählt wurde. In der Vier-Sektoren-Stadt hatte man andere Sorgen, man verfolgte zwar den Ausgang der Wahlen im Westen, doch die Sympathien gehörten eher der Sozialdemokratie als der rheinisch-katholisch geprägten Union. Es waren die Sozialdemokraten, die den Kampf gegen die kommunistische Bedrohung am entschlossensten führten. Ernst Reuter und Otto Suhr – und nach beider frühem Tod Willy Brandt – waren die Männer der Stunde und der Stadt.

Dass die Berliner CDU 1948 und 1950 nur an zweiter Stelle rangierte, lag auch an der Sprachlosigkeit Adenauers. Alle Welt amüsierte sich über seine Reden, die mitunter auf nicht mehr hinausliefen als: »Meine Damen und Herren, die Lage ist ernst. Die Lage war noch nie so ernst wie jetzt. Wir müssen wachsam sein. In dieser Situation, meine Damen und Herren, gibt es nur eins – wählen Sie CDU.« Das war in der Tat nicht sehr eindrucksvoll, und bei den Redegefechten im frühen Bundestag schnitt er selten überzeugend ab, wenn auch seine Souveränität hin und wieder die Lacher auf seiner Seite hatte. Sein Gegenspieler, der Sozialdemokrat Fritz Erler machte eine bessere Figur im Parlament. Und der rebellische Liberale Thomas Dehler, den Adenauer als Justizminister in sein Kabinett geholt hatte, um die bayrischen Liberalen in seine Regierung einzubinden, war in seiner mitunter demagogischen Rhetorik ein, wenn auch umstrittener, Star des Parlaments.

Mich frappierte damals die Beobachtung, dass die aristokratische und grossbürgerliche Welt aus der Führung der Bundesrepublik praktisch ausgeschieden war, eher waren es die Sozialdemokraten von Carlo Schmid und Ernst Reuter bis zu Karl Schiller, die bürgerlichen Habitus hatten. Der Bundestag aber wurde von Mittel- und Kleinbürgern bestimmt, wofür ich nicht nur Erler und Dehler, die Söhne eines Arbeiters und eines Metzgers, als Beispiel nenne, sondern auch den Bundestagspräsidenten Eugen Gerstenmaier und den deutschen Vertreter bei der NATO, Jüngers alten Freund und meinen Fürsprecher in Gefängniszeiten, Hans Speidel, beide ebenfalls erste Generation. Adenauer selber kam auch nicht aus dem alten Bürgertum; auch er war der erste in seiner Familie, der ein Gymnasium absolviert hatte. Ich schrieb darüber einen Essay, der in mein Buch »Behauptungen« eingegangen ist. Ich vertrat die damals sehr ungewöhnliche und sogar provozierende These, dass die Schichten, die das Deutsche Reich so lange regiert hatten, all die verspotteten Landräte und Reservemajore, ein für alle Mal abgetreten seien. Die Christlich-Demokratische Union könne vielleicht rechts, aber nicht bürgerlich genannt werden. Das erregte im Klima der fünfziger Jahre ziemlich viel Aufsehen, als jedermann von der restaurativen Adenauer-Gesellschaft sprach.

Auch ich, inzwischen Mitte Zwanzig, war eher für die Gegenspieler Adenauers eingenommen, wenn mich auch die grobschlächtige Polemik und der Hohn seiner Gegner irritierte. Zur Überraschung meiner Freunde trat ich in der »Zeit« plötzlich als Verteidiger Adenauers auf, dem doch von den Intellektuellen immer wieder vorgeworfen wurde, sein Wortschatz betrage nur tausend Vokabeln. Adenauer hatte den unverzeihlichen Fehler begangen, ganz offen zu sagen, dass er zur Entspannung am liebsten Kriminalromane läse. Wäre Adenauer, fragte ich ironisch, den Literaten sympathischer, wenn er Enzensberger statt des neuesten Krimis läse? Ich nannte diesen Kommentar, indem ich meiner Neigung nachgab, die Dinge auf den Kopf zu stellen, »Die wortlose Grösse«, was die Redaktion in »Die unartikulierte Grösse« verwandelte, womit der Glosse in meinen Augen der Witz genommen war:

Adenauer ist unter allen Staatsmännern der Welt wohl am seltensten ein Satz von Ausdruck und Kraft gelungen. Dergleichen Machtlosigkeit über die Sprache ist nicht vorgekommen, seit es deutsche Reichskanzler gibt; Caprivi ist ein Demosthenes mit ihm verglichen. Quickheit im Wortaustausch besitzt er und Präsenz im Redegefecht, Witz und Sarkasmus, wenn auch von etwas karnevalistischer Beschaffenheit. Die Stunden der Nation gehen vorbei, ohne dass er sich zu verständigen weiss, und nicht einmal seinen Visionen vermag er, wie doch de Gaulle den seinen, drängendes Wort zu verleihen. Er ist durchaus nicht wortkarg im Sprechen, stumm, was die Sprache anlangt.

Und dennoch kann kein Zweifel sein, dass seiner Figur zumindest, denn von seinem Werk soll hier nicht die Rede sein, Grösse nicht abzusprechen ist. Er ist von ausserordentlicher Souveränität, aber neben de Gaulle oder Churchill kann er ungelenke Befangenheit nicht abstreifen; de Gaulle rückt ihn herrisch auf der Tribüne zurecht, damit er auch richtig steht. Er verfügt über grossen Charme, doch setzt er diesen Charme mit listiger Greisenmiene bewusst ein, wie denn ein schauspielerhaftes Maskenwechseln überhaupt nicht zu verkennen ist. Rathenau nimmt sich neben ihm wie ein in Politik dilettierender Intellektueller aus, aber er neben Rathenau oder Stresemann wie ein Jongleur der Macht. Sein Optimismus macht keinen sehr christlich-demütigen Eindruck, und seinen Pessimismus hat er von Selbstzweifeln freihalten können. Er ist, bis zuletzt, undurchschaubar, und man kommt zu dem alten Satz zurück: Individuum est ineffabile.

Ganz überraschend holte mich Karl Silex, der gerade berufene Chefredakteur, 1955 als Feuilletonchef in den »Tagesspiegel«. Hier suchte ich gegen das Schicksal aller Berliner Zeitungen anzuschreiben, die ausserhalb Berlins wenig wahrgenommen wurden.

So hatte ich jedenfalls zwiespältige Empfindungen, als mich Karl Silex, der Chefredakteur des »Tagesspiegel«, eines Tages fragte, ob ich Lust hätte, ihn zu einem Abendessen mit Adenauer zu begleiten. Adenauers Autorität war zwar inzwischen über die Grenze seiner Partei hinaus etabliert, aber noch immer war er für die Berliner nicht gerade ein Idol. Kürzlich erst war die Mauer gebaut worden, was Imke und mich so schockiert hatte, dass wir am Abend des 13. August 1961 von einem englischen und amerikanischen Grenzposten – die Franzosen waren weit im Norden in Reinickendorf stationiert – zum anderen fuhren, um ihnen mit ein paar Flaschen Wein unsere Sympathie zu zeigen. Den Berlinern war vor Augen geführt worden, dass es die Westalliierten waren, die die Stadt schützten. Adenauers ungerührte Weiterführung des Wahlkampfes gegen Willy Brandt empörte uns; in mehreren Reden hatte er auf die uneheliche Geburt seines Kontrahenten angespielt und den Namen »Frahm« als demagogische Waffe benutzt.

Mit zurückhaltendem Enthusiasmus begleitete ich Silex in das Hotel am Zoo, das damals noch nicht durch zwei gläserne Etagen aufgestockt war. Im ersten Stock war ein Raum reserviert, wo sich die kleine Runde traf. Adenauer kam allein, wenn uns vor seiner Ankunft auch sein Pressechef Felix von Eckardt beschworen hatte, den »alten Herrn« nicht allzu lange mit Beschlag zu belegen, da er doch schon auf die Achtzig zugehe. Auf keinen Fall sollten wir rauchen, da Zigaretten- oder Tabakqualm seinen vom Wahlkampf angegriffenen Bronchien schade. Dann zog er sich, soweit ich mich erinnere, mit Adenauers Begleitung zurück. Wer ausser Karl Silex und mir noch dabei war, ist mir entfallen. Wahrscheinlich war Joachim Bölke dabei, der aussenpolitische Ressort-Chef des »Tagesspiegel«, ein unabhängiger amerika-orientierter Mann, der als Rechtsaussen des Blattes galt. Vielleicht auch noch Dietrich Schwarzkopf, der innenpolitische Redakteur, der später eine Karriere als langjähriger Programmdirektor der ARD machte. War sonst noch jemand dabei? Wahrscheinlich. Dunkel steht mir eine Runde von fünf oder sechs Personen vor Augen, die um den Tisch sass. Ich weiss es nicht mehr. Aber das tut nichts zur Sache, denn es war Adenauer allein, der den Abend beherrschte.

»Herr Bundeskanzler«, eröffnete Silex vorwurfsvoll die Unterhaltung, »seit mehr als einem Jahr habe ich Sie um ein Gespräch gebeten. Aber Sie hatten nie Zeit, obwohl wir uns doch aus Rhöndorf kennen. Aber der Verleger der ›Welt‹, Axel Springer, hat erst vorige Woche um einen Termin gebeten, und Sie haben sofort eine Verabredung mit ihm getroffen. Soviel unwichtiger als die ›Welt‹ ist der ›Tagesspiegel‹ auch nicht.« Die Antwort kam prompt, und sie bestimmte in ihrer Mischung aus rheinischem Witz und rhetorischer Geistesgegenwart das Klima des Abends. »Aber, Herr Silex«, sagte im rheinischen Platt der Bundeskanzler, »ich habe den Verleger der ›Welt‹ nie empfangen.« Silex wollte gerade aufbrausen und zog schon seinen Terminkalender hervor, in dem er wohl notiert hatte, wann Axel Springer den letzten Termin im Bundeskanzleramt gehabt hatte. Da fuhr Adenauer in seiner unverwechselbaren kölnischen Mundart fort: »Axel Springer, der Verleger der ›Welt‹ war nie bei mir. Es ist immer nur der Verleger von ›Bild‹ bei mir gewesen. Wissen Sie«, und offensichtlich genoss er schon im Vorweg seine Replik, »ich habe nämlich ein Gefühl für Macht.« In der Tat konnte man nicht bestreiten, dass »Bild« mit seiner Millionenauflage einen ganz anderen Einfluss auf die Wähler hatte als der »Tagesspiegel«, der damals in der Halbstadt gerade einmal fünfundachtzigtausend Exemplare verkaufte.

Adenauer war einer reservierten Stimmung begegnet, als er gekommen war. Als er sich nach dreieinhalb Stunden zurückzog – über die Bitte von Felix von Eckhardt nach einem frühen Aufbruch, »Aber meine Herren, Sie machen mir einen müden Eindruck«, war Adenauer hinweggegangen –, hatte er alle für sich gewonnen. Das lag nicht an seinen Argumenten, sondern an seiner Aura, mit der er seine Sicht der Dinge ins Spiel brachte. Er war ganz einfach überwältigend souverän, und dabei nahm sein gelassener Humor dem Gespräch alles Verletzende, auch wo er seine Gegner blossstellte. Nach einer halben Stunde, in der sich alle an das Rauchverbot gehalten hatten, fragte Adenauer plötzlich: »Aber sagen Sie, warum roocht denn hier keiner? Es hat Ihnen doch keiner jesagt, Sie dürfen nich? Oder haben Sie nichts bei sich? Ich könnte dann welche bringen lassen.«

Es war seine Persönlichkeit, die alle entwaffnete. Damals habe ich zum ersten Mal erfahren, was eine Persönlichkeit ist. In Ettersburg hatten wir als Vierzehnjährige einen Aufsatz über das Goethewort schreiben müssen: »Höchstes Glück der Erdenkinder ist nur die Persönlichkeit«. Ich hatte das nicht verstanden. Eine Persönlichkeit ist doch jeder. Was ist daran ein solches Glück? Später erst lernte ich, dass zwar jedermann eine Person ist, aber die wenigsten Persönlichkeiten sind. Das macht eben die geheimnisvolle Wirkung eines Menschen aus. Adenauers Persönlichkeit prägte sich jedermann auf, sobald er einen Raum betrat. Es muss seine Umgebung, auch sein Kabinett, wieviel mehr seine politischen Gegner geradezu deprimiert haben, wie er die Atmosphäre bestimmte, ohne dass er auch nur ein Wort sagte, und was er sagte, war mitunter sehr schlicht.

Es ist schwierig, für seine Persönlichkeit Gründe zu nennen oder sie zu definieren. Wenn man zwanzig Jahre später seine Reden in den von mir verlegten »Teegesprächen« der »Rhöndorfer Ausgabe« liest, findet man sie gar nicht so überwältigend, weder so frappierend in den Argumenten noch so überzeugend in der Formulierung. Aber wenn und solange Adenauer anwesend war und sich selber ins Spiel brachte, zählte kaum etwas anderes neben ihm, selbst noch in den allerletzten Jahren, als seine Macht über andere Menschen doch deutlich nachliess.

Später ist auch mir mitunter die beliebte Gesellschaftsfrage gestellt worden: »Wer sind die drei grössten Persönlichkeiten, denen Sie in Ihrem Leben begegnet sind?« Das war für mich ohne jeden Zweifel Thomas Mann an erster Stelle, schon weil ich sozusagen mit den »Buddenbrooks« aufgewachsen bin und später von Thomas Mann lesen, denken und vielleicht auch schreiben gelernt habe, und dann natürlich, weil seine Gegenwart mich ganz und gar gefangennahm, als ich als Vierundzwanzigjähriger Thomas Mann in Bad Gastein getroffen hatte. Die zweite Persönlichkeit ist wohl tatsächlich Konrad

Ob Adenauer tatsächlich eine Abneigung gegen den Osten im allgemeinen und Berlin im besonderen hatte, mag dahingestellt sein. Aber er kam auffällig selten nach West-Berlin.

Adenauer gewesen und über die Jahrzehnte hinweg geblieben, so vertraut ich auch mit Willy Brandt oder Helmut Schmidt war, die später Autoren des Siedler Verlags wurden und oft bei mir zu Hause im Falkenried waren. Ich bewunderte sie, mochte sie auf ganz unterschiedliche Weise und war ihnen auch menschlich verbunden. Aber die prägende Gestalt blieb doch Adenauer, auch wenn es schwerfällt, das Geheimnis seiner Persönlichkeit zu benennen. Der Dritte, der mich in den frühen Jahren der Empfänglichkeit prägte, war ein Mann, der der Öffentlichkeit weitgehend unbekannt ist und dessen Persönlichkeit nichts an sich hatte, was einen bei der ersten Begegnung für ihn gewann: der Historiker einer so abgelegenen Sache wie der Alten Geschichte, Franz Altheim. Ich habe schon an anderer Stelle über die Faszination, die er auf mich ausübte, erzählt.

Ein Dichter, ein Staatsmann und ein Historiker – vielleicht keine so schlechte Zusammenstellung. Es sind jedenfalls diese drei, die meine Jugend geprägt haben. Damals war ich in meinem fünfundzwanzigsten Lebensjahr, und wahrscheinlich ist man nie so empfänglich wie in seiner Jugend. Ich war fünfzehn, als ich noch in Ettersburg in den

Bann Hugo von Hofmannsthals und Stefan Georges kam, und zwanzig, als ich Thomas Manns »Zauberberg« und seinen »Joseph« im afrikanischen Kriegsgefangenenlager las. Fünfundzwanzig war ich, als ich Gottfried Benn das erste Mal kennenlernte, und wenig später traf ich Bertolt Brecht. Bei Benn waren es die späten Gedichte, die er im Sommer 1954 im Kolbe-Haus in Westend las, und ich berichtete über diese Lesung so enthusiastisch für die »Neue Zeitung«, dass Gottfried Benn mir von nun an oft seine Verse schickte, aus Zeitungen herausgerissen und kein weiteres Wort an den Rand gekritzelt als: »Gruss, GB«, oder »Ihr Be.«. Seine frühen »Morgue«-Gedichte aus der Zeit vor dem Ersten Weltkrieg waren mir damals sehr fremd, es sollte noch ein Jahrzehnt vergehen, bis Strophen wie »Mann und Frau gehen durch die Krebsbaracke« ihren Sog auf mich ausübten. Bei Bertolt Brecht war es genau umgekehrt, es waren vor allem die sehr frühen Gedichte aus der »Hauspostille«, die »Erinnerung an die Marie A.« und die Ballade »Vom ertrunkenen Mädchen«, die mir noch heute unvergleichlich sind.

Auch hier also wieder Lyriker. In mancherlei Hinsicht bin ich bei meinen frühen Lieben geblieben. Natürlich habe ich später auch Amerikaner wie Saul Bellow oder John Updike voller Bewunderung gelesen, die neuen Franzosen, die nach André Malraux und Albert Camus mit dem Nouveau roman kamen: Michel Butor, den ich wenig später gewann, eine regelmässige Spalte für den »Tagesspiegel« zu übernehmen; Nathalie Sarraute und nicht wenige Russen in der Dissidenten-Zeitschrift »Kontinent« wurden meine Autoren. Aber die Überwältigung durch einen Autor hat man wohl nur in der frühen Jugend. Ich habe immer Hemingways Trauer verstanden, dass er ein eigenes Buch dafür geben würde, die grossen Romane seiner Jugend noch einmal lesen zu können.

Über ihnen ist der Schimmer, in den schon jene leise Melancholie gemischt ist, die über aller Jugend liegt und deren Schatten im Alter tiefer werden. Aber man soll zufrieden sein, wenn es Hofmannsthal, Thomas Mann und Gottfried Benn waren, die als Sterne über dem Himmel der Jugend standen.

Nach Jahrzehnten: Noch einmal
die Manns – Golo und Katia

Mit Golo Mann hatte ich viele Jahre lang verlegerisch zu tun: Er war Mitherausgeber der »Propyläen Weltgeschichte«, deren Verleger ich inzwischen, gerade siebenunddreissig Jahre alt, geworden war. So gab es viel zu besprechen, auch manchen Streit zu schlichten, denn er nahm seine Herausgeberpflichten ernst, las jedes Manuskript Zeile für Zeile, korrespondierte mit den Autoren und konferierte mit seinen Mitherausgebern, vor allem mit Alfred Heuß, der die grossen Abschnitte zur griechischen und zur römischen Geschichte übernommen hatte. Ich habe später viele derartige Editionen oder Gesamtausgaben herausgegeben, aber nie einen so gewissenhaften Herausgeber wie Golo Mann erlebt.

Golo Mann hatte sich ursprünglich an den Tantiemen, die nach dem Vertrag absatzabhängig waren, wenig interessiert gezeigt. Niemand hatte vorausgesehen, dass das Gesamtwerk ein Erfolg erst mit sechzigtausend, dann siebzigtausend, schliesslich mit fast neunzigtausend Exemplaren je Band werden würde, so dass endlich eine Gesamtauflage von mehr als einer Million erreicht worden war. Inzwischen sind auch preiswerte Ausgaben – die man früher »Volksausgaben« genannt hätte – dazugekommen, und dann natürlich eine Taschenbuchkassette, die es noch einmal auf Zehntausende von Exemplaren brachte. Nun war Golo Mann doch an der Entwicklung des Umsatzes interessiert. »L'appétit vient en mangeant«, sagte er entschuldigend, wenn er anrief, um sich nach seinem Kontostand zu erkundigen.

Diese gemeinsame Arbeit von acht Jahren – die »Propyläen Weltgeschichte« war angesichts des Erfolges von ursprünglich zehn auf zwölf Bände erweitert worden – brachte uns immer wieder zusammen, und mitunter verlegten wir diese Besprechungen in die Natur. Dann gingen wir auf den Abhängen über dem elterlichen Haus in Kilchberg spazieren oder später, anlässlich einer Tagung des Ordens »Pour le mérite«, durch die Wälder des Taunus – Thomas Mann war erst 1955, im Jahr seines Todes, mit achtzig Jahren in den Orden »Pour le mérite« aufgenommen worden; zwei Jahrzehnte später, 1973, nun sein Sohn Golo mit vierundsechzig Jahren. Ich hatte das Gefühl, dass dies die eigentliche Genugtuung für Golo Mann war. Wir gingen zusammen durch die Buchenwälder und redeten über Gott und die Welt, bald nicht nur über editorische oder verlegerische Fragen.

Einmal sprach Golo über Max Horkheimer und Theodor W. Adorno, der der engste Berater seines Vaters während der Niederschrift des »Doktor Faustus« gewesen war und den er in diesen Jahren aus der Nähe erlebt hatte. Mann verstand den intellektuellen Reiz der Häupter der Frankfurter Schule, dem auch ich mich nicht entzog. Schon 1950 waren Adornos »Minima Moralia« erschienen. Jahrzehnte bevor Filme und Bücher den Holocaust zu einem Thema machten, beschäftigte sich Adorno mit der unbegreiflichen und politisch wie militärisch sinnlosen Ausrottungswut in den deutschen Vernichtungslagern. Der Passus aus dem schmalen Band, der damals wenig beachtet wurde und heute fast ein Klassiker ist, prägte sich meinem Gedächtnis tief ein, so vor allem jener Abschnitt, den Adorno schon 1944 geschrieben hatte: »Es drängt sich der Gedanke auf, das deutsche Grauen sei etwas wie vorweggenommene Rache. In den Konzentrationslagern und Gaskammern wird gleichsam der Untergang von Deutschland diskontiert. Während sie alles gewannen, wüteten sie schon als die, welche nichts zu verlieren haben.« Viel weiter ist das Denken über Auschwitz seitdem nicht gekommen.

Golo Mann entzog sich zwar ohne Zweifel nicht der Intellektualität Adornos und Horkheimers; aber er blieb doch beiden gegenüber misstrauisch. Seine Melancholie, die immer nur Anlässe brauchte, kam wieder einmal zum Durchbruch. Müde blickte er mich an und sagte über die beiden resigniert: »Nun werden sie wieder die Köpfe der deutschen Jugend verwirren. Sie machen den abgetanen Marxismus intellektuell wieder salonfähig. Ihre Wirkung wird um so grösser sein, als sie der stärkste Gegenpol zur Barbarei des Faschismus sind. Warten Sie nur ab, Sie werden es erleben. Ihre Seminare werden eine Keimzelle des Neomarxismus werden.« Er fuhr wohl eine halbe Stunde fort mit melancholischen Voraussagen über die Anfälligkeit intellektueller Jugend, der französischen, die er aus der Zeit seiner Emigration gut kannte, und vor allem der deutschen, die immer durch radikale Gedanken gefährdet sei.

Es dauerte noch ein Jahrzehnt, bis die Studentenrevolution Ende der sechziger Jahre die alte Universitätswelt tatsächlich unterminierte und bald auch die Gesellschaft der Bundesrepublik. Horkheimer brach seine Zelte in Deutschland ab und suchte Zuflucht in den Schweizer Bergen in Montagnola, sehr nah bei Hermann Hesse, wo er sich seinen philosophischen Theorien und seinen Börsenspekulationen hingab. Als Joachim Fest ihn in seinem Schweizer Haus besuchte, wunderte er sich über das Tickern aus dem angrenzenden Zimmer. Horkheimer klärte ihn mit der grössten Selbstverständlichkeit auf, er müsse die Börsennotierungen aus Nord- und Südamerika verfolgen, wo schon sein Vater, der Stuttgarter Textilunternehmer Moses Horkheimer, mit solchen Anlagen den Grundstock seines Familienvermögens gelegt habe. Dann ging man zum eigentlichen Gesprächsgegenstand über, denn Fest schrieb damals einen Bericht über Horkheimers Philosophie.

Adorno wurde ein Opfer ganz anderer Art, sein Seminar begehrte auf ungewöhnliche Weise gegen ihn auf, nicht nur mit »Sit ins«, sondern auch mit direkten Brüskierungen. Eines Tages erschienen einige Studentinnen barbusig in seiner Vorlesung, um seine Neigung zu jungen Mädchen blosszustellen, die ebenso gross war wie seine Verführbarkeit durch marxistische Revolutionsspielerei. Golo Mann hatte ein tiefes Misstrauen, das bis zur Abneigung ging, gegen die nach Deutschland zurückgekehrten Häupter der Frankfurter Schule.

Bei einer dieser Wanderungen – worunter Golo Mann, wie sich herausstellte, ein wirkliches Wandern gemeint hatte, wozu er derbe Schnürstiefel trug und sich auf einen Knotenstock stützte, während ich nichtsahnend in einem leichten Flanellanzug und in Halbschuhen gekommen war – erzählte Golo Mann von seiner lebenslangen Passion für Gedichte. Einzelne Verse, Strophen, auch ganze Gedichte hätten sich ihm so eingegraben, dass er von dem Vorrat des Erinnerten ein Leben lang fast bedrängt worden sei. Ich suchte Golo Mann zu überreden, eine Anthologie der ihm wichtigsten deutschen Gedichte für den Propyläen Verlag herauszugeben, wie sie einst Rudolf Borchardt in seiner Sammlung »Ewiger Vorrat deutscher Poesie« vorgelegt hatte. Aber er war sehr zurückhaltend, schon weil er nicht recht wisse, was das Auswahlprinzip sein könne. Könnten Barock-Gedichte neben anakreontischen Strophen des 18. Jahrhunderts stehen, und welchen Platz würden in seiner Sammlung die von ihm geliebten Gedichte des 19. Jahrhunderts und die des frühen 20. Jahrhunderts einnehmen dürfen?

Am Ende schlug ich Golo Mann ein ganz einfaches Auswahlprinzip vor – nur jene Gedichte zu berücksichtigen, die er in seinem Gedächtnis präsent habe. »Ach, das würde alles nur noch schwieriger machen. Denn wollen Sie wirklich mehrere Bände herausgeben?« Es waren wohl tatsächlich Hunderte von Gedichten, die Golo Mann auswendig wusste, und zwar mit allen ihren Strophen. Selbst von Schillers »Glocke« hatte er jeden einzelnen Vers in der Erinnerung, und er verteidigte ihren poetischen Rang gegen mich, der damit nie viel anzufangen wusste.

Einmal mussten wir, eines gestürzten Baumes wegen, einen Umweg abseits des Weges machen. Ich erinnere mich noch, wie Golo Mann, der wegen seiner vielen Knieoperationen schwer durch das Unterholz ging, alle Strophen des Amaryllis-Zyklus von Friedrich Rückert vor sich her sprach, die ihm so ans Herz gewachsen waren, dass Rückert sein Autor gewesen wäre, wenn es so etwas bei Golo Mann gegeben hätte.

Amara, bittre, was Du tust, ist bitter,
Wie du die Füsse rührst, die Arme lenkest,
Wie du die Augen hebst, wie du sie senkest,
Die Lippen auftust, oder zu, ists bitter.

Ein jeder Gruss ist, den du schenkest, bitter,
Bitter ein jeder Kuss, den du nicht schenkest,
Bitter ist, was du sprichst, und was du denkest,
Und was du hast, und was du bist, ist bitter.

Voraus kommt eine Bitterkeit gegangen,
Zwo Bitterkeiten gehn dir zu den Seiten
Und eine folgt den Spuren deiner Füsse.

O du, mit Bitterkeiten rings umfangen,
wer dächte, dass mit all den Bitterkeiten
Du doch mir bist im innern Kern so süsse.

Wenn man sechs oder acht Stunden zusammen wandert, so wird vieles gesprochen. Aber in meiner Erinnerung sind hauptsächlich Verse geblieben, die Golo Mann, ohne viel auf mich zu achten, gleichsam vor sich hin sagte – immer wieder August von Platen, Eduard Mörike, Theodor Storm, vieles aus der »Matratzengruft« von Heinrich Heine und dann ganze Szenen aus »Wallensteins Tod«, wobei ihm die Augen feucht wurden, was er, den Kopf zur Seite drehend, zu verbergen suchte. Jahrzehnte später schickte mir Golo Mann sein Buch »Erinnerungen und Gedanken«, und da sagt er, dass Schiller im Grunde sein Autor sei, so unvergleichlich auch viele Verse von Goethe seien. »Müsste ich eine Dichtung nennen, die mir unter allen deutschen die vertrauteste, liebste war, ist, immer bleiben wird, so würde ich nicht zögern: Schillers ›Wallenstein‹. Ein Wunderwerk.«

In dieser Liebe zu Schiller trafen wir uns, wenn wir wohl auch beide deutlich sahen, dass Goethe als Verkörperung des Dichterischen, wenn es denn eine Rangfolge dabei gäbe, die grössere Gestalt ist. Manches an Schiller sehe ich mit leichter Ironie, allzu viel ist »höheres Indianerspiel«, wie Thomas Mann sagt. Ich verstehe schon, weshalb ihn Friedrich Nietzsche den »Moraltrompeter von Säckingen« nannte, und doch ist mir deutlich, weshalb Golo Mann einmal beim Zitieren von Schiller-Versen die Tränen kamen, so vor allem und immer wieder bei dem Heraufrufen ganzer Szenen des »Wallenstein«:

Am Himmel ist geschäftige Bewegung,
Des Turmes Fahne jagt der Wind, schnell geht
Der Wolken Zug, die Mondessichel wankt,
Und durch die Nacht zuckt ungewisse Helle.
Kein Sternbild ist zu sehn! Der matte Schein dort,
Der einzelne, ist aus der Kassiopeia,
Und dahin steht der Jupiter – Doch jetzt
Deckt ihn die Schwärze des Gewitterhimmels!

Nur bei dem schmerzlich-schönen Monolog Wallensteins beim Tod des jungen Max Piccolomini musste ich Golo Mann aushelfen, ihm waren hier, was sonst gar nicht vorkam, Worte und Zeilen verlorengegangen.

Verschmerzen werd ich diesen Schlag,
Denn was verschmerzte nicht der Mensch.
Vom Höchsten wie vom Gemeinsten
lernt er sich entwöhnen,
Denn es besiegen ihn die allgewaltgen Stunden.

Wenn uns ein Wanderer begegnet wäre – aber der Taunus war in diesen Morgenstunden menschenleer –, hätten wir ein sonderbares Bild abgegeben, ein Siebenunddreissigjähriger und ein wohl Fünfzigjähriger, die sich immer wieder ins Wort fallen und sich wechselseitig Verse sagen.

Ich habe später für den »Lesering« einen Band mit Thomas Manns Essays zusammenstellen und eine Einleitung beisteuern müssen. Dabei kam ich auch auf Manns lebenslange Liebe zu Platen, Mörike, Storm und Heine zu sprechen, die oft auf seinem Nachttisch gelegen hätten – zuweilen habe man den Eindruck, dass ihm die deutsche Lyrik des 19. Jahrhunderts über alles gegangen sei. Noch im amerikanischen Exil war es sehr auffällig, wie Thomas Mann in Kalifornien nicht zu Hemingway oder Scott Fitzgerald, nicht zu Faulkner oder Steinbeck, sondern immer wieder zu den Büchern seiner Jugend zurückkehrte. Es waren genau jene Dichter, die ein halbes Jahrhundert später auch die Götter von Golo sein sollten, beide einander in vielem so fremd und doch ganz nahe.

Etwas anderes ist mir noch gegenwärtig. Golo Mann war mit der Eisenbahn von Frankfurt aus, nachdem er ein paar Tage in Schloss Wolfsgarten bei seiner Freundin, der Prinzessin Margaret von Hessen, verbracht hatte, in das heimatliche Zürich gefahren, wo er inzwischen im Haus seines Vaters lebte. Erst im Abteil hatte er gemerkt, dass er seine Brille vergessen hatte und nun weder die mitgebrachte Reiselektüre noch die Tageszeitungen lesen konnte. Fünf oder sechs Stunden in der Eisenbahn ohne Lektüre – das war für ihn verlorene Zeit. So hatte er sich, wie er erzählte, in seiner Not französische und englische Gedichte hergesagt, die niemals oder doch nie zureichend ins Deutsche übersetzt worden waren, und hatte die Stunden der Bahnfahrt damit verbracht, Übertragungen zu versuchen, Shelley vor allem und François Villon, dessen »zärtliche Rücksichtslosigkeit« er liebte. Golo Mann lebte von und in der Poesie, nie bin ich einem Menschen begegnet, der so in dem Klang eines Satzes lebte. Mir scheint, das wird in manchen seiner eigenen Arbeiten spürbar, besonders deutlich in seinem »Wallenstein«, in dem Geschichtsschreibung mitunter in Dichtung übergeht, so wenn er Gedanken Wallensteins wiedergibt, die er im Halbschlaf gehabt haben könnte.

Bei einer solchen Wanderung waren wir auch auf seinen Vater gekommen, den Golo Mann nur »TM« nannte. Er verwahrte sich heftig dagegen, wenn ich von »Ihrem Vater« oder gar von »Ihrem Herrn Vater« sprach. »Der Mann«, schnauzte mich Golo Mann regelrecht an, »heisst ›TM‹.« Das rückte Thomas Mann in eine merkwürdige

Selten habe ich Golo Mann so gelöst gesehen wie bei der Entgegennahme des Goethe-Preises durch Oberbürgermeister Walter Wallmann in der Frankfurter Paulskirche.

Nähe zu Hitler, dessen Name Golo Mann auch nicht aussprechen konnte, sondern immer nur von »AH« redete. Übergrosse Nähe und gehasste Ferne machten es ihm offensichtlich schwer, sie bei ihren Namen zu nennen.

Zehn Jahre später arbeitete ich mit Joachim Fest an seiner Hitler-Biographie, die dann mit einer halben Million Exemplaren einer der grossen Erfolge des Propyläen Verlages wurde. Golo Mann war besorgt, dass Fest das Porträt Hitlers zu verständnisvoll geraten würde. »Ich weiss aus meinem ›Wallenstein‹, in welcher Gefahr der Biograph ist: Erst will er seinem Gegenstand gerecht werden, dann versteht er ihn so sehr, dass er ihm manches verzeiht, und ganz zum Schluss verliebt er sich in das Ungeheuer.« So sei es ihm selber mit dem »Wallenstein« gegangen, aber der sei wirklich eine grosse Figur gewesen. »Aber passen Sie bei Ihrem Freund auf, dass er dieser Gefahr nicht erliegt. Sein Buch darf nicht eine Spur von Sympathie für AH zeigen.« Diese Sorge trieb Golo Mann geradezu um, 1970 schrieb er mir wieder einmal über die entstehende Hitler-Biographie Joachim Fests:

Je ehrgeiziger nun einer so etwas unternimmt, desto schwerer wird auch die Verantwortung. Von dem Autor des »Gesicht des Dritten Reiches« fürchte ich nun eigentlich nicht, daß er sie verfehlen wird. Es muß und wird ihm gelingen, zwischen Scylla und

290

Charibdis zu steuern. Er muß nur beständig nach beiden Seiten lugen. Was zum Beispiel mich etwas beunruhigte, war seine Bemerkung, Hitler sei der »größte Mann des Jahrhunderts« gewesen. Da müßte man doch nun sehr genau definieren, was man unter »großem Mann« versteht, an sich ja wohl einem stark müde gewordenen Begriff. »Groß«, das heißt Könner, Täter, Talent, Ingenium etc. etc., kann man, scheint mir, nur noch in irgendeiner Sphäre sein. Nicht so einfach als »Mann«. Dieser war ein großer Machttechniker. Selbst da würde ich, im Gegensatz zu Fest, Lenin keineswegs unter ihn stellen. Etwa war die Annahme des Friedens von Brest-Litowsk durch Lenin rein machttechnisch eine mindestens ebenso voraussehende Glanzleistung wie Adolfs Weigerung, den Ruhrkampf mitzumachen, die Fest so sehr imponiert. Ferner: die Konstruktion Lenins, trotz allem, steht heute noch. Meister Adolfs Konstruktion? Dies, der Erfolg, und zwar der ein bißchen länger als 10 oder 12 Jahre dauernde, sollte doch bei der Beurteilung gerade von Machttechnikern eine gewisse Rolle spielen, oder nicht? Ich kann mich erinnern, wie ich als 14jähriger Gymnasiast bei einer Freilichtaufführung als Germanenhäuptling einmal einen steilen Hügel herunterzulaufen hatte. Ein Zuschauer sagte mir nachher: während ich Dich da laufen sah, dachte ich, Donnerwetter, der kann rennen. Aber zum Schluß fielst Du ja hin … Nun, man wird sich schon noch ein paar Mal darüber unterhalten, ehe Fests Biographie beendet ist. Es liegt wirklich was an ihr. Denn sie muß die Wahrheit, nichts als die Wahrheit und die ganze Wahrheit bieten; und muß dennoch erklären und nicht verwirren.

Mit herzlichen Grüßen Ihr Golo Mann.

Einmal wollte Golo Mann wissen, was mir von TM eigentlich am meisten läge. Ich erzählte von meiner frühen Lektüre der »Buddenbrooks«, dann von der Faszination durch den »Zauberberg«, aber der »Joseph« sei für mich wohl doch der Höhepunkt im Werk seines

Vaters. Die Liebesgeschichte zwischen Jaakob und Rahel sei eigentlich die schönste Liebesgeschichte der neueren deutschen Literatur, und der Tod Rahels das Ergreifendste, was TM geschrieben habe. Da blieb Golo Mann stehen, stampfte mit seinem durch unzählige Operationen verkürzten Bein auf und sagte: »Was heisst hier deutsche Literatur? Was heisst neuere Zeit? Das ragt in die Höhen von ›Dante und Beatrice‹, von ›Romeo und Julia‹.« Er sprach mit einer Emphase, die um so erstaunlicher war, als Golo Mann doch ein sehr schwieriges Verhältnis zu seinem Vater gehabt hatte, unter dessen übermächtiger Figur er oft litt.

Zu Beginn unserer Zusammenarbeit hatte ich Golo Mann auf seine physiognomische Ähnlichkeit mit Thomas Mann angesprochen, die, allerdings nur im Profil, unverkennbar sei. Das hatte er unwillig abgewehrt: »Ich habe ja auch einen Spiegel. Ich kann gar keine Ähnlichkeit finden.« Aber je älter er wurde, desto weiter ging seine Identifikation. Blieb sein Vater für ihn doch über alle Distanz die Gestalt der deutschen Literatur des Jahrhunderts? Als Golo Mann 1994 als Vorletzter der Familie starb, wollte er zwar auf dem Friedhof in Kilchberg beigesetzt werden, aber nicht im Familiengrab, wo sein Vater, seine Mutter und die meisten seiner Geschwister lagen – bis auf Klaus, der sich in Cannes 1949 das Leben genommen hatte. Ich habe Golo Manns Grab später auf dem Friedhof von Kilchberg lange vergeblich gesucht. Ganz zum Schluss fand ich es am äussersten Rand des Friedhofs, hinten an der Umfassungsmauer.

Von manchen Gedichten hatte Golo Mann nicht nur das französische oder englische Original gegenwärtig, sondern auch die besten deutschen Übersetzungen, die er mit allen Strophen vor sich hin sagte. Dabei achtete er auf mich kaum, wenn ich neben ihm durch das Farn des Unterholzes ging. Einige Strophen Paul Valérys und W. H. Audens sind mir im Gedächtnis geblieben, vielleicht auch deshalb, weil ich sie noch immer in der unverwechselbaren Stimme Golo Manns höre.

Wir sprachen oft über seine älteren Geschwister Klaus und Erika, zu denen er ein überraschend weiches Verhältnis hatte, obwohl sie ihn ihrerseits doch eher distanziert behandelt hatten. In der Familie und vor allem bei dem Vater zählte Golo Mann nicht so sehr viel. In seinen frühen »Tagebüchern«, als Golo also noch sehr jung war, finden sich immer wieder abfällige Bemerkungen des Vaters über seinen Sohn, und ich habe oft gedacht, was Golo beim Lesen wohl empfunden haben mag. Später war das Verhältnis zwischen Vater und Sohn besser geworden. TM las mit Wohlwollen den Erstling seines Sohnes »Friedrich von Gentz« und scheint das nüchterne Urteil Golos geschätzt zu haben; immer wieder zog er ihn zum Entwurf bei Reden heran. Aber Wärme, Herzlichkeit, Zärtlichkeit hat nie zwischen ihnen bestanden, und das hat wohl Golos Verhältnis zum Vater geprägt.

Als ich Golo Mann später wiedertraf, war auch Erika schon lange gestorben, und vielleicht hatte ihm die Erinnerung die Geschwister verklärt. In Klaus sah er den Begabtesten der Kinder, und neidlos trat er an den zweiten oder eigentlich sogar dritten Platz, denn er schien auch Erikas Begabung höher als die seine einzuschätzen.

Oder war diese Zuneigung postumer Natur? Er hatte nicht nur unter der allzu unverhüllten Homosexualität seines Bruders gelitten, die gerade für ihn etwas Herausforderndes hatte, sondern auch und wohl noch mehr unter dessen Drogenabhängigkeit. Erika hatte schon als Primanerin auf der Bühne gestanden, so dass ihre Ehe mit Gustaf Gründgens, der vom und für das Theater lebte, kein Zufall war. Golo Mann bewunderte die Fähigkeit Erikas, in Minutenschnelle Verse für das Kabarett »Pfeffermühle« zu improvisieren, mit dem sie kurz vor 1933 nicht nur in Berlin und München, sondern auch in Zürich spektakulären Erfolg gehabt hatte. Aber ihre schriftstellerische Laufbahn kam durch die Emigration zu einem traurigen Ende. In Amerika gab es kein Klima für ein deutsches und deutschsprachiges Kabarett. Auch mit ihrer Schriftstellerei reüssierte sie nur wenig. Am Ende stellte sie sich, vielleicht notgedrungen, ganz in den Dienst des Vaters, war im letzten Jahrzehnt eine selbstlose Helferin, beim »Faustus« wie beim »Krull«. Aber ihr Widerspruch gegen den amerikanischen McCarthyismus der späten vierziger und frühen fünfziger Jahre ging bis zum Hass und hatte am Ende hysterische Züge.

Die Tagebücher des Vaters zeigen, wie auch Thomas Mann von seinen Stimmungen hin- und hergerissen wurde, das eine Mal hielt er eine Verschwörung eines faschistisch gewordenen Amerika mit einem wiedergeborenen Deutschen Reich für möglich, und im nächsten Moment hatte er die Angstvorstellung, dass der Kreml mit einem »nationalbolschewistischen« Deutschland zusammengehen werde, so dass Deutschland doch noch Hitlers Traum von der Beherrschung Europas verwirklichen werde. Nach Golo Manns Meinung ging das vor allem auf den Einfluss von Erika zurück, aber nach der Veröffentlichung der Tagebücher stellen sich die Dinge anders dar. Da waren es oft Katia und Erika, die Thomas Mann zurückzuhalten suchten, sich nicht »um Kopf und Kragen zu reden«. Dachte Erika in solchen Fällen taktisch, wollte sie die amerikanischen Leser ihres Vaters nicht vor den Kopf stossen, oder erschreckte sie der Greisenradikalismus des Vaters? Golo hatte ein zwiespältiges Verhältnis zu Erika. Obwohl er Erikas Einfluss auf seinen Vater offensichtlich für verderblich hielt und manche Unbegreiflichkeiten in den Jahren nach Roosevelt ihr zuschrieb, hing er sehr an ihr, und einmal amüsierte er sich selber darüber: »Ach, wissen Sie, das alte Lied: Blut ist eben doch dicker als Wasser.«

Die Ehe zwischen Gustaf Gründgens und Erika Mann war nach einigen Jahren 1929 auseinandergegangen. Lebte diese Ehe von vornherein nur aus der Provokation – der aufstrebende Star des Berliner Theaters, dessen Homosexualität in Berlin ein offenes Geheimnis war, und die Tochter Thomas Manns, von der man sich erzählte, dass sie erotische Erfahrungen in alle Richtungen habe? Aber zumindest der Vater Thomas Mann scheint das nicht angenommen zu haben, denn er hielt eine Rede als Brautvater und sprach mit offensichtlicher Rührung von dem schwierigen Glück der beiden, wohl weil Glück für TM immer schwierig war. Beide konnten durch diese Verbindung jedenfalls nur gewinnen.

Im Dritten Reich waren fast alle Manns »ausgebürgert« worden, und als sich Gustaf Gründgens und Erika Mann scheiden liessen, war Erika in doppeltem Sinne staatenlos, was ihr ausserhalb der Grenzen Deutschlands das Reisen schwer oder unmöglich machte. Da meldete sich der englische Dichter Auden, selber mehr dem eigenen als dem anderen Geschlecht zugetan, den Erika bis dahin nie gesehen hatte, und gab ihr durch eine neue Ehe die Sicherheit eines britischen Passports. Golo Mann verstand sich mit seinem neuen Schwager so gut, dass in der Familie mitunter gesagt worden war, Golo stehe Auden näher als seine Schwester. Die skeptische Melancholie Audens war jedenfalls auch die Golos. Gerade hatte Hilde Spiel einige Gedichte von Auden ins Deutsche übertragen, und schon sagte Golo Mann einige Strophen aus jenem Gedicht Audens aus dem Gedächtnis, die der Welt vor dem Ersten Weltkrieg gelten. Für beide lag auf diesem Europa der Abendglanz der alten Welt:

Als das Badezimmer noch gross war wie ein Gemach
Und man vor Tisch noch den Segen sprach.

Vielleicht liebte Golo Mann dieses Gedicht so, weil es ihm das grosselterliche Patrizierhaus in der Mengstrasse Lübecks heraufrief, wenn er es auch nicht mehr aus der Anschauung, sondern nur aus den »Buddenbrooks« seines Vaters kannte. Aber weshalb lag Golo Mann das Gedicht Paul Valérys »Die Schritte« so sehr, dass ich sie wohl drei- oder viermal von ihm gehört habe? Es waren Zeilen, die von der Liebe handeln und noch dazu von ihrem Vollzug. Aber es waren Verse, die das Physische in seiner entsinnlichten Form behandeln, wie es auch bei Rückert die zarteste Hingegebenheit an die Liebe gewesen war:

Deine Schritte, als meines Schweigens
Kinder, arglos und langsam gesetzt,
nahn sie dem Bette, wo ich mich eigens
wachsam halte, und frieren jetzt.

Wenn deine Lippen vielleicht schon vom Weiten
jenem, der in mir sich bergen muß,
seine unendliche Stillung bereiten
endlich in dem nährenden Kuß,

eile mir nicht zum Vollzuge, dem zarten,
Süße, drin Sein und Nichtsein stritt,
denn ich lebte vom Dich-Erwarten,
und mein Herz war nichts als dein Schritt.

Ich habe mitunter das Gefühl gehabt, dass Golo Mann, der selber
vielleicht keine Erfahrungen im »Vollzug« hatte, weder mit einer
Frau noch mit einem Jüngling, eben deshalb jene Strophen am meisten
liebte, die Liebe in abstrakter Form beschworen. Wirkliche Liebesgedichte
waren ihm fern. All sein Gefühl scheint in die Neigung
zu mütterlichen Freundinnen eingegangen zu sein, die ihm wie die
Fürstin Mechthilde Lichnowsky und die Prinzessin von Hessen,
seine geliebte »Peg«, so nahestanden, dass er immer wieder bei ihnen
Zuflucht suchte. Ich habe ihn wohl drei- oder viermal in Schloss
Wolfsgarten erlebt, wo eines der Gästezimmer für Golo Mann stets
bereit stand.

Jahrzehnte später war ich noch einmal im Hause Thomas Manns in
Kilchberg, Alte Landstrasse 39. Golo Mann hatte Joachim Fest und
mich in das Haus eingeladen, in das er nach dem Tod des Vaters
zurückgekehrt war. Nun lebten Mutter und Sohn allein in dem letzten
Haus der Familie, das sich Thomas Mann, »der leidenschaftliche
Hausbesitzer«, nach der Rückkehr aus Amerika gekauft hatte. Erika
war 1969 gestorben, und der Benjamin der Familie, der Bruder
Michael, hatte sich 1977 das Leben genommen. Katia war wirklich
von Selbstmorden umgeben, zuerst hatten die beiden Schwestern
Thomas Manns, ihre Schwägerinnen Carla und Julia, im Freitod den
Ausweg aus einem verfahrenen Leben gesucht, dann hatte sich Klaus
in Cannes das Leben genommen, als wieder einmal der vierte oder
fünfte Versuch fehlgeschlagen war, sich aus der Drogenwelt zu be-

freien, und ganz zum Schluss eben auch Michael. Als Joachim Fest und ich Katia diesen Besuch machten, war sie eine sehr alte, eigentlich uralte Dame. Natürlich erinnerte sie sich nicht mehr an jene Lesung in Bad Gastein, wo wir uns vor Jahrzehnten das erste Mal gesehen hatten. Aber sie war noch immer sehr wach, und sie hatte erstaunlicherweise wenig Scheu, vom Vergangenen zu sprechen. Erst 1980 sollte sie mit siebenundneunzig Jahren sterben.

Irgendwann brachte ich das Gespräch auf ihren Schwager Heinrich, dem Katia in Kalifornien jeden Monat jenen Scheck gebracht hatte, mit dem Thomas jahrzehntelang den älteren Bruder am Leben hielt. »Ach«, sagte Katia, »wir sind uns immer fremd geblieben. Auch in Jahrzehnten sind wir uns nicht nähergekommen. Wir blieben unser Leben lang bei ›Katia‹ und ›Sie‹ und ›Heinrich‹ und ›Sie‹. Schon die unappetitlichen Frauen um ihn machten einen Verkehr der Familien schwierig, eigentlich unmöglich. Man wusste nie, wer in seiner Begleitung erscheinen würde.« Selbst als Heinrich zum zweiten Mal heiratete, änderte sich eigentlich nichts daran. Die erste Ehe mit einer tschechischen Jüdin, Maria Kahn, die sich als Maria Kanova slavisiert hatte, hielt vierzehn Jahre, überdauerte auch die Zeit der zwanziger Jahre, als seine Affären mit berühmten Diseusen stadtbekannt waren. Seine zweite Frau, Nelly Kröger, war eine Fischerstochter, und ihre etwas vulgäre Schönheit fiel aus dem Kreise der patrizierhaften Manns heraus. Nelly ihrerseits litt offensichtlich unter dem bürgerlichen Zuschnitt der Familie. Aber Heinrich blieb ihr in einer sonderbaren Anhänglichkeit verbunden, selbst als sie dem Alkohol immer stärker verfiel. Schliesslich machte sie 1944 ihrem Leben ein Ende, und das hat Heinrich Mann eigentlich nie verwunden. Aber es waren nicht nur seine privaten Verhältnisse, die Heinrich Mann zum Außenseiter und Einzelgänger in Kalifornien machten. Schlimmer war wohl, dass sein Werk im amerikanischen Bewusstsein überhaupt nicht existierte. Selbst der Roman »Professor Unrat«, der als »Blauer Engel« verfilmt und durch Marlene Dietrich ein Welterfolg geworden war, konnte Heinrich Mann als Autor zu einer Bekanntheit ausserhalb Deutschlands wenig verhelfen. »Der Untertan«, dessen fortsetzungsweiser Abdruck im Herbst 1914 aufgrund des Kriegsbeginns abgebrochen worden war, war in Amerika erst gar nicht erschienen. Auch vier Jahre später, als der Roman durch die Revolution, mit der das Kaiserreich endete, in Deutschland einen Skandalerfolg hatte und in Hunderttausenden von Exemplaren verkauft worden war, erweckte er im englischen Sprachraum nur kurzfristiges Interesse. Der grosse, zweibändige Emigrationsroman »Henri Quatre«, den Heinrich Mann in seinem geliebten Frankreich geschrieben hatte, erschien zwar in englischer Übersetzung, aber ohne von der amerikanischen Kritik wirklich wahrgenommen zu werden. Das gehörte zur Tragik des alternden Heinrich Mann. In Deutschland war er verboten, Frankreich war zwei Jahre nach der Niederschrift des Romans von deutschen Truppen schon besetzt, und in Amerika interessierte sich niemand für ihn. Dabei war der »Henri Quatre« doch wie ein Gegenstück zum »Joseph« seines Bruders. Thomas wie Heinrich Mann hatten sich vor der Gegenwart in die Vergangenheit zurückgezogen, wenn sie auch im Bilde des Gewesenen ihr Wort zur Gegenwart sagten. Heinrich Manns grosser Altersroman gibt ihm wahrscheinlich noch am ehesten die Chance auf einen Platz in der Literaturgeschichte. Die frühen sozialkritischen Romane sind heute schwer zu lesen. Die wirklichen Altersromane »Der Atem« und »Empfang bei der Welt« haben zwar sprachliche Schönheiten, aber sie sind von einem intrikaten Avantgardismus, der es auch seinen Bewunderern schwer gemacht hat, sie wirklich in Besitz zu nehmen.

Golo Mann litt offensichtlich Qualen, wenn seine Mutter allzu abfällig von seinem Onkel sprach. Immer wieder versuchte er einen leisen Widerspruch. »Papperlapp«, sagte Katia zu allen Versuchen Golos, die Ehre seines Onkels zu retten, dem er sich verbunden fühlte, vielleicht weil sie zusammen mit beiden Feuchtwangers über die Pyrenäen von Frankreich über Spanien und Portugal schliesslich nach Amerika geflüchtet waren. Ich suchte, ohne selber recht daran zu glauben, Heinrich als repräsentative Figur der Weimarer Republik zu

sehen. Heinrich Mann war in der ausgehenden Republik zum Präsidenten der Sektion für Dichtung der Preussischen Akademie der Künste gewählt worden und trat bei allen möglichen Veranstaltungen auch in staatlichen Funktionen auf. Heinrich wirkte eigentlich hanseatischer als sein jüngerer Bruder. Thomas bekam mit den Jahrzehnten etwas Spitzes, und zum Schluss sah er wenig nach einem Lübecker Patrizier aus. Heinrich war dagegen neben Gerhart Hauptmann die beherrschende Figur der Republik, und mir standen jene Aufnahmen vor Augen, auf denen er mit seinem Pelzkragen am Paletot und mit seinem weissen Seidenschal um den Hals geschlungen, wirklich patrizisch aussah. »Allein die Weiber, mit denen er immer erschien«, beharrte Katia. Erneut versuchte ich einen zaghaften Widerspruch. In seiner Begleitung seien doch immer die grossen Schauspielerinnen, Tänzerinnen und Diseusen der Epoche gewesen, von Fritzi Massary bis zu Trude Hesterberg. Katia wischte meinen Einwand vom Tisch: »Mit denen zeigte er sich doch nur Unter den Linden oder auf dem Kurfürstendamm. Eigentlich aber verkehrte er mit ältlichen, irgendwie grünlichen Damen, die so aussahen, als ob sie riechen würden.«

Golo Mann versuchte einen Widerspruch: »Mama, das kannst Du

Die Familie Mann im Zürcher Hotel Baur au Lac Anfang der fünfziger Jahre. Katia und Tochter Erika, Thomas Mann und Sohn Golo (von links nach rechts).

299

doch so nicht sagen, TM liess Heinrich in all seiner Verschiedenheit gelten und hat über alle seine Romane stets freundlich gesprochen und vor allem geschrieben.« Die Mutter sah Golo nur an: »Golo, Du weisst doch, er hat kein Buch jemals zu Ende gelesen. Er las immer nur soviel, dass er seinem Bruder etwas Freundliches sagen oder schreiben konnte. Wahrscheinlich hat er nur dem ›Henri Quatre‹ wirklich etwas abgewonnen, obwohl ihn die verklausulierte Verherrlichung Stalins in der Gestalt des ›guten Königs‹ verwundert hat.« Durch die beiden letzten Romane »Der Atem« und »Empfang bei der Welt« quälte er sich im Grunde hindurch, und er hat dann das Wort vom »Greisenavantgardismus« gefunden, was noch das mildeste war.

Katia aber konnte von Heinrichs »Weibern« gar nicht lassen, und wieder wand sich Golo vor Verlegenheit. Katia war unnachgiebig: »Weisst Du noch, wie wir 1936 oder 1937 in Zürich in das Baur au Lac kamen? Dein Vater wie immer vorneweg, ich einen halben Schritt zurück und Du dahinter. Da blieb Dein Vater auf der Schwelle zur Halle stehen und sagte: ›Sieh' mal, Katia, eine rechte Heinrichs-Braut.‹ Da hatte eine richtige Madame gesessen, aufgetakelt, so Anfang ihrer Vierzig, eine Frau, mit der man sich nicht gern gezeigt hätte.« Von den peinlichen Ehen ihres Schwagers kam Katia auf die traurige Beisetzung Nellys. Auf dem Friedhof war die kleine Trauergesellschaft praktisch ganz allein gewesen. Es sei eine erschütternde Szene gewesen, Heinrich, in seinem Stuhl zusammengesunken, hatte die ganze Zeit vor sich hin geschluchzt. Heinrich habe ohne Nelly wohl nicht leben können, und in der Tat habe er sie ja auch nur ein paar Jahre überlebt.

Ganz zum Schluss war Katia wohl verwirrt. Mit weit aufgerissenen, angstvollen Augen soll sie ihre Umgebung mitunter gefragt haben: »Wisst Ihr, mit wem ich verheiratet gewesen bin?« War ihr wirklich alles aus der Erinnerung gefallen, die Jahre in München, das geliebte Sommerhaus in Tölz, dann das repräsentative Haus in der Poschingerstrasse, die Nobelpreisfeier in Stockholm, die Überfahrt in die

Neue Welt, schliesslich dann die Auszeichnung, als sie die Roosevelts zum Lunch ins Weisse Haus luden? Imke hatte ihre Zweifel, hielt es für möglich, ja wahrscheinlich, dass Katias Verwirrung nur eine Maske war, eine Art von sublimer Rache für ein Leben im Schatten. Einst war die zwanzigjährige Studentin eine gefeierte Schönheit Münchens gewesen, so bildhübsch, dass alle Maler sie immer wieder porträtieren wollten, auch der berühmte Kaulbach, dessen Gemälde von den fünf Pringsheim-Kindern Thomas Mann so fasziniert hatte, dass er sich eine Reproduktion des Gemäldes besorgt hatte, lange bevor er die Pringsheims kennenlernte.

Vor wenigen Jahren erschien der letzte Band der Tagebücher Thomas Manns. In der letzten Eintragung, schon im Kantonsspital in Basel, hatte er notiert: »Lass mir's im Unklaren, wie lange dies Dasein währen wird. Langsam wird es sich lichten.« Das war tatsächlich das letzte Wort, in der folgenden Nacht sollte Thomas Mann sterben.

Die letzten Worte der Dichter – nicht nur Goethes: »Mehr Licht«, auch Fontanes letzter Brief an seine Frau am Morgen vor seinem Tod: »Dies sind dann wohl die letzten Zeilen.« Das schrieb Fontane in der Zuversicht, die bevorstehende Heimkehr Emilies von einer Reise werde alle weiteren Briefe überflüssig machen. Es war zwar ein letztes Wort, aber leicht hingesprochen, ohne das Bewusstsein, dass es tatsächlich der Abschied war. Und das letzte Wort Gerhart Hauptmanns in seinem schlesischen Wiesenstein, als der Dreiundachtzigjährige noch einmal aus dem Dämmer aufwachte. Die Russen hatten schon einen Zug bereitgestellt, mit dem er das polnisch gewordene Schlesien verlassen sollte: »Bin ich noch in meinem Haus?«

Die drei Achtzigjährigen haben ein gnädiges Ende gehabt – Theodor Fontane, Gerhart Hauptmann und Thomas Mann, die drei grossen Gestalten der deutschen Literatur des letzten Jahrhunderts.

Hannah Arendt verwendet sich für mich
bei Martin Heidegger

Von verschiedener Seite war mir zugetragen worden, dass Martin Heidegger dem Plan einer Gesamtausgabe nicht abgeneigt sei. Nun hatte mich Heidegger, im Gegensatz zu Carl Schmitt, einst wirklich fasziniert, fast war ich ihm verfallen. Das bedeutende Frühwerk von 1926 »Sein und Zeit« war 1949 neu erschienen, in einer ärmlichen Nachkriegsedition auf schlechtem Papier in einem Pappeinband, der nur durch Leinenrücken ein wenig Stabilität erhielt. Ich habe dieses Exemplar noch heute in meiner Bibliothek. Wenn ich in ihm zuweilen herumblättere, sehe ich an den abgenutzten Seiten, wie mich einst der Abschnitt »Das alltägliche Sein zum Ende und der volle existentiale Begriff des Todes« gefangengenommen haben muss und vor allem jener Passus, den Heidegger gesperrt setzen liess: »Der Tod als Ende des Daseins ist die eigenste, unbezügliche, gewisse und als solche unbestimmte, unüberholbare Möglichkeit des Daseins. Der Tod ist als Ende des Daseins im Sein dieses Seienden zu seinem Ende.« Wenn ich heute diese Sätze wieder zur Hand nehme, habe ich Mühe, mich in den frühen Heidegger hineinzulesen und mich in den Mittzwanziger, als der ich mich mit diesem Text beschäftigt habe, zu versetzen. Wie mag die achtzehnjährige Imke, die mir diesen Band 1949 zu Weihnachten schenkte – ihre Widmung ist fast noch in Kinderhandschrift hineingeschrieben –, die merkwürdige Lektüre des Mannes gesehen haben, dem sie sich verbunden hatte?

Es war wahrscheinlich neben den Gedanken auch die sprachliche Form der Sätze, die mich gefangennahmen. Mich amüsieren heute die vielen Parodien des Heideggerschen Spätstils; er schien die Gedanken aus der Sprache selber zu holen. Mich hat oft konsterniert, dass gerade dieses Werk Heideggers, das sich anscheinend jeder Übersetzung entzieht, den Ruhm des Autors in einem solchen Masse ausmacht, dass allein an der Universität von Tokio in den fünfziger Jahren drei Vorlesungen über ihn zur selben Zeit gehalten wurden. Aber soviel begriff ich, dass Heidegger offensichtlich der bedeutendste philosophische Kopf des späten 20. Jahrhunderts war. Ich nahm meine Begriffsstutzigkeit als persönliches Defizit.

Hannah Arendt hatte ich in meiner Zeit als Sekretär des Kongresses für die Freiheit der Kultur Mitte der fünfziger Jahre kennengelernt, als ich mit ihr mehrmals im Hotel am Steinplatz frühstückte, bevor ich sie zu einem Vortrag abholte. Damals begriff ich ihr Denken wohl kaum. Richtig nahe kam ich ihr erst Jahrzehnte später, als ich ihre Biographie Rahel Varnhagens gelesen hatte – deren Taschenbuchausgabe der Ullstein Verlag herausbrachte – und sie später immer wieder in ihrer New Yorker Wohnung am Riverside Drive 370 besuchte.

Die alten Zeiten, während deren man sich in Kriegs- und Nachkriegsjahren vergleichsweise friedlich in New York bewegen konnte, waren schon lange vorüber, als ich das erste Mal in den frühen sechziger Jahren zu Hannah Arendt kam. Jetzt war selbst diese einst gutbürgerliche Gegend unsicher geworden. Ich weiss noch, wie der farbige Taxifahrer darauf bestand, am Hauseingang auf den Anruf zu warten, dass ich heil oben angelangt sei. Überfälle in Hausfluren und Treppenhäusern waren die Regel geworden. So wartete der fürsorgliche Mann, bis ihm Hannah Arendt am Haustelephon mein Eintreffen bestätigt hatte.

Am Ende stand ich mit Hannah Arendt auf sehr vertrautem Fusse; eigentlich waren wir wirklich befreundet. Meist war ich in den späten Vormittagsstunden mit ihr verabredet. Uwe Johnson lebte seit Wochen schon – oder waren es Monate ? – bei Hannah Arendt, und mitunter hatten wir zu dritt einen Lunch, denn ich war dem spröden

Mecklenburger seit einem enthusiastischen Bericht über seine »Mutmassungen über Jakob« im »Tagesspiegel« ebenfalls sehr vertraut. Hannah Arendt und Uwe Johnson waren Freunde, so merkwürdig das Wort bei so unterschiedlichen Temperamenten klingt. Ihr Fremdenzimmer muss eine Zeitlang eine Fluchtburg für Johnson gewesen sein, in die er sich zurückziehen konnte.

Hannah Arendt war über seine Abhängigkeit von ganzen Batterien von Bierflaschen besorgt: »Sein Tag ist sehr kurz. Gegen Mittag zieht er sich zurück, er verschwindet einfach in seinem Zimmer.« Ihre Sorge um Johnsons Zustand minderte aber nicht ihre Bewunderung für ihn. Die New Yorker Erfahrungen Johnsons sind in den vierten Band der »Jahrestage« eingegangen, mit dem er sein Meisterwerk schrieb, als alle Welt ihn schon aufgegeben hatte. Einmal wollte ich nach dem Abendessen aufbrechen, da ich mit Kurt Bernheim verabredet war, dem Berliner, der in der Emigration Scout der Ullstein-Propyläen-Gruppe und auch Vertreter der Zeitungen des Springer-Konzerns geworden war. Aber Hannah Arendt protestierte energisch, sie habe einen »Midnight cake« vorbereitet. So wurde es doch früher Morgen, bis ich zu meinem Hotel zurückkam.

Als ich Hannah Arendt immer wieder von meiner frühen Bewunderung Heideggers erzählte, nahm sie mich beim Wort. Sie wollte die Verbindung zu ihm herstellen, der von seiner Einsiedelei in Todtnauberg im Schwarzwald aus die intellektuelle Welt faszinierte. Damals wusste man nur in eingeweihten Kreisen, dass die achtzehnjährige Studentin Arendt und der damals fünfunddreissigjährige Philosoph in Leidenschaft einander verfallen waren. Es war eine Erschütterung ihrer Existenz gewesen, die selbst die Epoche überdauerte, in der Heidegger kurzzeitig der Verführung des Dritten Reiches verfiel, während sich Hannah Arendt als Jüdin in die Emigration retten musste. Als beide sich nach dem Krieg wiedersahen, war es, als hätten sie sich nie getrennt, und Heideggers jahrzehntelange Ehe und Hannah Arendts beide Ehen machten da nichts aus.

Jedenfalls setzte sich Hannah Arendt bei Heidegger rührend für mich ein, wie ich erst fast zwanzig Jahre später in dem Band ihrer Korrespondenz sah, der lange nach dem Tod Hannah Arendts und Martin Heideggers 1998 bei Vittorio Klostermann, dem alten Verleger Heideggers, erschienen war. Bei aller Herzlichkeit im Umgang war Hannah Arendt aber vorsichtig, bevor sie sich bei Heidegger für mich und mein Vorhaben einer Gesamtausgabe ins Zeug legte. Sie erkundigte sich bei Helen Wolff über meinen verlegerischen Ruf. Helen Wolff, die Witwe von Kurt Wolff, die den Berliner Kurt Wolff Verlag bei Harcourt, Brace und Jovanovich in New York fortführte, war seit den Berliner Tagen eine ihrer engen Freundinnen; auch sie hatte vor dem Dritten Reich Zuflucht in Amerika gesucht. Anfang der fünfziger Jahre arbeitete Hannah Arendt an jenem Buch »Elemente und Ursprünge totalitärer Herrschaft«, das den Begriff des »Totalitarismus« in der politischen Literatur etablierte. Ein guter Teil der deutschen Nachkriegsliteratur von Böll über Grass bis Johnson hatte Helen Wolff für sich monopolisiert, die dann als »Kurt Wolff-Books« bei Harcourt, Brace und Jovanovich erschienen. Hannah Arendt wandte sich immer an Helen Wolff, wenn sie etwas über deutsche Autoren oder deutsche Verleger in Erfahrung bringen wollte, und so hatte sie sich offensichtlich erkundigt, wie mein Ruf in der Verlagswelt sei. Dabei behielt sie für sich, dass es um mein Vorhaben einer Gesamtausgabe Heideggers ging.

In einem Brief an Martin Heidegger beruhigte sie ihn, dass auch Helen Wolff »sehr freundlich von Siedler« spräche, er sei »ehrlich, sehr intelligent und grosszügig«. Vorsichtshalber fügte sie hinzu, dass er »irgendwie mit der Springer-Presse« verbunden sei, was sie selber aber nicht viel zu kümmern schien. Hannah Arendt nahm die damalige Parole »Enteignet Springer« als einen Anfall jener juvenilen Erregung, die die deutsche Jugend in rhythmischen Abständen heimsuche. »Ich selber«, verwandte sich Hannah Arendt bei Martin Heidegger für mich, »hatte einen sehr guten Eindruck von ihm. Der erste deutsche Verleger, den ich kenne, mit dem man ein normales Gespräch führen kann.«

Aber es wurde trotz Hannah Arendts Fürsprache nichts aus diesem Projekt. Heidegger war überraschenderweise damals strikt gegen jede Gesamtausgabe – »sage das Siedler mit meinen Grüssen«. Nachträglich muss ich froh darüber sein. Ich hatte Hannah Arendt mit grosser Geste gesagt, dass der Propyläen Verlag eine Heidegger-Gesamtausgabe nicht unter kommerziellen Gesichtspunkten sehe, alle Kosten werde der Verlag tragen. Ich hatte mit einer acht- oder zehnbändigen Edition gerechnet, aber keine Vorstellung gehabt, was auf mich zugekommen wäre. Inzwischen erscheint die Nachlassausgabe im Verlag von Vittorio Klostermann. Dort wird sie zur Zeit auf hundertundzwei Bände veranschlagt; das hätte wahrscheinlich zum Ruin meines Verlages geführt.

Ein Schriftstellerkongress ändert das Klima Berlins

Mehr oder weniger durch einen Zufall tat ich meine ersten Schritte in die Zeitungswelt. Aber ich dachte natürlich nicht über den Journalismus als Berufsmöglichkeit nach. Mein Vater wäre wohl einigermassen entgeistert gewesen, wenn ich meine Zukunft als »Zeitungsschreiber« gesehen hätte. Wohin würde mich mein Weg führen? Das war eine Frage, die man sich in den ersten Nachkriegsjahren kaum stellte, ich am allerwenigsten. Mein Studium führte im Grunde zu nichts – ein wenig Literatur, viel Geschichte, vor allem Alte Geschichte, dann Philosophie und Theologie. Ein so wirrer Studienlauf hat im Grunde kein Berufsziel, aber wer machte sich schon konkrete Pläne in diesen Jahren? Mitunter scheint mir der Weg eines Diplomaten erstrebenswert gewesen zu sein, wie ihn auch mein Vater und sein Bruder im Kaiserreich eingeschlagen hatten. Nun gab es aber keinen deutschen Staat mehr, der im Ausland vertreten werden konnte, und schon gar keinen diplomatischen Dienst. Nach der Etablierung der Bundesrepublik im Jahr 1949 arrangierte sich allerdings vieles, und schliesslich gab es in Speyer sogar eine Diplomatenschule. Aber von Berlin nach Speyer war, nicht nur in geographischer Hinsicht, ein ziemlicher Schritt.

Und es mag mich zusätzlich abgeschreckt haben, dass sich zwar ein Bekannter meines Vaters aus dem früheren Auswärtigen Amt erboten hatte, mir den Weg in die Diplomatie zu ebnen, aber gleichzeitig hatte er meinem Vater den Ratschlag gegeben, ich solle meine Zeit in der Strafanstalt herunterspielen. Zwar machten ihm zufolge Adenauer und seine aussenpolitischen Berater einen Bogen um die Diplomaten der nationalsozialistischen Zeit, aber man wisse ja nie, an wen ich weiter unten in der Hierarchie geraten würde. So sei es besser, bei etwaigen Bewerbungsgesprächen zurückhaltend und vorsichtig zu sein. Hat mich das irritiert, oder haben die Dinge, was wahrscheinlicher ist, ganz einfach einen anderen Verlauf genommen? Jedenfalls verschwand der Gedanke an eine Diplomatenlaufbahn so schnell, wie er gekommen war.

Die Germanistik trat allmählich in den Hintergrund. Freunde behaupteten spöttisch, auch weil die Studentinnen, wie sie sich bald in den Hörsälen drängten, wenig attraktiv waren. Vielleicht hätte meine Universitätszeit einen anderen Verlauf genommen, wenn in der Altgermanistik Köpfe wie Peter Wapnewski mich für sich und ihre Disziplin eingenommen und in der neueren Germanistik Gestalten wie Fritz Strich, Emil Staiger oder Walter Muschg, die mich später beeindruckten, auf dem Katheder gestanden hätten. Aber vielleicht waren sie da, und ich nahm sie nur nicht wahr? Eher mittelmässige Professoren gaben für mich statt dessen den Ausschlag, die Hörsäle zu verlassen, ohne von den Vorlesungen für lange oder gar für dauernd geprägt worden zu sein. Mit der Philosophie und Theologie, die in diesen Jahren 1948 und 1949 eine überraschende Faszination auf mich ausübten, war keine Zukunftsperspektive verbunden, es sei denn, man träumte von einer Kathederkarriere. Die meisten Studenten und Studentinnen dieser Disziplinen – letztere bildeten nach dem Kriege einen übergrossen Anteil, da Millionen Zwanzigjährige gefallen und Hunderttausende noch in Gefangenschaft waren – hatten denn auch eine Studienratslaufbahn als das ihnen Erstrebenswerteste vor Augen.

In diesen Wochen und Monaten dachte ich zurück an einen Kongress, der in Ost-Berlin in den Kammerspielen des Deutschen Theaters Anfang Oktober 1947 stattfand. Es war der erste und einzige Gesamtdeutsche Schriftstellerkongress. In der Zeit danach waren die Gegensätze auch in der Literatenwelt so gross geworden, dass es zwar noch einzelne Begegnungen, aber keine Anstrengungen mehr gab, die Schriftsteller aus beiden Teilen Deutschlands an einen Tisch zu bringen.

Hin und wieder versuchte man, die verhärteten Fronten aufzuweichen oder doch zu überbrücken, aber auch sie wurden nach wenigen Treffen abgebrochen. Ich erinnere mich an eine Begegnung in einem Restaurant in der Rankestrasse, nicht weit von der Ruine der Gedächtniskirche, wo auf der einen Seite des Tisches Repräsentanten Ost-Berlins sassen – ich glaube Paul Rilla, Fritz Erpenbeck und Bodo Uhse waren dabei – und auf unserer Seite Schauspieler, Künstler oder Journalisten, oft von der »Neuen Zeitung«. Unser Wortführer war Friedrich Luft, inzwischen der prominenteste Kritiker Berlins. Man redete freundlich-verbindlich miteinander, aber die wechselseitigen Positionen kamen sich nicht einen Schritt näher. Wie wenig aggressiv man miteinander umging, wird aus einer Lapalie deutlich. Plötzlich sagte Charlotte Stephan, ein Redaktionsmitglied der »Neuen Zeitung«, zu dem ihr gegenüber sitzenden Wolfgang Harich: »Ihre Parole heisst doch ›Deutsche *an* einen Tisch, nicht Deutsche *unter* einen Tisch‹.« Harich hatte sie im Eifer des Gefechts immer wieder unter dem Tisch getreten, was sicherlich kein Annäherungsversuch gewesen war. Aber ihre amüsante Zurechtweisung wurde auf beiden Seiten des Tisches mit Gelächter quittiert, und so ging das Treffen zwar folgenlos, aber gelöst auseinander.

Gleich nach meiner Rückkehr nach Deutschland besuchte ich diesen Schriftstellerkongress. Ich war zu jung und zu unbedeutend, als dass ich erfahren hätte, wer ihn veranstaltet und die Teilnehmer ausgewählt und wer die Tagungsorte zur Verfügung gestellt hatte, die Sowjets oder der noch Gesamtberliner Magistrat. Ich weiss nicht mehr, wie ich in den Schriftstellerkongress geraten bin. Vielleicht hatte mich einer der Delegierten mitgenommen. Wahrscheinlich war es Günther Weisenborn gewesen, den ich in der Buchhandlung Schoeller am Kurfürstendamm kennengelernt hatte und mit dem ich damals hin und wieder zusammen war. Die ersten zwei Stunden mit ihren »Grussadressen« und »Friedensmanifesten« scheinen mich gelangweilt zu haben, denn ich verliess den mühselig ergatterten Platz in den Kammerspielen und machte mich auf den Weg zu jenen Buchhandlungen, die sich in der Ruinenwelt inzwischen aufgetan hatten. Dass dieser Kongress eine Epoche markierte, habe ich jedenfalls nicht gespürt. Erst in den nächsten Tagen sollte ich in der Ost-Berliner »Berliner Zeitung« und im West-Berliner »Tagesspiegel« lesen, dass es bald nach meinem Weggang zu einem Eklat gekommen war, der das politische Klima in der Stadt dauerhaft veränderte.

Man hatte nicht den Eindruck, dass die Liste der rund zweihundertfünfzig Teilnehmer einem strikten kommunistischen Auswahlkriterium gefolgt wäre. Neben parteigebundenen Kommunisten nahmen Liberale und sogar Bürgerliche an dem Kongress teil. Von manchen Schriftstellern erzählte man sich, dass sie zu den offenen Opponenten im Osten gehörten. So standen neben Mitgliedern der Sozialistischen Einheitspartei Deutschlands, der SED, die schon im April 1946 zwangsweise aus KPD und SPD gebildet worden war – wie Anna Seghers, Hans Mayer, Stephan Hermlin, Willi Bredel, Wolfgang Harich, Alexander Abusch, Johannes R. Becher und Klaus Gysi – der Vater des eloquenten Wortführers der PDS Gregor Gysi –, auch parteilose Schriftsteller wie Elisabeth Langgässer, Axel Eggebrecht, Ernst Penzoldt, W. E. Süskind, Ernst Rowohlt und Benno Reifenberg.

Als Ehrenpräsidentin eröffnete den Kongress die dreiundachtzigjährige Ricarda Huch mit schwacher Stimme. Kurz zuvor war sie aus der sowjetischen Besatzungszone in den Westen umgezogen. Das wurde aber nicht als politische Demonstration verstanden; Ricarda Huch war inzwischen auf Hilfe angewiesen, deshalb war sie zu ihrer Tochter Marietta nach Kronberg im Taunus gezogen. Mit leiser, aber doch entschiedener Stimme forderte Ricarda Huch zum Neuanfang auch in der Literatur auf, was um so eindrucksvoller war, als Ricarda Huch eines der wenigen Mitglieder der Preussischen Akademie der Künste gewesen war, das 1933 gleich nach der Machtergreifung Hitlers seinen Austritt erklärt hatte. Auch Alfred Döblin, der sich nach expressionistischen Anfängen mit seinem Roman »Berlin Alexanderplatz« in die erste Reihe geschrieben hatte, wurde unter grossem Beifall begrüsst, wobei niemand zu wissen schien, dass der ehemalige

Armenarzt, der, keiner Partei zugehörig, aber doch dem eher linken Spektrum der Weimarer Zeit zugeneigt hatte, inzwischen zum Katholizismus konvertiert war und auch in seinem Schreiben literarisch Abschied von seinen linken Überzeugungen genommen hatte.

Ricarda Huch bei der Eröffnung des Gesamtdeutschen Schriftstellerkongresses in den Berliner Kammerspielen, Oktober 1947.

Als ich mich aus den Kammerspielen hinwegstahl, hatte ich nicht das Gefühl, dass Arnold Zweig unter den Versammelten gewesen war, denn ihm wäre sicherlich ein Platz in der ersten Reihe eingeräumt worden. Er war mit dem runden Kopf und den extrem starken Brillengläsern unverkennbar. Am nächsten oder übernächsten Tag hörte ich dann, dass er Haifa nicht rechtzeitig hatte verlassen können. Er kehrte erst im nächsten Jahr nach Ost-Berlin zurück. Aber Anna Seghers, die seit den späten zwanziger Jahren eingeschriebenes Mitglied der Kommunistischen Partei war, aber auffälligerweise ihre Emigration ebenfalls nicht in der Sowjetunion, sondern in Mexiko verbracht hatte und die inzwischen nach Berlin zurückgekommen war, sagte nichts, was provozieren konnte.

Der Kongress, dessen Arbeitstagungen in den Kammerspielen stattfanden, scheint die übliche Langeweile verbreitet zu haben, man begrüsste einander, war froh, alte Bekannte wiederzusehen, und machte sich mit Schriftstellern bekannt, die man nur dem Namen

Melvin J. Lasky bei seinem provozierenden Redebeitrag, der das intellektuelle Klima Berlins änderte.

nach kannte, mitunter, weil die Betreffenden in der Emigration gewesen waren oder in Gestapogefängnissen gesessen hatten. Ich habe einige der Referate neulich nachgelesen, denn kürzlich ist ein Band über den Kongress erschienen, der aber ebenso langweilig ist wie die Reden damals – sehr gutwillig, voller Friedensliebe und voller Absage an die Barbarei der Nationalsozialisten. Ausserdem war man natürlich vorsichtig, alliierte Geheimdienstoffiziere sassen sicher im Saal, und die Anwesenheit sowjetischer Schriftsteller wie Valentin Katajew und Konstantin Simonow wirkten auch nicht sehr vertrauenerweckend. Ich vermute, dass keine der damaligen Reden heute von anspruchsvollen Zeitungen abgedruckt werden würde; die Zeit macht die Dokumente interessant, nicht ihr Inhalt.

In diese auf Harmonie gestimmte Atmosphäre platzte die Rede eines jungen Mannes namens Melvin J. Lasky, den niemand kannte, schon gar nicht als Schriftsteller. Im Laufe der Mittagsstunden – ich war schon gegangen – sprach sich herum, dass Lasky ein amerikanischer Journalist sei, aber er war kein Vertreter der angesehenen Zeitschriften oder Zeitungen der Vereinigten Staaten wie der »New York Times«, der »Washington Post«, des »Life« oder der »Time«. Die linksliberale »Partisan Review«, als deren Korrespondent er nach Berlin geschickt worden war, kannten die meisten Anwesenden vermutlich so wenig wie ich. So fiel es sowjetischen Delegierten leicht, sich über Lasky als einen Niemand lustig zu machen. Was habe ich selber erlebt und was ist mir später berichtet worden? Manches weiss man selber nicht mehr genau, und so mag dies und das mir nachträglich erzählt worden sein, wer ehrlich mit sich ist, kann nach einem halben Jahrhundert die Dinge nicht immer auseinanderhalten.

Aber Lasky war seit diesem Auftritt weltbekannt. Er hatte die Sache der unterdrückten, verbannten und oft liquidierten sowjetischen Schriftsteller zu der seinen gemacht: »Wir fühlen uns solidarisch mit den Schriftstellern und Künstlern der Sowjetunion. Auch sie kennen den Druck und die Zensur. Auch sie stehen im Kampf um kulturelle Freiheit.« Das, im sowjetischen Sektor ausgesprochen, schlug wie eine Bombe ein. Valentin Katajew von der sowjetischen Delegation sagte schneidend, er sei »endlich einmal einem Kriegstreiber in Fleisch und Blut begegnet«. Von Walter Ulbricht wurde später der Satz überliefert: »Lasky ist der Mann, der den Kalten Krieg begonnen hat.« Was für ein groteskes Missverhältnis – ein namenloser neunundzwanzigjähriger amerikanischer Journalist und eine Weltmacht. Aber im Abstand von Jahrzehnten kommt es mir so vor, als habe Ulbricht so Unrecht nicht gehabt.

Es war wirklich das Auftreten Laskys, das die lange verschwiegenen Spannungen zwischen den Kriegsalliierten zum offenen Ausbruch brachte. Bis dahin hatten Russen und Amerikaner die Form des Kriegsbündnisses halbwegs gewahrt. Nun aber waren die Gegensätze offenkundig, und beide Seiten gaben sich keine Mühe, sie zu verbergen. Dieser mittelgrosse und untersetzte Amerikaner mit dem Lenin-Bart – was hin und wieder zu spöttischen Vergleichen Anlass gab – veränderte das Klima, zuerst in Berlin, dann im westlichen Deutschland und schliesslich in der ganzen Welt. Vielleicht hat Melvin J. Lasky wirklich eine historische Rolle gespielt, ohne dass ihm das bewusst gewesen wäre.

Jedermann hatte bis dahin den Frieden, die Humanität und die Freundschaft zwischen den Völkern beschworen, was in Ost und West zum Ritual gehörte. Niemand hatte von Laskys Redebeitrag viel erwartet. Weisenborn erzählte mir später, dass sich die Reihen langsam gelichtet hätten, als Lasky zu reden begann. Aber dann habe er die Teilnehmer geradezu elektrisiert, und alles sei in den Saal zurückgeströmt. In solcher Offenheit hatte noch niemand von der Lage in der Sowjetunion und in den osteuropäischen Ländern gesprochen, die man damals anfing »Ostblock« zu nennen. Der offizielle Vertreter der Sowjetunion, Konstantin Simonow, war regelrecht starr, als Lasky von der Unterdrückung im Osten sprach und Beispiele gab, wie es mit der immer wieder beschworenen Meinungsfreiheit dort wirklich aussah. Auch Schriftsteller, denen man nicht unbedingt Sympathie für den Kommunismus nachsagen konnte, schienen schockiert, als die bis dahin um Harmonie bemühte Stimmung des Kongresses so rüde unterbrochen worden war.

Lasky hatte gesagt, dass zwar auch Autoren wie John Steinbeck, William Faulkner, John Dos Passos und der farbige Amerikaner Richard Wright mitunter in ihrer Heimat Angriffen begegnet seien, aber das sei doch etwas anderes als die Verfolgung in der Sowjetunion, wo missliebige Schriftsteller in Lagern oder in Sibirien verschwanden, wofür er Beispiele gab. In aller Erinnerung waren die Fälle zweier weltberühmter sowjetischer Schriftsteller, die auch im Westen viel gelesen worden waren, Boris Pilnjak und Isaak Babel. Hatte jener mit seinen Geschichten und vor allem mit seinem Roman »Die Geschichte vom nichtausgelöschten Mond« einen Welterfolg in mehr als einem Dutzend Sprachen gehabt, so war Isaak Babel geradezu ein Mythos. Er stammte aus Odessa. Während des Bürgerkriegs und vor allem während des sowjetisch-polnischen Krieges von 1920 und 1921 hatte er den Zug der legendären Reiterarmee mitgemacht. Alle Triumphe und Niederlagen des wechselnden Kriegsglücks hatte er in der Erzählung »Budjonnys Reiterarmee« beschrieben, die geradezu die Bibel der jungen sowjetrussischen Literatur geworden war. Beide Wunderkinder der Sowjetliteratur wurden Ende der dreissiger oder Anfang der vierziger Jahre im Zuge der Stalinschen »Säuberungen« liquidiert.

Das war wahrscheinlich in allen Köpfen, als Lasky von der Verfolgung der Schriftsteller in der Sowjetunion redete. Die sowjetischen

Delegierten und die linientreuen osteuropäischen Schriftsteller protestierten durch laute Zwischenrufe, schliesslich schien der ganze Kongress im Lärm unterzugehen. Gustav von Wangenheim, ein mässig begabter Schauspieler, der während der Hitler-Ära in der Sowjetunion die Nähe der Exil-KPD gesucht hatte und daher in solchem Masse das Vertrauen von Tulpanow genoss, dass der ihn zum Intendanten des Deutschen Theaters und der Kammerspiele gemacht hatte, wendete den Protest ins Verfahrensmässige: Weshalb sei Laskys Rede eigentlich der Hauptbeitrag des Tages gewesen, obwohl er doch gar nicht angekündigt gewesen sei und der Name Lasky überhaupt nicht im Programm gestanden hätte? Dagegen liess sich schlecht etwas sagen, denn die meisten Delegierten fragten sich gegenseitig, wer denn dieser unbekannte junge Amerikaner überhaupt sei. Aber dennoch war Laskys Rede, literarisch nicht übermässig kunstvoll, der wichtigste Beitrag auf dem Kongress. Auf jeden Fall stellte er eine Zäsur in der bis dahin friedlichen Stimmung des Kongresses und in gewissem Sinne ganz Berlins dar.

Der Schriftstellerkongress war bis dahin als eine Veranstaltung von Schriftstellern jenes Landes, aus dem immer neue Schrecken bekannt wurden, ausserhalb Deutschlands nicht sonderlich beachtet worden, aber durch Laskys Auftritt wurde sein Name selbst in Amerika bekannt. Nach einem halben Jahrhundert ist es schwer zu rekonstruieren, wann das Projekt einer Zeitschrift zum ersten Mal auftauchte, mit dem Melvin J. Lasky bald umging. Ich weiss, dass in der »Neuen Zeitung« und wahrscheinlich auch im »Tagesspiegel« von der Idee dieser Zeitschrift hin und wieder gesprochen wurde. Aber es wurden damals so viele Zeitschriften gegründet, dass Laskys Vorhaben keine Sensation war.

Noch monatelang scheint der Name der Zeitschrift nicht festgestanden zu haben. Einigen Berichten zufolge soll es Klaus Mann gewesen sein, der Lasky »in einer kleinen Pension am Mexikoplatz in Zehlendorf« auf die Idee gebracht hat, sie ganz einfach »Der Monat« zu nennen. Auch Peter de Mendelssohn hat später gesagt, dass er den ausschlaggebenden Vorschlag gemacht habe; der Erfolg hat stets

viele Väter, und der »Monat« war ja ein spektakulärer Erfolg. Fest
steht, dass sich Lasky mit Klaus Mann und Peter de Mendelssohn in
einem kleinen Lokal in der Pariser Ecke Uhlandstrasse getroffen hat.
Was damals besprochen wurde, lässt sich nach einem halben Jahrhundert nicht mehr feststellen. Es scheint so, als sei der Misserfolg
von Alfred Döblins Zeitschrift »Das goldene Tor«, die kurz zuvor in
Baden-Baden gegründet worden war, ein eher abschreckendes Beispiel für poetisch-verheissungsvolle Titel gewesen. Auch in der Berliner Zeitungswelt hatte man sich damals für Namen entschieden, die
auf alle inhaltlichen Verheissungen verzichteten, so der »Tagesspiegel« und der »Abend« im Westen, das »Neue Deutschland« und die
»Tägliche Rundschau« im Osten.

Titelblatt des »Monat«. Man kann sich heute kaum klarmachen, welche Sensation jedes Heft des »Monat« damals war. Ich war ein kleines Rad unter den Autoren, aber ich drehte doch mit an der grossen Bewegung der Zeit.

Ich erinnere mich nicht, dass man damals gefragt hätte, wer wohl Lasky und seinen »Monat« finanziere, obwohl sehr bald deutlich wurde, dass Lasky über beträchtliche Geldmittel verfügen musste. Aber wer nahm daran Anstoss? Eher war man zufrieden, dass sich offensichtlich Geldgeber gefunden hatten, die den Kampf gegen den immer unverhohleneren Machtanspruch der Sowjetunion unterstützten. Die Sowjets verleibten sich inzwischen ungeniert Teile Europas ein. Über die Abmachungen aus der Kriegszeit, wonach alle Länder – gleich ob in West- oder Osteuropa – ihre Regierungsform selber bestimmen sollten, setzten sie sich ganz offen hinweg. Überall wurden jene »Volksdemokratien« etabliert, die dann vierzig Jahre bis zur Wende die Länder Osteuropas zu Satellitenstaaten machten.

Auch der Westen lebte inzwischen in Angst. Wann würde die Sowjetunion über die Elbe hinaus nach Westen greifen? Die kommunistischen Parteien hatten sowohl in Frankreich als auch in Italien Millionen Anhänger. Manchmal konnte nur durch Koalitionen aller nichtkommunistischen Parteien die legale Machtergreifung der Kommunisten verhindert werden. Nach der Wende 1989, als die linientreuen Regime wie Kartenhäuser eines nach dem anderen zusammenbrachen, hat man in Ost-Berlin nicht nur jene Orden gefunden, die nach der Eroberung Westeuropas an die »Nationale Volksarmee« verliehen werden sollten, sondern auch die Uniformen mit entsprechenden Achselstücken und Orden; selbst der Titel »Marschall« sollte wieder eingeführt werden. Unter anderem war der Marschall-Titel für Honecker und Mielke vorgesehen.

Die kommunistische Gefahr war jedenfalls kein Phantom. Es gab ernstzunehmende Pläne, ganz Westeuropa dem sowjetischen Machtbereich einzuverleiben. Die Enthüllungen des Jahres 1990 machen es nachträglich verständlich, dass man damals nach Hilfen und auch Geldern gegriffen hat, woher immer sie kamen. So haben auch die Quellen der Mittel für den »Monat« niemanden interessiert, und dass es der amerikanische Geheimdienst CIA gewesen ist, der den »Kongress für die Freiheit der Kultur« und die ihm nahestehenden Zeitschriften – den »Monat« in Deutschland, »Preuves« in Frankreich und »Encounter« in England – finanzierte, ging nicht einmal als Gerücht um. Das hätte uns aber auch nur wenig irritiert.

Den intellektuellen Zulauf zum »Monat« nahm man als Beweis, dass man nicht allein stand. Es waren die bekanntesten, erfolgreichsten – und also höchstbezahlten – Autoren, die sich schon in der ersten Nummer versammelt hatten – von Thomas Mann, Arthur Koestler, George Orwell, Ignazio Silone, Hannah Arendt, Raymond Aron, Max Frisch, T. S. Eliot bis zu Saul Bellow; mit Milovan Djilas, der in der Partisanenarmee von Tito zu dessen engsten Kampfgefährten gehört hatte, war auch einer der höchsten Vertreter eines kommunistischen Staates zum »Monat« gestossen. Ursprünglich waren viele Kommunisten gewesen, hatten im Spanischen Bürgerkrieg auf der

Seite der Republikaner gekämpft und nach deren Niederlage in Frankreich, in den Vereinigten Staaten oder in der Sowjetunion Zuflucht gesucht. Dass Lasky Honorare zahlen konnte, die weit über das hinausgingen, was deutsche Zeitschriften ausgeben konnten, nahm nicht wunder. Der »Monat« war vom ersten Heft an ein solcher Erfolg, dass er sich bald selber trug und seine Honorare allein erwirtschaften konnte. Die Auflage stieg von zehntausend auf zwanzigtausend und schliesslich auf dreissigtausend Exemplare; einmal sollen fast fünfzigtausend Hefte verkauft worden sein. Das waren Grössenordnungen, von denen deutsche Zeitschriften nicht einmal träumten.

Die »Gegenwart«, die »Frankfurter Hefte« und »Die Wandlung« kamen über dreitausend bis fünftausend Exemplare selten hinaus, obwohl doch die späten vierziger und frühen fünfziger Jahre eine Epoche der Zeitschriften waren, was auch damit zusammenhängt, dass die neuen Tageszeitungen, die an die Stelle der nationalsozialistischen Presse getreten waren, noch nicht wirklich etabliert waren. Die alte »Frankfurter Zeitung« wurde erst 1949 wiedergegründet und musste sich dann aus Rechtsgründen »Frankfurter Allgemeine Zeitung« nennen. Das »Hamburger Fremdenblatt« gab es gar nicht mehr, und auch die »Vossische Zeitung« war 1934 eingestellt worden. So griff man vielfach nach den Zeitschriften, um die sich Federn versammelten, die einem aus der Zeitungswelt bekannt waren. »Die Wandlung« von Karl Jaspers und Dolf Sternberger war am anspruchsvollsten, zumindest in den Themen, die sie behandelte. Die »Gegenwart«, um die sich wichtige Leute der alten »Frankfurter Zeitung« um Max von Brück, Benno Reifenberg, Herbert Küsel bis zu Friedrich Sieburg sammelten, verkörperte am ehesten den Geist der Weimarer Zeit. Die »Frankfurter Hefte« von Eugen Kogon und Walter Dirks gaben ihre linkskatholische Position immer wieder zu erkennen, und das war nicht jedermanns Sache.

Die in Ost-Berlin erscheinende »Sinn und Form«, die erst vom halbkommunistischen Kulturbund zur demokratischen Erneuerung Deutschlands, dann von der neugegründeten Ostberliner Akademie der Künste herausgegeben wurde, machte sehr entschieden den literarischen Rang und die intellektuelle Qualität zum Auswahlprinzip der einzelnen Beiträge. Wenn man heute die ersten Nummern durchblättert, springt es in die Augen, wie unabhängig der Chefredakteur Peter Huchel die Zeitschrift zu steuern suchte. Erstaunlicherweise scheint Johannes R. Becher, der nominelle Herausgeber von »Sinn und Form«, dem Chefredakteur Peter Huchel weitgehend freie Hand gelassen zu haben, was das Blatt auch in West-Berlin und in den drei westlichen Besatzungszonen attraktiv machte.

Selbst den in Ost und West noch vielfach verfemten Gottfried Benn, dessen anfängliche Bejahung des Dritten Reiches die Intellektuellen nicht vergessen hatten, suchte Huchel für eine Mitarbeit an »Sinn und Form« zu gewinnen. Gottfried Benn gab keine Absage, schickte Huchel aber auch keine Beiträge, die Huchel wahrscheinlich vor eine heikle Situation gestellt hätten, da die sowjetischen Kontrolloffiziere vermutlich gegen den »faschistischen Autor« vorgegangen wären. Bei Theodor Adorno und Max Horkheimer, bald die Häupter der wiedererstandenen »Frankfurter Schule«, hatte Huchels Werbung zumindest einen vorübergehenden Erfolg, denn beide waren in den ersten Heften gelegentlich mit Beiträgen vertreten. Eine Zeitlang war »Sinn und Form« tatsächlich so etwas wie ein gesamtdeutsches Blatt und machte eben deshalb auch in West-Berlin Furore. Die Verbreitung der anderen in Ost-Berlin erscheinenden Zeitungen wie die neue »Weltbühne« und der achtbare Versuch von Alfred Kantorowicz, die Zonengrenzen mit seiner Zeitschrift »Ost und West« zu überwinden, blieben dagegen auf die sowjetische Besatzungszone beschränkt.

Sehr bald aber begann das grosse Zeitschriftensterben. Als eines der ersten Blätter verstummte 1949 »Der Ruf« von Hans Werner Richter und Alfred Andersch. »Das goldene Tor« von Alfred Döblin streckte 1951 die Waffen. »Die Wandlung« von Karl Jaspers wurde 1959 ebenfalls eingestellt. Die verbleibenden Blätter litten fast alle an Auszehrung. Nur Melvin Laskys »Monat« wuchs immer mehr. Gerade in diesen fünfziger Jahren konsolidierte er sich in solchem Masse, dass er sich selbst an den Zeitungskiosken, die eigentlich keine literarischen Zeitschriften führten, einen festen Platz eroberte. Wenn ich auf dem Weg vom heimatlichen Falkenried zur Freien Universität in der Garystrasse an den U-Bahnhöfen Dahlem Dorf und Thielplatz vorbeikam, leuchteten mir schon von weitem die grellbunten Umschläge des »Monat« entgegen und signalisierten so die Frische und Lebendigkeit der neuen Welt, in der die Gesetze der Medienindustrie ungeniert auf die Zeitschriftenwelt übertragen wurden. Die traditionellen Zeitschriften wirkten dagegen zwar seriös, aber ein wenig betulich. Sie präsentierten sich altmodisch, und sie waren auf jeden Fall wenig werbewirksam, weshalb sie, bis auf wenige Blätter wie der »Merkur«, fast alle endlich in Vornehmheit eingingen.

Im Nachhinein markiert der Gesamtdeutsche Schriftstellerkongress eine Zäsur. Zum ersten Mal waren hier die Gegensätze beider Lager offen aufeinandergeprallt, die kommunistische Welt und die westliche, deren Ungebundenheit gerade darin bestand, dass sie nicht auf eine Doktrin festgelegt war. Insofern ist die Bedeutung des Schriftstellerkongresses nicht zu überschätzen. Aber für mich und meine Freunde blieb er eine vorübergehende Aufregung, nach der man zur Tagesordnung überging. Es waren Zeitschriften wie der »Monat« und Zeitungen wie die – amerikanisch lizenzierte – »Neue Zeitung«, nach denen nichts mehr so war, wie es bis dahin gewesen war. Von da an waren wir nicht mehr heimatlos, und wir fühlten uns zu Hause, wenn wir zu Blättern stiessen, die gerade in ihrer intellektuellen Unabhängigkeit den Geist einer anderen Welt verkörperten, die man begann, die »Freie Welt« zu nennen.

Neue Welten und neue Horizonte

Im »Kongress für die Freiheit der Kultur«

Schon während der letzten Jahre, als ich häufiger für den »Monat« oder die »Neue Zeitung« schrieb, hatte ich das Gefühl, von Melvin Lasky und den hin und wieder aus Paris kommenden Besuchern des Kongresses für die Freiheit der Kultur inspiziert zu werden, ohne dass ich mir einen Reim darauf machen konnte. Bald nach Jahresbeginn 1953 fragte man mich, ob ich mir vorstellen könne, für das Berliner Büro des Kongresses, das in einer geräumigen Villa in der Zehlendorfer Schmarjestrasse lag, verantwortlich zu sein. Man wollte sich von Günther Birkenfeld, der bisher den Kongress geleitet hatte, trennen. Ich liess die an mich gerichtete Frage auf sich beruhen, um so mehr, als man sich um die Position ohnehin nicht bewerben konnte. So wartete ich ab. Im Januar oder Februar wurde ich dann aufgefordert – der Ausdruck einladen würde der Sache nicht gerecht werden –, mich in Paris bei Mike Josselson und François Bondy vorzustellen. Nach ein paar Tagen schon machten Imke und ich uns in unserem neuen dunkelroten DKW Cabriolet voller Spannung auf den Weg.
Eine solche Fahrt war auch noch Anfang der fünfziger Jahre nicht ohne Abenteuer. Viele Brücken auf der Autobahn waren noch nicht wiederhergestellt. Bei Nörten-Hardenberg fehlten einige Dutzend Kilometer Autobahn; die Hochbrücke über die Weser bei Hannoversch-Münden war in den letzten Kriegstagen von SS-Einheiten gesprengt worden und noch nicht wiederhergestellt. Man musste sich in Serpentinen hinab und wieder auf die Höhe schrauben, bis man

die andere Seite des tief eingeschnittenen Flusstals erreichte. Als wir zwei Jahre davor das erste Mal meine Schwester Gitty dort besucht hatten, waren wir noch einen gebrauchten DKW-Schwebeklasse, ein Cabriolet, gefahren, der 1939 als modernstes Modell entwickelt, aber offensichtlich durch den Kriegsausbruch nicht zu Ende erprobt worden war. Er hatte als einziger DKW eine Stahl-Stromlinien-Karosserie besessen und hatte einen kleinen Nachteil: Sein Zweitakt-Motor war offensichtlich der schweren Stahlkarosserie nicht gewachsen, und deshalb bewältigte er auch die kleinsten Steigungen nur unter grössten Schwierigkeiten.

Inzwischen hatten wir den neuen Drei=sechs-DKW, aber dessen Batterie war wiederum den Frostgraden nicht gewachsen. Der Winter jenes Jahres war extrem kalt. In Paris meldeten die Zeitungen jeden Morgen, wieviele Menschen in ihren Wohnungen erfroren waren. Die oft aus dem 18. Jahrhundert stammenden Häuser waren offensichtlich für solche Temperaturen nicht eingerichtet. Unser neuer Wagen hielt die Strecke Berlin–Paris anstandslos durch. Aber als wir nach einiger Mühe die Auberge in einer kleinen Seitenstrasse des Boulevard Raspail gefunden hatten, sprang der Motor nicht mehr an, um auch nur die wenigen Meter zur Garage im Hinterhof zu bewältigen. Das ist mir deshalb so deutlich in Erinnerung, weil François Bondy, der uns in dem kleinen Hotel erwartet hatte, seelenruhig auf dem Bürgersteig stand und Imke und mir ungerührt zusah, wie wir mühselig den Wagen anzuschieben suchten.

Überhaupt war die Aufnahme in der Pariser Zentrale des Kongresses, in der Avenue Montaigne, wo er 1953 bescheiden untergebracht war, nicht gerade herzlich. Erst ein paar Jahre später zog der »Kongress« in eine ganze Etage auf dem Boulevard Haussmann im 8. Arrondissement, wo Nicolas Nabokov als Generalsekretär einen überaus repräsentativen Raum hatte, während Mike Josselson daneben ein normales Büro eingeräumt worden war. Es wurde uns zwar Kaffee angeboten, aber nachdem das Dienstliche erledigt war, überliess man uns unserem Schicksal, ohne uns auch nur in das kleinste Bistro einzuladen. Vielleicht hatte das mit den Erinnerungen an die natio-

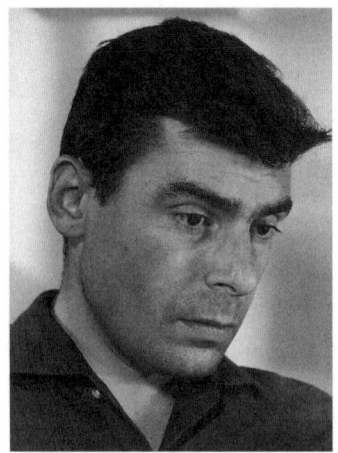

Mit Erstaunen sehe ich, wie jung ich war, als ich 1953 den ein wenig pompösen Titel trug »Generalsekretär des deutschen Büros des Kongresses für die Freiheit der Kultur«.

nalsozialistische Zeit zu tun. François Bondy – dessen Vater Fritz unter dem Namen N.O. Scarpi ein amüsanter Feuilletonist der Nachkriegszeit wurde – war in Berlin geboren. Aber er hatte die Schweizer Staatsangehörigkeit und war den Verfolgungen durch die Nationalsozialisten entgangen. Die deutschen Vernichtungslager hatten sich wie ein dunkler Schatten über alles Deutsche gelegt. Es brauchte eine lange Zeit, bis man zu einem unbefangenen Umgang mit Deutschen kam. Der Umstand, dass ich selber in einem Gefängnis gewesen war, spielte keine Rolle. Später standen François Bondy und ich allerdings auf bestem Fuss, und noch in den allerletzten Jahren, als er sehr alt und krank geworden war, grüssten wir uns regelmässig sehr herzlich. Zu welchem Ergebnis meine Vorstellung geführt hatte, blieb offen. Erst bei meiner Rückkehr nach Berlin sollte ich von Melvin Lasky hören, dass ich anstelle Birkenfelds zum Sekretär des Kongresses bestellt war.

Wie lange wir noch in Paris blieben, weiss ich nicht mehr; es waren wohl zwei oder drei Tage. Dass wir unseren ersten Besuch in Paris nicht allzu lange ausdehnten, hatte weniger mit den für Paris ganz ungewöhnlichen Frostgraden zu tun als mit unseren aufgebrauchten Francs, obwohl wir uns nicht ein einziges Mal eines der berühmten Restaurants geleistet hatten. Nur an das La Coupole erinnere ich mich, und zweimal sassen wir auf den wackligen Eisenstühlen des berühmten Café Flore. Von dort konnte man über den Platz am Saint-Germain-des-Prés in der Rue Jacob die Fenster des Hôtel des deux Continents sehen, wo Jean-Paul Sartre und Simone de Beauvoir ihre Wohnungen hatten. Beide lebten zwar schon lange zusammen, wohnten aber getrennt. Dieses Paris, das Paris des Boulevards Saint-Germain-des-Prés, und vor allem die Menge junger Leute, die

324

den Boulevard füllten, überwältigten uns. Es machte den Eindruck, als bestünde Paris nur aus Studenten, und trotz der Temperaturen sassen sie alle in den Strassencafés. An einen Freitag erinnere ich mich besonders. An diesem Tag kommt der »Figaro Littéraire« heraus, alle scheinen ihn plötzlich in der Hand gehabt zu haben und waren in Diskussionen verwickelt. Aus der grauen Trümmerstadt Berlin kommend, war das ein geradezu überwältigender Eindruck, der mein Bild von Paris für lange bestimmt hat.

Als wir zur Rückfahrt aufbrachen, machten wir einen Abstecher entlang der Seine, die damals nicht von autobahnähnlichen Highways eingezwängt wurde. Die Bouquinisten hatten noch ihre Holzverschläge direkt am Ufer des Flusses. Ich begrüsste sie wie alte Bekannte, obwohl ich sie nur aus der Literatur kannte. Wer hatte in ihnen nicht alles gestöbert, André Gide schon in den dreissiger Jahren; für Ernst Jünger hatte der Besuch bei den Bouquinisten in den vierziger Jahren zum Alltag seiner Pariser Zeit gehört. Auch Jean-Paul Sartre wird hier nach Büchern gesucht haben. Nach dem Krieg hatte mir Jünger in Wilflingen jene Schätze gezeigt, die er in Paris zusammengetragen hatte.

In diesen Jahren war es noch das alte Paris, dem man Krieg und deutsche Besatzung nicht anmerkte. Ich sah die Stadt vor allem mit den Augen Ernst Jüngers, der vor wenigen Jahren erst in seinen »Strahlungen« ein unvergleichliches Porträt der Stadt und ihrer Menschen geliefert hatte. Aus der Lektüre konnte ich rekonstruieren, wo sich Jünger mit Marcel Jouhandeau oder Henry de Montherlant getroffen, wo er Pablo Picasso besucht hatte – und hierbei statt der Uniform Zivil getragen hatte – und wo der Salon von Florence Gould gelegen hatte, in dem sich Jünger über die bösartigen Bonmots von Paul Léautaud amüsiert hatte: »Das neue Buch von André Gide ist noch schlechter als das letzte. Übrigens habe ich beide nicht gelesen.«

Aber wer war ein siebenundzwanzigjähriger Deutscher, dass er an einer dieser Wohnungen geklingelt hätte, denn die Adressen waren fast überall die selben geblieben? Mit Bewegung sah ich das Hotel

Raphael, wo die Verschwörer des 20. Juli 1944 auf Nachrichten aus dem Führerhauptquartier gewartet hatten: die Hitler-Gegner um den Militärbefehlshaber in Frankreich General Carl Heinrich von Stülpnagel, Cäsar von Hofacker und die anderen Verschwörer bis hin zu Hans Speidel.

Es gibt Begegnungen, die über eine lebenslängliche Zuneigung entscheiden. So ist es nicht nur bei Menschen, wofür das halbe Jahrhundert ein Beleg ist, das ich mit Imke zusammen bin. Auch Städte können sich einem beim ersten Anblick ein für alle Mal einprägen. So war es später bei mir auch im Falle Roms, wo sich seit dem ersten Besuch die Piazza Navona, die Piazza di Spagna und die Piazza del Popolo unverlierbar dem Empfinden eingruben, sodass ich später jeden Vorwand nahm, um die Stadt zu besuchen. Paris war eine solche Stadt, ich habe vom ersten Moment an das Gefühl gehabt, eine »ewige Stadt« zu erleben. Das waren gar nicht einmal der Eiffelturm, der Louvre, Notre-Dame und die anderen legendären Bauwerke, die fast alle an der Seine aufgereiht sind, die mich so gefangen nahmen. Es war wie in Rom, dass sich mir die Stadt als Stadt einprägte; hier wie da gerade die unberühmten Orte. Beide Städte sollte ich im Lauf der Jahrzehnte zu meinen eigenen machen, in Rom kannte ich bald im Karree zwischen den vier legendären Plätzen jede Gasse, und in Paris war ich wie zu Hause, sass fast als Pariser auf den Boulevards und besuchte Heinz Berggruen in der Rue de l'Université und im Marais André Masson, der für mich an einem Zyklus von Farbradierungen »Les amants célèbres« arbeitete.

Es sind überall die kleinen Orte, denen die Liebe gehört, jene Plätze, die keinen Stern im Baedeker haben. Allein der Blick auf die Seine führt mir stets die Provinzialität der Spree vor Augen. Das war beim Anblick der Themse genauso. Diese wirklich alten Städte Europas blicken auf eine lange Vergangenheit zurück, da doch unser Berlin eben noch eine Furt durch die Spree war. Die Stadt, die gestern noch nur ein paar Tausend Einwohner gehabt hat, feierte vor kurzem ihr siebenhundertfünfzigstes Jubiläum. Aber das darf man nicht allzu ernst nehmen; zu den wirklich grossen Städten des alten Europa hat Berlin nie gehört. Berlin blieb der Parvenu unter den europäischen Hauptstädten, auch wenn man bei der Wiedervereinigung darüber stritt, ob sie eine »Weltstadt« oder eine »Metropole« sei. Aber das hat meine Verwurzelung in Berlin nie gemindert. Die Familie hatte hier jahrhundertelang gelebt, war in vielerlei Hinsicht in der Geschichte der Stadt zu Hause. Könnte oder sollte ich sagen, dass ich Berlin liebe? So weit würde ich nicht gehen, aber es war *meine* Stadt, die Vergangenheit der Familie hatte darüber entschieden, und so habe ich kein schlechtes Gewissen, die Dinge beim Namen zu nennen.

Etwas davon muss ich schon geahnt haben, als ich damals mit Imke Paris zum ersten Mal besuchte, und insofern machte dieser Besuch, so banal er äusserlich auch verlaufen ist, Etappe in meinem Leben. Natürlich ist man nicht folgenlos Jahrzehnte hindurch Verleger. Claude Gallimard und Guy Schoeller waren am Ende so gut wie Freunde, und ich besuchte sie mitunter in ihren Landhäusern. Es verging selten ein Besuch in Paris, dass ich nicht Robert Laffont und Henri Flammarion traf, wo wir dann zusammen in die berühmten Brasserien gingen, oft in jenes altmodische Restaurant in der Rue du Bac mit seiner schweren burgundischen Küche, das in der Zeit der *Nouvelle cuisine* ein schweres Leben hatte. Ach, Paris. Am Ende geht es mir doch wie Ernest Hemingway, der das Buch »Paris – ein Fest fürs Leben« geschrieben hat, das als Stück der Literatur nicht viel zählt, aber als Huldigung an eine Stadt unvergleichlich ist.

Das waren meine Pariser Erlebnisse, eisige Temperaturen, eine distanziert-kühle Aufnahme, vor allem aber Erkundungen einer Stadt auf eigene Faust, in der ich Jahre später als Verleger fast zwei Jahrzehnte so häufig sein sollte, dass ich in der Wohnung Hans Haussers, des Kultur- und Presseattachés an der deutschen Botschaft in der Rue de l'Université 20, fast eine Art von Pariser Dependance hatte. Das lag 1953 noch in weiter Ferne, aber ein Staunen vor der Stadt, nach Ernst Jüngers Empfinden die heimliche Hauptstadt Europas, nahm ich doch mit nach Hause. Zurückgekehrt nach Berlin, fand ich die Nachricht, dass ich beim Kongress für die Freiheit der Kultur angestellt war. Mein Gehalt sollte fünfhundert Mark im Monat betragen. Da kam ich mir als Krösus vor.

Der Kongress und der »Monat« gehörten so eng zusammen, dass sie mir in der Erinnerung durcheinander gehen. Nach ein paar Jahren zogen beide Institutionen zu meinem Bedauern in ein gemeinsames Haus in der Podbielskiallee. Ich hatte zwar zwei alte Villen aus dem Anfang des Jahrhunderts in der Rheinbabenallee ausfindig gemacht, die damals, wie alles in Berlin, sehr günstig zu mieten oder zu pachten waren. Aber Lasky und Jaesrich war das zu »romantisch«. Sie entschieden sich für ein büroartiges Haus aus den zwanziger Jahren, wohl von Wassily Luckhardt oder doch aus seinem Kreis, sehr zweckmässig, aber ohne jede Atmosphäre. Die Treppe, die das Obergeschoss erschloss, war in einer vorspringenden verglasten »Nase« untergebracht, ein Fremdkörper in der ganzen Strasse. So nahm ich Abschied von der altmodischen Villa in der Schmarjestrasse mit dem riesigen Garten, dessen Obstbäume wir im Herbst abgeerntet hatten. Wenn nicht gerade Tagungen stattfanden und keine Gäste bei uns wohnten, hatte ich nur wenig zu tun gehabt. Dann verschafften wir uns an heissen Sommertagen mit dem Gartenschlauch Kühlung. Ist es da ein Wunder, dass mich der Umzug in die Podbielskiallee mit Abschiedsschmerz erfüllte?

Im »Monat«

Ich war zwar nur für den Kongress verantwortlich, aber ich gehörte nun immer deutlicher zum »Monat«-Kreis, was auch damit zusammenhing, dass der zweite Mann des »Monat«, Helmut Jaesrich, einen Steinwurf vom Falkenried entfernt in der Königin-Luise-Strasse wohnte. Wir waren bald um so näher bekannt, als ein paar Jahre später unsere Kinder zusammen in die John-F.-Kennedy-Schule gingen.

Helmut Jaesrich war von Hause aus Romanist und einer der engsten

Schüler von Ernst Robert Curtius gewesen. Damals hatten Ernst Robert Curtius und Karl Vossler einen legendären Ruf. Es rühmten sich so viele, aus deren Seminaren hervorgegangen zu sein, dass die Lehrveranstaltungen die Stärke ganzer Fakultäten gehabt haben müssten. Im Falle von Helmut Jaesrich war die Schule von Ernst Robert Curtius aber unverkennbar. Er beherrschte das Französische ebenso wie das Italienische und Spanische und war, wie sein verehrter Lehrer, in der klassischen wie in der modernen Literatur Europas zu Hause. Als Albert Vigoleis Thelen, der in der Zeit des Dritten Reiches nach Mallorca ausgewichen war – wie übrigens auch Harry Graf Kessler, den er merkwürdigerweise aber nie getroffen zu haben scheint –, den portugiesischen Nationaldichter Fernando Pessoa in seinem Roman »Die Insel des zweiten Gesichts« aus dem Vergessen zog, hielt uns Jaesrich aus dem Stegreif ein Privatissimum über die portugiesische Literatur der letzten zwei Jahrhunderte. Das Verhältnis zwischen Honoré de Balzac und Henry Beyle, der sich den Namen Stendhal zugelegt hatte, kannte er bis in die kleinsten Verästelungen, und es war im »Monat« gewesen, dass mir Jaesrich zum ersten Mal von dem huldigenden Aufsatz Balzacs über Stendhal erzählte, durch den sich der Unbekannte mit einem Schlag in Frankreich etablierte.

Aber Jaesrich, zeit seines Lebens zu Depressionen neigend, hatte eine seelische Hemmung, die ihn als stellvertretenden Chefredakteur einer Zeitschrift eigentlich ungeeignet machte. Immer wieder konnte er sich tage-, manchmal wochenlang nicht entschliessen auch nur die knappe Rubrik »Die Autoren dieses Heftes« abzufassen, und die Ersatznotiz der jungen Redakteure wenigstens freizugeben. So kam der »Monat« erst mit wochenlanger Verspätung zu den Kiosken, was Melvin Lasky mit rührender und unerklärlicher Geduld hinnahm. Aber dann verblüffte und versöhnte Jaesrich alle seine Kritiker immer aufs neue. Er stellte uns auf allen Gebieten in den Schatten. Vielleicht war es das, weshalb Lasky eine Lammsgeduld bewies und alles hinnahm, was uns zur Verzweiflung brachte. Vielleicht lag es auch daran, dass Lasky oft im Ausland war, in der Pariser Zentrale des Kongresses, in London, wo Irving Kristol gerade die Schwesterzeitschrift »Encounter« konzipierte, oder in New York, von wo – wie sich erst später herausstellte – die meisten Gelder für den Kongress und den »Monat« kamen?

Ich könnte nicht sagen, wann ich zum ersten Mal in der Redaktion des »Monat« gewesen bin, aber ich erinnere mich noch sehr genau an den ersten Besuch in Laskys Privathaus in der Zehlendorfer Goethestrasse. Ich sehe mich noch ziemlich am Rand mit Imke stehen, ein junges Paar, das niemand recht kannte und beachtete, sodass wir uns ein wenig überflüssig vorkamen. Melvin Laskys Frau, Brigitte Lasky, war eine gebürtige Deutsche, die er vor kurzem erst kennengelert hatte, sehr jung, sehr attraktiv und herausfordernd elegant. Immer im *New look* habe ich sie vor Augen, in einem offenen grünen Buick mit schwarzem Verdeck fuhr sie ganz langsam den Kurfürstendamm entlang, eine leibhaftige Vorführung des *American way of life*. Wir wurden nur zwei- oder dreimal zu Lasky privat eingeladen, dazu waren wir zu jung; und vor allem spielte ich in Berlin eine zu geringe Rolle. Aber jung war auch der Hausherr, ebenfalls erst Ende zwanzig. Nur die Gäste waren fast alle vierzig oder fünfzig.

Einmal war der aus Ungarn stammende Arthur Koestler bei Lasky, dessen Enthüllungsbuch »Sonnenfinsternis« damals überall ausserordentliches Aufsehen erregt hatte. Koestler hatte mit den Illusionen der Epoche, die auch die seinen gewesen waren, gnadenlos aufgeräumt. In den zwanziger Jahren hatte er in dem Künstlerviertel am Südwestkorso nicht weit vom Breitenbachplatz gelebt. Koestler wirkte auf uns unnahbar, was aber daran gelegen haben mag, dass ich für ihn ein Niemand war. Auch George Orwell glaube ich bei Lasky zum ersten Mal getroffen zu haben. Zwei oder drei Jahre später kamen auch Alfred Kantorowicz und Theodor Plievier, deren Übertritt in den Westen eine Sensation war. Beide waren nicht nur Sympathisanten, sondern Mitglieder der Kommunistischen Partei gewesen. Dann waren sie erst verschwiegene Abweichler, dann leise Kritiker und schliesslich offene Verächter des Systems geworden. Auf jeden Fall waren sie ein solcher Gegenstand der Aufmerksamkeit,

Melvin J. Lasky, der Gründer und Herausgeber des »Monat«, mit Helmut Jaesrich, der sozusagen Mitherausgeber oder Chefredakteur war.

dass man sie sich zeigte. Alfred Kantorowicz, der im Exil gelebt hatte, gründete damals in Ost-Berlin die Zeitschrift »Ost und West«, die schon im Titel zu erkennen gab, dass sie eine Brücke zwischen beiden Lagern sein wollte, was natürlich eine Illusion war. Kantorowicz flüchtete 1957 nach West-Berlin.

Der Boulevard brodelte wieder. Der Kurfürstendamm war sogar aufregender als in späteren Jahrzehnten. Arthur Koestler wohnte zwei- oder dreimal in den Gästezimmern des Kongresses. Zur allgemeinen Verblüffung versicherte er im RIAS allen Ernstes, Berlin sei nicht nur die lebendigste, sondern auch die aufregendste Stadt Europas. Die Boulevards aller Metropolen Europas erlebten damals noch einmal eine grosse Zeit. Der Glanz der Vorweltkriegszeit und der zwanziger Jahre schien wiedergekehrt. In Rom war es die Via Veneto, der Boulevard der Vorweltkriegszeit, die von der Porta Pinciana in das Herz des barocken Rom führt. Hauptsächlich hier, vor den Jugendstilpalästen der Vorweltkriegszeit, fand das »Dolce vita« der Nachkriegszeit statt und auch der gleichnamige Film, dessen Sensation darin bestand, dass Anita Ekberg in der Brunnenanlage der Fontana di Trevi badet, obwohl man doch nur Münzen hineinwerfen soll, um seine Wiederkehr zu sichern.

Jede Epoche sucht sich ihre Bühne. Auf den grossen Boulevards Europas ist es stets nur eine Strassenseite, auf der sich das Leben versammelt. Auch im Nachkriegs-Berlin, das noch einmal eine Wiedergeburt der Boulevardkultur brachte, konnte es sich niemand leisten, in einem Café auf der falschen Strassenseite zu sitzen. Man sass im Bristol, im Kranzler oder in Mampes Stuben, auf der östlichen Seite des Kurfürstendamms, was wahrscheinlich daran lag, dass auf sie die Sonne vom Mittag bis zum späten Abend scheint, während das Café Schilling neben dem Marmorhaus auf der anderen Seite nur in den frühen Vormittagsstunden in der Sonne lag. Melvin Lasky schrieb damals im »Monat« sehr geistreich, dass es in allen Städten Europas nur die der Sonne zugewandte Strassenseite sei, auf der sich das Leben abspiele, sei es der Boulevard St. Germain von Paris, die Rambla von Barcelona oder die Fifth Avenue von New York. Auch die Düsseldorfer Königsallee, die berühmte Kö, ist nur auf der Ostseite ein Boulevard mit Strassencafés, wo sich die gute Gesellschaft traf, während die Westseite die »schlechte« Seite war, wo niemand promenieren will.

Das alte Europa feierte sich in diesen Nachkriegsjahren überall mit seinen Boulevards, vielleicht zum letzten Mal. Inzwischen gibt es Prachtstrassen im alten Sinne nicht mehr, selbst wenn die Linden und der Kurfürstendamm nach den Kriegszerstörungen halbwegs wiederhergestellt sind. Es gibt die Gesellschaft nicht mehr, die sie einst belebte und rechtfertigte und deren Bühne die Boulevards waren. Selbst auf den Champs-Élysées haben Fast-Food-Ketten, Autosalons und Büros den Platz eingenommen, auf dem man einst flanierte.

Die andere Seite der grossen Welt ist immer die Halbwelt, und darüber war ein hochamüsanter Essay im »Encounter«, der englischen Schwesterzeitschrift des »Monat«, erschienen, der den gewagten Titel »Sitting on a fortune« trug. Damit waren die Damen gemeint, die ihre Karriere mit jenem Körperteil machen, auf dem man zu sitzen pflegt. Lasky als Amerikaner hatte wenig Bedenken, diesen Beitrag für den »Monat« zu übernehmen, aber sein Chefredakteur Helmut Jaesrich ging auf die Barrikaden. Es war eben die Nachkriegszeit, und sich mit derartigen Unsittlichkeiten zu befassen, konnte sich ein seriöses Blatt nicht leisten. Schweren Herzens nahm Lasky Abschied von den schockierenden Seiten, die ein Glanzstück des »Monat« gewesen wären.

Einige Jahre später, ich war schon Feuilletonchef des »Tagesspiegel« und in dieser Eigenschaft auch für den Fortsetzungsroman zuständig, traf mich diese Prüderie. In einem Roman kam eine Passage vor, in der sich ein junges Liebespaar in einem Zimmer aufhält, in dem auch ein Bett steht, auf das sie sich aber beileibe nicht setzen. Aber für den »Tagesspiegel« war das bereits Unmoral. Vor allem verstiess der Text gegen eine Regel, die noch Erik Reger, der kurz zuvor verstorbene Mitbegründer und Chefredakteur des »Tagesspiegel«, eingeführt hatte und die noch immer befolgt wurde: Worte, die unsittliche Assoziationen hervorriefen, waren durch harmlose Begriffe zu ersetzen. So liess ich das Paar sich auf einer *Chaise Longue* setzen; aber auch diese Vokabel verfiel dem Bann. Eine Zeitlang beratschlagte die Feuilletonredaktion und brachte schliesslich die *Couch* in Vorschlag. Auch sie wurde als zu assoziationsreich verworfen. Endlich wurde mit dem *Sofa* ein Ausweg gefunden. An solchen Bagatellen wird der Geist einer Epoche greifbar. Heute will man nicht glauben, dass Hildegard Knef als »Sünderin« ein ganzes Land schockierte, weil sie als Modell eines Malers nur eine einzige Sekunde unbekleidet zu sehen ist. Die katholische Kirche erhob formellen Protest, und der Kölner Erzbischof erklärte, dass ein Katholik sich solch einen unmoralischen Streifen nicht ansehen dürfe.

Es sind nicht immer die grossen Ereignisse – Aussenministerkonferenzen, militärische Allianzen, misslungene oder geglückte Volkserhebungen –, an denen der Wandel greifbar wird. Auch im Alltäglichen, damals kaum bemerkt, wird greifbar, wie die Zeit voranschreitet. Als Kind lachten wir, wenn unsere Grossmutter Worte wie »Trottoir«, »Perron« oder »Coupé« benutzte, wenn sie uns zum Zug brachte, der uns in die Ferien fuhr. Längst waren sie aus dem Sprachgebrauch gekommen. Inzwischen ist uns das eigene Erleben von gestern ferngerückt. Wenn ich die Verfügungen lese, die Erik Reger erlassen hatte, komme ich mir wie in Kaiserzeiten vor. So hatte ich wohl recht, als ich das Vorwort zu diesem Band mit dem Satz abschloss, dass es geschichtliche Perspektiven seien, in die das eigene Erleben gerückt ist.

Seit 1953 leitete ich also das Berliner Kongress-Büro, und eine Zeitlang suchte auch Plievier dort Zuflucht, einige Wochen wohnte er in einem der Gästezimmer. Sehr deutlich steht mir Plieviers panische Angst vor Augen, denn er lebte in der ständigen Furcht, vom sowjetischen oder ostdeutschen Geheimdienst verschleppt zu werden, wie es dem Rechtsanwalt Walter Linse vom Untersuchungsausschuss freiheitlicher Juristen im Juli 1952 ergangen war. Wenn in der Schmarjestrasse ein Auto vorfuhr, eilte Plievier zum Fenster und spähte vorsichtig hinter der Gardine nach draussen, ob sich verdächtige Personen der Tür näherten. Auch Plievier hatte schon in der Weimarer Zeit der KP angehört, als seine Bücher »Der Kaiser ging, die Generäle blieben« und »Des Kaisers Kulis« Furore gemacht hatten. Damals war Plievier für Moskau und für Ulbricht ein Aushängeschild, das um so heller glänzte, als er noch vor der Rückkehr nach Deutschland in der Sowjetunion den Roman »Stalingrad« geschrieben hatte, der, bemerkenswert frei von allem Parteichinesisch, ein Welterfolg in gut zwanzig Sprachen geworden war. Tatsächlich ist er lebendiger geblieben als die vielen Stalingrad-Bücher, die in den Jahrzehnten seither geschrieben worden sind.

Auch Klaus Schütz muss ich im Kongress oder im »Monat« zum ersten Mal getroffen haben, als wir beide noch Studenten der Freien Universität waren. Wir gingen mehr als einmal zusammen in das Kanton am Stuttgarter Platz, eines der wenigen, möglicherweise das einzige chinesische Restaurant, das es damals in West-Berlin gab. Schon in den dreissiger Jahren hatte es in der Meinekestrasse, direkt gegenüber von Imkes Elternhaus, ein berühmtes China-Lokal gegeben, in das Imke als Kind mitunter von ihrem Grossvater mitgenommen worden war. Ende des Krieges war es aber im Bombenhagel untergegangen.

Im Kanton bedienten Zwillingsschwestern, an die sich Schütz und ich noch heute erinnern, obwohl sie weder hübsch noch jung waren. Die Gerichte scheinen uns weit »chinesischer« als heutzutage gewesen zu sein, wo es an jeder Strassenecke ein China-Restaurant gibt. Vor allem aber war für uns das Kanton wichtig, weil es Extraportionen Reis für dreissig oder vierzig Pfennige gab, was wir uns aber sehr selten leisten konnten. Auf der schmalen Speisekarte standen nur zehn oder zwölf Gerichte, wir wählten entweder La Tsi Din oder Lu Tsi Din, eines der beiden Gerichte war scharf gewürzt und erhielt seine besondere Note durch die Beigabe von süssen Mandeln. Keiner von uns hatte viel Geld, und ein Gericht kostete 3,50 Mark der neuen Währung, mit der alle Welt haushälterisch umging. So stapelten sich auf dem Tisch schliesslich die leeren Schalen von Extraportionen Reis, die wir uns mit Sojasauce und anderen scharfen chinesischen Gewürzen geniessbar machten.

So genossen wir unser Leben, die neue Freiheit, das internationale Klima. Die Bekanntschaft mit literarischen oder politischen Zelebritäten und die Freundschaften von damals hielten zum grossen Teil ein halbes Jahrhundert. Einer der jungen Redakteure des »Monat« war Erik Nohara, der mit dem Ehepaar Schütz so befreundet war, dass sie ihn zum Patenonkel ihrer Tochter Christiane machten, die jetzt den Amerikaner Gary Smith geheiratet hat, den Gründer und Leiter der American Academy am Wannsee. Erik Noharas Vater hatte während des Krieges in der vom Dritten Reich pompös errichteten Japanischen Botschaft im Tiergarten gearbeitet, was wohl damit zusammenhing, dass er selber Halbjapaner war.

Auf jeden Fall sahen die Sowjets nach dem Krieg seine Vergangenheit in der nationalsozialistischen Welt mit Misstrauen, und sicherheitshalber brachten sie ihn nach der Eroberung Berlins für einige Monate nach Moskau und verhafteten seinen Sohn Erik vorsichtshalber gleich mit. Aber es scheint nichts Gravierendes gegen die Noharas vorgelegen zu haben. Beide waren 1946 wieder in Berlin. Was aus dem Vater geworden ist, erinnere ich nicht mehr, habe ich vielleicht nie gewusst. Mir sind nur einige Filmkritiken in Erinnerung, die er damals für den »Kurier« schrieb, dessen Chefredakteur Paul Bourdin war, der Berlin aber bald verliess, da ihn Adenauer als Pressechef nach Bonn holte.

Auch der Sohn überstand das Clearing der Amerikaner und stiess mit deren Segen zum »Monat«, wo er einer der begabten Jungredakteure war. Nach einigen Jahren verschwand er aus unserem Gesichtskreis, was wohl damit zusammenhing, dass er sich schwer definierbaren linken Bewegungen angeschlossen hatte, den Gerüchten zufolge einer Vorläuferorganisation der Roten-Armee-Fraktion. Klaus Schütz, der inzwischen Chef der Berliner SPD geworden war, warf ihn jedenfalls aus der Partei. Es half Nohara nichts, dass er Pate seiner Tochter war. Manche Gerüchte wollen wissen, dass er für den sowjetischen oder ostdeutschen Geheimdienst gearbeitet habe.

Ein anderer junger Redakteur des »Monat« war Alfred Kellner, mit dem wir damals eng befreundet waren. Aber beim sowjetischen Ultimatum gegen den Vier-Mächte-Status Berlins vom November 1958, in dem Chruschtschow erklärt hatte, dass West-Berlin, »wenn die Kastanien wieder blühen«, eine »Freie Stadt« sein werde, geriet Kellner in Panik. Er sah West-Berlin schon von den Sowjets besetzt. Das war wahrscheinlich das einzige Mal seit der Blockade, dass die Berliner um die Zukunft der Stadt fürchteten. Alle Möbelwagen waren monatelang ausgebucht, die Grundstückspreise sanken in den Keller. In unserem stillen Falkenried waren zahlreiche Häuser zu verkaufen, auch Villen, die heute mit mehreren Millionen taxiert werden, wurden zu Spottpreisen angeboten und fanden keinen Käufer.

Mit meinem Monatsgehalt vom »Kongress« waren sie für mich unerschwinglich. Aber ich überredete Imkes Vater, zwei Häuser in Zehlendorf zu kaufen, eines von Bruno Taut in der Onkel-Tom-Siedlung und eines in der Nähe des Schlachtensees in der Goethestrasse. Meiner Erinnerung nach kosteten sie fünfundzwanzigtausend und fünfunddreissigtausend Mark. Nach dem Tod ihrer Eltern fielen beide Häuser Imke zu. Wir verkauften sie nach einigen Jahren für das Mehrfache – das Haus in der Onkel-Tom-Siedlung an den Mediävisten Joachim Ehlers, der später Autor im Siedler Verlag wurde, und das Haus in Schlachtensee an den Rechtsanwalt Ulrich Bräuel, der seit Jahren schon ein Sozius von Imkes Vater gewesen war. Unser Freund Kellner hatte wenig Zuversicht in die Zukunft Berlins. Eines Morgens stellte sich heraus, dass er, einige Gemälde unter dem Arm, mit der Pan Am in den Westen verschwunden war.

Die fünfziger Jahre waren nicht nur von wachsenden Spannungen zwischen den Weltmächten bestimmt. Die radikale Kollektivierungs- und Enteignungspolitik Walter Ulbrichts führte zu einer ständigen Fluchtbewegung aus der sowjetischen Besatzungszone und dann der DDR. Das betraf auch und besonders die Intellektuellen, Schriftsteller, Künstler und Professoren. In Scharen benutzten sie das Schlupfloch West-Berlin als Weg in den Westen. Der Senat stand dieser Fluchtwelle ziemlich hilflos gegenüber, man wusste nicht, wen man als politischen Flüchtling anerkennen sollte, womit Privilegien verbunden waren. Irgend jemand muss auf die Idee gekommen zu sein, dass der »Kongress« urteilsfähig sei. Bald meldeten sich immer wieder junge Leute bei mir, die aus dem Osten geflohen waren, so auch Lieblingsschüler und Assistenten von Ernst Bloch oder Hans Mayer, die später selber in den Westen übertreten sollten, die sich aber damals noch in dem System behaupten konnten.
Nun sollte ich ein Urteil über die Flüchtlinge abgeben, wozu ich nur selten in der Lage war. Ich kannte die Verhältnisse in den Universitäten, vor allem an der Leipziger Universität, so wenig wie die Situation in den Künstlerverbänden. Ein riesiges Wandgemälde von Horst Strempel für die Halle des S-Bahnhofs Friedrichstrasse hatte in Ost wie in West Aufsehen erregt, als es im November 1948 der Öffentlichkeit präsentiert worden war. Aber schon 1951 hatte es aufgrund seines »Formalismus« übermalt werden müssen, wozu der Maler selber genötigt wurde, Beifall zu klatschen. Mir war das alles *Hekuba*. Ich kannte die Interna der Ost-Berliner Kulturpolitik nicht, und Strempels Gemälde war mir fremd. War sein gemässigter Formalismus wirklich ein Verstoss gegen die sozialistische Kunstdoktrin? Und

hatte seine plakative Rhetorik künstlerischen Wert? Ich weiss nicht mehr, wie ich mich aus der Affäre gezogen habe und ob ich namens des Kongresses tatsächlich habe Stellung beziehen müssen.

Aber der Ärger mit zwei Bildhauern sollte mich persönlich berühren, schon weil ich für ihre moderate Modernität Sympathie hatte. Heute stehen Arbeiten von ihnen beiden bei mir zu Hause. Gustav Seitz, ein Handwerkersohn aus Württemberg, war Schüler von Edwin Scharff. Sein klassisches Modellieren machte ihn auch der östlichen Kunstdoktrin sympathisch. Der in West-Berlin lebende Seitz nahm 1950 einen Ruf an der Deutschen Akademie der Künste in Ost-Berlin an, weshalb er all seine Ämter in West-Berlin verlor. West-Berlin war damals, und der Berliner Senator Joachim Tiburtius insbesondere, sehr rigoros gegenüber allen Künstlern, die Ehrungen und Ämter im Osten annahmen. Einige der bedeutendsten Skulpturen von Gustav Seitz sind in diesen Ost-Berliner Jahren entstanden. Aber nach einiger Zeit war der Gleichschaltungsdruck im Osten für Seitz zu gross geworden. Er kehrte mehr oder weniger reumütig in den Westen zurück, nachdem die Hamburger Hochschule für Bildende Künste 1958 mit einer Professur gewinkt hatte.

Mir ist es heute unangenehm, dass auch ich damals Konsequenz von Künstlern verlangt hatte, und ich scheine Gustav Seitz entsprechend attackiert zu haben. Aber die Zeit heilt viele Wunden, über die einstigen Aufregungen hat sich Milde gelegt, und mehrmals habe ich später Gustav Seitz getroffen. Mit seiner Witwe stand ich auf bestem Fusse. Ich hatte nach seinem Tode eine Seitz-Monographie geplant, zu der es aber aus irgendwelchen Gründen nie gekommen ist. Als Erinnerung an Gustav Seitz besitze ich einen kleinen weiblichen Torso, den mir seine Frau kurz nach dem Tode ihres Mannes geschenkt hatte.

Auch Waldemar Grzimek, der alte Tanzstunden-Freund meiner Schwester Gitty aus Vorkriegstagen, geriet in diese politischen Spannungen. Er wirkte von 1957 bis 1961 an der Kunsthochschule in Berlin-Weissensee. Dann, seit 1967 hatte er eine Professur an der Technischen Hochschule in Darmstadt, ein Wanderer zwischen zwei Welten, der es ablehnte, den rigorosen Kurs der West-Berliner und westdeutschen Kunstpolitik mitzumachen. Waldemar Grzimek wurde ein enger Freund, und ich vergesse den Abend nicht, als er, schwer wuchtend, mit der Skulptur »Die Schwebende« auf der Schulter erschien, die ich dann zu einem Freundschaftspreis erwarb.

Bis dahin hatte die Bildhauerei in meiner Welt eine eher untergeordnete Rolle gespielt. Als Schüler schon war ich der Literatur verfallen, vor allem, wie es immer die Sache der Heranwachsenden ist, der Poesie. Ich war stets ein wenig gelangweilt gewesen, wenn von Auguste Rodin oder Georg Kolbe die Rede war. Ich musste dreissig Jahre alt werden, bis mir Waldemar Grzimeks Freundschaft und sein Buch »Berliner Kunst von 1770 bis 1930« eine neue Welt erschloss. Bald wurde die Berliner Bildhauerschule eine wirkliche Leidenschaft von mir. Imke ging das mitunter zu weit, vor allem als ich anfing, Arbeiten von Gerhard Marcks, Ludwig Kasper, Hermann Haller, Heinrich Kirchner und Toni Stadler zu sammeln, um sie im Garten aufzustellen.

Mit Grzimek zusammen besuchte ich diese letzten Vertreter der Berliner Bildhauerschulen, Toni Stadler in Bogenhausen, wo er sein Haus zu einem Atelier gemacht hatte. Der Garten war von einer Mauer eingefasst, an denen der Achtzigjährige seine wichtigsten Arbeiten aufgestellt hatte, was mich so bestach, dass ich diese intime Präsentation in meinem Garten nachahmte. Ein anderes Mal fuhren Grzimek und ich nach Seeshaupt am Starnberger See, wo wir Heinrich Richter besuchten, auch einen der letzten aus der alten Schule. Von einer »Sitzenden« war ich so angetan, dass ich Richter überredete, sie mir abzulassen, obwohl sie ein »Fehlguss« war, weshalb er sie nie verkauft hatte.

Den neunzigjährigen Gerhard Marcks besuchten wir in seinem Atelier am Stadtrand von Köln. Ich konnte mich aber mit seinen Nachkriegsarbeiten nicht anfreunden. Marcks war von Gropius an das Bauhaus berufen worden, wo er seine beste Zeit gehabt hatte. Seine Arbeiten aus den späten zwanziger und frühen dreissiger Jahren waren fast ausnahmslos durch Bomben zerstört worden, sodass seine späteren Jahrzehnte ein problematischer Versuch waren, das Verlorene wiederzuschaffen. So war es auch Karl Hofer ergangen, dessen nahezu gesamtes Lebenswerk ebenfalls durch Bombenangriffe zerstört worden war. Ludwig Kasper, der die nationalsozialistische Zeit in dem berühmten Atelier Klosterstrasse mit all den verfemten Künstlern von René Sintenis über Werner Heldt bis zu Gerhard Marcks in einer Ateliergemeinschaft überdauert hatte, war 1945 an einem Nierenleiden gestorben. Seine Witwe Ottilie hat ihre Zeit damit verbracht, sein Andenken und seine Arbeiten zu bewahren; seit gut vier Jahrzehnten bin ich mit ihr befreundet. Solche Freundschaften führen bei einem Verleger fast immer zu Büchern: Von Waldemar Gzrimek und Gerhard Marcks bis zu Ludwig Kasper habe ich von sehr vielen Bildhauern Monographien herausgebracht.

Das waren meine Erlebnisse in den fünfziger und frühen sechziger Jahren, als ich erst im Kongress, dann im »Monat« und schliesslich in der »Neuen Zeitung« allmählich ein Zugehöriger war. Schliesslich sollte mich Karl Silex zum »Tagesspiegel« holen. Es waren die Jahre, in denen ich zu mir selber fand, die Jahre des Aufbruchs meiner Generation und des Aufbruchs Berlins. Wenn ich an damals denke, habe ich den ganzen Elan dieser Zeit vor mir. Unsere Jugend war die Jugend des wiedergeborenen Berlin.

In der »Neuen Zeitung«

Wenn man heute von der »Neuen Zeitung« spricht, muss man erklären, dass das eine der Zeitungen war, die nach der Kapitulation von den Siegermächten selber herausgegeben wurden, also sozusagen amerikanische, britische, französische oder sowjetische Zeitungen in deutscher Sprache waren. Alle anderen waren sogenannte Lizenz-Zeitungen, da nach dem Zusammenbruch eine Lizenz haben musste, wer eine Tageszeitung, ein Wochenblatt oder eine Monatszeitschrift herausgeben wollte, wobei die Lizenznehmer nicht durch den Nationalsozialismus belastet sein durften.

Die sowjetische Militärregierung gab die »Tägliche Rundschau« heraus als von ihr kontrolliertes Organ für die deutsche Bevölkerung. Daneben erschien das »Neue Deutschland«, das Zentralorgan der SED, das eine entscheidende Rolle bis zur Wende spielen sollte. Die britische Militärregierung schuf sich mit der »Welt« in Hamburg ihr eigenes Blatt, das sehr bald ein beträchtliches Renommee in ganz Norddeutschland hatte, weshalb es mehrere deutsche Interessenten für die »Welt« gab, als deutlich wurde, dass die Briten das Blatt verkaufen würden. London entschied sich für den Hamburger Verleger Axel Springer und verkaufte dem Vierzigjährigen die »Welt« und die »Welt am Sonntag« im September 1953 für wenig mehr als zwei Millionen Mark, was für die damalige Zeit eine ausserordentlich hohe Summe war. Der Umzug des Blattes von Hamburg erst in die »Bundeshauptstadt« Bonn und mit der Wiedervereinigung in die alte Hauptstadt Berlin spiegelt die wechselvolle Geschichte der Bundesrepublik.

Die Amerikaner gründeten für ihre Zone in München die »Neue Zeitung«, die lange Zeit auf den alten Druckmaschinen des »Völkischen Beobachters« hergestellt wurde, woher sie ihr ausnehmend grosses Format hatte. Deutsche Blätter wie die zweihundert Jahre alte »Vossische Zeitung«, die zuletzt im Ullstein-Konzern erschienen war, das »Hamburger Fremdenblatt«, das vor allem durch seinen Chefredakteur Theodor Wolff renommierte »Berliner Tageblatt« und die »Frankfurter Zeitung« hatten vor der nationalsozialistischen Zeit im Allgemeinen ein viel bescheideneres Format und geringere Auflagen gehabt. In der »Reichshauptstadt« – wie seit 1871 Berlin hiess – gab es ein sehr viel kleineres, das sogenannte Berliner Format. In den unterschiedlichen Grössen von »Bild« und »B.Z.« geben sich diese lokalen Traditionen noch heute zu erkennen. Die Insellage Berlins führte dazu, dass bald eine eigene Ausgabe der »Neuen Zeitung« für Berlin geschaffen wurde, für die Hans Wallenberg als Herausgeber und Mike Fodor als amerikanischer Presseoffizier verantwortlich waren.

Bei der Berliner Ausgabe der »Neuen Zeitung« begann ich meine journalistische Laufbahn. Die erste Tür wurde mir von Mike Fodor geöffnet, der wohl einen Wink von zwei höheren amerikanischen Offizieren erhalten hatte, Oberst Darling und Oberst Alexander, die beide zum Bekanntenkreis von Imkes Eltern gehörten. Aber ihre Fürsprache war heikel. Niemand sieht es gern, wenn er von oben einen Hinweis erhält, er solle sich um einen ihm Unbekannten kümmern. Später hat mir Schwab-Felisch erzählt, dass man in der »Neuen Zeitung« misstrauisch gewesen war, als die Redaktion gebeten wurde, mich im Auge zu behalten. In den folgenden Jahren wurde auch ich von beiden Offizieren mitunter zu Empfängen und Gartenpartys in die Gelfertstrasse oder in den Vogelsang eingeladen.

Ernst Cramer, der 1945 als Besatzungsoffizier nach Deutschland zurückgekehrt war, spielte damals in der Münchener Ausgabe der »Neuen Zeitung« eine wichtige Rolle. Später wurde er ein enger Vertrauter Axel Springers und war jahrzehntelang Chef des Verlegerbüros. Als er im vergangenen Jahr seinen neunzigsten Geburtstag in der Kochstrasse feierte, blickten wir auf eine gut fünfzigjährige Bekanntschaft zurück. Auch Hans Wallenberg kam als amerikanischer Offizier nach Berlin zurück, nachdem er sich in New York mit allerlei Arbeiten durchgebracht hatte. Aus heiterem Himmel wurde er von Axel Springer zu seinem Generalbevollmächtigten im Ullstein-Konzern ernannt, in dem sein Vater Ernst Wallenberg Verlagsdirektor gewesen war. Axel Springer hatte ganz im Verschwiegenen nach und nach die Anteile der einst mächtigen Ullstein-Familie am Ullstein Verlag von gut einem Dutzend der in alle Welt verstreuten Familienmitglieder zusammengekauft. Hans Wallenberg hielt gut ein Vierteljahrhundert seine Hand über mich. Immer war er zur Stelle, ob das nun in der »Neuen Zeitung« oder im Propyläen Verlag und vier Jahre später auch im Ullstein Verlag war. Am Ende wurde er ein wirklicher Freund.

Eigentlich waren es immer nicht nur sehr viel Ältere, sondern auch meist Juden, die meinen Weg begleiteten, im ägyptischen Kriegsgefangenenlager der rundliche ehemalige Kinderarzt Wassermann aus Berlin, inzwischen britischer Captain, der sowjetische Oberst Sergej Tulpanow und eben Ernst Cramer und Hans Wallenberg, die offensichtliche Sympathie für den gerade einmal Fünfundzwanzigjährigen hatten. Dabei spielte es keine Rolle, dass ich selber mit einiger Mühe die Gersons als Vorfahren hätte ins Feld führen können; das war viel zu lange her. Es bleibt bemerkenswert, dass sie auf einen so viel Jüngeren setzten, und ich habe mich mitunter gefragt, ob meine eigene Generation ähnliche Wagnisse eingegangen ist und ganz junge Talente ans Licht gezogen hat.

Doch das Chaos der Nachkriegszeit hatte eine unwiederholbare Situation geschaffen und uns allen eine Chance gegeben. Wer heute von der Universität kommt, hat oft nach überlangem Studium einen Teil jenes Elans eingebüsst, der die Kriegsgeneration damals vorantrieb. Wir, die wir in den »alliierten« Zeitungen begannen, in der »Welt« oder in der »Neuen Zeitung«, hatten noch ein weiteres Privileg. Wir kamen zu Zeitungen, die über beste Verbindungen zur angelsächsischen Welt verfügten, jedes Land wollte sich und seine Vorstellungen präsentieren. So liessen sie die Besten ihrer Landsleute zu Wort kommen: Historiker wie Arnold Toynbee, Sozialwissenschaftler wie James Burnham und vor allem Schriftsteller, die in das so lange drückende Klima der deutschen Literatur freie Luft brachten, Theodore Dreiser, George Santayana, George Bernard Shaw, H. G. Wells und John Priestley.

Bereits Ende der vierziger Jahre kehrten auch jene amerikanischen und englischen Autoren in die deutsche Literatur zurück, die zwar schon in den dreissiger Jahren übersetzt, dann nach Hitlers Kriegserklärung an die Vereinigten Staaten aber verboten worden waren: Ernest Hemingway, Scott Fitzgerald, Thornton Wilder oder T. S. Eliot. Solche Autoren gaben der »Neuen Zeitung« wie der »Welt« ihre Internationalität. Sie brachten eine neue Atmosphäre in die Literatur und in die Zeitungslandschaft, und man fühlt sich in ein anderes Klima versetzt, wenn man den deutschen Bucherfolgen der Nachkriegszeit begegnet, Ina Seidel, Werner Bergengruen oder Frank Thiess.

Noch etwas kam hinzu. Die meisten Zeitungen der unmittelbaren Nachkriegszeit hatten optisch das Gesicht von Blättern der zurückliegenden Zeit, die »Welt« oder die »Neue Zeitung« nahmen sich dagegen schon in der siebenspaltigen Aufmachung und dem an London geschulten Umbruch neu aus. Ein anderer Stil brachte sich zur Geltung, weshalb wir, als ich zur »Neuen Zeitung« stiess, mitleidig auf die altmodischen Konkurrenzblätter blickten. Von überall her drang das Neue auf uns ein. Die englische Moderne hatte im 19. Jahrhundert in der deutschen Kunstkritik keine grosse Rolle gespielt. Doch durch einen Wettbewerb für das »Denkmal für den unbekannten politischen Gefangenen« war ein neuer englischer Bildhauer plötzlich in aller Munde. Es gab fast keine Zeitung, die seine preisgekrönte Arbeit nicht abbildete, die halb abstrakte Darstellung eines eisernen Käfigs, eines stilisierten Galgens, eines Hinrichtungsblocks und einer Guillotine, dessen Realisierung mit fast fünfzehn Metern Höhe jedes Mass gesprengt hätte. Es wurde nicht gebaut, und Reg Butler verschwand so schnell aus der Öffentlichkeit, wie er aufgetaucht war.

Natürlich gingen auch die deutschen Blätter nicht an dem vorbei, was aus dem Ausland kam, jede Zeitung hatte bald ihren »Kulturbrief« aus Paris und ihren Korrespondenten in London. Aber das waren Erkundungen des Fremden. In der »Neuen Zeitung« und in der »Welt« trat die westliche Welt aber sozusagen direkt vor die deutschen Leser, und wir waren es, die das alles transportierten.

Diese Bevorzugung alles von draussen Kommenden hatte auch ihr Lächerliches. Melvin und Brigitte Laskys Buick convertible, mit dem sie nicht nur auf dem Kurfürstendamm paradierten, sondern auch vor den Kongress in der Zehlendorfer Schmarjestrasse vorfuhren, war uns der Gipfel des Schicken. Als ich 1952 meine Cousine Illy, die kurz vor dem Krieg wegen ihrer Ehe mit Hans Goldschmidt ausgewanderte Tochter von Onkel Ete, in San Francisco besuchte, lernte ich dann, dass nicht der Cadillac, sondern der Lincoln continental der eigentliche Wagen der Upper class war. Der Cadillac hatte einen Anstrich von Luxuswagen »reich gewordener Neger«, wie man damals ganz unbefangen sagte. Der Adler Trumpf, der Wanderer und selbst der Mercedes sahen schon in den Ausmassen daneben bescheiden aus. Inzwischen haben sich die Dinge umgekehrt, wer es sich leisten kann, fährt drüben einen deutschen Wagen. Aber so war es eben nach dem Krieg, nach zwölf Jahren Abgeschiedenheit wurde alles Fremde bevorzugt. Das galt selbst für die Musik, für Richard Addinsells »Warschauer Konzert« und für Edward Elgar, dessen »Pomp and Circumstance« aus jedem Radio tönte.

Es war ein Umbruch, der an niemandem vorbeiging. Whisky war zwar unerschwinglich, aber bald kam der Cuba Libre auf, Cola mit einem Schuss Rum, man kümmerte sich nicht viel darum, dass das ein Getränk der Revolutionäre Fidel Castros war. Von den Plattenspielern drang die heisere Stimme Ernst Buschs, wenn er »Spaniens Himmel breitet seine Sterne ...« sang und die anderen Lieder der Internationalen Brigaden, die aus den Schlachtfeldern inzwischen in die Zimmer der *young bright men* avanciert waren.

Unser Freund Henning Schlüter, der bald, zu seiner eigenen Überraschung, weil er eigentlich Medizin studierte, von Wolfgang Langhoff und Bertolt Brecht engagiert wurde, sang laut und falsch den Brecht-Song »Wenn du keine Suppe hast, wie willst du dich dann wehren? Da musst du den ganzen Staat von oben nach unten umkehren, bis du deine Suppe hast«, als er spät abends die zweihundert Meter von seiner Wohnung Im Gehege zu unserem Falkenried marschierte. Wir überhörten jedoch die altersschwache Hausklingel, und als wir fragten, wo denn unser Freund bleibe, sagte die Haushälterin meiner Mutter: »Ja, wirklich, da ist ein so merkwürdiger Mann gekommen. Er hat laut Revolutionslieder gesungen. Da habe ich lieber nicht aufgemacht.«

Die Angst der Hausgehilfin, die noch immer jene Gertrud war, die meine Mutter in den dreissiger Jahren eingestellt hatte, war nicht ganz absurd, wenn man sich die Entführung von Rechtsanwalt Walter Linse 1952 in Erinnerung ruft. In dem Jugendclub der Zwicks im Gehege verkehrte mitunter auch Rainer Hildebrandt, der gerade die Kampfgruppe gegen Unmenschlichkeit ins Leben gerufen hatte. Zuweilen zogen sich die Gespräche bei den Zwicks bis in den späten

Abend hin, dann öffnete Rainer Hildebrandt die Haustür sehr vorsichtig und rief ins Dunkle hinaus: »Mörderchen komm! Mörderchen komm!«, wobei er uns mit wissender Mine erklärte, dass eventuelle Auftragskiller davon genügend verblüfft sein würden, um das Weite zu suchen.

Rainer Hildebrandt, dessen tiefliegende Augen ihm einen dämonischen Anstrich gaben, war der Lieblingsschüler von Albrecht Haushofer gewesen, der noch im April 1945 von einem Sonderkommando des Reichssicherheitshauptamtes auf einem Ruinengrundstück nahe dem Berliner Lehrter Bahnhof hinterrücks erschossen worden war. Albrecht Haushofer wiederum war der Sohn jenes Professors für Geographie Karl Haushofer, der in den zwanziger Jahren mit seiner Geopolitik starken Einfluss auf Hitler gehabt hatte. Hildebrandt stand damals ganz und gar unter dem Einfluss seines Lehrers Albrecht Haushofer, der seinerseits den 1922 ermordeten Aussenminister Walther Rathenau sehr verehrt hatte. So war es Hildebrandt nicht schwergefallen, den selber gerade aus dem Konzentrationslager freigekommenen Peter Suhrkamp für das Vorhaben einer Gesamtausgabe der Schriften Rathenaus zu gewinnen. Das wäre fast meine allererste editorische Arbeit gewesen – die Anthologie deutscher Gedichte, die ich 1945 im Kriegsgefangenenlager am Bittersee herausgegeben hatte, zähle ich nicht –, denn Hildebrandt hatte mich gebeten, ihm zur Hand zu gehen. Aber dann kam 1949 die Währungsreform; die Zeit war vorüber, da Verleger die wertlose Reichsmark bedenkenlos für vielbändige Editionen ausgaben. Plötzlich war die neue Deutsche Mark so wertvoll geworden, dass Peter Suhrkamp vernünftigerweise den Plan einer Rathenau-Gesamtausgabe fallen liess.

Hildebrandt war mir in den letzten Monaten auch schon fremd geworden. Sein Fanatismus hatte immer wieder Schüler und Studenten nach Ost-Berlin und in die Ostzone geschickt, damit sie dort Flugblätter der Kampfgruppe verteilten, was eine Reihe von ihnen mit langjährigen Zuchthausstrafen bezahlten. In den sechziger Jahren gründete Hildebrandt das Haus am Checkpoint Charlie, gleich

SEIDEL, Ina. — Eberswalde.
Neben der Trommel 15 — Das Haus zum Monde 16 — Das Labyrinth —
Sterne der Heimkehr — Das Wunschkind 30 — Lennacker — Meine Kind-
heit und Jugend   Unser Freund Peregrin

UNRUH, Fritz v. — Koblenz.
Prinz Louis Ferdinand 13 — Ein Geschlecht 18 — Offiziere 12 — Vor der Ent-
scheidung 19 — Opfergang 16 — Platz 20 — Bonaparte 27 — Flügel der Nike 26
— Stürme — Rosengarten

SCHAEFFER, Albrecht, — Elbing.
Helianth 22 — Der Roßkamm von Lemgo — Der General — Cara — Rußland
37 — Heimgang — Dichter und Dichtung 22

WOOLF, Virginia. —
The Voyage Out 15 — Night and Day 19 — Jakobs Room 22 — Mrs. Dalloway 25 —
To the Lighthouse 27 — Orlando 28 — The Waves 31 — The Years 37

LAWRENCE, David Herbert, —
Cellers — Sons and Lovers 13 — The Rainbow 15 — Woman in Love 21 — Aaron's
Rod 22 — Kangaroo 23 — The plumed Serpant 26 — The Lady Chatterly's
Lover 28

GUNNARSSON, Gunnar, — Island.
Der brennende Stein — Strand des Lebens — Schwarze Schwingen

RAYNAL, Paul. —

SINCLAIR, Levis, —
Dr. med. Arrowsmiths Erwerb — Mantrap — Babbit — Mainstreet — The
God — Free Air — Dodsworth — Work of Art — Bethel Marriday — It
Can't Happen here — Ann Wickers — The Parents. † 1933

LARDNER, Ring, —
Round-up 29

BRANDENBURG, Hans. — Barmen
Gedichte 35 — Italien, Elegien 14 — Graf Gleichen 23 — Erich Weskenkott 06
Schicksalsreigen 33 — Pankraz der Hirtenbub 24 — Festliches Land 38 — Schöpfung
rah um uns 33 — Eichendorff — Hölderlin — Der moderne Tanz 13 — Das neue
Theater 26 — Vom schaffenden Leben 26 — Vater Oellandahl 38

an der Ecke Kochstrasse zur Friedrichstrasse, wo sich einst sowjetische und amerikanische Panzer gegenübergestanden hatten. Wir haben ein halbes Jahrhundert in derselben Stadt gelebt; aber merkwürdigerweise habe ich Rainer Hildebrandt seit Ende der vierziger Jahre niemals wieder getroffen.

Ein Ausschnitt aus der von mir zusammengestellten, aber niemals im Druck erschienenen Anthologie. Ein Mitgefangener hatte mein Manuskript sorgsam abgeschrieben.

Im Frühjahr 1954 trat ich dann tatsächlich als jüngster Redakteur in die »Neue Zeitung« ein, für ganze drei Stunden, wie sich bald zeigen sollte. Die »Neue Zeitung« unterstand nicht nur der amerikanischen Militärregierung, auch ihre Personalangelegenheiten liefen über Washington, und so mussten alle Anstellungen vom State Department genehmigt werden. Das zog sich in meinem Fall aus unerfindlichen Gründen monatelang hin, so dass man schon rätselte, was denn gegen mich vorliegen könne. Eines Morgens aber wurde ich in der »Neuen Zeitung«, die ihre Redaktion gleich hinter dem Breitenbachplatz hatte, mit grossem Hallo empfangen. Die Genehmigung des State Department war eingegangen, offensichtlich war der Vorgang nur versehentlich liegengeblieben.

Es war 11 Uhr vormittags, und Schwab-Felisch verkündete, man sei übereingekommen, ich müsse in der Mittagspause meinen Einstand geben. Aber dazu kam es nie, denn um 14 Uhr wurden wir alle zu Mike Fodor gerufen. Während wir noch beratschlagten, was wohl verkündet werden solle, wurde uns eröffnet, dass gerade aus Washington per Fernschreiber die Nachricht gekommen sei, im Zuge von Einsparungen habe das State Department die Einstellung aller amerikanischen Publikationen in Deutschland beschlossen. Die Aufgabe, die Deutschen mit den Grundsätzen einer freien Presse wieder vertraut zu machen, sei im Grossen und Ganzen erfüllt, jetzt seien amerikanische Blätter in Deutschland nicht mehr notwendig. Es waren ziemlich genau drei Stunden seit meiner Anstellung vergangen, der Vertrag war mir noch nicht einmal ausgehändigt worden, als ich schon wieder entlassen wurde. Mein Einstand war mein Ausstand geworden.

Ende Januar 1955 wurde also die »Neue Zeitung«, die damals als das beste deutsche Blatt noch vor der »Frankfurter Allgemeinen« und der britischen »Welt« galt, praktisch über Nacht eingestellt. Das war ein Schock, zuerst natürlich für die Redakteure und Mitarbeiter der »Neuen Zeitung«, dann aber auch für die Öffentlichkeit. Tagelang erreichten die Redaktion Briefe und Telegramme, in denen, selbst wenn der Betreffende der »Neuen Zeitung« an und für sich fernstand, das Bedauern und manchmal die Empörung über die Einstellungsentscheidung aus dem fernen Washington formuliert wurde.

Auch alle Autoren, die in Berlin lebten, waren entgeistert. Briefe erreichten uns von August Scholtis und Paul Gurk, sodass es uns selbstverständlich schien, es würden sich genug Interessenten finden, das Blatt weiterzuführen. Friedrich Luft als Vertreter der Redaktion fuhr deshalb hoffnungsvoll erst zu den Gewerkschaften und dann zu Institutionen, denen wir zutrauten, den Willen und auch genug Geld zu haben, um das Blatt fortzuführen. Alfried Krupp in Essen ist mir noch in Erinnerung und dann mehrere mächtige Gewerkschaftsbosse, bei denen wir uns Sympathie erhofften, weil die »Neue Zeitung« nicht gerade industriefreundlich gewesen war. Einigermassen desillusioniert kam Luft zurück. Wen er auch angesprochen hatte, war voller Enthusiasmus für das Blatt gewesen, aber zahlen wollte niemand.

Die Abschiedsfeier von der »Neuen Zeitung« im Februar 1955: (von links nach rechts) Friedrich Luft, Kurt Habernoll, Martin Kessel, Herbert Pfeiffer, Georg Zivier, WJS, Hans Kudszus, Lotte Wege und stehend Charlotte Stephan.

So tröstete uns ein rührender Brief von Gottfried Benn. Er hatte der Feuilletonredaktion für die letzte Ausgabe eines seiner späten Gedichte gewidmet, und diese Widmung steht auch in der posthumen Gesamtausgabe des Klett-Cotta-Verlages. Benn erinnert sich in diesen Versen seiner Jugendjahre in einem pommerschen Dorf, in dem er als Sohn des Pfarrers aufgewachsen war. »Damals war Liliencron mein *Gott*«, endet das Gedicht, heiter-wehmütig der Jugendzeit gedenkend. Ich sehe noch den Trauerzug, der durch die ganze Setzerei führte, altem Zeitungsbrauch gemäss wurden die in Blei gegossenen Seiten der letzten Ausgabe, mit schwarzen Tüchern verhängt, als Katafalk durch die Setzerei getragen, wobei der Metteur den Zug anführte.

Als jüngster Redakteur hatte ich die Aufgabe, die Schlussredaktion der Feuilletonseiten abzuzeichnen. Wahrscheinlich hatte der alkoholisierte Schmerz auch auf mich seine Wirkung getan. Ich zeichnete nämlich die letzte Zeile »Liliencron war mein Gott« mit folgendem Druckfehler ab: »Damals war Liliencron mein *Gatte*.« Benn war um so betroffener, als das in der allerletzten Ausgabe der »Neuen Zeitung« erschienen war, sodass es keine Möglichkeit gab, eine Berichtigung hinterherzuschicken. »Ein Leben lang habe ich mich bei den Kommunisten und bei den Nazis gegen den Vorwurf der Homosexualität verteidigen müssen. Jetzt bekenne ich mich selber dazu. Und die Redaktion kann nicht einmal einen Druckfehler ins Feld führen«, sagte Benn mehr klagend als aufgebracht am Telephon zu Friedrich Luft. Ich habe Benn nie gestanden, dass ich der Schuldige war.

In diesen trostlosen Zeiten, in denen halb Berlin in Trümmern lag und auch für die Vororte strenge Wohnraumbewirtschaftung galt, war der Feuilletonredaktion der »Neuen Zeitung« ein einziges, allerdings ziemlich geräumiges Zimmer zugeteilt worden, wo nicht nur der Feuilletonchef und Theaterkritiker Friedrich Luft, der Musikkritiker Hans Heinz Stuckenschmidt, der Kunstkritiker Will Grohmann, der Literaturblattchef Hans Schwab-Felisch und die Feuilletonredakteurin Charlotte Stephan, sondern auch die Sekretärin und dann ich selber unsere Schreibtische hatten. Dennoch machte das Zimmer des Feuilletons meist einen ziemlich leeren Eindruck, Grohmann und Stuckenschmidt kamen nur, wenn sie ihre Berichte ablieferten, und Friedrich Luft erschien selten vor 14 oder 15 Uhr, wenn der Wagen zum Druckhaus Tempelhof ging, wo die »Neue Zeitung«

Friedrich Luft, der Feuilletonchef der »Neuen Zeitung«, in dem bescheidenen Redaktionszimmer. Mein Freund Hans Schwab-Felisch sitzt an der Schreibmaschine. Dieses Zimmer beherbergte alle Mitarbeiter des Feuilletons, von Will Grohmann bis zu Hans Heinz Stuckenschmidt.

im auch seiner Architektur wegen berühmten alten Ullstein-Hochhaus von Eugen Schmohl hergestellt wurde.

Mir ist Luft noch in Erinnerung, wie er, seine ramponierte Reiseschreibmaschine aus Vorweltkriegstagen auf den Knien, in kaum zwanzig Minuten seine legendären Theaterkritiken herunterhämmerte, oft die letzten Sätze noch, während die schwarze Dodge-Limousine zum Druckhaus auf der Strasse schon wartete. Luft brauchte offensichtlich Zeitdruck, jedenfalls machte es den Eindruck, dass ihm jene Artikel schlechter gelungen waren, die er am Wochenende in Ruhe zu Hause geschrieben hatte. Die Unruhe, das ständige Türenklappen, die Telephongespräche und das Stimmengewirr machten ihm nichts aus.

Merkwürdigerweise waren es meist Damen, die sich mir aus jener Zeit eingeprägt haben: Lotte Wege, deren Feuilletons jedes Mal ihrer Brillanz wegen in der Redaktion vorgelesen wurden, die Kritikerin und Auslandskorrespondentin Sabina Lietzmann, eine Tochter des berühmten Kirchenhistorikers Hans Lietzmann und Schwägerin des Herausgebers der »Frankfurter Allgemeinen«, Karl Korn, und die Theater- und Filmkritikerin Karena Niehoff, mit der ich mich, ihrer ausschweifenden Begabtheit wegen, dann als Feuilletonchef des »Tagesspiegel« jahrelang herumzuschlagen hatte, immer verzweifelt, wenn sie statt der verabredeten zwei oder drei Schreibmaschinenseiten zwanzig oder dreissig ablieferte, unter denen aber Stücke waren, vor deren gedanklicher und sprachlicher Faszination wir niederknieten. Gibt es solche Begabungen heute nicht mehr, oder vergolden wir auch darin unsere Jugendzeit?

Alle diese Redakteure hatten einen solchen Namen, dass es keine Frage war, die anderen Berliner Zeitungen würden sich nach der Einstellung der »Neuen Zeitung« um sie reissen. Tatsächlich wurde Friedrich Luft gleich von der »Welt« als Theater- und Filmkritiker übernommen, Stuckenschmidt und Grohmann nahmen in Zukunft hauptsächlich ihre Professuren wahr, der eine schrieb inzwischen sein Arnold Schönberg-Buch und der andere seine Ernst Ludwig Kirchner-Monographie. Schwab-Felisch stand vor der Wahl, Feuilletonchef der »Frankfurter Allgemeinen« – wo er von Erich Welter, dem heutigen Herausgeber des Blattes, bald als angeblich Linker herausgedrängt werden sollte – oder Cheflektor bei Suhrkamp zu werden. Noch lebte Peter Suhrkamp, aber er wollte wohl sein Haus noch zu Lebzeiten bestellen. Eine Zeitlang waren Schwab-Felisch und Siegfried Unseld gleichberechtigte Anwärter auf Peter Suhrkamps verlegerisches Erbe; aber dann entschied Unseld die Runde für sich, vielleicht, da sich mit Hermann Hesse, über den er seine Doktorarbeit geschrieben hatte, ein mächtiger Fürsprecher für ihn verwandte. Lange schon lebte der Suhrkamp Verlag von seinem Autor Hermann Hesse, und als ihn in Deutschland neuere Autoren verdrängten, wurde Hesse in Japan ein Bestseller, sodass die Tantiemen immer noch reichlich flossen.

Bei einem Besuch bei Schwab-Felischs lernte ich Mitte der fünfziger Jahre Siegfried Unseld kennen, der zu ihm in seine kleine Dreizimmerwohnung in der Eppsteiner Strasse im Frankfurter Westend gekommen war. Ich erinnere mich deshalb so genau an diesen Nachmittag, weil Unseld, wie immer ganz erfüllt von seiner jeweiligen Entdeckung, in glühenden Worten davon sprach, dass er den »bedeutendsten Philosophen der Gegenwart« für den Verlag gewonnen habe, womit er Ernst Bloch meinte. Schwab und mir imponierte er damit nicht übermässig, denn wir in Berlin kannten natürlich die

DIE NEUE ZEITUNG

DIE AMERIKANISCHE ZEITUN

11. JAHRGANG / Nummer 25 BERLIN, SONNTAG, 30. JANUAR 1955

Eisenhower erhält freie Hand für Formosa

Ministerpräsident von Dänemark gestorben

Abschiedsworte von Außenminister Dulles an die Redaktion der „Neuen Zeitung"

Titelseite der letzten Ausgabe der »Neuen Zeitung«, Ende Januar 1950. Der amerikani- *sche Aussenminister John Foster Dulles hatte einen Dank an die Re- daktion beigesteuert.*

353

Ost-Berliner Ausgabe des »Prinzip Hoffnung«, deren erster Band 1954 im Aufbau-Verlag erschienen war und die noch heute in der Erstausgabe in dunkelblauem Kaliko in meinem Regal steht. Es stellte sich im Gespräch sehr bald heraus, dass Unseld nicht viel mehr als einige Schlagworte kannte. Mir war die bildhafte Erzählweise Blochs gegenwärtig, so dass ich seinen neuen westdeutschen Verleger belehren konnte, wie Bloch das »Prinzip Hoffnung« mit einer Parabel veranschaulicht: Ein bezauberndes Mädchen steht vor einem Schaufenster mit Kleidern, die sie nie besitzen wird. Ein junger Mann geht vorbei und ist von dem Anblick des jungen Mädchens bezaubert, das er nie besitzen wird: »Und so hat ein jeder Anteil am Prinzip Hoffnung.«

An Unselds Begeisterung wurde deutlich, wie sein Enthusiasmus mehr auf seiner Begeisterungsfähigkeit als auf seiner Kenntnis Ernst Blochs beruhte. Aber das war immer das grösste Kapital von Unseld: Jeder Autor, mit dem er gerade umging, war für ihn das grösste Genie, Uwe Johnson oder Max Frisch, Ernst Bloch oder Theodor Adorno. Was will ein Autor mehr, als dass sein Verleger ihm verfallen ist? Auch diese Fähigkeit hat Unseld zu dem bedeutendsten Verleger der Nachkriegszeit gemacht, und deshalb ist Siegfried Unseld der Samuel Fischer der zweiten Hälfte des 20. Jahrhunderts.

Für mich als Anfänger waren die Aussichten trübe, und Luft und Schwab-Felisch rieten mir tröstend, das Studium erst einmal fortzusetzen und abzuschliessen, dann werde sich alles Weitere finden. Das war eine Aussicht, die mich melancholisch stimmte, denn ich war froh, gerade mehr oder weniger elegant der Studentenwelt entkommen zu sein. Absurderweise sollte ich aber der einzige sein, der schon nach zwei Wochen eine neue Position hatte, und zwar als Feuilletonchef des alten Konkurrenten der »Neuen Zeitung«, des »Tagesspiegel«.

In der Wirklichkeit angekommen

Karl Silex holt mich zum »Tagesspiegel«

Eben war ich noch über Nacht arbeitslos geworden, jetzt war ich Feuilletonchef des »Tagesspiegel«, der trotz des Hochmuts von uns in der »Neuen Zeitung« die wichtigste Zeitung Berlins war. Ich machte mir aber keine Illusionen über seine Provinzialität, die deutlich von der Insellage West-Berlins geprägt war. Mit der immer strikteren Abtrennung der sowjetischen von den westlichen Zonen war nicht nur seine Auflage abgestürzt, sondern nach ein paar Jahren kamen auch seine Mitarbeiter fast nur noch aus West-Berlin. Der Anspruch des »Tagesspiegel«, von Berlin aus auf ganz Deutschland, zumindest auf seinen westlichen Teil, auszustrahlen, entsprach immer weniger der Realität. Ein Transport der Zeitung über die Interzonengrenze in das Bundesgebiet wäre nicht nur mit Verzögerungen verbunden gewesen – sodass das Blatt erst in den späten Vormittagsstunden seine Abonnenten im Westen erreicht hätte –, sondern auch mit Kosten, die niemand hätte tragen wollen.

Die Politik fand inzwischen im Westen statt. Daneben bildeten der Süden, der Westen und der Norden eigene Gravitationszentren der neuen Republik. Knapp über zwei Millionen Menschen lebten noch in West-Berlin; Gross-Berlin war 1939 auf viereinhalb Millionen zugegangen und hatte zuletzt die Einwohnerzahl von Paris übertroffen. Jetzt hatte Paris mit seiner Banlieue fast zehn Millionen Einwohner, während sich die gesamte Stadt Berlin von dem Aderlass des Krieges und der Insellage nie hat erholen können. Die Einwohnerzahl erreichte auch nach der Vereinigung beider Stadthälften trotz aller Zuwanderer und Asylbewerber wenig mehr als dreieinhalb Millionen.

Die Stadt ohne Hinterland verlor mit dem Wegzug der Industrie und der Banken immer mehr an wirtschaftlichem Gewicht. Seit der Eroberung durch die Rote Armee hatten viele Konzerne ihren Hauptsitz aus der zernierten Stadt nach Erlangen, München, Frankfurt, Düsseldorf oder Hamburg verlagert. Aber noch hielt man an dem Hauptstadt-Nimbus Berlins fest. Doch nach den Vorständen verlegten die meisten Grossunternehmen ihre Forschungs- und Entwicklungsabteilungen in den Westen. Nach dem Mauerbau 1961 blieb eigentlich mit Schering nur eine einzige Firma von Weltrang in Berlin. Die Stadt wurde behauptet, aber sie hatte jene Rolle verloren, die sie einst – zusammen mit dem Ostteil – zur »grössten Industriestadt zwischen Atlantik und Ural« gemacht hatte, auch wenn das die Bevölkerung lange nicht wahrhaben wollte. Der neue Parlaments- und Regierungssitz Bonn hatte es mit sich gebracht, dass sich mit der Zeit auch alle wichtigen deutschen Politiker im Raum der liebenswürdigen Universitätsstadt am Rhein versammelten, die bis dahin weiss Gott kein Zentrum der Politik gewesen war.

Berlin begann ein Aussenposten der Politik zu werden, was sich auch daran zeigte, dass ausser den »Frontstadtpolitikern« – wie man im Osten Ernst Reuter, Otto Suhr und Willy Brandt nannte – bald keiner der massgeblichen Politiker in Berlin ansässig war. Einst war Berlin der Endpunkt einer Karriere gewesen, man strebte von überall her in die Reichshauptstadt, jetzt war Berlin der Ausgangspunkt einer Laufbahn, die Bonn zum Ziel hatte. Ernst Reuters Konflikt mit der »Baracke«, dem Sitz der sozialdemokratischen Parteizentrale in Hannover, war auch dadurch entstanden, dass er den kaum verhohlenen Ehrgeiz besass, Aussenminister in Bonn zu werden, Willy Brandt wurde vom Schöneberger Rathaus aus Bundeskanzler in Bonn, und denselben Weg ging später Richard von Weizsäcker, als er zum Bundespräsidenten gewählt wurde. Berlin war zwar ein Schaufenster der Bundesrepublik, aber sie zählte politisch und wirtschaftlich nicht mehr viel.

Der Stadt selber ging es in dieser Zeit trotz aussenpolitischer Spannungen halbwegs gut, und zwar im Ostteil wie im Westteil; für letzteren wurde jahrelang ein Notopfer Berlin erhoben. Die trotzige Fröhlichkeit brachte Günter Neumann in seinem Kabarett-Sketch »Der Insulaner verliert die Ruhe nicht« zum Ausdruck, den halb Berlin vor sich hin sang. Beide Halbstädte waren sozusagen ausgehaltene Städte. Sowohl Bundesrepublik als auch DDR liessen sich ihre Berliner Präsenz einiges kosten. Wenn nicht vierzig Jahre später bei der Abstimmung über den Sitz von Parlament und Regierung – übrigens allein dank der Stimmen von FDP und PDS – die Entscheidung für Berlin gefallen wäre, hätte der Stadt ein Sturz in die Belanglosigkeit bevorgestanden.

Als ich Feuilletonchef wurde, war der »Tagesspiegel« jedenfalls erkennbar nur noch eine respektable Regionalzeitung. Das fiel mir immer wieder auf, wenn ich in Hamburg bei der »Zeit«, in Frankfurt bei der »Frankfurter Allgemeinen« oder in München bei der »Süddeutschen Zeitung« zu Besuch war. Dort herrschte ein anderes Klima als beim »Tagesspiegel«, dessen Existenzkampf überall spürbar war. Das wurde schon in dem improvisierten Konferenzraum deutlich, einem mittelgrossen ovalen Raum, in dem sich die wichtigen Redakteure aller Ressorts um Karl Silex täglich zur »Grossen Konferenz« versammelten; nur selten nahm Franz Karl Maier an der Konferenz teil. Kaum einer von ihnen, ausser Silex selber, hatte einen Namen, der ausserhalb der Stadt etwas galt, was die Versammelten selber zu spüren schienen. Ein gewisser Minderwertigkeitskomplex war nicht zu übersehen, wenn die Rede auf die publizistischen Meinungsführer kam und Namen wie Herbert von Borch, Jürgen Tern, Paul Sethe, Friedrich Sieburg, Dolf Sternberger und Benno Reifenberg immer wieder genannt wurden.

Das hatte auch mit dem Auflagen- und daher Bedeutungsschwund des »Tagesspiegel« zu tun, der 1946 mit vierhundertfünfzigtausend

Exemplaren die auflagenstärkste überregionale Zeitung Deutschlands gewesen war, denn selbst die »Frankfurter Allgemeine« hatte in ihren Anfängen nur eine Auflage von wenig mehr als sechzigtausend Exemplaren. Aber nach der Abriegelung des sowjetischen Sektors und der Zone gegenüber dem Westen war die Auflage des »Tagesspiegel« kontinuierlich gesunken, bis er zu meiner Zeit nur noch rund neunzigtausend Exemplare regulär verkaufte, wenn man auch die Auflage durch Sonderexemplare über die Hunderttausendergrenze zu bringen suchte; seine Existenzgrundlage war dadurch auch wirtschaftlich bedroht.

Nicht zuletzt deshalb kam es zu der Bestellung Franz Karl Maiers, des Mitbesitzers der »Stuttgarter Zeitung« zum Verleger des »Tagesspiegel«. Maier, ein namhafter Jurist, war in ganz Deutschland dadurch bekannt, dass er im Entnazifizierungsprozess sich geweigert hatte, dem württembergischen Ministerpräsidenten Reinhold Maier das Placet der Entnazifizierungsbehörde zu geben. Maier hatte 1933 für jenes Ermächtigungsgesetz gestimmt, das Hitler den Weg zur Alleinherrschaft freigemacht hatte, wie übrigens auch Theodor Heuss, der 1949 zum ersten Bundespräsidenten gewählt wurde. Dieser Prozess »Maier gegen Maier« hatte ganz Deutschland beschäftigt, und seine politische Rigorosität allen gegenüber, die dem Dritten Reich Vorschub geleistet hatten, hatte Franz Karl Maier vermutlich den amerikanischen Behörden sympathisch gemacht.

Bei der ursprünglichen Zusammensetzung der Lizenznehmer war für den »Tagesspiegel« mit Erik Reger nur ein einziger wirklicher Zeitungsmann engagiert worden. Die anderen waren liebenswürdige Dilettanten, ob das nun der Papiergrosshändler Heinrich von Schweinichen war, der Kunsthistoriker und ehemalige Reichskunstwart der Weimarer Republik, Edwin Redslob, oder Walter Karsch, der seine Wahl vor allem dem Umstand verdankte, dass er nach der Verhaftung Carl von Ossietzkys als letzter die »Weltbühne« geleitet hatte, was allerdings auch nicht verhinderte, dass nach wenigen Monaten das pazifistische Linksblatt endgültig verboten wurde. Erfahrung im Zeitungsgeschäft hatte keiner von ihnen, und Shepard

Stone, ob zu Recht oder zu Unrecht, führte den Niedergang des »Tagesspiegel« auch darauf zurück. Es gelang Stone, einem Vertrauten und Berater des amerikanischen Hochkommissars John McCloy, den Mitlizenzträger der »Stuttgarter Zeitung« Franz Karl Maier dafür zu gewinnen, seine sichere Position aufzugeben und nach Berlin zu kommen. Das war für Maier übrigens ein lukrativer Wechsel, denn er konnte seinen Anteil an der »Stuttgarter Zeitung« zu einem beträchtlichen Betrag verkaufen und erhielt die Mehrheit des »Tagesspiegel« übertragen, ohne einen Pfennig eigenes Geld zu investieren.

Nach der Einstellung der »Neuen Zeitung« hatte ich nach Blättern Ausschau gehalten, bei denen ich meine Artikel unterbringen konnte. Am Ende war ich auf die »Deutschen Kommentare« und die »Bücherkommentare« gestossen, die Karl Silex, der ehemalige Chef der »Deutschen Allgemeinen Zeitung«, auf eigene Faust gegründet und finanziert hatte, sodass er Chefredakteur und Verleger zugleich war. Mehrere Monate schrieb ich also für seine Blätter, ohne mich viel um die politische Haltung von Silex zu kümmern, von dem ich nur wusste, dass er nach einer bösartigen Attacke von Goebbels in der Reichspressekonferenz die Chefredaktion der »Deutschen Allgemeinen Zeitung« kurzerhand niedergelegt hatte, um wieder wie im Ersten Weltkrieg Kommandant eines Kriegsschiffes zu werden.

Politik bedrängte uns jeden Tag. Auch wenn die Russen gerade kein Ultimatum für die Umwandlung Berlins in eine »Freie Stadt« gestellt hatten, brachten sich die Sowjets durch MiG-Jäger in Erinnerung, die mit ihrem Überschallknall der Bevölkerung der Westsektoren zu erkennen gaben, wer die wirkliche Hoheit über Berlin besass. Aber meine Wirklichkeit war das eigentlich nicht. Mich regten Alfred Webers »Abschied von der bisherigen Geschichte« und ein Buch über »Urchristentum und Geschichte« des Heidelberger Theologen Hans von Campenhausen mehr auf als alle Streitgespräche zwischen Adenauer und Ollenhauer. Ausserdem zogen mich zwei Bücher in ihren Bann, die kurz vor der Katastrophe 1932 vor Hitler gewarnt hatten, aber nicht mehr zur Wirkung gekommen waren – wenn sie das denn in der Bürgerkriegsatmosphäre der untergehenden Weimarer Republik überhaupt gekonnt hätten. Jetzt waren sie nachgeholte Sensationen in intellektuellen Kreisen: eine Analyse der Krise »Die geistige Situation der Zeit« von Karl Jaspers, mit dem der Begründer der Existenzphilosophie 1931 in den politischen Streit eingegriffen hatte, und ein schmaler Band von Ernst Robert Curtius »Deutscher Geist in Gefahr«, der 1932 wenige Monate vor der Katastrophe erschienen war.

In Debatten des Parlamentes – denn mit der Verlagerung von Berlin nach Bonn war der Reichstag, obwohl der Bundestagspräsident Eugen Gerstenmaier für den Wiederaufbau der Ruine gekämpft hatte, ein leeres Gehäuse geworden, und an den Namen »Bundestag« musste man sich erst gewöhnen – interessierten mich vor allem zwei Köpfe: der streitbare und auch für Adenauer unbequeme FDP-Abgeordnete Thomas Dehler, der im ersten Koalitions-Kabinett Justizminister war, und der »Kronjurist« der Sozialdemokraten Adolf Arndt, dessen geschliffene Rhetorik mich faszinierte und der mich zehn Jahre später in den Beirat seiner Berliner Senatsverwaltung für Wissenschaft und Kunst holte. Ich dachte aber noch immer nicht daran, mein Leben in der Welt der Literatur oder gar im Schatten der Politik zu verbringen, wie das zwei Bekannte und später enge Freunde, Klaus Schütz und Friwi Sell, taten. Der eine wurde nach dem Weggang von Willy Brandt Regierender Bürgermeister von Berlin, der andere Intendant des mächtigen Westdeutschen Rundfunks. Sie werden meine politikferne Aussenseiterrolle mit Verwunderung gesehen haben.

Aber eben diese Position machte mich offensichtlich Karl Silex interessant. Er wurde in diesem Jahr 1955 von Franz Karl Maier als Chefredakteur des seit dem Tode Erik Regers führungslosen »Tagesspiegel« geholt. Er kam auf mich, als er den Posten des Feuilletonchefs neu besetzen wollte. Vielleicht hatte ihn sein Freund Campenhausen auf mich hingewiesen, vielleicht machten meine theologischen Exkurse Silex auf mich aufmerksam, denn Silex stand der Kirche so nahe, dass er als Kommandant im Zweiten Weltkrieg am Sonntagmorgen selber die Bordandacht hielt. Das war in der Kriegsmarine so ungewöhnlich gewesen, wie es für einen Chefredakteur war, wenn er sich immer wieder in Leitartikeln zu Glaubensfragen zu Wort meldete. Jedenfalls hat er noch später zu Bekannten gelegentlich gesagt, dass ihn zuerst mein auffallendes Interesse an theologischen Themen für mich eingenommen habe.

Während meiner Zeit als freier Mitarbeiter zweier vergleichsweise unbedeutender westdeutscher Zeitungen entdeckte ich jedenfalls eines Tages auf der Rückseite einer Zahlungsanweisung über fünfundzwanzig Mark für einen Artikel in den »Deutschen Kommentaren« eher zufällig eine handschriftliche Notiz von Silex, der wohl in seiner notorischen Sparsamkeit die Ausgabe für eine Briefmarke gescheut hatte: »Wenn Sie Interesse daran haben, Feuilletonchef des ›Tagesspiegel‹ zu werden, kommen Sie am Freitag um halb neun zum Frühstück ins Hotel am Zoo.« Dieses eher kleine Hotel am Kurfürstendamm war nach dem Krieg ziemlich wichtig geworden, da es zu den wenigen Häusern gehörte, die den Bombenkrieg halbwegs überstanden hatten. Sonst gab es in der Kurfürstendamm-Gegend nur noch das Hotel am Steinplatz und das Hotel Savoy an der Ecke Fasanen- zur Kantstrasse, das meist von Engländern frequentiert wurde und eine Zeitlang das offizielle britische Quartier für Offiziere und Diplomaten gewesen war.

Alle drei Hotels spielten eine Rolle in West-Berlin, auch ich hatte hier besondere Erlebnisse. Im Hotel am Zoo sollte ich einen langen Abend mit Adenauer zusammensein, vom Hotel am Steinplatz holte ich Hannah Arendt zum Kongress ab. In der dazugehörigen Vollen Pulle, einem kleinen Weinlokal der Prominenz am Steinplatz, erlebte ich die Berühmtheiten der damaligen Zeit, und im Savoy hatte ich die merkwürdigste Begegnung jener Zeit.

Willy Brandt hatte Nicolas Nabokov, einen entfernten Vetter von

Vladimir Nabokov, als seinen Berater für kulturelle Dinge gewonnen, und wann immer Nabokov aus Paris nach Berlin kam, fuhr ich ihn als einer der wenigen Besitzer eines Privatwagens in der Stadt herum, was für uns beide angenehm war. Nabokov schien während seiner Berliner Besuche ständig unterwegs zu sein, und ich begegnete auf diese Weise Politikern, Schriftstellern, Musikern und Künstlern, die ich sonst nur aus der Presse gekannt hätte. Ich bringe es nicht mehr zusammen, wen alles ich damals in Berlin chauffiert habe. Ich erinnere mich nur noch an Walter Hallstein, den Präsidenten der EWG-Kommission in Brüssel, hinter dessen professoraler Erscheinung, die durch seine eher plumpe Hornbrille noch unterstrichen wurde, sich erstaunliche Managerfähigkeiten verborgen haben müssen, und an den britischen Geschichtsphilosophen Arnold Toynbee, der bei uns im Kongress über sein weltgeschichtliches System referierte.

Oswald Spenglers Ordnung der Weltgeschichte in acht Hochkulturen hatte Toynbee erst auf dreiundzwanzig erweitert, die er später wieder auf dreizehn voneinander unabhängige Hochkulturen zusammenstrich. Nach seinem Vortrag fuhr ich Toynbee abends von der Zehlendorfer Schmarjestrasse über die Koenigsallee durch den nächtlichen Grunewald. Wir waren wohl so in Gespräche verwickelt, dass ich nicht bemerkte, dass uns ein Polizeiwagen begegnete, der meine Schlangenlinien nicht auf die Lebendigkeit der Unterhaltung, sondern auf vermutlich genossene Getränke zurückführte und erst nach der Inspizierung der Insassen die Weiterfahrt gestattete.

Einmal, das muss Ende der fünfziger Jahre gewesen sein, hatte mich Nicolas Nabokov wieder gebeten, ihn zum Savoy zu fahren und dort einige Minuten zu warten, er werde gleich wieder da sein. Aber ich wartete eine gute Stunde, bis endlich Nabokov mit einer Entschuldigung erschien, von der ich nicht weiss, ob sie nicht nur der Phantasie des eindrucksvollen Mannes entsprang, der es ja liebte, sich in Szene zu setzen. »Es ist mir peinlich, dass Sie so lange warten mussten. Aber die Furzewa hat mich zweimal aus Moskau angerufen, und sie kann ja nie ein Ende finden.« Ob er wirklich von der sowjetischen Kul-

Es war eine Sensation, als 1931 das Hotel Excelsior gleich gegenüber dem Anhalter Bahnhof gebaut wurde, denn eine unterirdische Passage verband Hotel und Bahnhof.

turministerin Jekaterina Furzewa, der einzigen Frau, die diesen Posten seit der Revolution je innegehabt hat, angerufen worden und worum es in den Gesprächen gegangen war, habe ich nicht herausgefunden. Später hörte ich, dass die Furzewa damals Anstrengungen machte, Igor Strawinsky, einen der prominentesten Emigranten – und übrigens Hasser der Revolution –, zu einem Versöhnungsbesuch in Moskau zu überreden, zu dem es dann tatsächlich 1962 gekommen ist. Beim Landeanflug auf Moskau, erzählte mir später Robert Craft, der Begleiter Strawinskys auf dieser Reise in die alte Heimat, seien dem Heimkehrer, der jahrzehntelang jeden Besucher »zur Hölle« gewünscht hatte, der ihn auf die Sowjetunion auch nur ansprach, die Tränen gekommen. Als Strawinsky den ersten Blick auf die im heraufziehenden Herbst schon braun gefärbten vertrauten Wälder, Wiesen und Äcker warf, rang er »vor Aufregung und Rührung geradezu nach Luft«.

Vielleicht sind bei jenen Telephongesprächen im Hotel Savoy tatsächlich die ersten Schritte zu diesem Besuch getan worden. Hatte ich deshalb so lange vor dem Hotel warten müssen? Bei Nabokov hielt man alles für möglich. Selbst wenn er erzählt hätte, Chruschtschow

363

selber habe ihn sprechen wollen, hätte ich es auch für denkbar gehalten. Er sagte nichts zum Gegenstand der langen Telephonate, aber als ich ihn in der Akademie der Künste absetzte, hatte ich das Gefühl, mit der Weltgeschichte in Verbindung gewesen zu sein.

Vor dem Krieg hatten alle diese West-Berliner Hotels keine besondere Rolle gespielt. Damals logierte man im Adlon am Pariser Platz, im Bristol Unter den Linden, im Kaiserhof in der Wilhelmstrasse und vor allem im Excelsior in der Königgrätzer Strasse. Das Hotel am Zoo, das kurz vor dem Zweiten Weltkrieg von einem herkömmlichen Kurfürstendamm-Mietshaus in ein Hotel umgebaut worden war, hatte dagegen zu den eher preiswerten kleinen Häusern gehört, die in der Gesellschaft keine Rolle spielten, weshalb es häufig von Schriftstellern und Künstlern frequentiert wurde, die hier mitunter für Wochen oder sogar Monate lebten. Unter anderem war Joseph Roth vor Hitlers Machtübernahme hier ein halbes Jahr lang ein bescheidenes Zimmer eingeräumt worden, und hier war es, dass er letzte Hand an seinen Roman »Radetzkymarsch« gelegt haben soll. Ohne grosse Umschweife wiederholte Silex sein Angebot, dass ich das Feuilleton des »Tagesspiegel« übernehmen solle. Von jenem Frühstück im Hotel am Zoo kam ich als Feuilletonchef von Berlins bedeutendster Tageszeitung zurück. Bisher hatten meine Funktionen oft hochtrabender geklungen als die Sachen in Wirklichkeit gewesen waren – etwa die eines Sekretärs des Berliner Büros des Kongresses für die Freiheit der Kultur. Diesmal war ich tatsächlich Chef eines Ressorts von zehn oder zwölf erfahrenen Redakteuren; aber mein Gehalt betrug ganze achthundertfünfzig Mark im Monat. Franz Karl Maier meinte es offensichtlich ernst damit, den »Tagesspiegel« zu sanieren, der noch aus der Zeit seines Auflagenerfolgs personell und finanziell aufgebläht war. Zum Feuilleton gehörten nicht nur der »Filmspiegel« und das »Literaturblatt«, sondern auch kleine Ressorts wie das »Frauenleben« und eine Seite »Haus, Hof, Garten«, vor allem aber eine mehrseitige Wochenendbeilage »Weltspiegel«, die von dem gebürtigen Ungarn Béla von Abonyi geleitet wurde, der Wert darauf legte, den Titel »Chefredakteur« zu tragen. Insgesamt waren es also mehrere Dutzend Seiten, für die ich in Zukunft verantwortlich sein sollte.

Meine Eltern beruhigte ich über den nun offenkundig definitiven Abbruch des Studiums; ich könne es ja später einmal fortsetzen und dann auch meinen Doktor machen. Aber dazu kam es natürlich nie. Nach acht Jahren beim »Tagesspiegel« holten mich Hans Wallenberg und Peter Galliner erst zum Propyläen und dann auch zum Ullstein Verlag. Beim Eintritt in den »Tagesspiegel« war ich Ende zwanzig, als ich der Zeitungswelt ade sagte und Verleger wurde, war ich Mitte meiner Dreissig.

Beim Schreiben wird mir deutlich, wie jung wir damals alle waren – Friedrich Luft war mit Anfang Dreissig schon der Senior unter uns, Joachim Fest und ich waren in der zweiten Hälfte der Zwanzig, und Johannes Gross war mit sechsundzwanzig der Benjamin; Joachim Kaiser, der bald zu unserem Freundeskreis stiess, war achtundzwanzig Jahre alt. Wahrscheinlich verdanken wir unseren frühen Start nicht so sehr unserer hervorstechenden Begabung, sondern dem Umstand, dass Millionen unserer Generation gefallen, andere Millionen noch in russischer oder französischer Gefangenschaft – die Amerikaner und Briten hatten ihre Kriegsgefangenen bereits entlassen – und viele der nationalsozialistischen Zeit wegen belastet waren. So griff man nach denen, die vorhanden waren, und wir hatten das Glück, da zu sein.

Der »Tagesspiegel« machte Mitte der fünfziger Jahre noch immer einen äusserst bescheidenen Eindruck. Franz Karl Maier hatte natürlich ein relativ repräsentatives Zimmer im ersten Stock zur Potsdamer Strasse hin, und Walter Karsch als einzig verbliebener der ursprünglichen Lizenznehmer sass in einem ebenfalls ordentlichen Raum. Wer vor der spätklassizistischen Fassade des »Tagesspiegel« stand, konnte den Eindruck gewinnen, dass die Welt Anton von Werners, der wenige Meter weiter seine Privatvilla gehabt hatte, und Theodor Fontanes noch existierte, dessen berühmte Adresse »Pots-

damer Strasse 134c, drei Treppen« geläutet hatte. Aber von dieser
bürgerlichen Welt, in der Fontane, immer über die schlechte Luft des
Landwehrkanals klagend, mit seinen ferneren und näheren Bekannten spazierenging, war wenig geblieben. Zuweilen hatte ihn aus Hu-
sum sein Schriftstellerkollege Theodor Storm besucht, den er als
Autor durchaus respektierte, unter dessen Aufmachung er aber hei-
tere Qualen litt.

Es mochte zwölf Uhr sein, als wir durchs Brandenburger Tor
zurückkamen und beide das Verlangen nach einem Frühstück
verspürten. Ich schlug ihm meine Wohnung vor, die nicht allzu-
weit ablag; er entschied sich aber für Kranzler. Ich bekenne, dass
ich ein wenig erschrak. Storm war wie geschaffen für einen Tier-
gartenspaziergang an dichtbelaubten Stellen, aber für Kranzler
war er nicht geschaffen. Ich seh ihn noch deutlich vor mir. Er
trug leinene Beinkleider und eine leinene Weste von jenem sonderbaren Stoff, der wie gelbe Seide glänzt und sehr leicht furcht-
bare Falten schlägt, darüber ein grünes Röckchen, Reisehut und
einen Schal. Nun weiss ich sehr wohl, dass gerade ich vielleicht
derjenige deutsche Schriftsteller bin, der in Sachen gestrickter
Wolle zur höchsten Toleranz verpflichtet ist, denn ich trage selber dergleichen. Aber zu so viel Bescheidenheit ich auch verpflichtet sein mag, zwischen Schal und Schal ist doch immer
noch ein Unterschied. Storm trug ihn rund um den Hals herum,
trotzdem hing er noch in zwei Strippen herunter, in einer kurzen
und einer ganz langen. An jeder befand sich eine Puschel, die hin
und her pendelte. So marschierten wir die Linden herunter, bis
an die berühmte Ecke. Vorne sassen gerade Gardekürassiere, die
uns anlächelten, weil wir ihnen ein nicht gewöhnliches Strassenbild gewährten. Ich sah es und kam unter dem Eindruck davon
noch einmal auf meinen Vorschlag zurück. »Könnten wir nicht
lieber zu Schilling gehen; da sind wir allein, ganz stille Zimmer.«
Aber mit der Ruhe des guten Gewissens bestand er auf Kranzler.

Das war die Welt von 1890. Jetzt legten überall Lücken in der Häuserfront Zeugnis von Bombenkrieg und Strassenkämpfen ab, von manchen Häusern standen nur zwei oder drei Stockwerke noch, von anderen nur die Fassaden, und wenn Karsch, der Hausphilosoph Hans Kudszus, der wenig später einer der ersten Ehrendoktoren der Freien Universität wurde, und ich am späten Nachmittag zu einem Spätschoppen in das schräg gegenüberliegende Lokal Die Tonne gingen, war nicht mehr erkennbar, dass dies einst ein hochbürgerliches Quartier gewesen war. Aber in anderer Hinsicht war die alte Zeitungswelt noch vorhanden. Ich blieb fast immer in der Tonne, bis die letzte Feuilletonseite mit meinen Initialen zum Metteur an den Kalander ging. Der Volontär, der eine Zeitlang Peter Kliemann war, hatte mir die Abzüge herübergebracht und wartete, bis ich einen letzten prüfenden Blick auf die Seiten geworfen hatte.

Mit Peter Kliemann, der gerade seinen Doktor gemacht hatte, ist mir ein Erlebnis in lebhafter Erinnerung. Ich hatte einen unmässig langen und wahrscheinlich ausser mir keinen Menschen interessierenden Essay über den Untergang des kleinasiatischen Griechentums geschrieben, wobei ich Kliemann eingeschärft hatte, besonders sorgsam Korrektur zu lesen, da mir an dem Text einiges liege. Am nächsten Morgen fiel ich fast aus dem Bett. Der letzte Satz des Textes lautete nun: »Die letzten Spuren der griechischen Kultur gingen unter der Herrschaft der Geldschurken zugrunde.« Ich bat Dr. Kliemann zu mir und fragte inquisitorisch, ob ihm die Peinlichkeit wenigstens nachträglich aufgefallen sei. Er las den Artikel in meiner Gegenwart noch ein- oder zweimal und sagte dann mit gutem Gewissen im Brustton der Überzeugung: »Ich kann keinen Fehler entdecken.« Auf mein beständiges Fragen, was denn die Dynastie der *Geldschurken* sei, antwortete er mit Unschuldsmiene: »Wahrscheinlich eine dieser unzähligen Dynastien Kleinasiens.« Es handelte sich um die Seldschuken, die ich auf diese Weise in die Geschichte und in den »Tagesspiegel« einführte. Aber Kliemann, gerade durch eine historische Arbeit promoviert, war völlig unbeeindruckt, die Geldschurken waren ihm offensichtlich ebenso unbekannt wie die Seldschuken.

Gleich jenseits des Landwehrkanals lag der einst berühmte Kemper-platz, der neben dem Lützowplatz vor dem Zweiten Weltkrieg eines der Zentren des Berliner Kunst- und Antiquitätenhandels gewesen war. Fünfhundert Meter die Potsdamer Strasse weiter stadtauswärts stand damals noch der berühmte Sportpalast, der vor allem auf-grund der rednerischen Exzesse von Hitler und Goebbels in die Ge-schichte eingegangen ist. Seine eigentliche Bedeutung vor und nach dem Dritten Reich hatte er aber als gesellschaftliche Mehrzweck-halle. Hier hatte Ernst Thälmann 1924 seine legendäre Trauerveran-staltung für den gestorbenen Lenin abgehalten, wobei der Sportpa-last bis zum letzten Platz von Arbeitern im Sonntagsstaat besetzt war. Die jährlichen Sechstagerennen im Sportpalast waren nicht nur ein sportliches, sondern auch ein gesellschaftliches Ereignis für Berlin gewesen. Der Sportpalastwalzer, der 1923 zum erstenmal beim Sechs-tagerennen gespielt wurde, war bald so etwas wie eine Berliner Na-tionalhymne. Das Original Reinhold Habisch riss als »Krücke« die Zuschauer von ihren billigen Plätzen, wenn seine berühmten vier scharfen Pfiffe erklangen. Aber »Krücke« war Jude, und so verboten die neuen Herren Berlins das »amerikanisch-jüdische« Sechstage-rennen und machten den Sportpalast zur »Kampfstätte der Be-wegung«. Erst nach dem Zusammenbruch erlebten die Berliner *Six days* eine Wiederauferstehung.

Dieses Sechstagerennen war nicht das einzige sportliche Ereignis, mit dem der Sportpalast ein Gegenstück zu New Yorks Madison Square Garden wurde. Auch die grossen Boxkämpfe der Zeit fanden fast ausschliesslich hier statt, es wäre fast undenkbar gewesen, Mei-sterschaftskämpfe in München, in Köln oder gar in Kiel auszutragen. Erst nach dem provisorischen Wiederaufbau 1951, als die Veranstal-tungen im Sportpalast noch unter freiem Himmel stattfinden muss-ten, hatte er mühselig seine alte Bedeutung zurückgewonnen. Aber schon 1953 erstand er fast in der alten Gestalt von neuem und hatte bald wieder seine Bedeutung im Leben West-Berlins. Auch die Berli-ner Philharmoniker spielten übrigens im Sportpalast unter Herbert von Karajan, denn sie waren ja noch immer heimatlos.

Aber nach dem Wiederaufbau der Deutschlandhalle nahe dem Messegelände bekam der Sportpalast starke und unlautere Konkurrenz, denn die Deutschlandhalle wurde grosszügig vom Senat subventioniert, und dem war der privatwirtschaftlich geführte Sportpalast auf die Dauer nicht gewachsen. So verkaufte Berlin ihn zum Abriss an die Klingbeil-Gruppe, und an seiner Stelle entstand Jürgen Sawades monströser »Sozialpalast«, der in seiner Schäbigkeit und seinem häufigen Leerstand ein grösseres Ärgernis ist als der Sportpalast es je gewesen war.

Auf dem halben Weg zwischen Sportpalast und »Tagesspiegel« liegt der U-Bahnhof Bülowstrasse, berühmt wegen seiner Jugendstilarchitektur von Bruno Möhring. Uns Kinder hatte das wenig interessiert, aufregend war die Fahrt, weil die U-Bahn, seit Dahlem eine wirkliche *Subway*, hinter dem Wittenbergplatz wieder ans Tageslicht kam. Der Eindruck ist mir noch gegenwärtig, wenn der Zug den Tunnel verliess, eine Zeitlang auf der Höhe des Strassenverkehrs fuhr, bis er endlich am Nollendorfplatz zur Hochbahn wurde. Hinter dem Gleisdreieck fuhr die U-Bahn dann mitten durch ein Mietshaus, und das war für ganz Berlin eine Sensation, die auch in Paris und London viel beredet wurde.

Es war also ein durchaus respektabler Ort, wo der »Tagesspiegel« sein Quartier hatte und noch heute hat, wenn auch von der bürgerlichen »Adrettheit« nicht viel geblieben war. Die Räume der Verlagsleitung und Verwaltung lagen zur Potsdamer Strasse hin, die Redaktion war im Flügel zum Hof untergebracht, was den Vorteil hatte, dass das derartig zerbombte Gelände genügend Parkplätze für Wagen von Mitarbeitern abgab, von denen damals allerdings nur die wenigsten eigene Autos besassen. Mein Zimmer war überaus bescheiden, es hatte wohl nicht mehr als sechzehn Quadratmeter. Nur ein Stilleben von Oskar Moll gab dem Zimmer eine gewisse Ansehnlichkeit, wenn man will sogar Bedeutung. Das Gemälde, eine der letzten Arbeiten des 1947 gestorbenen Matisse-Schülers, bezog seinen Reiz daher, dass in diesem Stilleben ein zerknüllter »Tagesspie-

gel« Blickfang war. Zwei Jahre nach seiner Gründung war der »Tagesspiegel« sozusagen in die Kunstgeschichte eingegangen, aber ich war wohl der einzige, der sich darum kümmerte. Nach meinem Weggang hatte mein Nachfolger Hans Scholz das Bild nicht haben wollen, und irgendwann wurde es als Dauerleihgabe an die Berlinische Galerie gegeben.

In den Direktionsetagen von Zeitungen hatte man ganz allgemein wenig Sinn für diese Art von Tradition. Wenige Jahre später übernahm ich 1963 den Propyläen und den Ullstein Verlag, und dort war eines Tages Axel Springer zu mir gekommen, in seinem Gefolge ein Bote, der ein Gemälde von Max Liebermann trug. Es war ein Porträt von Julius Elias, der die Geschicke des Propyläen Verlages die ganze Weimarer Zeit hindurch gelenkt hatte wie Emil Herz die des Ullstein Verlages. Von der rechten und vor allem von der nationalsozialistischen Presse waren die beiden Verlage immer wieder ein Ziel antisemitischer Attacken gewesen. Die Besetzung der beiden obersten Positionen mit Juden galt in rechten Kreisen als Skandal, und man scherte sich wenig darum, dass der literarische und intellektuelle

Eines der letzten Gemälde des Matisse-Freundes Oskar Moll hing über meinem Schreibtisch und ein Porträt von Julius Elias, dem Freund der Familie Ullstein, dem der Verlag seinen Aufstieg verdankt – zwei Bilder, die mich jahrzehntelang begleiteten.

Aufschwung des Hauses Ullstein nicht zuletzt mit Julius Elias und Emil Herz verbunden war.

Hatte der eine den bis dahin kaum beachteten Ullstein-Journalisten Erich Maria Remarque, der sich bisher als fliegender Händler, Agent für Grabsteine und Mitarbeiter von »Sport im Bild« durchgeschlagen hatte, mit seinem Kriegsroman »Im Westen nichts Neues« an Land gezogen, so hatte der andere Bertolt Brecht überredet, für sein lyrisches Hauptwerk »Die Hauspostille« seine angestammten Verlage Kiepenheuer und Drei Masken zu verlassen, bei denen seine Stücke »Baal« und »Trommeln in der Nacht« erschienen waren, und mit »Im Dickicht der Städte« endgültig zum Propyläen Verlag zu wechseln.

Elias und Herz, die als Juden natürlich gleich nach der Machtergreifung Hitlers das Haus verlassen mussten, waren nicht nur die Entdecker zweier grosser Autoren, sondern auch die Erfinder eines neuen Stils von Buchwerbung. Julius Elias war auf den Gedanken gekommen, die Buchhändler im ganzen Deutschen Reich von Ostpreussen über Schlesien bis zum Saargebiet zu überzeugen, ihre

Schaufenster am Erscheinungstag von »Im Westen nichts Neues« leerzuräumen und schwarz auszuschlagen. Kein anderes Buch durfte gezeigt werden bis auf einen Stahlhelm neben einem Exemplar des bis dahin völlig unbekannten Autors. Dadurch hatte sich Remarque über Nacht in ganz Deutschland etabliert. Die Auflage seines Romans war in den nächsten Wochen und Monaten von zehntausend über hunderttausend bis zu einer Million geradezu explodiert. Das Porträt seines Entdeckers und Promoters, Max Liebermanns Bildnis von Julius Elias, das fast zwanzig Jahre in meinem Zimmer gehangen hatte, ist von Herbert Fleissner, einem meiner vielen Nachfolger, so wenig beachtet worden, dass Axel Springer es eines Tages für den Journalisten-Club in der Kochstrasse reklamierte, wo es seitdem unter den anderen Grössen der zwanziger Jahre hängt.

Aber nicht nur die ökonomische, sondern auch die intellektuelle Situation des »Tagesspiegel« war bescheiden, als ich zur Redaktion stiess. Er blieb eine bemühte und achtbare Regionalzeitung, aber er war keine Adresse, wenn von den grossen Namen in Politik, Wirtschaft und Kultur die Rede war. Ich selber war erst recht ein Newcomer, denn meine Stippvisite in der »Neuen Zeitung« zählte im Grunde nicht. Aber draussen nahm man mich allmählich zur Kenntnis. Ein paar Jahre später stellte die »Zeit« auf zwei Seiten die wichtigsten Figuren des deutschen Feuilletons in Bild und Text vor. Zu meiner Überraschung schrieb ihr Feuilletonchef Rudolf Walter Leonhardt – dem ich bis dahin noch nie begegnet war – dazu höchst schmeichelhaft: »Die geographische Isolierung Berlins nimmt dem ›Tagesspiegel‹ viele Wirkungs-, besser Ausstrahlungsmöglichkeiten. Zuweilen aber raunt es durch den Blätterwald: ›Haben Sie schon gelesen …?‹ Ein solches Raunen veranlasst der ›Tagesspiegel‹ durch Beiträge seines Feuilletonchefs Wolf Jobst Siedler«, und Leonhardt schloss mit dem Satz: »Wir werden sicher noch viel von ihm hören.« Das erregte angesichts der Bedeutung der »Zeit« – damals war sie das wichtigste Sprachrohr der Gruppe 47, deren Häupter regelmässig bei »Leo« schrieben, wie man Rudolf Walter Leonhardt in ganz Deutschland nannte – ziemliches Aufsehen, auch im »Tagesspiegel« selber, wo mich Karl Silex und Franz Karl Maier von da an mit anderen Augen zu sehen schienen. Jedenfalls gaben mir beide eine Ausnahmegenehmigung, trotz meiner Position im »Tagesspiegel« in der »Zeit« zu schreiben, als mir Rudolf Walter Leonhardt das Angebot machte, eine feste Rubrik zu übernehmen, so dass ich die nächsten Jahre dort auch Fernsehkritiker war. Ich übersetzte – um weder der »Zeit« noch dem »Tagesspiegel« Verlegenheit zu bereiten – meinen Vornamen Wolf als *Nom de guerre* ins Lateinische und zeichnete meine Beiträge für die »Zeit« mit *Lupus,* ein Einfall, den Walter Jens als mein Nachfolger für die Fernsehkritik übernahm, wobei er sich griechisch als *Momos* präsentierte.

Zudem erhielt ich seit Mitte der fünfziger Jahre immer häufiger Angebote, der isolierten Stadt den Rücken zu kehren. Rudolf Goldschmidt winkte mit der »Süddeutschen Zeitung«. Mein Freund Schwab-Felisch redete einen langen Abend auf Imke ein, ich müsse »in den Westen« gehen, um zu reüssieren; Ludwig von Hammerstein, damals Stellvertretender Intendant des Nordwestdeutschen Rundfunks, wollte mich als »Wortchef« seines Senders nach Hamburg holen und suchte mich zu überzeugen, die Spree gegen die Alster einzutauschen. Nach kaum einem Jahrzehnt kam Ludwig von Hammerstein aber selber als Chef des RIAS nach Berlin zurück und erwarb ein Haus in unserem Falkenried.

Sein Vater, Kurt Freiherr von Hammerstein-Equord, Chef der Heeresleitung der Reichswehr, hatte den Machtantritt Hitlers durch einen Staatsstreich der Armee verhindern wollen. Aber die Generalität hatte sich an die politische Neutralität gehalten, die Hans von Seeckt ihr einst eingeimpft hatte, was wahrscheinlich ihrer verschwiegenen Abneigung gegen die Republik entgegenkam. Hammersteins beide Söhne, Kunrat, der nach den Ereignissen den bemerkenswerten Bericht »Spähtrupp« geschrieben hat, und Ludwig, zählten zu den jungen Offizieren, die im Bendlerblock am 20. Juli als junge Offiziere am Umsturzversuch beteiligt waren.

Ludwig und Kunrat, inzwischen junger Leutnant und Oberleutnant im Stab von General Friedrich Olbricht, war die Aufgabe zugeteilt worden, am 20. Juli den SS-Offizier Achamer-Piffrader und sein Gefolge zu entwaffnen. Einigen Zeugenberichten nach haben sie sich tatsächlich auf den Fluren des Bendlerblocks mit hitlertreuen Offizieren ein Feuergefecht geliefert, wobei ihnen Kleiderschränke auf dem Korridor als Feuerschutz dienten. Ludwig und Kunrat konnten sich der Verhaftung entziehen. Sie waren im Bendlerblock aufgewachsen und kannten auch jenen Kohlenschacht, der unter der Strasse auf die andere Seite am Landwehrkanal jenseits der Absperrung durch die inzwischen eingetroffene SS führte. Bis zum Ende des Krieges hielten sie sich im Häusermeer Berlins verborgen, mitunter bei einer ehemaligen Hausgehilfin der Eltern, die sie in ihrer Dachwohnung in Kreuzberg aufgenommen hatte.

Von Kurt von Hammerstein wurde ein Lehrsatz überliefert, dem das Avancement im Militär, in der Wirtschaft und im Staat ganz allgemein folgen solle:

Dumme und fleissige Leute sind gefährlich und sollten entlassen werden.

Faule und dumme Leute schaden in untergeordneten Stellungen nicht.

Fleissige und kluge Leute aber taugen für mittlere, niemals dagegen für höhere Stellen.

In höchste Stellen gehören nur kluge und zugleich faule Leute.

Der ältere der Brüder, Kunrat, besuchte nach dem Krieg oft die uns vom Wohnungsamt als Zwangsmieterin eingewiesene Tamara Müller und wohnte dann sozusagen Tür an Tür auf unserer Etage. Ein Teppich, der vor die Verbindungstür gehängt wurde, suchte die Geräusche seiner Amouren abzumildern. Sein Bruder Ludwig wäre durch das Hamburger Experiment fast mein Chef geworden, und als Nachbarn im Falkenried, wo er ein Haus uns gegenüber bezog, waren wir mehr als zwanzig Jahre befreundet.

Modernisierungen und Provokationen

In Berlin hatte sich die Weltgeschichte mehr als einmal zusammengezogen, bei der Machtergreifung Hitlers wie bei dem gescheiterten Staatsstreich. Inzwischen war Berlin aber nur noch ein Aussenposten der Bundesrepublik. Solche Isolierung machte sich auch im »Tagesspiegel« bemerkbar, der allmählich nur noch eine Zeitung von Berlinern für Berliner zu werden drohte. Das scheine ich deutlich empfunden zu haben, vielleicht durch das so ganz andere Klima im »Monat« und in der »Neuen Zeitung« verwöhnt. Hat auch deshalb Silex mich geholt, weil er sich von mir eine Öffnung des Feuilletons erhoffte? Jedenfalls machte er immer wieder Versuche, mich für Aufgaben ausserhalb meines Feuilletonbereiches einzusetzen, sei es, dass ich allgemeine Leitartikel zu schreiben hatte oder dass ich als Sonderkorrespondent nach Saarbrücken geschickt wurde, als es im Herbst 1955 um die Entscheidung ging, ob das Saargebiet durch ein »Saar-Statut« endgültig von Deutschland gelöst würde.

Silex selber war bei allem Konservativismus keine eigentlich deutsche Figur. Fast zehn Jahre hatte er in London gelebt, und das hatte ihn ebenso geprägt wie die Jahre als Offizier der Kriegsmarine, die schon in der Kaiserzeit einen Hang zum Angelsächsischen gehabt hatte. Mit seinem Schnurrbart sah er nicht gerade typisch deutsch aus. Vielleicht war es das englische Klima, das ihn so empfindlich gegen das verstockt Provinzielle des Nationalsozialismus gemacht hatte. Wenn er, ständig an seiner Pfeife ziehend, ohne die ich ihn mir nicht in Erinnerung rufen kann, die Grosse Konferenz leitete, wirkte er weder national noch liberal, sondern ganz einfach kosmopolitisch, und das war es nicht zuletzt, was ihm seine Autorität auch im »Tagesspiegel« gab. Er war ein grosser Journalist, obwohl er nicht eigentlich gut schrieb, weshalb seine Memoiren »Mit Kommentar. Lebensbericht eines Journalisten« nur vom Stoff, nicht aber von der Sprache leben. Jedenfalls fand ich immer seinen Beifall, wenn ich das Klima meines Feuilletons aufzulockern suchte. Nachträglich habe ich den Eindruck, dass es das war, weshalb er den Aussenseiter zum Feuilletonchef gemacht hatte. Ganz offensichtlich hatte er einen Überdruss an dem konventionellen Feuilleton, wie es mein Vorgänger Walter Lenning gepflegt hatte mit seinem Referaten-Friedhof, wie Silex das monotone Sammelsurium von Theater-, Film-, Musik- und Kunstkritiken nicht ohne Bosheit zuweilen genannt hatte. Mein Aussenseitertum hatte mich also Silex empfohlen, und er hatte nichts dagegen, dass ich über das kleinasiatische Griechentum Amenophis' IV., den ägyptischen Reformer Echnaton, im Feuilleton schrieb und andere Themen behandelte, die für den Kulturteil einer Tageszeitung eher ungewöhnlich waren.

Die Presse war weitgehend vom Klima der alten Zeitungslandschaft Berlins geprägt. Schon das äussere Gesicht des »Tagesspiegel« zeigte das sehr deutlich. Seine Seiten waren noch immer in vier Spalten gegliedert, wie das früher in Berlin üblich gewesen war. Einzelne Blätter wie die älteste und berühmteste Berliner Tageszeitung, die »Vossische Zeitung«, hatten sich jahrzehntelang sogar dreispaltig präsentiert. Aber ein so starres Korsett wirkte inzwischen nicht nur altmodisch – fast alle westdeutschen Zeitungen waren längst zu fünf- und sechsspaltigen Seiten übergegangen –, sondern band der Redaktion in ihrer Gestaltung der Seiten die Hände. Einzig die »Deutsche Allgemeine Zeitung«, deren Chefredakteur während des Dritten Reiches eben Karl Silex gewesen war, hatte frühzeitig den westeuropäischen fünfspaltigen Umbruch übernommen. Ein Aufbau in sechs oder sogar acht Spalten hatte sich in England und vor allem in Amerika längst durchgesetzt, weil auf diese Weise die Gewichte auf einer Seite lebendiger verteilt werden konnten.

Nachdem Silex und ich mit ihm 1955 zum »Tagesspiegel« gekommen waren, wollten wir zum Entsetzen Franz Karl Maiers möglichst bald eine optische Modernisierung des »Tagesspiegel«, wie wir beide es aus der »Deutschen Allgemeinen Zeitung« und aus der »Neuen Zeitung« gewohnt waren. Aber das stellte eine Revolution dar, und wir schlossen am Ende einen Kompromiss mit dem Verlag: Wir würden erst einmal probeweise einzelne Seiten reformieren, dann das Feuilleton, und erst wenn das zu keinem Aufstand der Leser führe, könne die ganze Zeitung diesem Modell folgen. Ein Versuchsballon sollte die Seite 3 sein, für die Silex die Dachzeile »Die Dritte Seite« einführte, wie er es schon in der »DAZ« gehalten hatte. Als zweite Etappe würde ich mit meinem Feuilleton zu einem modernen fünfspaltigen Umbruch übergehen, dann erst würde auch der übrige »Tagesspiegel« dieses Layout erhalten.

In den ersten zwei oder drei Tagen nach der Umstellung kamen Silex und ich ungewohnt früh in die Redaktion, und wir liessen uns alle Leserbriefe geben, die normalerweise an Manfred Dannenberger, den Sohn von Erik Reger, den Leiter des Ressorts »Demokratisches Forum«, gingen. Der Vater hatte seinen Familiennamen Dannenberger für seinen Roman »Union der festen Hand« abgelegt und durch den *Nom de guerre* Erik Reger ersetzt. Jener Roman war eine ziemlich heftige Attacke auf die Grossindustrie gewesen, und Dannenberger galt, wahrscheinlich zu Unrecht, als sehr weit linksstehend; er wollte seine Zeitungskarriere nicht damit belastet sehen. Der Verlag war auf Dutzende oder Hunderte von Protestbriefen gefasst gewesen. Erst wenn es eine wirkliche Revolte geben würde, wollten Silex und Maier Konsequenzen daraus ziehen. Aber nach meiner Erinnerung kamen ganze sieben Briefe, von denen drei Leser nur ihr Erstaunen ausdrückten, lediglich vier wollten am Gewohnten festhalten. Die vom Verlag so ängstlich befürchtete Revolution war ausgeblieben, eine Revolte der Leser hatte nicht stattgefunden.

Diese Erfahrung habe ich später immer wieder gemacht, der Leser nimmt typographische Änderungen geduldig hin, wenn er sie denn überhaupt bemerkt; bei Leserbefragungen stellte sich sehr bald heraus, dass die Veränderungen gar nicht aufgefallen sind. Das gilt auch für die Neuerungen, die nach der Wiedervereinigung Deutschlands fast überall eingeführt wurden, nicht nur in den alten DDR-Zeitungen, sondern auch in West-Berliner und westdeutschen Blättern, bei der »Zeit« zum Beispiel oder beim »Tagesspiegel«, der sogar

Dichtung hoch vornehm im Frack

Der „Tagesspiegel" teilt das Schicksal aller
Berliner Zeitungen: die geographische Isolierung nimmt ihm viele Wirkungs-, besser:
Ausstrahlungsmöglichkeiten. Zuweilen aber
raunt's durch den Blätterwald: Haben Sie
schon gelesen...? Ein solches Raunen geran-
laßt der „Tagesspiegel" gelegentlich durch
Buchbesprechungen seines Feuilletonchefs
(seit 1954): Wolf Jobst Siedler. Mit 34 ist
dieser geborene Berliner (Historiker, Sozio-
loge und Germanist) der Zweitjüngste von
denen, die hier vorgestellt werden sollten.
Wir werden sicher noch viel von ihm hören.

sein Format änderte. Für die Leser
blieb der »Tagesspiegel« ganz einfach das vertraute Blatt, und dass
sich optisch etwas geändert hatte,
nahmen sie offensichtlich gar nicht
zur Kenntnis.

Im Vordergrund meiner »Tagesspiegel«-Arbeit standen die üblichen Aufgaben eines Feuilletonchefs. Ich musste festlegen, wie
lang Theater-, Film-, Konzert- und
Kunstkritiken sein sollten und wie
sie auf der Seite zu plazieren waren. Der Ehrgeiz der Autoren war
natürlich, mit ihren Artikeln den
»Aufmacher« abzugeben. Zumindest das erste Jahr nahm ich den
Umbruch selber in der altmodischen Maschinensetzerei vor, wo
ich mich bei den Setzern und Met-
teuren dadurch beliebt machte,
dass ich hin und wieder einen Kasten Bier ausgab. Ich war auch auf
den Rat von erfahrenen Setzern

angewiesen, als der neuartige Umbruch in fünf Spalten eingeführt
wurde. Heutzutage nimmt der Redakteur den Umbruch an seinem
Schreibtisch vor, zeichnend schiebt er die einzelnen Spalten auf dem
Monitor hin und her. Wer die alte Welt noch gekannt hat, wird es immer vermissen, nicht mehr mit dem Blei selbst umzugehen oder Zeilen mit der Pinzette auszutauschen. Die Ordnung in den Feiertags-

ausgaben mit ihren zwölf bis achtzehn Seiten war eine spannende und manchmal aufregende Sache. Mit einem Metteur und einem Maschinensetzer über den Tisch gebeugt, probierte man diese und jene Lösung aus.

Mit dergleichen praktischen Aufgaben wurde ich überfallen, als ich über solche Dinge zu entscheiden hatte. Wenn wir die zwanzig- oder vierundzwanzigseitige Weihnachts- oder Osterausgabe bewältigt hatten, war der Kasten Bier wirklich angebracht, wobei ich mir die Lizenz nahm, mir statt dessen eine Flasche Wein zu genehmigen.

Ich liebte die Atmosphäre in der Maschinensetzerei mit dem Lärm der Setzmaschinen, der Hitze des geschmolzenen Bleis, dem Hin und Her der Redakteure und der Setzer – während ich meine Feuilletonseiten umbrach, begannen andere Ressorts gerade mit ihren Seiten – und die unverwechselbare Mischung der verschiedensten Gerüche. Als der Photo- oder Lichtsatz all dem ein Ende bereitete, vermisste ich ein gut Teil vom traditionellen Journalismus.

Noch immer waren es, wie gesagt, vorzugsweise Berliner Journalisten, die den »Tagesspiegel« bestritten. Westdeutsche Mitarbeiter von Rang waren schwer zu gewinnen, denn wenn einem die »Süddeutsche Zeitung«, die »Frankfurter Allgemeine«, die »Welt« oder die »Zeit« offenstanden, weshalb sollte man zu ausserordentlich sparsamen Honoraren zum »Tagesspiegel« kommen? Eine Auflockerung brachten deutsche Emigranten, die inzwischen in Amerika, in England oder in Frankreich heimisch geworden waren und die für Internationalität der Zeitungslandschaft sorgten. Jahrelang schrieb Manfred George für den »Tagesspiegel« New Yorker »Kulturbriefe«. Wir standen bald auf bestem Fusse, und wenn er nach Berlin kam, sassen wir oft am Kurfürstendamm im Bristol oder in der Potsdamer Strasse in der Tonne, die man damals eine Aussenstelle des Feuilletons nannte. Aber George kehrte nicht nach Berlin zurück, er war inzwischen in New York fest etabliert, und da er es verstanden hatte, von Thomas Mann bis zu Albert Einstein die Emigrationsprominenz

Karl Silex und ich modernisierten den »Tagesspiegel« typographisch: Der drei- und vierspaltige Umbruch wurde durch einen fünfspaltigen ersetzt.

für den »Aufbau« zu gewinnen, sagte er ganz offen, dass Berlin wenig Verführerisches für ihn habe.

Einzig Mascha Kaléko wäre wohl gern wieder nach Deutschland zurückgekehrt, wo sie in Hermann Hesse einen grossen Bewunderer gehabt hatte. Aber man kannte sie in Berlin kaum noch, inzwischen waren fast zwei Jahrzehnte vergangen, und der Ruhm ihrer schnoddrigen Melancholie war verblasst. Sie war eben ein Gewächs der zwanziger Jahre. Die neuen Theaterprinzipale hatten wenig Verwendung für sie, und so blieb sie unstet zwischen Israel, New York und Frankreich. Später sass ich oft auf der Terrasse des Lubitsch in der Bleibtreustrasse und sah jenes Haus, in dem sie so viele Jahre in ihrer Berliner Zeit gelebt hatte, wie eine Gedenktafel an der Fassade festhält.

Auch Lotte Lenyas Ruhm lag nun schon drei Jahrzehnte zurück, als ich sie am Anfang der sechziger Jahre im Kranzler traf. Unser Musikkritiker Werner Oehlmann hatte mich mitgenommen. Natürlich kannte ich Lotte Lenya, denn die Songs der legendären Premiere der »Dreigroschenoper«, in der sie die Rolle der Seeräuber-Jenny gespielt hatte, begleiteten oft unsere Abende. Aber Lotte Lenya war inzwischen in Deutschland fast vergessen. In New York dagegen fand eben damals ihr spektakuläres Comeback statt, als sie in sieben Jahren in zweitausendsiebenhundertsieben Aufführungen die Jenny gab. Während sie einst von ihrem späteren Ehemann Kurt Weill ans Licht des Tages gezogen wurde, war es nun sie, die den Durchbruch des Brecht-Weillschen Werkes in Amerika bewirkte.

Damals im Kranzler war sie nicht viel mehr als eine gealterte Diseuse, von der man wusste, dass sie einst ein gefeierter Star gewesen war. Sie war jetzt in der zweiten Hälfte ihrer Fünfzig; eine bestechende Schönheit war sie niemals gewesen. Neben Elisabeth Bergner oder Tilla Durieux hatte sie keine Rolle gespielt. Immer war es vor allem ihre Ausstrahlung, die den Vortrag ihrer Songs und Moritaten unverwechselbar gemacht hatte. Jetzt sass Oehlmann und mir eine ältliche, schlecht angezogene, unauffällige Dame gegenüber, die von ihren frühen Erfolgen lebte. Dass sie einen der sensationellsten Serienerfolge in New York noch vor sich haben würde, hätten wir niemals für möglich gehalten, als sie so – dankbar für jede Erinnerung an ihren frühen Ruhm – an einem Campari nippend an ihrem Mamortischchen sass.

Als erstes etablierte ich ein Jahr nach meinem Eintritt eine mehrseitige Weihnachtsumfrage, in der bedeutende Schriftsteller Auskunft geben sollten, was ihre stärksten Leseeindrücke des zurückliegenden Jahres gewesen waren. Dadurch schrieben zum ersten Mal wieder Autoren im »Tagesspiegel«, die sonst längst an die »Süddeutsche Zeitung«, die »Frankfurter Allgemeine« oder die »Welt« gebunden waren. Im ersten Jahr hielt ich mich noch an deutsche Autoren; aber mit der Auswahl machte ich schon deutlich, dass ich den gewohnten Rahmen zu sprengen suchte. Ich schrieb an Max Brod nach Tel Aviv, der weniger durch seine eigenen Romane als durch seine Freundschaft zu Franz Kafka bekannt geworden war, dessen testamentarische Verfügung, alle unveröffentlichten Werke zu vernichten – auch die später so berühmten Romane »Der Prozess« und »Das Schloss« – Brod missachtet hatte.

Ferdinand Bruckner war aus der Emigration zwar schon 1951 nach Berlin zurückgekommen, aber er sollte seine alte Rolle im Deutschland von Weimar nicht wiedergewinnen. Sein Antwortbrief liess deutlich seine Dankbarkeit erkennen, dass sich jemand in Berlin an ihn erinnert hatte. Erich Kästner hatte zwar während der nationalsozialistischen Herrschaft Schreibverbot gehabt, aber er war immer wieder als Ghostwriter von der UFA beschäftigt worden; sein Drehbuch zu dem »Münchhausen«-Film mit Hans Albers hatte der Babelsberger Gesellschaft zu ihrem letzten grossen Erfolg verholfen.

Sonst sehe ich, als ich mir jetzt die Umfrage wieder vornahm, dass ich so ziemlich alle zur Teilnahme eingeladen hatte, die damals eine Rolle spielten, von Hans Erich Nossack, Wolfgang Koeppen, Rudolf Pechel über Ernst Rowohlt und Alfred Weber bis zu Friedrich Sieburg. Weshalb habe ich Hans Werner Richter und Alfred Andersch nicht berücksichtigt, obwohl ihre Bücher wie »Die Geschlagenen« von 1949 und »Die Kirschen der Freiheit« von 1952 doch in aller

Munde waren? Ich scheine sie nicht besonders geschätzt zu haben, während ich den jungen Walter Jens sehr wohl eingeladen habe, dessen Erstlingsroman »Nein. Die Welt der Angeklagten« mich beeindruckt haben muss. Jens antwortete ausschweifend lang, sodass sein Beitrag den Rahmen der Umfrage fast sprengte. Ich hielt es für ausgemacht, dass Jens am Beginn einer grossen literarischen Karriere stehe. Aber er hat 1955 nur noch einen bemerkenswerten Roman geschrieben »Der Mann, der nicht alt werden wollte«, den ich, wie fast alle Kritiker, wahrscheinlich überschätzt habe. Dann hat er zwar eine Karriere gemacht, aber als Graecist und Latinist und als Lehrer für Rhetorik.

Es muss damals gewesen sein, dass ich Walter und Inge Jens, später die erste Herausgeberin der Tagebücher von Thomas Mann, in Tübingen besuchte, wo sie am Philosophenweg noch heute ihr Haus haben. Dieser Besuch verlief sehr angenehm, mir ist in Erinnerung geblieben, dass wir uns lange über die Frage unterhielten, wer ein grosser Redner sei. Jens beharrte auf Bismarck, Churchill oder de Gaulle, er stritt aufgebracht ab, dass Hitler unter die grossen Redner gehöre, der habe die Deutschen zwar redend überwältigt, aber die Kunst der Rede nicht wirklich beherrscht. Zehn Jahre später schrieb Joachim Fest seinen »Hitler«, den ich im Propyläen Verlag herausbrachte; da sollte diese Frage noch einmal virulent werden. Jens bestritt immer noch, dass die Überwältigung einer Masse etwas mit Rhetorik zu tun habe.

Bisher war ich, im Kongress wie in der »Neuen Zeitung«, immer der Jüngste gewesen, der nicht viel zu melden hatte. Jetzt war ich plötzlich selber Chef, und ich konnte von der Autorität des Blattes Gebrauch machen. Nun verkehrte ich mit bedeutenden Gelehrten wie Alfred Weber und Martin Buber fast von gleich zu gleich, und Autoren, deren Namen in aller Munde waren, folgten bereitwillig meiner Einladung zur Mitarbeit. Je grösser die Entfernung von Berlin war, desto weniger wusste man über die Lage der Stadt Bescheid; über das Mass der Derangiertheit Berlins machte man sich kein rechtes Bild.

Das wurde bei den Umfragen in den nächsten Jahren deutlich, als es nicht mehr um deutsche Schriftsteller, sondern um internationale Grössen ging, deren Namen jedermann mit Respekt nannte. Die Weihnachtsumfrage des Jahres 1963 war wie ein »Who's who« der internationalen Literatur. Ich war selber überrascht, wer alles meiner Einladung folgte. Eines Tages kam ein liebenswürdiger Brief von John Dos Passos, der mir seit seinem »Manhattan Transfer« einer der Neuerer des Romans war. Mit seiner kaleidoskopartigen Romantechnik hatte er das moralische und soziale Chaos der modernen Welt zu widerspiegeln gesucht.

An Thornton Wilder, dessen Stücke »Wir sind noch einmal davongekommen« und »Eine kleine Stadt« die Sensationen des Berliner Theaterwinters 1945/46 gewesen waren, hatte ich eigentlich ohne grosse Hoffnung geschrieben. Er war längst eine Art lebender Klassiker, und ich konnte mir nicht denken, dass er einem ihm sicherlich unbekannten Berliner Blatt antworten würde. Aber eines Tages lag seine handschriftliche Antwort auf meinem Tisch. Sie ging so ins Grundsätzliche, dass sie mehr nach einer Selbsterkundung aussah als nach einer schnell heruntergeschriebenen Antwort auf Gazettenfragen. Tolstois »Krieg und Frieden« nannte er als die wichtigste literarische Erfahrung seiner Jugend. Dostojewskis »Brüder Karamasow« war das Buch, das er unter seinen grössten Leseeindrücken nannte, die Antworten auf meine Fragen gaben Auskunft auch über das Selbstverständnis der Autoren. Was mochte Thornton Wilder so am »Ulysses« von James Joyce fasziniert haben, dass er ihn an erster Stelle der Modernen aufführte?

Die Dramen, die wir als Zeitstücke genommen hatten, waren offensichtlich doch viel tiefer in der europäischen Tradition verwurzelt gewesen, als wir es empfunden hatten. So gesehen, war Thornton Wilder ein Autor europäischer Provenienz, und das wurde deutlich, als er Søren Kierkegaard als den ihn am meisten inspirierenden Autor nannte. Auch bei mir hatte Kierkegaard nicht nur während jenes halben Jahres in Kopenhagen tiefen Eindruck hinterlassen, und sein »Enten Eller« war einer der grossen Leseeindrücke meiner Jugend. Aber ich war doch verblüfft gewesen, dass einer der grossen amerikanischen Autoren erklärte, ohne das Werk des dänischen Religionsphilosophen sei er vielleicht nicht oder doch erst sehr viel später zum eigenen Schreiben gekommen.

Die auch geistige Isolierung West-Berlins liess sich also durchaus durchbrechen. Man konnte Schriftsteller aus beiden Welten nebeneinander stellen. Arnold Zweig, 1948 aus Palästina nach Ost-Berlin gekommen, war von 1950 bis 1953 Präsident der Ost-Berliner Deutschen Akademie der Künste. In West-Berlin wurde Ende 1954 die Akademie der Künste zu Berlin gegründet, die die Tradition der Preussischen Akademie der Künste fortsetzen sollte. Autoren, die nach Ost-Berlin zurückgekommen waren, wurden damals mit tiefem Misstrauen gesehen. Auch hatte Arnold Zweig Stalin zu oft gehuldigt. Das machte den Autor, der mich seit seinem »Sergeanten Grischa« fasziniert hatte, in West-Berlin noch zusätzlich zu einem Aussenseiter. Aber er antwortete auf meinen Brief besonders herzlich, eigentlich persönlich, und so schien er für seinen Teil keinen Soupçon gegen West-Berliner Institutionen zu haben.

Beim Durchmustern dessen, wen ich in meinen »Tagesspiegel«-Jahren in das Blatt geholt habe, sehe ich mit Staunen, wer sich alles aus dem Osten mobilisieren liess, obwohl der Osten doch inzwischen den militärischen und ökonomischen Allianzen der Sowjetunion angehörte. Ich weiss nicht mehr, was mich an dem Ungar László Németh so fasziniert hatte, dass ich ihn dabei haben wollte. Aber Marja Dombrowska, die mir als die *grand old lady* der modernen polnischen Literatur galt, war seit der kommunistischen Machtübernahme zu Hause völlig isoliert. Ihrem Antwortbrief war deutlich ihre Dankbarkeit darüber zu entnehmen, gerade von der verhassten »Frontstadt« aus dem Vergessen gezogen zu werden. Ein paar Jahre später sollte ich im Propyläen Verlag ihr Hauptwerk, den Familienroman »Nächte und Tage«, der immer wieder an die Seite der »Buddenbrooks« gestellt wurde, in zwei Bänden in deutscher Sprache herausbringen, was übrigens Reich-Ranicki mit grösstem Beifall bedachte.

Georg Lukács gehörte zu jenen Aussenseitern, deren Namen man eigentlich nicht mehr aussprechen durfte. Ich kannte Georg Lukács durch Thomas Mann, und seine Physiognomie war mir aus der Figur des Naphta im »Zauberberg« bekannt, in dem Thomas Mann ihn unverkennbar porträtiert hatte. In der Räterepublik Béla Kuns hatte Lukács 1918 eine grosse Rolle gespielt, aber nach dem Sieg der Weissen war er nach Wien geflohen. Beim ungarischen Volksaufstand von 1956 war er noch einmal wichtig, denn in der Revolutionsregierung von Imre Nagy war er Kultusminister geworden. Nach der Niederschlagung des ungarischen Volksaufstandes wusste niemand, was aus ihm geworden war, obwohl sein Name nicht unter denen auftauchte, die wie Imre Nagy selber und der General Pal Maleter verschleppt und später erschossen worden waren. Man hörte, dass er von den Sowjets nach Bukarest deportiert worden sei. Aufs Geratewohl schrieb ich ihm über die Privatadresse eines seiner ungarischen Freunde. Zu meiner Überraschung lag plötzlich seine handschriftliche Antwort auf meinem Schreibtisch. Er war, ohne dass es jemand wusste, inzwischen nach Ungarn zurückgekehrt. Aber es war ihm strikt untersagt worden, noch einmal eine politische Rolle oder ein öffentliches Amt zu bekleiden. In diesem Antwortbrief meldete er sich zum ersten Mal wieder in der Öffentlichkeit.

So fanden sich die sonderbarsten Figuren in meiner Umfrage, Linke wie Rechte, Revolutionäre wie Konservative. Der »Tagesspiegel«, der als Blatt der Inselstadt West-Berlin immer in der Gefahr gewesen war, von der Frontstadtmentalität bestimmt zu werden, stand inzwischen weit ausserhalb der Parteiungen. Ich hatte mich offensichtlich weit von der Zeit entfernt, in der Joachim Tiburtius noch unter meinem Beifall Schriftsteller und Künstler mit Acht und Bann belegte, wenn sie auch nur die Mitgliedschaft in einer östlichen Hochschule oder Akademie angenommen hatten.

Weshalb mir Friedrich Sieburg plötzlich geschrieben und mich nach Gärtringen eingeladen hatte, weiss ich nicht mehr. Wahrscheinlich waren wir über eine solche Weihnachtsumfrage ins Gespräch gekommen. Sieburg war inzwischen für die tonangebende Gruppe 47 ein Aussenseiter, obwohl alle seine Bücher Erfolge waren, was Nossack und Koeppen besonders ärgerte. Er war inzwischen fast die einzige Grösse der späten zwanziger Jahre, die den Sturz der Zeiten überdauert hatte, da die meisten berühmten Autoren in die Emigration gegangen waren.

Sieburgs Ächtung durch die Gruppe 47 darf nicht vergessen machen, dass er ursprünglich selber dem linksliberalen Klima verhaftet war. Seine ersten grossen Aufsätze waren in der »Weltbühne« Carl von Ossietzkys erschienen, und noch später war seine Haltung schillernd. Nicht zufällig hatte er Sympathie für den »Tat«-Kreis gehabt, deren Anhänger sich der Illusion hingaben, mit General Kurt von Schleicher durch die Spaltung der NSDAP den Machtantritt der Nationalsozialisten verhindern zu können. Auch Sieburg hat wohl mit dem Gedanken gespielt, den politisierenden General als Waffe gegen die Nationalsozialisten einsetzen zu können. Dennoch blieb seine Stellung zwischen rechts und links schwer definierbar. Er scheint in den Jahren des triumphierenden Dritten Reiches einen Antrag auf Aufnahme in die NSDAP gestellt zu haben. Aber das Gesuch wurde abgelehnt; und wenn solche Bescheide auch ohne Begründung erfolgten, war Sieburg den Nationalsozialisten offenbar nicht geheuer.

Sieburg war ein Produkt der späten zwanziger Jahre, wie auch sein Roman »Robespierre« von 1935 in seiner politischen Haltung schwer einzuordnen ist. Die Schreckensherrschaft der Jakobiner musste die Leser an die Barbarei der SA erinnern, deren angeblicher Putschversuch ein Jahr zuvor blutig niedergeschlagen worden war. Es ist jedenfalls charakteristisch, dass die Genehmigung zu Neuauflagen des »Robespierre« lange Zeit verweigert wurde. Haben sich meine Eltern das Buch gegenseitig aus den Händen gerissen, weil sie diese Zwischentöne gesehen hatten? Oder mochten sie ganz einfach die Manier, in der Sieburg hier die Geschichte der Französischen Revolution erzählt hatte?

Sieburg liebte alles Französische. Er mochte besonders die Lebensform der Pariser Bourgeoisie, in deren Salons er gern gesehen war. Darum konnte er der Versuchung nicht widerstehen, als ihm nach dem Frankreichfeldzug der Botschafter Otto Abetz – auch er ein intellektueller Nationalsozialist, der sich in Paris verliebt hatte – nach dem Waffenstillstand in Compiègne den Vorschlag machte, als Botschaftsrat mit unklar definierten Funktionen nach Paris zu kommen. Nach anderthalb Jahren schon hatte sich Sieburg jedoch mit dem Apparat der Botschaft überworfen und war als Privatmann nach Deutschland zurückgekehrt. Allein die Tatsache, dass er eine Zeitlang im weitesten Sinne zu Ribbentrops Aussenministerium gehört hatte, belastete ihn in den Augen derer, die nach dem Krieg den Ton angaben. Diese Abneigung war wechselseitig. Gestern noch hatte Sieburg im Mittelpunkt gestanden, jetzt war er eigentlich ein Aussenseiter. Jedenfalls war es für die Wortführer des Zeitgeistes desavouierend, mit Sieburg auf zu gutem Fusse zu stehen.

Solche Querelen waren mir ziemlich gleichgültig, der Soupçon Sieburgs gegen die Gruppe 47 war mir so fremd wie das gleichsam private Entnazifierungsverfahren, das die Intellektuellen der frühen Bundesrepublik in Szene setzten. Für mich war Sieburgs Schriftstellerei ersten Ranges, obwohl ich sehr deutlich sah, dass er nicht zur eigentlichen Literatur gehörte. Ich bewunderte aber seine Brillanz, seine Urbanität, kurz das Französische in seinem Schreiben. Ich wartete geradezu auf seine Beiträge in der »Frankfurter Allgemeinen«, und wenn Sieburgs Ranküne zuweilen polemisch und ungerecht war, machte mir das nichts. Als er mir eines Tages schrieb, dass er in mir seinen einzig denkbaren Nachfolger in der »Frankfurter Allgemeinen« sähe, war dies für mich ebenso ein Ritterschlag wie damals, als Rudolf Walter Leonhardt mich in der »Zeit« hervorgehoben hatte. Es war jedenfalls dieser Brief, der mich zu einem Besuch bei Sieburg ermunterte.

Sieburg war immer ein Mann der Metropolen gewesen, hatte lange in London und fast ein Jahrzehnt in Paris gelebt, aber nun bewohnte er im württembergischen Gärtringen ein pavillonartiges Gartenhaus im weitläufigen Park des Fabrikantenehepaares Erich und Alwine

Kiefer. Ich habe das sehr zeremoniöse Essen in der Villa Schwalben-
hof, wie die Kiefers ihr Anwesen genannt hatten, noch vor Augen.
Sieburg liebte altmodische Gesten, wie er ja auch seine Briefe auf
sehr kleinen blauen Bogen mit der Hand zu schreiben pflegte, was
um so mehr auffiel, als gesellschaftliche Formen inzwischen eine Sel-
tenheit waren und als altmodische Koketterie galten, was sie vielleicht auch waren.

Der Name Sieburg war gerade noch einmal durch alle Zeitungen
gegangen. Respektlos, ironisch und wegwerfend hatte Sieburg immer wieder über Autoren der Gruppe 47 – besonders über Heinrich Böll und Günter Grass – gespottet, mit deren Literatur er wenig anzufangen wusste. Wenn man von André Malraux, Henry de
Montherlant oder von François Mauriac herkam, machte es wahrscheinlich wirklich Mühe, sich an das Kleineleute-Milieu der frühen
Böll- oder Walser-Bücher zu gewöhnen. Die Gruppe 47 revanchierte
sich eines Tages damit, dass sie Sieburg wochenlang Gartenzwerge
ins Haus schickte, womit man wohl demonstrieren wollte, dass Sieburgs Hochmut im Grunde kleinbürgerlich sei. Man war ziemlich
sicher, dass er die Gartenzwerg-Aktion der Peinlichkeit wegen verschweigen würde. Aber er machte die Sache im Januar 1961 in der
»Frankfurter Allgemeinen« selber publik und stellte seinerseits die
Gruppe 47 bloss – ein amüsantes Beispiel einer Replik mit literarischen Mitteln:

Wie, wenn der ganze Vorgang aus dem Wunsch, mir Freude zu
bereiten, entstanden wäre? Wie lustig ist doch der Gedanke, daß
Leute in Franken, Holstein oder Bayern ihre unbändige Schwär-
merei für mich durch Ankauf, Verpackung und Absendung einer
Scheußlichkeit zum Ausdruck bringen! Nein, es kann sich nur
um Leute handeln, die vor kurzem dahintergekommen sind, daß
ein Gartenzwerg der reine Hohn auf den guten Geschmack darstellt – oder aber um Leute, die so raffiniert, so kultiviert, so
anspruchsvoll und »sophisticated« sind, daß sie sich auf dem
Zwerg gleichsam von ihrer Kulturbürde ausruhen und mich

zum verständnisvollen Komplicen ihrer Übermüdung machen wollen. Nicht im Traum käme ich auf den Gedanken, daß die Aktion dazu dienen solle, meinen geistigen Standort zu bezeichnen und meine Hervorbringungen in die Niederungen zu verweisen, in denen die Gartenzwerge zu Hause sind.

Die geistigen Zustände in unserem Lande sind ärmlich, es ist daher denkbar, daß ganze Gruppen ihr Selbstgefühl dadurch stärken, daß sie sich vom Gartenzwerg distanzieren und mich in seinem Bereich ansiedeln. Ich darf jedoch nicht verschweigen, daß ich lieber zerbrochene Gartenzwerge empfange als manche Bände jüngster Lyrik, und so läuft die ganze Geschichte schließlich doch noch darauf hinaus, daß man mir etwas Gutes hat antun wollen. Unglücklicherweise haben wir alle längst begriffen, daß die gute Absicht der größte Feind der Menschheit ist. Aber es ist schwer, sich gegen das Gute zu wehren oder ihm gar gram zu sein. Irgendwo in dieser Winternacht, so denke ich mit Rührung, sitzt ein menschliches Wesen, zweifellos ein Schwachkopf, aber doch des Lesens und Schreibens kundig, und packt mit viel Holzwolle einen Gartenzwerg für mich ein. Es ist schade um die Menschen, sagt Strindberg, dieser unverbesserliche Optimist. Es ist schade um die Gartenzwerge, füge ich hinzu, und es ist vor allem schade um die alte Postfrau, die mit einem sperrigen Paket durch den Schnee zu einem abgelegenen Gehöft keuchte.

Intrikate Blossstellungen von solcher Bosheit waren selten. Die frühe Bundesrepublik gilt als eine muffige Epoche, aber von heute gesehen, gedieh in ihr versteckter Witz, wie er seither selten geworden ist. So benutzte Reinhard Baumgart eine Besprechung von Reich-Ranickis »Deutsche Literatur in West und Ost« im »Spiegel«, um Reich-Ranicki ein Missverhältnis zur deutschen Sprache zu bescheinigen.

So spricht kein Kritiker, so wird, schlimmstenfalls, am Leih-
bibliotheksschalter geplaudert, denn an Reich-Ranicki fällt vor
allem der herbe Mangel an Stil auf. Sein Geschriebenes ist selten
mehr als schlechtes Bürodeutsch, und wenn sich seine Stimme
etwas ölig erhebt, ähnelt sie der Rede wohlmeinender Ministe-
rialräte, wenn sie Literaturpreise verleihen müssen. Gegen die
Versuchung der Brillanz ist Reich-Ranicki unendlich gefeit.
Seine Sprache lässt es einfach so weit nicht kommen. Sie reizt, im
Gegenteil, einen ganz anderen Verdacht: ob nämlich so grobes
Instrument andere als grobe Urteile liefern kann? Ein Beige-
schmack von Kreidestaub und Tafelschwamm hält sich pedan-
tisch über seinen Seiten.

Ich sehe zu meinem Erstaunen, wie oft Reich-Ranicki mich auf diesen Seiten beschäftigt. Selbst seinen ersten Besuch in unserem Garten habe ich festgehalten, und dann notierte ich, als er mich in einem
seiner Essaybände auf zwiespältige Weise lobte. Mit Ironie vermerkte
ich seinen Anruf bei unserer Haushälterin, als er eine Bestätigung
dafür haben wollte, dass es die SS, nicht die Russen gewesen seien, die
das Schauspielhaus am Gendarmenmarkt niedergebrannt hätten. Irgendwie muss seine Person mich in Ablehnung und Zustimmung
beschäftigt haben. Reich-Ranicki ist mir am Ende doch der repräsentative Literat der letzten Jahrzehnte. Aber zugleich geht er mir doch
immer wieder auf die Nerven. Widerwillig nur räume ich ein, dass
er einen nicht gleichgültig lässt. Wahrscheinlich ist es die pure Ver-
nünftigkeit, die seine Sachen auszeichnet und denen ich akklamiere,
selbst wenn ich daran festhalte, dass Reich-Ranicki nicht zu den
grossen Kritikern des Jahrhunderts zählt, den Fontanes, den Kerrs,
den Tucholskys. Wahrscheinlich liegt es an dem Mangel an Sprache,
den vor Jahrzehnten Baumgart beim Namen genannt hat.
Vielleicht ist unsere Zeit dem kritischen Geist nicht wirklich günstig.
Was für ein Muster an Essayistik sind die frühen Aufsätze Thomas
Manns, seine Huldigung an den Briefschreiber Fontane, von den
grossen Essays über »Goethe und Tolstoi« ganz zu schweigen, den

Bemühungen, die mitunter ihren Gegenstand weit hinter sich lassen. Hugo von Hofmannsthals Aufsatz »Das Schrifttum als geistiger Raum der Nation« gilt nachträglich als Grundlegung konservativer Kulturkritik, und daran mag etwas sein. Auf welchem Niveau wurden damals literarische Fehden ausgetragen! Soll man die literarischen Urteile von Böll, Grass, Walser oder Lenz daneben stellen? Vielleicht hat jede Epoche ihre eigentümliche Begabung, und die unsere scheint nicht eine des vergleichenden Erkennens zu sein.

In diesen sechziger Jahren war ich wieder einmal in der Niedstrasse bei Günter Grass zum Abendessen. Er hatte kurz zuvor alles daran gesetzt, Peter Wapnewski und mich für die »Wählerinitiative« für Willy Brandt zu gewinnen, und wir hatten uns seinem Drängen unter allen möglichen Vorwänden entzogen. Bei mir hatte das wahrscheinlich weniger damit zu tun, dass ich meine Unabhängigkeit bewahren wollte, als dass mir das Engagement von Schriftstellern in der Politik immer peinlich war. Ich stand mit Willy Brandt vermutlich viel länger und auf vertrauterem Fusse als der Autor der »Blechtrommel«. Ich weiss noch, dass ich das Insistieren von Grass abzuwehren suchte, indem ich ironisch sagte: »Ich bin ja so prononciert ein Mann der alten Welt, dass ich Wähler von Brandt nur abschrecken würde.« Wie Wapnewski sich aus der Affäre gezogen hatte, weiss ich nicht mehr, denn er stand eigentlich der Linken näher als ich.

Es waren sehr amüsante Stunden, und ich wunderte mich nicht, als mich wenig später Grass anrief, ob ich nicht Lust hätte, zu ihm zu kommen. Dieser Abend ist mir in deutlicher Erinnerung, es gab alles mögliche Federvieh in einem Sauerkrautkessel von Fasanen bis zu Rebhühnern. Grass holte mich an der verschlossenen Haustür ab, und während wir zusammen die Treppe zu seiner Wohnung hinaufgingen, fragte er, ob ich sein letztes Buch schon gelesen habe, eine Lektüre, die ich wie viele Bücher von Grass nach fünfzig Seiten abgebrochen hatte. Ich schenkte ihm nicht reinen Wein ein und hob auf sein Fragen nur die Arme: »Aber, Herr Grass, so etwas dürfen Sie mich doch nicht fragen.« Grass beharrte: »Ich will ja nur wissen, ob Sie das Buch kennen, Sie brauchen gar nicht zu sagen, wie es Ihnen gefallen hat.« Ich wehrte wieder ab. Während des ausnehmend temperamentvollen Zusammenseins, an dem zwei oder drei Freunde von Grass teilnahmen, erzählte er eine amüsante Geschichte nach der anderen. Bald nach Mitternacht brach ich auf, und Grass musste mich wieder an die verschlossene Haustür bringen. »Die Geschichten, die Sie so mochten«, sagte Grass, »stammen übrigens alle aus jenem Buch, das Sie angeblich gelesen haben.« Die Partie war an ihn gegangen.

Mein Verhältnis zu Grass ist noch heute zwiespältig. Er war mir der kraftvollste Erzähler der neuen Literatur, darin vielleicht Céline vergleichbar, dem Malraux ein unsauberes Genie nachsagte. Neben den grossen Passagen aus der »Blechtrommel« oder aus dem »Treffen in Telgte« wirkten die Romane von Böll, Walser oder Lenz fast schwächlich. Auch war mir das politische Engagement von Grass eigentlich sympathisch, seine Leidenschaft, sich für eine Sache oder einen Mann rückhaltlos einzusetzen, beeindruckte mich. Aber der Fluss seines uferlosen Erzählens schien mir sehr häufig unkontrolliert und unrein zu sein, man wusste nie recht, warum er an einer bestimmen Stelle den Schlusspunkt gesetzt hatte, ebenso gut hätte er noch fünfzig oder hundert Seiten weiterschreiben können. Seinem Erzählen fehlte es nicht an Genie, sondern an Selbstdisziplin, und dieser Zug zum Uferlosen verstärkt sich in seinen letzten Büchern, ob es nun »Mein Jahrhundert« oder »Im Krebsgang« ist. Sie folgen einander in immer schnellerem Abstand. Man pflegt solche Schriftstellerei kraftvoll zu nennen, und Kraft hat Grass wirklich im Übermass. Aber es fehlt ihm der Kunstverstand, den selbst die schwachen Bücher Thomas Manns besitzen.

Indem ich diese Sätze schreibe, merke ich, dass meine Massstäbe eben doch aus dem Anfang des vergangenen Jahrhunderts kommen, und vermutlich steht das hinter meinem generellen Missverhältnis zur Romanliteratur der Gegenwart.

Trotz mancher Verführung, den »Tagesspiegel« gegen westdeutsche Blätter einzutauschen, konnte ich mich von Berlin nicht lösen. Die Familie war hier seit Generationen zu Hause, zu tiefe Verwurzelung ist auch ein Hemmnis. Allmählich sprach sich herum, dass ich doch immer in Berlin bleiben würde, so dass es gar keinen Sinn habe, mir ein Angebot zu machen. Das galt selbst für den in der Tat verlockenden Vorschlag der »Frankfurter Allgemeinen«, in den Kreis ihrer Herausgeber zu treten. Sogar als mir Gerd Bucerius wenig später den Vorschlag machte, als sein Nachfolger Verleger der »Zeit« zu werden, war ich störrisch. Ich blieb in Berlin, als noch nicht vorauszusehen war, dass es eines Tages wieder die Hauptstadt eines vereinigten Landes sein würde.

Jürgen Fehling, Marlene Dietrich, Fritz von Unruh und andere

In meinem Hinterzimmer der »Tagesspiegel«-Redaktion besuchten mich in den Jahren zwischen 1955 und 1963 viele der Köpfe, die in Kunst und Literatur eine Rolle spielten. Es kam der letzte Vertreter der Berliner Bildhauerschule Richard Scheibe, der kurz zuvor die Jünglingsfigur an der Gedenkstätte für den 20. Juli im Hof des Bendlerblocks fertiggestellt hatte, mit der höchst ehrenvollen Nachricht, dass die Akademie der Künste mich als ihren Vertreter für den Rundfunkrat vorgeschlagen habe. Häufig kam Alexander Camaro, der letzte der Schüler Otto Muellers, aus der Breslauer Akademie. Camaro hatte sich von dem Zigeunermädchen-Stil Otto Muellers inzwischen weit entfernt und war zu abstrakten, starkfarbigen Bildern übergegangen, mit denen ich selber wenig anfangen konnte. Ich mochte Camaros Anfänge und überredete ihn, noch einmal einen Zyklus von Zigeunerbildern zu malen und in Lithographien umzusetzen, die ich ein paar Jahre später im Propyläen Verlag als Mappe herausbrachte. Aber meine Neigung hatte mich in die Irre geführt. Die neuen, ungegenständlichen Blätter von Camaro gingen reissend weg, während ich für den Absatz der frühen Zigeunerblätter Jahre brauchte.

Am Ende meiner Zeit beim »Tagesspiegel« stand plötzlich Jürgen Fehling in meinem Zimmer. Diese Begegnung hatte etwas Gespenstisches. Fehling kam mit dem Vorschlag, seine Erinnerungen für den »Tagesspiegel« zu schreiben. Er war wirklich Zeuge der grossen Zeit des Staatstheaters auf dem Gendarmenmarkt gewesen, und nach dem Zusammenbruch hatte er eine wichtige, vielleicht die wichtigste Rolle im West-Berliner Theaterleben gehabt. So wären seine Memoiren an und für sich sehr reizvoll gewesen, aber es war deutlich, dass der kranke und verwirrte Fehling dazu nicht mehr in der Lage sein würde. So sprach ich verlegen über dies und das, suchte nach vorsichtigen Ausflüchten. Das Angebot musste sich, wie die Dinge lagen, bald von selber erledigen. Tatsächlich aber ist Fehling erst zehn Jahre später 1968 im Alter von dreiundachtzig Jahren gestorben.

Damals legte er ausserordentlichen Wert auf dieses Erinnerungsbuch, für das er vom »Tagesspiegel« eine Schreibmaschine und stundenweise eine Sekretärin erbat. »Wenn Sie mir behilflich sind«, sagte Fehling angesichts meines Zögerns, »gebe ich Ihnen die Gorvin für einige Nächte. Sie werden noch nie eine so leidenschaftliche Frau erlebt haben«, und er gab einige detailreiche, unflätige Schilderungen. Fehling war wirklich seiner selbst nicht mehr Herr. Im Schiller-Theater musste ihm endlich Boleslaw Barlog Hausverbot erteilen, da er mitten in die Aufführungen hinein Obszönitäten rief und lauthals Kommentare zu Regisseuren und Schauspielern herausschrie. Fehling war wirklich nicht mehr vorzuführen. Joana Maria Gorvin, die er schon während des Krieges für das Schauspielhaus entdeckt und dann zum Star des Berliner Nachkriegstheaters gemacht hatte, war längst seine Pflegerin geworden, die ihn rührend bis in seine letzten Tage hinein betreute.

Aber Fehling konnte dennoch sehr geistesgegenwärtig sein, mitunter brillant und auf boshafte Weise präsent. Seine Neigung, Namen zu Wortspielen zu benutzen, wurde allmählich zu einer Obsession,

Die junge Joana Maria Gorvin, der Schwarm ganz Berlins.

wenn es auch mitunter nur ein Wortwitz war, dem man nicht zu genau nachgehen durfte. Ganz Berlin amüsierte sich, als er Thomas Mann den »Lessing der AEG« genannt hatte, obwohl niemand genau verstand, was der Autor des »Zauberbergs« mit dem Elektrokonzern zu tun hatte. Wollte er auf diese Weise Thomas Manns Neigung blossstellen, zu Höchsthonoraren in jedem Grossbetrieb zu lesen? Oder spielten Familienerinnerungen hinein? Die Fehlings hatten einst neben den Manns und den Eschenburgs zu den grossen Familien der Freien und Hansestadt Lübeck gehört.

Ganz offensichtlich hatte es da eine Affäre gegeben, die noch nach Generationen die Nachkommen entzweite. Theodor Eschenburg, der einflussreiche Tübinger Politikwissenschaftler, sollte vierzig Jahre später für den Siedler Verlag seine Erinnerungen »Also hören Sie mal zu« und »Letzten Endes meine ich doch« schreiben. Um an ihnen zu arbeiten, zogen wir uns oft in das ländliche Hotel Schafhof zurück. Hier erzählte er von jenen lange vergessenen Konflikten.

Während jenes Besuches bei mir gab Jürgen Fehling wieder einmal seiner Vorliebe nach, Wortspiele mit Namen zu machen. Plötzlich hatte sich nämlich die Tür geöffnet, und Karl Silex stand im Raum, wahrscheinlich war ihm zugetragen worden, dass gerade ein besonderer Gast bei mir war. Beide Herren kannten sich aus alten Zeiten. Silex wollte offensichtlich gerade zu einer Eloge auf Fehlings berühmte Inszenierungen im Staatstheater ansetzen, als Fehling ihm ins Wort fiel: »Ach, Herr Dr. *Senilex*, wie schön, dass ich die Gelegenheit habe, Ihnen einmal zu sagen, was ich wirklich von Ihnen halte.« Silex konnte begreiflicherweise diesem Wortspiel nichts abgewinnen, wollte wohl auch seine angekündigte oder angedrohte Charakterisierung nicht abwarten und verliess unter einem Vorwand bald das Zimmer. Mir ist Fehling trotz dieses eher makabren Erlebnisses einer der grossen Theaterleute der ersten Hälfte des Jahrhunderts, von dem mir die Inszenierungen mit der Gorvin »Die Fliegen« von Sartre 1948 im Hebbel-Theater und Schillers »Maria Stuart« im September 1952 im wiederaufgebauten Schiller-Theater bis in die Bühnenbilder hinein noch vor Augen stehen.

Jürgen Fehling, der einflussreichste Theatermann der Nachkriegszeit.

Fehling war auch in seinen letzten Jahren eine eindrucksvolle Figur, dessen Physiognomie mehr von einem hanseatischen Patrizier an sich hatte als von einem Mann des Theaters. Aber sein Auftreten war oft eine Peinlichkeit, auch wenn es ihn immer wieder drängte, sich in Zeitungsbeiträgen in Erinnerung zu rufen. Seine Einsendungen wurden von den Redaktionen meist stillschweigend abgelegt, aber zuweilen wusste ein Chefredakteur oder Feuilletonchef nicht über Fehlings Zustand Bescheid, und dann erschien ein solcher Text im Druck, was mir um Fehlings und der Gorvin willen leid tat.

Berlin verlor in diesen Jahren zwei seiner grössten Theaterbegabungen, 1963 starb Walter Henn mit nur einunddreissig Jahren, der die grosse Regiehoffnung Barlogs gewesen war. Sowohl im Schiller- und Schlosspark-Theater als auch in der kleinen »Werkstatt« hatte Henn ganz Berlin mit seinen Inszenierungen hingerissen. Ein Jahr später starb auch Klaus Kammer mit nur fünfunddreissig Jahren, von dem man sagte, er habe sich das Leben genommen – übrigens hatte er zuletzt in der Onkel-Tom-Siedlung in einem Haus meiner Schwiegereltern am Wieselbau 9 gewohnt. Das waren zwei Verluste, die Berlin kaum, eigentlich gar nicht ersetzen konnte. Auch Fehling war von diesen Todesnachrichten geradezu verstört.

Die vierziger, fünfziger und frühen sechziger Jahre hatten noch einmal eine grosse Zeit für Berlins Theater heraufgeführt. Aber es war auch eine Zeit von Abschieden. In der Rückschau will es einem mitunter erscheinen, dass das Vorkommnis der Grösse damals vielleicht auf jedem Felde zu Ende ging. Gerhart Hauptmann war schon 1946 in seinem gerade polnisch werdenden Wiesenstein gestorben. Ein Sonderzug, den ihm die Russen aus alter Verehrung für den Freund Maxim Gorkis gestellt hatten, wartete tagelang auf den Transport des Dreiundachtzigjährigen, der seine letzten Tage verdämmerte. Schliesslich fuhr Margarete Hauptmann mit dem Sarg und den letzten Schlesiern, die von dem sterbenden Gerhart Hauptmann sich wohl einen Schutz erwartet hatten, in den Norden, wo er auf Hiddensee seine Ruhestätte fand. Thomas Mann – der Hauptmann »seinen einzigen Pair« genannt hatte – war ihm 1955 gefolgt, und im Abstand nur eines Monats waren 1956 auch die beiden grossen Lyriker der Jahrhundertmitte gegangen, erst Gottfried Benn und dann Bertolt Brecht. Natürlich waren Heinrich Böll, Günter Grass und all die anderen nachgekommen, aber man zögert doch, ob man sie neben denen nennen soll, die das Jahrhundert geprägt haben.

War nicht auch in der Welt des Theaters die Zeit der Abschiede gekommen, so glanzvoll die Aufführungen der Nachkriegszeit auch waren? Mit Albert Bassermann war schon 1952 eine der Grössen gegangen, die nicht einer persönlichen Gefährdung wegen, sondern aus tiefer Abneigung vor den neuen Machthabern Deutschland verlassen hatten. Seine Rückkehr war als Versöhnung der beiden Deutschlands verstanden worden, der nach draussen Gegangenen und der im Land Gebliebenen. Die beiden grossen Antipoden der Kriegs- und Nachkriegsjahre Gustaf Gründgens und Jürgen Fehling prägten zumindest noch ein Jahrzehnt das Theater der Nachkriegszeit; dann waren auch sie nicht mehr da. Ebenso hatten die Schauspieler, die aus den zwanziger Jahren über das Dritte Reich bis in die Nachkriegszeit reichten, einer nach dem anderen das Feld geräumt: Emil Jannings, Werner Kraus und Heinrich George. Die Bühne wurde allmählich leerer. Es traten zwar neue Grössen in das Rampenlicht, aber man hatte doch seine Zweifel, ob sie zu jenen gehörten, die für eine ganze Epoche des deutschen Theaters stehen. Vielleicht ist die Zeit grosser Einzelner überhaupt abgelaufen.

Man muss sich davor hüten, den Begeisterungen seiner Jugend nicht zu erliegen, aber mitunter kommt es mir so vor, als sei die Gegenwart dem Individuellen nicht günstig. Das würde selbst für die vermittelnde Literatur gelten, deren Genie in dem Erkennen von Grösse liegt, seien es so bedeutende Verleger wie Samuel Fischer, Ernst Rowohlt oder Kurt Wolff, seien es Zeitungsleute wie Alfred Kerr, Herbert Ihering oder Kurt Tucholsky. Die Begabungen sind heute vielleicht noch vorhanden, und es fehlen nur die Bedingungen, die ihre Entfaltung fördern oder erlauben. Man würde von gesellschaftlichen Voraussetzungen sprechen, wenn das nicht zu sehr den Geist der sechziger Jahre atmete. In dem Aufkommen von Ersatzgrössen spräche sich dann das Bewusstsein des Mangels aus. Die Popularität, die eine Figur wie Reich-Ranicki – zurecht – geniesst, wäre dann ein Beleg für das allgemeine Empfinden von Dürftigkeit. Heidegger hat von »Denkern in dürftiger Zeit« gesprochen. Leben wir in einer solchen?

Ich war damals als Autor nicht wirklich wichtig, aber der »Tagesspiegel« war es, dessen Kulturteil ich leitete. So wurde ich immer wieder in Preisgerichte gewählt und in alle möglichen Gremien delegiert. Als Vertreter der Akademie der Künste war ich in den Rundfunkrat des Senders Freies Berlin entsandt worden, und hier sass ich mehrere Jahre zusammen mit Günter Grass, Susanne Suhr, der Witwe des früh verstorbenen Regierenden Bürgermeisters Otto Suhr, und dem Historiker Walter Bußmann, der die Freie Universität repräsentierte. Wir vertraten nicht so sehr uns selbst als vielmehr Berliner Institutionen – eben den Schriftstellerverband, die Akademie der Künste und die Freie Universität. Dabei machte ich die Erfahrung, dass Aussenseiter für die politischen Parteien nur dann zählen, wenn ihre politischen Interessen berührt sind – die Wahl des Intendanten des

Senders oder die Verabschiedung des Haushalts. Regelmässig meldeten sich beide grossen Parteien, in meinem Fall vorzugsweise die
Union, und luden in eine Weinstube am Theodor-Heuss-Platz, der
damals noch Reichskanzlerplatz hiess, oder in der Nähe des Schöneberger Rathauses. »Ich weiss, dass Sie unserer Partei nicht angehö-
ren, aber der anderen wohl doch noch weniger. So werden Sie sicher
nicht hinnehmen, dass die Linken alles majorisieren.«

Aber ich war nun einmal unberechenbar. Zudem waren die Leute
der Linken mir persönlich meist sympathischer als die Wortführer
der Rechten. Mit Willy Brandt stand ich seit Kongress-Zeiten auf
vertrautem Fusse. Ein langer Kaviar- und Champagner-Vormittag
im Falkenried ist mir in Erinnerung. Mit dem Regierenden Bürgermeister Klaus Schütz, Chef der Berliner SPD, war ich bald eng befreundet, und selbst Harry Ristock, der Linksaussen der Sozialdemokratie, war einer meiner wenigen Duzfreunde. In den entscheidenden
Jahren, als Berlin eine Abkehr von der Ideologie der Grosssiedlungen
vollzog, war ich ganz offiziell der Chefberater des Bausenators Ristock. In vielem stand ich zwar auf der Seite derer, die man »Bürgerliche« nannte, aber mit diesem Bürgertum war es in Berlin nicht überzeugend bestellt und deren Berliner Vertreter hatten wenig an sich,
was mich für sie einnahm. Den beiden Chefs der Berliner CDU, Franz
Amrehn und Peter Lorenz, konnte man wirklich nicht das Charisma
ihrer Gegenspieler nachsagen, obwohl ich auch mit Peter Lorenz sehr
vertraut stand. Als er von der Roten Armee Fraktion, der RAF, als
Geisel genommen worden war und Klaus Schütz ihn freigekauft
hatte – was zu dauernder Belastung des Verhältnisses von Klaus
Schütz und Helmut Schmidt führen sollte –, war er wie verändert,
was vielleicht auch hinter seiner Entscheidung stand, zugunsten von
Richard von Weizsäcker freiwillig das Feld zu räumen.

Einmal war ich einen langen Abend, der zur Nacht wurde, mit Eugen
Gerstenmaier, dem Bundestagspräsidenten, und Nahum Goldmann,
dem Präsidenten des Jüdischen Weltkongresses, im Bonner Hotel
Steigenberger zusammen. In vorgerückter Stunde sagte Gerstenmaier angesichts meines Plädoyers für eigentlich eher linke Positio-

nen, ich hätte zu oft Brecht gelesen: »In mir habt Ihr einen, auf den könnt Ihr nicht bauen.« Jeder Ausflug in die Politik zeigte mir tatsächlich, wie wenig ich für das Geschäft der Parteien taugte.

Auch mit Marlene Dietrich hatte ich in meiner »Tagesspiegel«-Zeit eine indirekte Begegnung, als sie mit dem Lied »Sag mir, wo die Blumen sind« ein erstaunliches Comeback erlebte. Alle Welt war noch einmal Marlene Dietrich verfallen. Jedermann nannte diesen Song das ergreifendste Anti-Kriegs-Lied der Nachkriegszeit. Auch in den grossen Zeitungen wurde es gefeiert, keiner der massgebenden Kritiker, der nicht darüber geschrieben hätte. Das forderte mich heraus, und ich veröffentlichte im »Tagesspiegel« einen Essay, der mir zu einem Angriff geriet, nicht auf Marlene Dietrich, aber doch auf die Schickeria, die ihr verfallen war.

Zu den Liedern, mit denen Marlene Dietrich Moskau wie New York enthusiasmiert hat, gehört auch ihr Chanson »Sag mir, wo die Blumen sind«. Tatsächlich hat keines ihrer Lieder seit den Schlagern der zwanziger Jahre solche Popularität erreicht wie dieses melancholische Kriegslied, dessen erotisch gezügelte Trauer über beträchtliches musikalisches und textliches Raffinement verfügt.

Das Lied, dessen Schallplattenversion in den meisten europäischen Ländern erstaunliche Verkaufszahlen erreichte, schallt aus den Dachkammern der Studenten und den Veloursräumen der Boulevard-Bars; in den sommerlichen Villengärten vermischt sich sein Klang mit dem Geräusch des Rasensprengers. Es erfüllt die Bedingungen, die man an einen Schlager stellt, auf eindrucksstarke Weise.

Der Vorgang ist bisher ausschließlich unter dem Aspekt des Comeback gesehen worden, einem Gesichtspunkt von vergleichsweise bescheidenem Interesse, da er den Boxer ebenso meint wie den Künstler. Doch am Triumph jenes Liedes ist natürlich nicht bemerkenswert, dass hier eine Sechzigjährige noch einmal, wie vier

Jahrzehnte zuvor, mit ihrer abgedunkelten Stimme die Welt fasziniert, sondern dass sie es mit anderen Mitteln tut.

Denn jenes »Ich bin von Kopf bis Fuß auf Liebe eingestellt« und all die anderen Lieder der zurückliegenden Zeit waren schlagerähnliche Gebilde, deren Gewagtheit ihren Reiz aus der Keckheit und aus der ironischen Selbstpersiflage bezog. Diesmal aber tanzt man nicht zu Texten auf die Liebe und die Unbedenklichkeit, sondern zu Worten auf Gräber, Soldaten und den Tod. Das Antikriegs-Chanson präsentiert sich als Barmusik.

So jedenfalls stellt es sich im ersten Augenblick dar. Melancholisch kommt aus dem rotierenden Teller die Klage, daß mit dem Krieg aus Männern Soldaten wurden: »Über Gräber weht der Wind.« Der Whisky ist eingenommen, während der Tonarm die provozierende Frage an den Lautsprecher vermittelt, wann man das je verstehen werde. Die Sängerin stellt Friedenslust her und sinnlich aufbereitete Melancholie. In der Zimmerecke herrscht revolutionäre Stimmung.

Mit dem Pazifismus der Goldenen Schallplatte ist es aber bedenklich bestellt. Das Lied, dessen ineinander verschränkte Strophen einer Kreisbewegung folgen, so dass denn erste und letzte Zeile identisch sind, hat nicht nur mit dem Tode des Soldaten zu tun. Tragisch findet es auch, daß Blumen gepflückt werden und Mädchen angenehme Gefühle empfinden und erwecken. »Sag mir, wo die Blumen sind? Männer nahmen sie geschwind. Sag mir, wo die Männer sind? Zogen fort, der Krieg beginnt. Sag mir, wo die Soldaten sind? Und über Gräber weht der Wind. Sag mir, wo die Gräber sind? Blumen blühn im Sommerwind. Sag mir, wo die Blumen sind? Mädchen pflückten sie geschwind.«

Nicht mit dem Krieg hat das in Düsseldorfer Bars und Moskauer Sälen gefeierte Lied zu tun, sondern mit dem Gang des Lebens. Musikalisch formuliert es die Klage über die Vergänglichkeit, und seine Trauer ist von so banaler Allgemeinheit, daß es gar nicht merkt, den Krieg zu einer natürlichen Sache gemacht zu haben. Man tanzt die Sentimentalität.

Man hätte sonst nicht tanzen können: Es gibt keine pazifistische Barmusik. Übrigens auch keine logisch argumentierenden Revolutions- oder Kriegslieder von zureichender Beredsamkeit. Alle diese Gesänge der Revolution oder des Krieges versuchen es mit dem Sentiment und nicht mit der Vernunft, und ihre Richtung zielt auf Überredung und nicht auf Überzeugung. Die Gefühlswelt der Kampfstrophe ist auf eine Leidenschaftlichkeit gestimmt, die ihre Wirkung aus der Rührung holt: Wenn die Kanonaden beginnen und die Erschießungspelotons ihr Werk aufnehmen, hält die Rührseligkeit ihren Einzug in die Musik.

[…]

»Sag mir, wo die Mädchen sind? Männer nahmen sie geschwind, über Gräber weht der Wind. Wann wird man je verstehn?« Eine berühmte Stimme, die anschwillt und mit artistischer Raffinesse den gewagten Übergang zum Flüstern findet. Wieviel Perfektion und wieviel Sentiment. Wieviel Routine und wieviel trauervolles Wohlgefallen am Kreislauf des Natürlichen. Das hätte ein Lied der Brigade sein können oder eins der Legion. Auf den Unterschied kommt es gar nicht an.

Zwei oder drei Wochen später war Friedrich Luft im Falkenried, und ganz überraschend gratulierte er mir: »Wer kann sich schon rühmen, dass er die grosse Marlene Dietrich aufgebracht hat?« Ich sah ihn verständnislos an, als er zum Amüsement der Runde erzählte, dass ihn wieder einmal Marlene Dietrich aus ihrer Pariser Wohnung mit ihrer rauchigen Stimme angerufen hätte und sich gar nicht über meine Attacke hätte beruhigen können. Irgendein Schreiber, wahrscheinlich kenne er ihn, habe die Anti-Marlene-Dietrich-Kampagne auf eine neue Stufe gehoben. Sie sei ja an Schmähbriefe aus Berlin gewöhnt. Man rechne ihr vor, dass sie das eigene Nest beschmutze, weil sie während des Krieges vor amerikanischen GI's aufgetreten sei. Aber so raffiniert sei sie noch nie angegriffen worden. Luft zufolge war sie so verbittert, dass er gar nicht den Versuch unternommen habe, mich zu verteidigen. Ich glaube, er hatte nicht einmal zu erkennen gegeben, dass er mich in der Tat kannte.

Ich war nicht getroffen, der offenbare Wutausbruch von Marlene Dietrich schmeichelte mir eher. Wenn ich heute, vierzig Jahre später, meinen kleinen Essay aus dem »Tagesspiegel« noch einmal lese, finde ich ihn noch immer nicht so übel geraten, obwohl für mich Marlene Dietrich eine der grossen Gestalten des Jahrhunderts ist, nicht zu vergleichen mit Hildegard Knef, die sich gerühmt hat, ihre Freundin gewesen zu sein. Dem ironischen Porträt, das ich der Dietrich gewidmet hatte, gab ich den Titel: »Das Friedenslied als Barmusik«.

Die Autoren der zwanziger Jahre, wenn sie denn überhaupt nach Berlin zurückkehrten, nahmen ihren Wohnsitz eher in Ost- als in West-Berlin, von Arnold Zweig über Bertolt Brecht bis zu Anna Seghers. Durch den Senator Joachim Tiburtius hatte ich Fritz von Unruh schon zur Zeit der Wiedergründung der Akademie der Künste kennengelernt, und nun versuchte ich, ihn literarisch in Berlin heimisch zu machen.

Fritz von Unruh war auch als Siebzigjähriger noch, was man einen Feuerkopf nennt. In der Trümmerlandschaft, die der totale Krieg hinterlassen hatte, rief er mit dem ganzen Pathos des gealterten Expressionisten die Deutschen zur »Umkehr« auf. Seine Warnung vor der Wiederbewaffnung, die auf einen Kampf gegen die sich abzeichnende Adenauerpolitik einer strikten Westbindung hinauslief, trug ihm mehrmals eine Einladung Ulbrichts nach Ost-Berlin ein, der er allerdings nicht folgte. Das inzwischen hagere Gesicht des einstigen Offiziers der Garde-Ulanen war umlodert von dem noch immer ungebändigten, aber etwas schütter gewordenen weissen Haar. In dem Klima dieser zweiten Nachkriegszeit nahm sich Unruh seltsam genug aus, als er 1948, noch vor der Gründung der Bundesrepublik, in der notdürftig wiederaufgebauten Frankfurter Paulskirche die Gedenkrede anlässlich der Hundertjahrfeier der Achtundvierziger Revolution hielt. Seines früheren Ruhms wegen nahm man seine

Prophetenrolle staunend hin, die Festversammlung in ihren meist schäbigen Kleidern akklamierte Unruh ehrfürchtig-befremdet, aber respektvoll.

Der aus New York gekommene Unruh hatte die Veranstaltung in der Paulskirche wohl als Auftakt zu einer auch literarischen Wiederauferstehung verstanden. Aber seine einst berühmten Dramen »Offiziere« und »Louis Ferdinand, Prinz von Preussen«, die noch vor dem Ersten Weltkrieg in der Inszenierung von Max Reinhardt am Deutschen Theater herausgebracht worden waren, blieben an die Zeit ihrer Entstehung gebunden. Man verstand nicht recht, warum Unruh als wiedergeborener Schiller oder Kleist gefeiert worden war. Nach dem Zweiten Weltkrieg gelang Unruh keine Rückkehr auf die Bühne, weder mit seinen frühen Stücken noch mit seinen neuen Arbeiten, die bestenfalls in der Provinz ihre Uraufführung hatten.

Es müssen Jahre der Enttäuschung für Unruh gewesen sein, denn auch die grossen Zeitungen wollten nicht mehr viel von ihm wissen, und so war der Heimgekehrte, der nun ganz in die Rolle des unzeitgemässen Warners geriet, völlig vereinsamt in der jungen Bundesrepublik. Er blieb der ehemalige Gardeoffizier, der zusammen mit den Söhnen des Kaisers in der Kadettenanstalt Plön erzogen worden war, aber mit seinen Stücken das allerhöchste Missfallen erregt hatte, sodass sich Seine Majestät nicht bewegen liess, der Premiere auch nur einem dieser Stücke beizuwohnen. Nach der Revolution war er in der Republik so etwas wie das demokratisch-republikanische Gewissen Deutschlands gewesen, gefeiert wie kaum ein anderer Autor, auch mit seinem neuen Drama »Ein Geschlecht« und der Erzählung »Opfergang« über seine Erlebnisse in den Schützengräben des Ersten Weltkriegs. Schon wenige Wochen nach der Machtergreifung ging Unruh in die amerikanische Emigration zurück, vermutlich noch gerade rechtzeitig vor der Verhaftung, denn er war für das neue Regime durch seine vielfachen Kundgebungen gegen Hitler eine der verhassten Symbolgestalten der »Systemzeit«.

Ich hatte aus der Ferne Sympathie für Unruh gehabt, wobei mich allerdings mehr die beiden frühen Dramen bewegten als seine späten

Schauspiele und Romane. Aber er stand doch für die demokratische Tradition Deutschlands, und so begleitete ich Tiburtius voller Erwartung zu einem Treffen, das in der Akademie der Künste stattfand. Es war noch das alte Dahlem mit Häusern kurz vor oder kurz nach dem Ersten Weltkrieg, nicht mehr im überladenen Gründerstil der Kaiserzeit, aber auch noch nicht in der Kastenarchitektur der Bauhausepoche, sondern am englischen Landhaus orientiert, was eine besonders glückliche Zeit der Architektur war. Inzwischen ist diese Welt immer weniger erkennbar, zum Teil haben die alten Häuser von 1910 Apartmenthäusern Platz machen müssen, da es die Familien nicht mehr gab, die in den Zwölf- oder Vierzehn-Zimmer-Villen wohnen konnten, oft sind sie auch nur für gesichtslose Nutzbauten abgerissen worden.

Die Felder der Domäne Dahlem, die mich meine ganze Kindheit begleitet hatten, sind fast ausnahmslos dieser Zweckarchitektur der Nachkriegszeit geopfert und mit ein- oder zweistöckigen Schulbauten im Stil der sechziger Jahre vollgestellt worden. Die Maisfelder meiner Kinderzeit, die wir in der Notzeit geplündert hatten, verschwanden endgültig, und die Weizenfelder der Domäne entlang der Cecilienallee, 1949 zu Ehren des Papstes in Pacelliallee umbenannt, wurden vom amerikanischen Militär für Funkstationen beschlagnahmt. Auch an der Königin-Luise-Strasse gab es landwirtschaftliche Felder, die der Obstbau-Versuchsanstalt der Technischen Hochschule gehörten, aber auch sie mussten in den fünfziger und sechziger Jahren Bauten der Freien Universität weichen. So versteht man heute nicht mehr recht, weshalb der mit Reet gedeckte U-Bahnhof »Dahlem-Dorf« heisst, denn vom dörflichen Charakter Dahlems ist wenig geblieben.

Der Elan der Neugründung der Akademie der Künste war gross, und ich erinnere mich noch, wie mich Joachim Tiburtius in das gerade notdürftig wiederaufgebaute Charlottenburger Schloss mitnahm, wo die Akademie ihre Gründungsversammlung abhielt. Der Höhepunkt des feierlichen Abends in der Eichengalerie war die Bekanntgabe, dass Gottfried Benn der erste Präsident werden würde, und ich

sehe die beiden ungleichen Herren noch vor mir, Tiburtius regelrecht gerührt, dass es ihm gelungen war, den einsiedlerischen Benn
für diese Aufgabe zu gewinnen, und diesen selber, der einen etwas
unglücklichen Eindruck machte, als die alten und neuen Mitglieder
ihm als Präsidenten akklamierten. Tiburtius hatte Gottfried Benn
tatsächlich nur überredet, nicht überzeugt. Schon am nächsten Tag
ging in aller Frühe ein Eilbrief von Benn bei Tiburtius ein, worin er
bat, ihn von diesem kaum angetretenen Amt zu entbinden. Benn erklärte, dass er für dergleichen repräsentative Aufgaben nicht der
rechte Mann sei, und er beschwor den Senator, seine Ernennung
nicht bekannt zu geben. Erst diesem Rücktritt verdankte Hans Scharoun seine Bestellung zum ersten Präsidenten der Akademie der
Künste.

Die Zusammensetzung dieser ersten wiedergegründeten Akademie
war von den Ereignissen der jüngsten Zeit geprägt. Die nobelsten
Köpfe der alten preussischen Akademie waren schon 1933 ausgetre-
ten oder ausgestossen worden. Viele wie Thomas Mann und Lion
Feuchtwanger waren aus der Emigration nicht zurückgekehrt; andere wie Gerhart Hauptmann und Ricarda Huch waren inzwischen
verstorben. So gaben Männer des zweiten und dritten Ranges wie
Walter von Molo den Ton an, und bei den Zuwahlen spielten mitunter Missverständnisse eine amüsante Rolle. So hatte irgend jemand
auf die Vorschlagsliste für die Ernennung neuer Mitglieder den Lyriker Rudolf Hartung gesetzt, der damals auch als Kritiker in Berlin
eine Rolle spielte. Aber Hartung war ohne seinen Vornamen in die
Hände von Tiburtius gekommen, der nur den liebenswürdigen, aber
nicht sonderlich wichtigen Erzähler Hugo Hartung kannte, dessen
Roman vom Untergang Breslaus »Der Himmel war unten« gerade
eine Art von Bestseller gewesen war. Zu Hugo Hartungs Staunen sah
er sich plötzlich als Mitglied in die Akademie der Künste aufgenommen, und die alten Mitglieder der zwanziger Jahre wie Georg Kolbe,
Paul Hindemith und Gottfried Benn sahen sich überrascht in der
Nachbarschaft eines Autors, den sie nie sonderlich wichtig genommen hatten.

Mein Name wird Unruh kaum bekannt gewesen sein, als Tiburtius mich ihm vorstellte. Aber ich war gerade Feuilletonchef des »Tagesspiegel« geworden, und das Blatt hatte einen Ruf über die Grenzen Berlins hinaus. Auf jeden Fall machte Unruh offensichtlich gern meine Bekanntschaft. Er war erkennbar deprimiert angesichts der Reserve, auf die seine alten und neuen Stücke gestossen waren, und er verbarg seine Verbitterung nur wenig. Nicht selten sprach er bereits davon, dass er notfalls noch einmal in die Emigration gehen würde. So suchte ich ihn aufzumuntern, indem ich ihm wenigstens eine Zeitungsbühne im »Tagesspiegel« anbot, wenn ihm schon die Bühne des Theaters verschlossen bliebe. Wir müssen uns den ganzen Abend sehr angeregt über meine Vorschläge unterhalten haben, denn er kam auch später immer wieder in seinen Briefen auf diese erste Begegnung zurück, die bis in die Morgenstunden gedauert hatte. Noch nach Jahren schrieb mir Unruh, dass er »unsere schöne Unterhaltung damals in der Akademie sehr in Erinnerung behalten« habe.

Die deutschen Bühnen, die ursprünglich glücklich gewesen waren, wenn ihnen der einst gefeierte Autor ein neues Stück anbot, hatten inzwischen zweifelhafte Erfahrungen mit Unruh gemacht. Immer wieder kam ihm seine Rolle als Wächter in die Quere. Die Theater benutzte er, um vor dem »Weg Adenauers« zu warnen. Auch mir schrieb er sehr bald nach unserem Treffen, dass er seine Mitarbeit im »Tagesspiegel« nutzen wolle, um vor einem erneuten Irrweg Deutschlands zu warnen. Ich suchte Unruh auf andere Bahnen zu lenken. Vielleicht solle er statt dessen eine nüchterne, sehr persönliche Schilderung seines Lebens geben – seiner Kindheit in der Kadettenanstalt Plön, seiner Freundschaft mit den Söhnen des Kaisers und seiner zwei oder drei Begegnungen mit Wilhelm II. in Potsdam und Berlin? Ich suchte sehr behutsam, ihn auf einen Chronikstil festzulegen. Ich sagte ihm, auch so könne er Deutschlands Weg in die Katastrophe schildern; interessant schien mir auch die Reaktion seiner Kameraden und Vorgesetzten darauf, dass er 1914, auf dem Höhepunkt der Kämpfe in Flandern für seine »Offiziere« den Kleist-Preis erhalten habe, der damals der spektakulärste Literaturpreis Deutschlands war und so ungefähr die Rolle spielte, die heute der Büchner-Preis hat.

Aber besonders das zweite Stück, das Schauspiel »Prinz Louis Ferdinand«, hatte das allerhöchste Missfallen erregt. Der preussische Prinz Louis Ferdinand hatte 1806 bei Saalfeld gegen alle Befehle eigenmächtig eine Attacke geführt, in der der Schwarm der Königin Luise den Tod gefunden hatte. Der Kaiser persönlich hatte die Absetzung des Stückes verlangt, obwohl doch Unruhs Vater, General Karl von Unruh, der Kommandant der Garnison von Königsberg war. Ich wollte wissen, was an diesem Stück den Monarchen so aufgebracht hatte, aber er gab darüber keine Auskunft. Vielleicht war es ehemaliges Korps-Denken?

Einer solchen Haltung sollte ich häufiger begegnen, auch als Alexander Fürst zu Dohna Jahrzehnte später für mich seine Erinnerungen schrieb. Imke und ich sassen dem fast neunzigjährigen Fürstenpaar in seiner Baseler Dreizimmerwohnung gegenüber, in jeder Phase Fürsten und überaus liebenswürdige Gastgeber. Eher beiläufig erzählte Fürst Dohna, wie Wilhelm II. jahrzehntelang zur Jagd zu kommen pflegte, um dort besonders stattliche Hirsche zu schiessen, über die er ebenso gewissenhaft Buch zu führen pflegte wie später im Exil in Doorn über die Menge der eingeschlagenen Bäume. Es war eine sonderbare Leidenschaft des letzten deutschen Kaisers, die Jagd auf kapitale Hirsche und das Fällen von Jahrhunderte alten Bäumen. Am Ort des kaiserlichen Jagderfolges wurde ein Schild angebracht, das festhielt, ob der Monarch einen Zwölf- oder Vierzehnnender erlegt habe, wobei Jahr, Monat, Tag und Stunde genau verzeichnet wurden.

Während der alte Herr sehr lebendig von diesen kaiserlichen Besuchen in Schlobitten erzählte, fragte ich ihn, was denn der Anlass des legendären Zerwürfnisses gewesen sei, das den Kaiser gehindert hatte, jemals wieder seinen Fuss auf Dohnaschen Boden zu setzen. Aber der Fürst wollte darüber nicht sprechen, ging über alle meine Fragen mit der Bemerkung hinweg, dass das schon zur Zeit seines Vaters gewesen sei und er alte Querelen nicht aus der Vergangenheit ziehen wolle. Der Kaiser war vor fast vier Jahrzehnten gestorben, ganz Ostpreussen war verloren und zwischen Russland und Polen aufgeteilt worden, das Schloss Muskau seiner Schwiegereltern, der Grafen Arnim, war ausgebrannt und enteignet. Aber darüber sprach man nicht, auch sein Vater hatte im Familienkreis offenbar niemals ein Wort darüber verloren. Es blieb unklar, ob der Fürst die Einzelheiten selber nicht kannte oder ob er das Vergangene vergangen sein lassen wollte. In solcher Diskretion waren sich Alexander Dohna und Fritz von Unruh sehr ähnlich. War es Standessolidarität, die sich auf diese Weise zur Geltung brachte?

Ich versuchte jedenfalls Fritz von Unruh zu überzeugen, dass sehr persönliche Erinnerungen an die Zeit mit den Söhnen des Kaisers, seine frühen Bühnenerfolge mit Max Reinhardt, die Jahre an der Front und die Erlebnisse während der Revolution der beste Weg sei, sein Publikum zurückzugewinnen. In langen Briefen kam Unruh immer wieder darauf zurück, dass Deutschland die Politik der Stärke und die »Sucht nach einer militärischen Revanche« aufgeben müsse. Einer dieser Briefe liegt noch vor mir: »Es ist mir selbstverständlich ganz klar, dass solch Einer wie ich von dem gegenwärtigen Kurs abweichender Warner seit Jahr und Tag in das KZ des Verschweigens gesperrt wird [...]. In der Silvesternacht habe ich es mir sehr ernst überlegt, ob es überhaupt noch einen Sinn hat, diese Tortur des Missverstandenwerdens noch länger zu ertragen [...]. Seien Sie aufrichtig bedankt, dass ich Ihnen so nah am Ende meines Weges diese Gedanken anvertraue. In herzlicher Verbundenheit Ihr Fritz von Unruh.«
Es war ein mühseliges Geschäft, den Vereinsamten und Verbitterten sehr behutsam dazu zu bringen, in seine Vergangenheit hinabzusteigen. Solle er nicht, vielleicht einmal im Monat, in einem Erinnerungsstück einen Menschen schildern, dem er während seines Lebens nahe gestanden habe, »sodass auf diese Weise eine Porträtgalerie bedeutender Köpfe entstehen würde«? Die Gestalten Gerhart Hauptmanns, Wilhelm Lehmbrucks, Walther Rathenaus, Max Rein-

hardts und auch die der kaiserlichen Prinzen könnten die ersten Folgen solcher Erinnerungsbilder für den »Tagesspiegel« sein, die ich mir durchaus kunstlos vorstelle. Ich suchte noch einmal ihm einen Chronikstil schmackhaft zu machen; ich denke an Skizzen, in denen er »grosse Persönlichkeiten mit jeder Handbewegung und in ihren unverwechselbaren Gesten, Lieblingswendungen und Eigenheiten beschreibe«. Dann suchte ich ihn mit der Aussicht auf, ihn für eine spätere Buchveröffentlichung zu gewinnen, da offensichtlich blosse Tageszeitungsbeiträge wenig Verführerisches für den Träger des Kleist-Preises hatten.

Mein sanftes Zureden, auch die Fürsprache seines alten Freundes Ludwig Berger, blieben nicht ohne Wirkung. Die Anstrengungen des aus der Emigration zurückgekehrten Ludwig Berger hatten das ihre getan, dass Unruh nach einiger Zeit bereit war, wenigstens einen Versuch zu machen, seine Memoiren niederzuschreiben. Wir einigten uns, dass er mit Erinnerungen an Gerhart Hauptmann den Anfang machen würde, denn er hatte ihn oft in seinem burgartigen Wiesenstein im schlesischen Agnetendorf besucht; später hatten sie sich mitunter im Adlon in Berlin getroffen, wo der gefeierte Dichter der Weimarer Republik und der junge ehemalige Gardeoffizier zusammen »pokuliert« hatten, wie Hauptmann sich altertümlich auszudrücken pflegte. Am Ende jedenfalls versprach mir Unruh, mit Friedensermahnungen an sich zu halten. Sein pazifistisches Pathos kam ihm aber immer wieder in die Quere.

Kurz nach seiner Zusage schrieb er mir, er müsse vor allem »Hauptmanns Wandlung von einem Friedens-Dichter zum Grossmeister der 3. Reichs-Poesie gestalten«. Das hatte nun wenig mit jenen nüchternen Schilderungen zu tun, um die es mir gegangen war, ganz abgesehen davon, dass der achtzigjährige Hauptmann im Dritten Reich kein »Grossmeister« des Regimes gewesen war.

Für Unruh war wahrscheinlich die Tatsache, dass der Nobelpreisträger während des Dritten Reiches in Deutschland geblieben war, Grund genug, in ihm einen Repräsentanten des Hitler-Staates zu sehen. Er versicherte mich zwar immer wieder seiner »wahren Sympathie« und seines Vertrauens in meine »schriftstellerische Weisheit bei der Bearbeitung« meiner Artikel. Aber wann immer er vom Kaiserreich und von der Weimarer Republik erzählte, fiel er geradezu zwanghaft in Warnungen vor neuen politischen und militärischen Abenteuern.

Dennoch hatte Unruh offensichtlich Geschmack an dem Hinabsteigen in seine Jugendwelt gewonnen, dem Hauptmann-Stück folgten Aufzeichnungen über die Anfänge seiner Freundschaft mit Walther Rathenau und seine frühen Erlebnisse mit Wilhelm Lehmbruck, dem er gerade in seinen letzten Lebensjahren nahegestanden und dessen Freitod im Jahre 1919 ihn regelrecht verstört hatte. Mit wem stand Unruh damals nicht auf vertrautem Fusse? Max Liebermann hatte ein Porträt von ihm gezeichnet; Max Reinhardt war so etwas wie sein Entdecker gewesen und hatte seine frühen Stücke inszeniert; der erste Präsident der Republik Friedrich Ebert war demonstrativ zu seinen Premieren erschienen.

Was hätte Unruh nicht alles erzählen können! Als er sein Zusammensein mit Gerhart Hauptmann in Rapallo im Spätsommer 1932 schildert, lässt Unruh Hauptmann und sich selber über die neuen Rassegesetze der Nazis erschüttert sein und geradezu fassungslos angesichts des »Gelben Sterns«. Sehr behutsam, um Unruh nicht zu kränken, rief ich ihm in Erinnerung, dass Hitler im Jahre 1932, also noch vor der Machtergreifung, lediglich einer von vielen Parteiführern gewesen sei, ohne jede Macht, Gesetze zu erlassen, und dass der »Gelbe Stern« von Goebbels »vorgeschlagen« und erst im September 1941 für alle Juden gesetzlich zur Pflicht gemacht worden sei.

Man musste jeden Beitrag von Unruh sorgfältig recherchieren und verifizieren. So druckte ich im »Tagesspiegel« zwar nach wie vor seine Porträtskizzen, aber sie bedurften immer strengerer Redaktion und entschiedenerer Eingriffe. Schliesslich war ich einigermassen erleichtert, als ich Anfang 1963 den »Tagesspiegel« verliess, um den Propyläen Verlag zu übernehmen. Dadurch überliess ich Unruh meinem Nachfolger Hans Scholz. Er war in Zukunft Geburtshelfer für Fritz von Unruhs Erinnerungen. Unter irgendeinem Vorwand brach der »Tagesspiegel« die Unruh-Serie ziemlich bald ab. Auch unser Briefwechsel schlief allmählich ein, obwohl ich ihm hatte versichern müssen, dass ich auch nach meinem Weggang für seine Texte zuständig bleiben werde.

Ein paar Jahre später ging Unruh tatsächlich zum zweiten Mal ins amerikanische Exil, dann an die französische Riviera, zwischendurch zurück an den Hof Oranien bei Diez an der Lahn, wo er seine Jugend verbracht hatte. Diesmal war es ein endgültiger Abschied. Zehn Jahre noch lebte er abwechselnd in den Vereinigten Staaten, in Frankreich und in Deutschland, bis er 1970, ganz und gar vergessen, in seinem Haus in Diez starb, wohin er mich so oft vergebens eingeladen hatte. Die Nachrufe auf Unruh waren verlegen-achtungsvoll. Inzwischen war die Revolte der Achtundsechziger auf ihrem Höhepunkt. Rudi Dutschke und Benno Ohnesorg beschäftigten die Öffentlichkeit mehr als die Verzweiflung des dreiundachtzigjährigen Expressionisten, der längst in doppelter Hinsicht heimatlos geworden war.

Grosse Reisen

Jugendfreundschaften bleiben oft lange erhalten. Henning Schlüter, mit dem ich schon als Zwölfjähriger zusammen ins Arndt-Gymnasium gegangen war, wurde, als wir beide aus dem Krieg zurückgekehrt waren, einer unserer engsten Freunde. In diesen frühen Jahren lernte ich nicht nur den Studenten Klaus Schütz, sondern auch zwei andere junge Männer kennen, die bald eine steile Karriere in der Politik machen sollten – Karl Schiller und Carlo Schmid. Ich glaube, es war Peter Galliner, der mich eines Tages ins Schlichter mitnahm, wo er sich einmal im Monat mit Karl Schiller zum Essen traf, der 1961 vom Regierenden Bürgermeister Willy Brandt als Wirtschaftssenator nach Berlin geholt worden war. Schiller muss damals schon in seinen Vierzigern gewesen sein, aber er hatte noch immer etwas vom Gymnasiasten an sich, auch als Bonner »Superminister« behielt er das Äussere eines Musterstudenten. Aber dieser Eindruck verwischte sich bei den ersten Worten, denn die bestechende Intelligenz Schillers und sein Selbstgefühl brachten sich sofort zur Erscheinung. Diese Bekanntschaft im Schlichter verselbständigte sich bald und hat bis zum Tod Schillers ein halbes Jahrhundert Bestand gehabt.

Wahrscheinlich hat eine gemeinsame Reise in den Orient dabei die ausschlaggebende Rolle gespielt, zu der wir von Hans-Christoph Seebohm, dem Verkehrsminister im Kabinett Adenauer, eingeladen worden waren. Über Istanbul, das alte Konstantinopel, führte die Reise nach Bagdad, wo wir im Hotel Semiramis untergebracht waren, das aus der Zeit der englischen Herrschaft stammte. Der einstöckige Bau atmete den altmodischen Charme englischer Kolonialarchitektur; er steht mir noch heute vor Augen, weil mit ihm ein besonderes Erlebnis verbunden ist. Die Zimmer im Semiramis waren saalartig geräumig und auf englische Weise karg möbliert. Aber Bäder und Toiletten gehörten damals nicht zur Ausstattung von Hotelzimmern im Nahen Osten. Nachts wachte ich auf und suchte das Etagen-Bad, aber meine Tür wollte sich nicht öffnen. Mit Gewalt stemmte ich mich gegen sie, bis der Widerstand endlich nachgab. Etwa vierzehnjährige Jungen schliefen an die Hoteltüren gelehnt. Sie hatten offensichtlich die Aufgabe, die Gäste zu bewachen.

Als ich den Gang entlangging, hatte ich meine Zweifel, ob sie uns wirklich bewachten, nicht einer der wohl zwanzig oder dreissig Jungen wachte auf, sie schliefen den unerschütterlichen Schlaf vierzehnjähriger Jungen. Das Hotel Semiramis ist längst durch einen modernen Bau mit allem Komfort ersetzt worden. Nun ist es ein gesichtsloses Haus, das ebenso gut in Tokio oder Reykjavik stehen könnte, das Cachet

In der Grossen Koalition Kiesingers übernahm Strauß das Finanz- und Schiller das Wirtschaftsministerium. Bald hiessen die beiden nur »Plüsch und Plum«, denn sie verstanden sich zum allgemeinen Staunen zunächst blendend.

der alten Kolonialwelt ist dem modernen Komfort gewichen, und wann immer ich nach Jahrzehnten nach Bagdad oder Damaskus kam, vermisste ich die alte Welt.

Die Reise führte über Amman nach Beirut, der Hauptstadt des Libanon, bis nach Teheran, von wo wir Abstecher nach Isfahan, der alten Residenz Schah Abbas des Grossen, machten, das mir durch Franz Altheim so vertraut war. Damals war Isfahan noch eine Märchenwelt

415

farbig glasierter Kachelarchitektur, zu der weder eine Eisenbahn noch eine Autostrasse führte, so dass wir kleine zweimotorige Flugzeuge benutzten. Den Transport der Iraner, die wir Perser nannten, hielten meist Kamelkarawanen aufrecht, denn die wenigen Lastwagen, die sich auf verschlungenen Wüstenpisten der einstigen Metropole näherten, wurden nicht für Alltagsgüter benutzt. Einmal fuhren wir von Teheran aus über das Elburs-Gebirge an das Kaspische Meer, wo die jungen Perserinnen ihre Gewänder ablegten, unter denen sie mitunter modernste französische Badekleidung trugen.

Ein anderes Mal war die Reisegruppe in die hoch in den Bergen gelegene Sommerresidenz zu Schah Resa Pahlavi und der Kaiserin Soraya eingeladen, wo unter Gebirgszedern und über kunstvoll durch den Park geleiteten Wasserfällen eine Gesellschaft versammelt war, wie man sie nur im Orient erleben konnte. Der Schah plauderte lebhaft mit den Botschaftern Englands, Frankreichs und Deutschlands. Unter den Diplomaten fiel einer besonders in die Augen, der zu der einen Seite türkisch, zur anderen persisch und offensichtlich auch einheimische Dialekte sprach. Wir erkundigten uns, wer der blendend aussehende Herr sei, und Soraya, offensichtlich glücklich, wieder ihr aus der Kindheit vertrautes Deutsch zu sprechen, antwortete: »Das ist der sowjetische Botschafter.« Die Umstehenden ergänzten nicht ohne Neid, die sowjetische Diplomatenausbildung sei regional gegliedert; die Absolventen würden auf die jeweiligen Einsatzgebiete in Europa, im Nahen Osten, in Ostasien oder in Lateinamerika auch sprachlich vorbereitet und seien dadurch westlichen Diplomaten oft weit überlegen.

Die Zusammensetzung der offiziellen Reisegesellschaft aus Anlass der Eröffnung der Lufthansa-Linie im September 1956 nach Teheran war nicht gerade inspirierend, Angehörige der türkischen, irakischen, syrischen und libanesischen Botschaften in Bonn, der Bundesverkehrsminister Seebohm mit einem Dutzend seiner Mitarbeiter, Vertreter verschiedener Bonner Ministerien und der deutschen Verkehrsflughäfen und eine Reihe von Chefredakteuren deutscher Zeitungen, unter denen mir nur Giselher Wirsing, der Chefredakteur von »Christ und Welt«, bekannt war. Später sollte mir Wirsing das Angebot machen, Chefredakteur seines Blattes zu werden, was dann an meiner Stelle Ulrich Frank-Planitz wurde.

Meine nähere Bekanntschaft mit Karl Schiller – in der Liste der Teilnehmer unter »Sozial-ökonomisches Seminar der Universität Hamburg« aufgeführt – begann auf einem Empfang in der Residenz des deutschen Generalkonsuls in Istanbul Kurt-Fritz von Graevenitz. Wir standen im Park der alten kaiserlichen deutschen Botschaft beim Sultan, hoch über dem Bosporus, die jetzt das deutsche Generalkonsulat beherbergte. Graevenitz hatte viel Mühe darauf verwendet, deutsche Speisen und Getränke herbeizuschaffen, was die türkischen Gäste vielleicht würdigten, aber die Deutschen mit Befremden sahen. Irgendwann sagte ich zu Karl Schiller, dass dergleichen Gedankenlosigkeit nur deutschen Diplomaten einfallen könne: »Da fliegt man Tausende von Kilometern, um dann am Goldenen Horn vor die Wahl zwischen verschiedenen deutschen Bieren gestellt zu werden.«

Während des Empfangs bedankte sich Seebohm in unser aller Namen bei den türkischen Gastgebern: »Hier am Bosporus haben die gemeinsamen Interessen unserer beider Staaten immer wieder Türken und Deutsche zusammengeführt. So erhebe ich das Glas auf die Waffenbruderschaft im Ersten und auf die für Sie sicherlich schwierige Neutralität im Zweiten Weltkrieg.« Der Sozialdemokrat Schiller liess sich nicht anmerken, was er von diesem zweifelhaften Kompliment hielt, welches die junge Bundesrepublik in die Kontinuität des deutschen Kaiserreichs und des Dritten Reiches stellte. Wir nahmen auf jeden Fall sehr bald einen Wagen, der uns in die Innenstadt von Istanbul brachte, das als Byzanz ein Vorposten des Griechentums in der Welt des Orients gewesen war, bis es als Konstantinopel Hauptstadt des Oströmischen Reiches wurde, woran die mächtige Hagia Sophia erinnerte.

Seit diesem Abend absentierten Schiller und ich uns immer häufiger von unseren Reisegefährten, auch als es wenig später nach Beirut ging, wo vom Schriftstellerverband des Libanon ein Empfang im legendären Luxushotel St. George gegeben wurde, das auf einen Felsvorsprung in das Meer hineingebaut war. Im Bürgerkrieg ist es Ende 1976 in Flammen aufgegangen und ist seitdem nur noch eine Ruine. Der Präsident des Schriftstellerverbandes begrüsste uns mit Komplimenten, die die Peinlichkeiten von Istanbul noch übertrafen. Er kehrte die Verdienste der Deutschen heraus, die im Zweiten Weltkrieg nahe daran gewesen seien, die britische Herrschaft im Mittleren Osten endgültig zu beenden, der Grossmufti von Jerusalem habe schon alle Vorbereitungen getroffen gehabt, Rommel, den Befehlshaber des deutschen Afrika-Korps, als Sieger zu begrüssen. Dieser Passus führte zu stürmischem Beifall der versammelten Gäste. Das konnten Seebohm und Schiller doch nicht unwidersprochen lassen, aber ihr Protest fiel diplomatisch milde aus. In arabischen Augen nähme sich die Politik des Dritten Reiches wohl anders aus als in den Augen der Deutschen, denn die Politik Hitlers haben die Deutschen mit Millionen Opfer bezahlt, ganz abgesehen von den Millionen Ermordeter und dem Verlust seiner östlichen Provinzen.

Die Reise durch den Mittleren Osten führte auf der Hin- und auf der Rückreise nach Beirut. Beim ersten Besuch waren wir wie verzaubert von dieser Stadt, die im ganzen Orient als »Paris des Ostens« galt. Beirut war damals in der Tat eine kosmopolitische Stadt, in der die einzelnen Völker, Religionen und Stämme sich friedlich zueinander fanden. Schiller, wie oft ein wenig professoral, gab die Weisheit eines Reiseführers zum besten, wonach Christen der verschiedensten Glaubensrichtungen, mohammedanische Araber, Drusen, Kurden und Armenier friedlich zusammenlebten und nicht selten sogar verschwägert waren. Als wir unsere Gastgeber fragten, welcher Glaubensrichtung die Anwesenden angehörten, stellte sich heraus, dass man die Religionszugehörigkeit voneinander oft gar nicht kannte; so gleichgültig war dergleichen noch. Nur fünfzehn Jahre später bekämpfte man sich in einem blutigen Bürgerkrieg, in dem dieses kosmopolitische Beirut ein für alle Mal unterging.

So habe ich doch noch einen Hauch der alten Welt erlebt, wie sie nicht nur in der Erinnerung meines Vater so deutlich gelebt hatte, sondern von der auch Lawrence Durrells »Justine« und »Balthasar«

und die anderen Romane seiner grossen Alexandria-Tetralogie erzählen. Es war eine Welt, in der die Völker, Religionen und Sprachen neben- und miteinander lebten, ein wirklicher Schmelztiegel des Verschiedenartigen hatte gerade daraus seinen Reiz bezogen. Das alte Konstantinopel, das jetzt Istanbul war, hatte diese Welt am deutlichsten verkörpert, in der Griechen eine entscheidende Rolle gespielt haben, aber auch das armenische Element sichtbar war und neben den Osmanen auch die Franzosen beherrschend Einfluss gehabt hatten. Zur Zeit meiner Reise war Istanbul noch immer eine Vielvölkerstadt. Die Revolution Kemal Atatürks hatte nicht nur den Burnus, den Fez und den Schleier verboten, sondern auch die arabische Schrift mit einem Dekret verbannt. Das Strassenbild Istanbuls zeigte diese Verwestlichung und Verweltlichung sehr deutlich. Ich kann mich nicht entsinnen, eine Handvoll verschleierter Frauen auf den Strassen gesehen zu haben.

Die Arabisierung, die mit einer Re-Islamisierung einherging, hat aus dieser alten Vielvölkermetropole eine arabische Millionenstadt gemacht, an der heute nur hin und wieder an verblichenen Schriftzeilen die alte Welt ablesbar ist. Französische Ladenschilder oder griechische Namen von Plätzen rufen in Erinnerung, dass Beirut wie Instanbul und Alexandrien noch um 1900 kosmopolitische Metropolen am Mittelmeer waren. Die Geburtenexplosion, die aus einer kleinen Grossstadt einen Acht-Millionen-Moloch gemacht hat, liess nichts davon übrig. Als ich Alexandrien später wiedersah, war es eine rein arabische Stadt geworden, die bestenfalls noch Wert auf ihre Pharaonen-Vergangenheit legte. Weder von der Gründung Alexanders des Grossen noch von der blühenden Stadt Julius Caesars oder Marc Antons ist etwas geblieben, und selbst die Grossstadt der Ptolomäer, die Stadt Kleopatras, ist vergangen. Arabische Massen beherrschen das Stadtbild, das kaum noch unterscheidbar von Kairo ist.

Damals, als Karl Schiller und ich gemeinsam Beirut erkundeten, war die Metropole des Libanon noch eine Stadt des Friedens und des Glanzes. Morgens badeten wir vom »St. George« aus im Meer, mittags bummelten wir durch den »Suk«, den Basar, der auf arabische

Manier in Gassen von Gewürz-, Teppich-, Schmuckhändlern und Kesselschmieden gegliedert war und über dem ein betörender Duft lag. Am späten Nachmittag brachte uns ein Wagen zum Anti-Libanon, dessen silbrige Höhen und dessen Gipfel von Schnee bedeckt waren. Als wir nach zwei Wochen auf der Rückreise von Teheran wieder durch Beirut kamen, war dort inzwischen der Herbst eingefallen, was eine extreme Luftfeuchtigkeit bedeutete, wie ich sie in meinen afrikanischen Jahren in Benghasi oder in Tripolis nie erlebt hatte, wo heisses und trockenes Wüstenklima herrschte. Jetzt war jede Bewegung mit lähmender Anstrengung verbunden. Ich weiss noch, wie Schiller und ich für einen Empfang beim Staatspräsidenten uns mit einer Dusche zu erfrischen gesucht hatten, uns aber bereits, während wir von unseren Hotelzimmern zur Halle gingen, die feuchte Schwüle überfallen hat, die unsere Hemden nass am Körper hängen liess. Am nächsten Tag verzichteten wir auf den erneuten Abstecher in den Basar, von dem geplanten Bummel in der Altstadt war nicht mehr die Rede. Erleichtert betraten wir unsere klimatisierte Lufthansa-Maschine, die uns ohne weitere Abstecher nach Deutschland zurückbrachte.

Für Karl Schiller schlossen sich bald nach dieser Reise Jahre eines immer steileren Aufstiegs an, Kiesinger machte ihn 1966 zum Wirtschaftsminister, fünf Jahre später übernahm er zusätzlich das Finanzministerium. Angesichts dieses schwindelerregenden Aufstiegs fragte ich Schiller einmal ironisch, wohin ihn denn seine nächste Station führen werde. Schiller sah mich fast mitleidig an: »Das liegt doch auf der Hand. Der nächste Bundeskanzler heisst Karl Schiller.« Die Selbstsicherheit, mit der er bald jedermann spüren liess, dass er den Marschallstab im Tornister trug, machte ihn allmählich zu einem Aussenseiter in seiner eigenen Partei. Als Konflikte mit Willy Brandt hinzukamen, dessen Finanzpolitik er nicht mittragen wollte, war sein Abschied vom Kabinett gekommen. Er schied 1972 aus der Regierung und trat bald auch aus der SPD aus. Es war das Jahr, in dem er sich der CDU annäherte. Gemeinsam mit Ludwig Erhard, dem legendären Wirtschaftsminister der Adenauerzeit, machte er Wahlkampf für die CDU, obwohl er vor dem letzten Schritt zurückschreckte und niemals ihr Mitglied wurde.

Diese Haltung musste ihn Axel Springer nahebringen, der einst mit Max Brauer zusammen an der Spitze der Ostermärsche durch Hamburg gezogen war und für den Willy Brandt den Grundstein seines Berliner Hochhauses in der Kochstrasse gelegt hatte. Nun war er ein leidenschaftlicher Kritiker sozialdemokratischer Politik. Wochenlang lebte Schiller in Springers Gästehaus in Kampen im Klenderhof, wohin auch ich mich damals zuweilen mit Autoren wie Joachim Fest oder Hans-Joachim Schoeps zur Arbeit zurückzog. Es war die Zeit, da die Anti-Springer-Kampagne sich in Gewalttätigkeiten überschlug, bei der Jugend wurde es schick, eine Plakette zu tragen: »Enteignet Springer«. Nicht nur das Châlet des Verlegers in Gstaad wurde niedergebrannt, sondern wenig später warfen Studenten Fackeln auch auf den reetgedeckten Klenderhof, wo Schiller gerade zu Gast war. Mit Müh und Not rettete sich das einstige Wunderkind im Pyjama in die Nacht.

Unsere Freundschaft blieb in all diesen Jahren und Jahrzehnten erhalten. Als ich später mit Helmut Schmidt in seinem Haus in Hamburg-Langenhorn an seinen Erinnerungen »Menschen und Mächte« arbeitete, fuhr mich Schmidt zum Hotel Atlantic zurück, das jahrzehntelang mein Hamburger Quartier war. Auf der Fahrt zur Innenstadt machte ich den Vorschlag, bei Schiller hereinzuschauen, und sei es nur, um ihm hallo zu sagen. Schmidt wehrte ab: »Aber grüssen Sie ihn herzlich.« Gab es irgendwelche Konflikte aus der frühen Hamburger Zeit, oder hatten ihn Schillers Wandlungen zwischen den Parteien und seine Annäherung an Axel Springer irritiert?

Im April 1981 bestand Schiller darauf, dass ich zur Feier seines siebzigsten Geburtstages in das Hotel Atlantic komme. So fuhr Imke mit den Kindern zu dem lange geplanten Ski-Urlaub in die Dolomiten voraus, während ich wohl oder übel meinen Smoking in meinen Koffer packte. Das Festessen musste in der Halle stattfinden, denn keiner der Säle des Atlantic war gross genug, die Gäste zu fassen. Als ich die Halle betrat und die festlich gedeckten Zehner- oder Zwölfer-tische sah, war alles versammelt, was Rang und Namen in der deut-schen Politik, Wirtschaft und Wissenschaft hatte. Mir war, sicherlich aus Erinnerung an die Tage der frühen Freundschaft, der Platz zwi-schen beiden Schillers zugedacht.

Das war nicht unser letztes Zusammensein. Nach der Wende und dem sich abzeichnenden Debakel der Ostländer schlug ich Schiller einen Band vor, in dem er Alternativen zur Politik der Bundesrepu-blik entwickeln sollte. Mehrmals fuhr ich zu Schillers Wohnung am Leinpfad in Hamburg, wo er zwischen Gerd Bucerius und Rudolf Augstein wohnte, mit denen er seit Jahrzehnten befreundet war. Das Buch sollte sich als schwierige Geburt herausstellen, zum einen wollte Schiller denen, die die Verantwortung trugen, nicht wohlfeile Ratschläge von aussen geben, zum anderen war er sich ganz offen-sichtlich selber nicht sicher, wie man der wirtschaftlichen Misere im Osten begegnen solle. Vor allem aber war Schiller inzwischen zwei-undachtzig Jahre alt, und dem Parlamentarier, dessen Eloquenz einst bewundert und gefürchtet worden war, fiel es jetzt offensichtlich schwer, sich für eine Formulierung zu entscheiden. So musste ich das Erscheinen des Buches von einem Halbjahr zum anderen ver-schieben.

Als »Der schwierige Weg in die offene Gesellschaft – Kritische An-merkungen zur deutschen Vereinigung« 1994 wenige Monate vor Schillers Tod erschien, war niemand recht glücklich damit, bis auf die Vertriebsleute meines Verlages, denn der alte Ruhm Karl Schillers verhalf dem Band zu einem Erfolg von doch zumindest fast fünf-zehntausend Exemplaren. Ein paar Mal fuhren Imke und ich noch zu Schiller und seiner vierten Frau Sylvia, einer ostpreussischen Juri-stin, bei der er endlich zur Ruhe gekommen und das Glück gefunden zu haben schien. Sylvia Schiller hatte, ohne dass davon jemand etwas wusste, Krebs im letzten Stadium, was sie vor allem vor ihrem Mann verheimlichte, weil es erkennbar auch mit ihm zu Ende ging. Am 26. Dezember 1994 starb Karl Schiller, nach nur wenigen Tagen ge-folgt von seiner Frau.

Mehr als vier Jahrzehnte waren wir befreundet, ich hatte seinen Lebenslauf vom jüngsten Rektor der Universität Hamburg bis zum Superminister Willy Brandts begleitet, und er hatte verfolgt, wie aus dem »Zeitungsschreiber« der fünfziger Jahre allmählich doch etwas halbwegs Respektables geworden war.

Wenn man alt und schliesslich sehr alt wird, überlebt man fast alle seine Freunde, auch von Carlo Schmid musste ich Abschied nehmen. Von meinem verlegerischen Beirat, der das intellektuelle und menschliche Vergnügen meines Verlegerlebens gewesen ist, sind Joachim Fest und ich heute die einzig Übriggebliebenen. Als erster war Waldemar Besson schon als Enddreissiger gestorben, als er gerade auf dem Weg von Konstanz zu einer Beiratssitzung nach Berlin war. Wenige Jahre später folgte Imkes Vetter, der Tübinger Theologe und Kirchenhistoriker Klaus Scholder, der bedeutende Bücher für mich geschrieben hatte. Qualvoll verbrachte einer meiner ältesten Freunde, Hans Schwab-Felisch, seine letzten Wochen in der Sterbeklinik Konrad Schilys in Herdecke, des Bruders des Innenministers, und zuletzt mussten wir auch von Johannes Gross Abschied nehmen. Man soll die Dinge nicht dramatisieren, lange leben heisst viel Abschied nehmen.

Der österreichische Bundeskanzler Bruno Kreisky, mit dem mich eine langjährige Freundschaft verband, während der Präsentation seiner Erinnerungen »Zwischen den Zeiten«, 1986.

Schaue ich zurück, so ist es eigentlich merkwürdig, dass zu meinen engsten Bekannten, die oft auch Freunde wurden, Politiker, noch dazu Sozialdemokraten, und nicht eigentlich Schriftsteller zählten, obwohl ich doch fast zwei Jahrzehnte als Verleger des Propyläen und Ullstein Verlages mehr mit der Literatur als mit der Politik zu tun hatte. Natürlich hatte ich zahlreiche Kontakte zu Schriftstellern.

423

Heinrich Böll war schon in den frühen fünfziger Jahren, mitunter von Hans Schwab-Felisch begleitet, bei uns in Dahlem; neulich hat mich Martin Walser an einen überlangen Abend erinnert, als wir wohl so ausschweifend gefeiert hatten, dass Walser nur ungern daran zurückdachte, weil er danach von Ingmar Zeisberg, der damaligen Frau Wolfgang Staudtes, kaum zu trennen gewesen war. Günter Grass hatte ich zwar schon in den späten fünfziger Jahren in der Hochschule für Bildende Künste getroffen, aber erst in den sechziger Jahren waren wir uns näher gekommen. Am deutlichsten ist mir ein langer Abend in Erinnerung, als ich ihn mit Richard von Weizsäcker zusammenbrachte, der gerade Regierender Bürgermeister von Berlin geworden war und Berlins wichtigsten Autor kennenlernen wollte. Wenn man in der literarischen Welt verkehrt, kennt man eben im Lauf der Zeit fast jeden, der sein Leben mit der Verfertigung von Büchern verbringt.

Mit Willy Brandt war ich seit Kongress-Tagen vertraut, mit Bruno Kreisky verbrachte ich mehr als einen langen Abend bei einem Heurigen in Grinzing oder in seinem Haus auf Mallorca, und mit Helmut Schmidt brachten mich seine Bücher zusammen. Sonderbarerweise sammelten sich fast ausschliesslich Sozialdemokraten in meinem Verlag, obwohl ich doch keinen Hehl daraus machte, dass meinem Temperament das Bewahren näher lag als das Umstürzen. Franz Josef Strauß und Richard von Weizsäcker waren fast Aussenseiter in meinem Verlag. Auch Egon Bahr stiess endlich zu mir, und mit mehreren Büchern kam Peter Glotz, der doch viele Jahre Bundesgeschäftsführer der Sozialdemokraten war. Niemand störte sich an dieser Diskrepanz zwischen dem Persönlichen und dem Verlegerischen, und mitunter hatte ich das Gefühl, dass eine solche Unabhängigkeit den Autoren nicht unangenehm war.

Das gilt auch für Carlo Schmid, der doch nie mein Autor wurde. Wir müssen uns in den späten fünfziger Jahren das erste Mal in seinem Haus in Aegidienberg bei Bad Honnef getroffen haben, und es war eher unsere beiderseitige Neigung zu französischen Rotweinen als zu

politischen Überzeugungen, die uns zusammenführte. Irgendwann am Abend kam er auf Stefan George und Hugo von Hofmannsthal zu sprechen, die seit den Jahren in Ettersburg auch die Götter meiner Jugend gewesen waren. Carlo Schmid hatte das Herbstgedicht Georges ganz nebenbei erwähnt, und als ich ohne zu zögern anfing:

> Verschweigen wir, was uns verwehrt ist,
> Geloben wir, glücklich zu sein,
> Wenn auch nicht mehr uns beschert ist
> Als noch ein Rundgang zu zwein

war es mit den Themen, die uns eigentlich zusammengeführt hatten, zu Ende und wir fragten uns gegenseitig Gedichte ab. Da war er mir weit überlegen, nur beim Aufsagen des Hofmannsthalschen »Vorfrühling« konnte ich mithalten:

> Es läuft der Frühlingswind
> Durch kahle Alleen,
> Seltsame Dinge sind
> In seinem Wehn.

Er hat sich gewiegt,
Wo Weinen war,
Und hat sich geschmiegt
In zerrüttetes Haar.

Man kann den Beginn einer Freundschaft selten auf den Tag und die
Stunde festlegen, aber wir beide konnten das. Es waren jene abendlichen Stunden hoch über dem Rhein, als wir bei vielen Gläsern uns
gegenseitig mit Gedichten übertrumpften, die vor der Jahrhundertwende geschrieben worden waren. Ein- oder zweimal habe ich Carlo
Schmid getroffen, wenn er in Berlin zu tun hatte, und ich pflegte, auf
unsere verlegerische Distanz anspielend, ihn dann stets mit der Zeile
zu begrüssen: »Verschweigen wir, was uns verwehrt ist.«
Irgendwann, das muss schon in den frühen siebziger Jahren gewesen
sein, hatte mich Michael Thomas, später auch mein Autor, in sein
Haus in der Provence eingeladen, wo ich mit Imke, Joachim und
Ingrid Fest und mit Alexandra Gräfin Plettenberg, die Carlo Schmid
eng verbunden war, einen Kurzurlaub verbrachte. Alexandra hatte
mir erzählt, dass ihr Freund Carlo mit einem Erinnerungsbuch umgehe, mit dem er sich schwertue. Ich weiss nicht mehr, ob Carlo
Schmid mich wenige Wochen später selber angerufen hat oder ob
ich ihm von mir aus meine Hilfe angeboten habe, obwohl ich wusste,
dass er einen Vertrag mit dem S. Fischer Verlag abgeschlossen hatte.
Kurz und gut, ich fuhr nach Croix Valmer, wo er ein kleines, aber
reizvolles Haus besass, und hatte mich auf ein paar Arbeitstage eingerichtet. Zu denen kam es auch, aber es sollte mir gleich am ersten
Tag deutlich werden, dass da nicht viel zu machen war. Carlo Schmid,
einst ein blendender Redner und grandioser Formulierer auch in
literarischen Essays, hatte zu lange gewartet, er kam mit sich und seinen Erinnerungen nicht mehr zu Rande. Er wollte »authentisch«
sein und sich nicht auf sein Gedächtnis verlassen. So bestehen seine
Memoiren zu weiten Teilen aus hineinmontierten Reden, Denk-
schriften und Bundestagsprotokollen, was ihnen zwar eine gewisse
Authentizität gibt, sie aber zu einer langweiligen Lektüre macht.

Als seine »Erinnerungen« 1979 herauskamen, hatten sie natürlich einen Achtungserfolg, und gut zwanzigtausend Exemplare werden schon verkauft worden sein. Aber für die Literatur bedeuten sie wenig, und kaum etwas geben sie von der farbigen Figur Carlo Schmids preis. Das ist eine Erfahrung, die ich bei einer Vielzahl von Lebenserinnerungen gemacht hatte, zuletzt bei Michail Gorbatschows tausendseitigem Memoirenband, der in grossen Teilen so mühselige Lektüre ist, dass ich im kleinen Kreis dem eine Kiste Champagner versprach, der den Nachweis erbringen könne, das Buch zu Ende gelesen zu haben.

Aus anderem Grund ist mir die Woche mit Carlo Schmid und seiner Lebensgefährtin Hanne Göbel in heiterer Erinnerung. Hanne hatte mich gefragt, welche Wünsche ich für das Abendessen habe, was es nach französischer Sitte stets am späten Nachmittag gab. Ich hatte abgewehrt, ich müsse ohnehin abnehmen und wäre mit einer Kleinigkeit zufrieden. »Das trifft sich gut. Auch Carlo liege ich lange schon in den Ohren, dass er eigentlich gut zwanzig Kilo abnehmen müsse. Sehen Sie ihn sich nur an.« In der Tat fiel Carlo Schmid, der im Zweiten Weltkrieg als juristischer Berater der deutschen Oberfeldkommandantur im besetzten Lille spindeldürr gewesen war, durch seine Körperfülle auf, die der Masse seines Charmes entsprach. Hanne hatte für ihn ein Pulver aus einer Bonner Apotheke mitgebracht, das mit Wasser angerührt den schmackhaftesten Brei geben würde, und damit das Essen auch abwechslungsreich wäre, hatte sie drei verschiedene Pulver mit Himbeer-, Kirsch- und Erdbeergeschmack ausgesucht.

Carlo Schmid liess sich nicht anmerken, was er davon hielt, und ich spielte den Zufriedenen. Dann fuhr Hanne Göbel zu Besorgungen nach Grasse und überliess uns der Arbeit und unserem Schicksal. Als der Mittag herangekommen war, sagte Carlo Schmid wie selbstverständlich, dass wir jetzt nach St. Tropez aufbrechen sollten, wo das Restaurant L'Éscale seiner Küche wegen bekannt war. In der Tat haben wir im alten Fischerhafen exzellent gegessen und eine sehr gute

Flasche Entre deux Mers getrunken. Dann fuhren wir nach Croix Valmer zurück, denn bei der Rückkehr von Hanne mussten wir wieder im Haus sein. Als sie kam, fragte sie uns, ob uns der Erdbeer-Brei zum Lunch auch gut geschmeckt habe, und Carlo sagte mit treuherzigster Miene: »Jeden Tag schmeckt er eigentlich besser« und machte dazu ein frommes Gesicht. Diese Hungerkur wiederholten wir täglich, und es fiel niemandem auf, dass wir beim Abschied eher zu- als abgenommen hatten. Zu Weihnachten kam jedes Jahr eine in grobes Leinen eingenähte Flasche Marc de Champagne, die im Gegensatz zu dem Danziger Goldwasser von Tiburtius ein reiner Genuss war und den ganzen Zauber der Provence vor uns aufsteigen liess.

So behalte ich Carlo Schmid mit seinem Temperament, seinem grossen Charme und all seiner Vitalität in Erinnerung, die ihn zuletzt fast ganz verlassen hatte. Wir waren einander so nahe gekommen, dass wir zum Vornamen übergingen, was bei Sozialdemokraten sehr viel leichter der Fall ist als bei Christdemokraten. Imke amüsierte sich, mit wem mich die Freundschaft so weit trieb, dass wir uns duzten – mit dem österreichischen Kanzler Bruno Kreisky, der immer Wert darauf legte, kein Sozialdemokrat, sondern ein Sozialist zu sein, mit Klaus Schütz, mit Egon Bahr und sogar mit Harry Ristock, der doch der Linksaussen seiner Partei war. Mit der Gegenseite ist die Freundschaft nie so weit gegangen, und der Gedanke, etwa Weizsäcker »Richard« genannt zu haben, hat fast etwas Amüsantes, hatte er mich doch mehr als einmal aufgefordert, als Senator in sein Berliner Kabinett einzutreten. Dann kam Weizsäcker mit seinen Erinnerungen »Vier Zeiten« in meinen Verlag, wo er mit rund hundertachtzigtausend verkauften Exemplaren einer der grossen Erfolge meiner letzten Verlegerjahre wurde.

Eine Auslandsreise war in der Welt meiner Eltern und Grosseltern etwas aus der Ordnung Fallendes. Die Hochzeitsreise führte in bürgerlichen Kreisen zuweilen nach Venedig, aber schon ein paar Tage in Rom waren so ungewöhnlich, dass sie in den Familienpapieren vermerkt wurden. Nicht nur Theodor Fontane fuhr jung verheiratet nach Rom, sondern er lässt seinen jungen Stechlin mit seiner Armgard seine Hochzeitsreise durch Italien machen. Aber im Grunde liegen ihm die Museen in Florenz nicht wirklich: »Immer rechts eine Himmelfahrt und links ein Höllensturz.« Das war wohl weder für die Stechlins noch für Theodor und seine Emilie das richtige.

Wer war je in Paris gewesen, von London ganz zu schweigen? Dass meine Mutter mit meiner Schwester Gitty zur Feier des Abiturs eine Reise nach Abbazia gemacht hatte, wie damals Opatja hiess, war ganz ungewöhnlich, wahrscheinlich hatte die Annäherung Hitler-Deutschlands an das Italien Mussolinis dergleichen ermöglicht. Ich kenne niemand aus der Verwandtschaft, der 1937 zur Weltausstellung nach Paris gefahren wäre, hauptsächlich allerdings der fehlenden Devisen wegen. Die Jahre kurz vor dem Krieg brachten eine Forcierung des Schüleraustauschs mit den Westmächten, wie auch Gitty ihre Austauschschülerin Kathleen Haydorn aus London und ich meinen Daniel Guillonot aus Paris im Gästezimmer im Dachgeschoss einquartiert hatten. Auch Österreich gehörte zum Ausland, und als sich die Beziehungen zu Wien verschlechterten, war es für meine Eltern schwierig, die nötigen Schillinge für ihre Reise an den Königssee zu beschaffen.

Nach zwei Jahren brachte dann der Zweite Weltkrieg einen Tourismus anderer Art. In ganz Europa standen bald deutsche Truppen, und die im Urlaubergepäck mitgebrachten Pariser Seidenstrümpfe oder der norwegische Silberfuchs waren nichts Ungewöhnliches. Auslandsaufenthalte waren kommun geworden; jeder Gefreite brachte französische Stoffe oder Cognac aus Paris mit. Der Zusammenbruch von 1945 bedeutete nur einen vorübergehenden Einschnitt. Schon in den fünfziger Jahren ermöglichte das Wirtschaftswunder Reisen in den Süden. In Rimini traf man seinen Kolonialwarenhändler; die Adria wurde bald »Teutonengrill« genannt. Die Exklusivität einer Italienreise gab es nicht mehr, und die nächsten Jahrzehnte sollten geradezu eine Epoche des Tourismus werden.

In den folgenden Jahren hatte ich offensichtlich die Amerikaner schon durch meine Tätigkeit im »Monat« und in der amerikanischen »Neuen Zeitung« auf mich aufmerksam gemacht, und die Bekanntschaft meiner Schwiegereltern mit Oberst Darling und Oberst Alexander hatte eigene Verbindungen geschaffen. Dass ich seit 1955 als Feuilletonchef im »Tagesspiegel« einen vergleichsweise wichtigen Posten hatte, machte mich dem State Department vermutlich zusätzlich interessant. Jedenfalls erhielt ich 1961 eine Einladung zu einer sechswöchigen Amerikareise, zu der ich mir einen provisorischen Pass und das Visum im amerikanischen Headquarter in der Dahlemer Clayallee abholte. Das war aber durchaus nichts Ungewöhnliches, alle meine Freunde bis hin zu Friwi Sell und Klaus Schütz hatten kürzere oder längere Zeit in den Vereinigten Staaten studiert. Wir waren wohl alle als »future opinion leaders« eingestuft worden, was auf der Reise das Angenehme mit sich brachte, dass man nicht nur erster Klasse flog, sondern auch stets mit einem schwarzen Dodge des State Departments vom Flughafen abgeholt und in sein Hotel gebracht wurde.

In Washington war die Reiseroute mit mir besprochen worden, wobei man sich an meine Wünsche hielt, so befremdet man auch gewesen sein mochte, dass ich keinen Wert darauf legte, Chicago mit den Hochhäusern Mies van der Rohes zu sehen, der doch mit Onkel Ete fast befreundet gewesen war. Statt dessen nannte ich eher ausgefallene Wüstenstädte wie Santa Fé und Phoenix, auf die mich wahrscheinlich irgendwelche Abenteuerbücher meiner Jugend neugierig gemacht hatten. Im ganzen kam eine eher konventionelle Route zustande, die in Washington begann und über das kleine Williamsburg – das im Stil des 18. Jahrhunderts als Spielzeugstadt wiederhergerichtet worden war und zum Pflichtpensum für alle Gäste des State Departments gehörte – nach Philadelphia, New Orleans, Los Angeles, San Francisco, Denver, Boston und zuletzt New York führte.

Meine Amerika-Reise begann im April 1961, zumindest im Nachhinein gesehen, mit einem Knalleffekt. Im State Department hatte man mir eine Pressekonferenz ans Herz gelegt, mit der der neue Präsident Kennedy sich seinem Land und der Welt vorstellen werde. Ich kann nicht sagen, dass ich Kennedy mit besonderer Erwartung entgegengesehen habe, wenn ich natürlich auch den Wahlkampf der beiden so ungleichen Kontrahenten verfolgt hatte – des wenig bestechenden, aber offensichtlich hochintelligenten und sehr erfolgreichen Anwalts Richard Nixon für die Republikaner und des jungen John F. Kennedy für die Demokraten. Er muss aber schon damals etwas Auffallendes an sich gehabt haben, denn ich erinnere, dass Kennedy »Liebling der Götter« genannt wurde.

Die Kennedys kamen nicht aus einer der alten Familien der Ostküsten-Aristokratie. Die Vergangenheit der Familie hatte eher etwas Anrüchiges, denn aus Irland stammend, waren sie erst in den beiden letzten Generationen zu Geld gekommen, wie man sagte, durch zweifelhafte Geschäfte in der Zeit der Prohibition. Kennedy war also eher ein Newcomer als dass er wirklich zu den alten Familien New Englands zählte, die der amerikanischen Ostküstenelite angehörten. Aber wen die Götter lieben, dem sehen sie alles nach, und weder John noch seinem Bruder Robert hat man ihre Herkunft je vorgehalten, nur, dass sie unermesslich reich waren, war gemeinhin bekannt. Aber das war für sie ein Vorteil, der ihnen einen aristokratischen Lebensstil und den Landsitz in Hyannis Port möglich machte, der ein paar Jahre später durch den jüngsten Bruder Edward ins Gerede kam. Aber eben darin waren sie typisch amerikanisch, bei Lichte besehen war auch das Vermögen der Rockefellers wie der Fords und der Wertheims neuesten Datums. Ein junges Land eben, und jung war auch John F. Kennedy. Mit ganzen dreiundvierzig Jahren nahm er sich neben dem zweiundsechzigjährigen Eisenhower und dem einundsechzigjährigen Truman wie ein Jüngling aus; nur mit Franklin D. Roosevelt hatte es vor ihm einen so jungen Präsidenten gegeben. Die Geschichten über Kennedy gingen wenig über den Highschool-Absolventen hinaus, dessen Eroberungen unter den Töchtern des

Landes mehr von sich reden machten als politische Glanzleistungen. Es ist eine Legende, dass sein Charme von vornherein alle Welt bestochen hätte, der knappe Ausgang der Präsidentenwahl – mit nur einigen tausend Stimmen Vorsprung vor Nixon – zeigt, dass es bis zum letzten Moment auf Messers Schneide gestanden hatte, fast so wie der Wahlkampf zwischen George W. Bush und Al Gore.

So ging ich unvoreingenommen zu der Pressekonferenz; das State Department hatte mir einen Platz in einer der ersten Reihen verschafft. Ich sehe noch, wie Kennedy federnd das Podium betrat, nachdem er mit dem traditionellen Ruf angekündigt worden war: »The President of the United States.« Die Feierlichkeit galt dem Amt, nicht der Person. Der neue Präsident sah blendend aus und hob sich vom üblichen politischen Personal durch seine Jungenhaftigkeit ab. Aber die Umstände dieser Pressekonferenz waren in der Tat aussergewöhnlich. Drei Tage zuvor hatte das Schweinebucht-Abenteuer vor Kuba mit einem Desaster geendet. Der Versuch, Castros Herrschaft mit einem Handstreich so abrupt zu beenden, wie sie etabliert worden war, scheiterte auf klägliche Weise, und es half Kennedy wenig, dass ja nicht er, sondern die gerade abgelöste Administration seines Vorgängers sich auf das Abenteuer eingelassen hatte.

Dieser Auftritt stand im Zeichen des fehlgeschlagenen Abenteuers. Dadurch war ein Schatten auf den Beginn von Kennedys Präsidentschaft gefallen. Für mich war es ein Lehrstück, wie er vor den Augen der Weltöffentlichkeit mit einer solchen Situation fertig wurde. Dass dieser Präsident in die Geschichte eingehen würde, hätte niemand vorausgesagt, und es bedurfte wirklicher Krisen – dem ersten Treffen mit Chruschtschow in der Wiener Opernloge, der ultimativen Forderung nach einer »Freien Stadt Berlin« und schliesslich der Raketenkrise auf Kuba sowie der Konfrontation mit sowjetischen Panzern am Berliner Checkpoint Charlie –, dass mit dem Namen John F. Kennedy weltgeschichtliche Ereignisse verbunden werden. Ich aber war mit gezügelter Erwartung zu jenem Auftritt gegangen, ich wollte lediglich den 35. Präsidenten der Vereinigten Staaten in Augenschein nehmen.

Das ist meine einzige nähere Begegnung mit Kennedy geblieben, sonst erlebte ich ihn nur wie jedermann, etwa bei seinem historischen Besuch in Paris bei General de Gaulle, der offensichtlich von Jacquelines Charme gefangen genommen war, die seit dem Auszug der Franzosen aus der militärischen Allianz der NATO die heiklen Beziehungen zwischen Washington und Paris zu bessern suchte. Dann ist mir natürlich noch der triumphale Empfang Kennedys in Berlin ganz konkret in Erinnerung, das Meer von Stars and Stripes, das den ganzen Rudolf-Wilde-Platz füllte, und die vier mühselig eingelernten deutschen Vokabeln »Ich bin ein Berliner«, die um die Welt gingen, schliesslich die Fahrt über die Dealey Plaza in Dallas, als ihn die tödlichen Schüsse trafen.

War Kennedy wirklich einer der grossen Präsidenten in der zweiten Jahrhunderthälfte, für den man ihn heute hält? Ich habe meine Zweifel. Es könnte sein, dass sein späterer Nachfolger, der wenig gewinnende Richard Nixon, eine tiefere Spur in der Geschichte hinterlassen hat, schon weil ihm das Unerwartete gelang, das Eis zu China aufzutauen und selbst zur Sowjetunion erträgliche Beziehungen herzustellen. Aber der Glanz, der sich mit Kennedys Gestalt über das harte Geschäft der Politik legte, hat seinen Nimbus erhöht, und natürlich sein tragischer Tod.

Wie so oft bei mir legte sich die Poesie vor die Wirklichkeit, und bei Kennedys Aufstieg und Verlöschen kommen mir die Verse aus Schillers »Wallenstein« in den Sinn. Der Glanz der Jugend drängte alles zurück, was in den letzten Jahren an Widrigkeiten vor die jünglingshafte Figur des Ermordeten getreten war.

> Er ist der Glückliche. Er hat vollendet.
> Für ihn ist keine Zukunft, ihm spinnt
> Das Schicksal keine Tücke mehr, – sein Leben
> Liegt faltenlos und leuchtend ausgebreitet,
> Kein dunkler Flecken blieb darin zurück,
> Und unglückbringend pocht ihm keine Stunde.
> Weg ist er über Wunsch und Furcht, gehört

Nicht mehr den trüglich wankenden Planeten –
O ihm ist wohl! Wer aber weiss, was uns
Die nächste Stunde schwarz verschleiert bringt.

Die Blume ist hinweg aus meinem Leben,
Und kalt und farblos seh ichs vor mir liegen.
Er machte mir das Wirkliche zum Traum,
Um die gemeine Deutlichkeit der Dinge
Den goldnen Duft der Morgenröte webend.

In der Geschichte hält sich die Ausstrahlung eines Mannes länger als seine Taten. So wird der Glanz, den Kennedy hinterliess, eher in Erinnerung bleiben als sein Wirken, das vielleicht mehr ein Versprechen als eine Erfüllung war.

Aber mit der Geschichte ist es so eine Sache, dem einen erweist sie ihre Gunst, bei dem anderen bleibt sie voreingenommen, wie eben erst Bill Clinton vorgeführt hat. Am Ende muss ich es wohl als unverdientes Geschenk nehmen, dass ich einigen der bedeutenden Staatsmännern des Jahrhunderts von nah oder von fern begegnet bin – Konrad Adenauer, der inzwischen auch von seinen Verächtern wie Rudolf Augstein als »grosser Mann« gesehen wird, Willy Brandt, dessen Charisma ihm einen unzulässigen Vorteil über seinen wenig geliebten Nachfolger Helmut Schmidt gegeben hat, und dann wohl der in jeder Hinsicht innenpolitisch gescheiterte Michail Gorbatschow, der dennoch so unverrückbar am Ende der Sowjetunion steht wie Lenin an ihrem Beginn. Andere Männer der Geschichte, die mir nahestanden und sogar befreundet waren, fallen aus dem einen oder anderen Grund heraus, Bruno Kreisky, weil er eine liebenswürdige, aber historisch belanglose Alpenrepublik regierte, und Harold Wilson, dessen deutscher Verleger ich war, weil das British Empire dem deutschen Interesse doch sehr entfernt ist, woraus man die Lehre ziehen könnte, dass die Geschichte den Nachlebenden angehen muss, um wahrgenommen zu werden.
Helmut Kohl hatte trotz aller pfälzischen Bonhomie wenig von dem

Charisma, das zu historischen Persönlichkeiten zu gehören scheint. Fast unwillig gesteht man ihm zu, dass er sich mit der Wiedervereinigung der beiden Deutschland für alle Zeiten ins Geschichtsbuch eingeschrieben hat. Aber irgend etwas scheint ihm gefehlt zu haben, dass man zögert, ihn einen »grossen Mann« wie Churchill, de Gaulle und Adenauer zu nennen. Oder steht er uns noch zu nahe, brauchen historische Figuren zeitlichen Abstand? Auch in diesem Fall kommt mir die Poesie zu Hilfe, diesmal vom Gott meiner Jugend, Friedrich Rückert:

> Nachdem der Baum gefallen war, sehn wir erst, wie hoch er war;
> Als er uns überm Haupt stand, war es minder offenbar.
> So hat den edlen Mann der Tod nicht leiblich nur gestreckt,
> Auch seinen ganzen Wert, der uns verborgen war, entdeckt.

In Washington hatte mich das State Department bei amerikanischen Architekten avisiert, deren Namen mir damals nichts sagten, Paul Rudolph, der vor allem durch Sitzgruppen von sich reden machte, die in den Boden eingelassen waren, sodass man zu ihnen heruntersteigen musste. Ich fuhr nach New Orleans und traf Franz Mocken und Arthur Davis, die mir in Washington ans Herz gelegt worden waren, weil sie gerade mit dem Plan eines Mammutbaus umgingen, der aus dem herkömmlichen Krankenhausbau ein neuartiges Klinikum in Berlin-Steglitz erarbeitete. Offensichtlich waren Freunde bei den Architekten versammelt, die zu den alten Familien von New Orleans gehörten, jedenfalls prunkten sie mit ihren französischen und spanischen Vorfahren. Tatsächlich zeigt New Orleans noch heute vor allem das French Quarter, *le Vieux Carré*, das alte französische Viertel mit seinen eisernen Balkons, den zierlichen Vorbauten mit ihren filigranen Fensterläden seine Ursprünge. New Orleans ist eine französische Gründung gewesen, die im Zuge der Kolonialkriege im 18. Jahrhundert in spanischen Besitz überging und sich erst sehr spät der Union der Vereinigten Staaten anschloss. Gerade das Übereinander des Verschiedenen macht seinen Charme aus.

Während ich das schreibe, wird mir bewusst, dass doch immer das Gleiche mich in den Bann schlägt, die Mischung der Kulturen. Das war es wohl, was mich in den Metropolen des Orients gefangengenommen hat, ob das nun Konstantinopel, Beirut oder Alexandrien waren. Von allen Städten der Neuen Welt besitzt wohl nur New Orleans etwas davon, und deshalb zog mich die alte Südstaatenmetropole unwiderstehlich an.

So war es auch mit San Francisco, meiner ersten Station in Kalifornien. Auch hier frappieren noch heute die alten Viertel die Besucher. Die Stadt, die zur Zeit meines damaligen Besuches begann, das Mekka von Aussteigern zu werden, machte keinen typisch amerikanischen Eindruck, und bald wurde sie mit Haight-Ashbury und den Gay people das Rückzugsgebiet derer, die man später Hippies nannte. Das war überhaupt der vorherrschende Eindruck auf der Rundreise durch die Neue Welt. Alles waren zwar die United States, aber überall zeigten sie ein anderes Gesicht, ibero-amerikanisch im südlichen Florida, wo sich immer mehr Latinos sammelten, spanisch-französisch in New Orleans, chinesisch oder japanisch gefärbt in Los Angeles und eben der Schmelztiegel San Francisco mit seiner Chinatown und dem Fisherman's Warf mit seiner überwiegend italienischen Bevölkerung. Eine Stadt, die eine Welt für sich ist, in der einen Strasse wohnen vor allem Inder, in der anderen Norweger und Schweden, und so geht es von Viertel zu Viertel.

Das alles drängte sich mir in diesen sechs Wochen auf. Die Einwanderung aus aller Welt hat nicht zu einer Mischkultur geführt, sondern zu einem polyglotten Miteinander der verschiedensten Kulturen, die bis zu den immer wieder aufbrechenden Revolten der benachteiligten Schwarzen vergleichsweise friedlich nebeneinander leben. In Erinnerung ist mir, dass San Francisco dennoch nicht den Eindruck einer Weltstadt machte; viele unterschiedliche Kleinstädte waren aneinandergereiht, eher ein Puzzle als eine Weltstadt, pittoresk in vielerlei Hinsicht, aber nicht eigentlich urban.

Die Weiterreise hatte einen Eindruck von der Weite und Leere des Landes hinterlassen. Der Flug von New Orleans nach San Francisco führte über Tausende von Kilometern braunverbrannten Wüstenbodens und erstreckte sich über ein Gebiet, das fast so gross war wie halb Europa. In San Francisco wohnte ich bei Hans und Illy Goldschmidt, beide waren mit einem Handkoffer 1937 nach Amerika ausgewandert und dort nach Jahren der Armut durch die Erfindung des »Homesmith«, der in gewissem Sinne die »Do it yourself«-Bewegung einleitete, zu Reichtum gekommen, sodass sie mich in einem Landhaus mit eigener Reitbahn und Swimmingpool empfingen.

Die Bahnfahrt nach Boston, noch einmal über Tausende von Kilometern, war faszinierender noch als der Flug, wie man denn überhaupt Amerika wie Russland nicht vom Flugzeug aus, sondern während einer Bahnfahrt erlebt. Das Flugzeug, damals noch altmodische Propellermaschinen, setzte einen nach ein paar Stunden in einer anderen Welt ab. Eben gehörten die anbrandenden Wellen noch zum Atlantischen Ozean, jetzt stand man am Strand des Pazifik, und der Unterschied wurde schon an der Temperatur deutlich, statt fünfundzwanzig Grad in Florida waren es in Kalifornien noch nicht einmal fünfzehn Grad. So war der Strand von Carmel, wo Hans und Illy ihr Sommerhaus hatten, fast menschenleer. Mir war Carmel aber nicht der Verwandtschaft wegen vertraut, sondern weil hier John Steinbecks »Straße der Ölsardinen« spielt, dessen deutsche Ausgabe bald nach dem Krieg bei Rowohlt herausgekommen war.

Tatsächlich brauchte der Zug von San Francisco über Denver bis nach Boston in New England zwei Tage und zwei Nächte, wo ich in einem Pullmann-Wagen einen regelrechten Salon bewohnte, von dem Türen in einen separaten Waschraum und in jenes getrennte Abteil führten, das man in der angelsächsischen Welt diskret als *Ladies powder room* umschreibt. Das war eine Luxusform des Reisens, die alles Europäische in den Schatten stellte.

Aber nicht der Komfort war das eigentliche Erlebnis, es war die

Übergrösse aller amerikanischen Verhältnisse. Die Canyons hatten gegenüber europäischen Schluchten das Vielfache an Breite und Tiefe. Wenn man nach unten sah, wo sich das silbrige Band des Colorado River hinzog, sah man ein winziges Flugzeug, das tausend Meter unter einem durch den Grand Canyon flog. Neben dem Mississippi nimmt sich der Rhein wie ein Bach aus, und im Vergleich zu den Niagarafällen ist der Rheinfall von Schaffhausen ein Rinnsal. Natürlich waren mir die Rocky Mountains aus den Büchern von Fenimore Cooper vertraut, aber sie waren in meiner Vorstellung eine Art besonders grosser Alpen gewesen. Dass sie sich tatsächlich aber von Alaska im Norden über Kanada und die ganzen Vereinigten Staaten bis nach Mexiko im Süden über fast fünftausend Kilometer hinzogen, sprengte alle Vorstellungskraft.

Dieses Amerika war etwas ganz anderes als unser altes Europa, und das wurde auch bei jeder Begegnung mit den Menschen deutlich, ob es nun der Kommandeur eines Militärstützpunktes in New Mexico war, der mich für zwei Tage aufnahm, oder ein Storekeeper in Colorado, wo ich, damals ein starker Raucher, mir meine Pall Mall kaufte. Die Ungezwungenheit der Amerikaner fiel als erstes in die Augen und eine Herzlichkeit, die oft von einer grandiosen Naivität war. Als Berliner war mein Bild von Amerika sicherlich auch von der Erfahrung der Luftbrücke geprägt, als aus den Besatzungsmächten in wenigen Monaten Schutzmächte geworden waren, in unserem Fall fast Freunde.

Beim State Department war ich bei der Reisebesprechung zu einem kleinen privaten Triumph gekommen. Man hatte mich um die Adressen meiner jeweiligen Stationen gebeten, damit ich jederzeit erreichbar sei und Unterkünfte arrangiert werden könnten. Für Boston hatte ich das mit grosser Geste abgelehnt, ich würde bei Verwandten unterkommen. Bei dem Namen Garrison stutzte man, tatsächlich hatten die Garrisons, was wir in Berlin gar nicht ernst genommen hatten, bei Lincoln wie bei Jefferson hohe Positionen bekleidet, und einmal sollen sie sogar Aussenminister der jungen Vereinigten Staaten gewesen sein. Tatsächlich gehörten die Garrisons noch immer der alten Aristokratie der Kolonialzeit an. Ein Garrison hatte in den dreissiger Jahren Desiderius Siedler in Danzig besucht, das eine Freie Stadt war, sodass keine Gefahr bestand, auf den Strassen marschierender SA über den Weg zu laufen.

Noch immer wohnten die Garrisons in einem Haus mit weissem Säulenvorbau, bei dessen Anblick mir sofort der Lieblingsschmöker meiner Mutter »Vom Winde verweht« in den Sinn kam, vor allem als ein schwarzer Butler das Essen auftrug. Der Senior der Familie begrüsste mich mit der Bemerkung, er sei schon oft in Berlin gewesen: »Gott sei Dank, ohne Dich zu treffen. Ich flog immer in achttausend Meter Höhe, bis ich meine Bomben loswurde.«

Wie ich nach Brandeis, einer kleinen Stadt in einem Vorort von Boston, in die stark jüdisch geprägte Universität gekommen bin, weiss ich nicht mehr. Aber ich erinnere mich an einen langen Nachmittag, der sich bis tief in die Nacht hinzog, an eine lebhafte Runde von Philosophen und Soziologen, unter denen Herbert Marcuse eine beherrschende Rolle spielte. In Deutschland muss der junge Marcuse schon durch seinen herausfordernden Sarkasmus aufgefallen sein, denn mit Anfang dreissig hatte er bereits zum Umfeld des legendären Frankfurter Instituts für Sozialforschung gehört, in dem Max Horkheimer, Theodor Adorno und Erich Fromm in der ersten Reihe standen. Schon 1934 war Marcuse in die Vereinigten Staaten emigriert, wo er ein Mitglied des Institute of Social Research an der New Yorker Columbia-Universität geworden war.

Das war aber so ziemlich alles, was ich damals – 1961 – von dem Mann wusste, der in der deutschen Studentenbewegung bald so beherrschend werden sollte und mit seinen Büchern »Triebstruktur und Gesellschaft« und »Der eindimensionale Mensch« Standardwerke der Studentenbewegung schrieb. Deutlicher ist mir in Erinnerung, dass Herbert Marcuse damals bewusst die Rolle eines Provokateurs spielte und es offensichtlich genoss, die ganze Runde zu schockieren. Ich erinnere mich noch, wie er mit seiner Nachbarin flirtete und ganz ernsthaft die These verfocht, dass die »Expropria-

tion der Expropriateure« bei den Frauen beginnen müsse, was er bei
seiner langhaarigen Begleiterin durch physische Annäherungen in
die Tat umzusetzen suchte. Die Rolle der Ehe spiegele die kapitalisti-
sche Herrschaftsstruktur, in der die Frau das Eigentum des Mannes
sei. Indem man sie aus dieser Sklavinnenrolle befreie, erlöse man sie
zu sich selbst, wobei Marcuse scheinbar absichtslos die Knie seiner
Begleiterin tätschelte.

In Deutschland hatte Marcuse Sophie Wertheim aus der Kaufhaus-
Dynastie geheiratet, die 1896 das weltberühmte Warenhaus Wertheim am Leipziger Platz errichtet hatte. Aber Sophie Wertheim war
schon 1951 gestorben, und Marcuse hatte einige Jahre später zum
zweiten und 1976 zum dritten Mal geheiratet. Der Eros hat in seinem
Leben eine grosse Rolle gespielt, und sein Buch »Eros and Civiliza-
tion« hatte aus dieser Neigung sogleich eine Theorie entwickelt, die
in den späten fünfziger und frühen sechziger Jahren eine ganze Stu-
dentengeneration faszinierte.

Der höchst geistreiche amerikanische Neomarxismus, vor dem Golo
Mann mich so melancholisch gewarnt hatte, sollte aber auch in
Deutschland eine vorübergehende Erscheinung bleiben.

Horkheimer kehrte irgendwann Frankfurt den Rücken und ging
nach Montagnola in die Schweiz. Auch Adorno verliess die Stätte der
Revolution, als es ernst wurde, und starb 1969 während eines Aufent-
halts in der Schweiz, und Herbert Marcuse entwickelte in den nächsten Jahren an der Universität in San Diego seine Theorie der
»repressiven Toleranz«. Die intellektuelle Revolution löste sich in
provozierende Essayistik auf.

Nach den Tagen bei den Garrisons besuchte ich Walter Gropius, der
auch in Boston lebte. Sein Verhältnis zu Onkel Ete, mit dem er während der Weimarer Zeit zusammen im Vorstand von Architekten-
vereinigungen gesessen hatte, war mitunter gespannt gewesen, vor
allem, als mein Onkel den Wettbewerb für den Erweiterungsbau
der Reichskanzlei am Wilhelmplatz gewann. Aber in den Architektur-
kontroversen der zwanziger Jahre hatten sie meist auf derselben Seite

gegen die Traditionalisten um Paul Schultze-Naumburg und Paul Schmitthenner gestanden.

Mein Onkel Eduard Jobst Siedler gewann zur Zeit von Weimar den Wettbewerb für den Erweiterungsbau der Reichskanzlei am Wilhelmplatz.

Onkel Etes Erweiterung der Reichskanzlei hatte es im Grunde niemand recht gemacht, den einen war seine moderne Formsprache ein Fremdkörper unter den Palais aus dem 18. Jahrhundert, den anderen ging die Behutsamkeit, mit der er vor der Radikalität des Bauhauses zurückschreckte, nicht weit genug. Er selber hat sich bei meinem Vater im Falkenried mitunter beklagt, dass er immer wieder zu Konzessionen gedrängt worden sei, sodass er sich am Ende sogar zu einem Piano nobile bereit gefunden hatte, was den Prinzipien des Neuen Bauens ins Gesicht schlug.

Damals besuchte ich Gropius in seinem Haus aus dem 18. Jahrhundert, er war inzwischen siebenundsiebzig Jahre alt. Im Gegensatz zu Mies van der Rohe, der erst in Amerika zu Weltruhm gekommen war, kannte man den Namen Gropius seit dem Dessauer Bauhaus in der ganzen Welt. Während dieses Besuches sprachen wir hauptsächlich über die alten familiären Bindungen. Ich vermute, dass meine Eltern nie viel mit seinem Dessauer Bauhaus hatten anfangen können, wenn sie natürlich auch mit Respekt von ihm gesprochen ha-

441

ben. Eine gespaltene Haltung nahm das Bürgertum, dessen Repräsentant mein Vater war, im Grunde zu der ganzen Moderne ein. Ich glaube, dass meine Eltern vor dem Gedanken zurückgeschreckt wären, unser altes Dahlemer Haus gegen einen modernen »Kasten« einzutauschen, wie er von Gropius oder Luckhardt propagiert worden war. Wir sprachen darüber nie ausdrücklich, aber wenn wir in der Schorlemmer Allee oder am Rupenhorn hoch über der Havel an den berühmten Häusern von Luckhardt vorbeifuhren, war das Schweigen meines Vaters vielsagend genug.

So ging es im Grunde auch mir, und diese Zurückhaltung bewahrte ich jetzt auch Gropius gegenüber, als er mit gespaltenem Stolz vorführte, woran er gerade arbeitete; ein junger Gehilfe holte Pläne und einmal sogar ein Modell herbei. Die Entwürfe für eine Universität in Bagdad waren Gropius offensichtlich selber nicht ganz geheuer, denn er hatte hier versucht, die Prinzipien des Neuen Bauens mit der arabischen Tradition zu verbinden – maurische Spitzbögen und sogar ein verschämtes Minarett, alles aber in Beton ausgeführt, eine ziemliche Abstrusität, zu der es durch die Ermordung des irakischen Königs Faisal nicht mehr gekommen ist.

Was ihn sichtlich noch mehr beschäftigte, waren die Entwürfe für einen achteckigen Hochhauskoloss, den er über der Central Station von New York am Ende der Parkavenue errichten wollte und später auch tatsächlich gebaut hat. Vorsichtig brachte ich Einwände vor und wies auf die Folgen hin, die ein solcher Bau für den Verkehr der Park Avenue haben würde. Zehntausende würden täglich in und aus dem gigantischen Bürogebäude strömen, sodass der Verkehr zwangsläufig zweimal am Tag zusammenbrechen müsse, der ohnehin schon durch die Reisenden der Central Station aufs Äusserste angespannt sei. Dieser Einwand irritierte Gropius offensichtlich, er sagte, ohne seinen Entwurf zu verteidigen: »Wissen Sie, wenn ich es nicht mache, wird ein anderer bauen, und Sie können sich denken, was dann herauskommen würde.« Dagegen liess sich schlecht etwas sagen, bestenfalls, dass es zu jedem problematischen Bau eine noch unglücklichere Alternative gibt.

Gropius hatte offensichtlich seine frühe Inspiration verloren, und das sollte sich bald auch in Berlin zeigen, nicht nur in der sogenannten Gropiusstadt in Buckow-Rudow, von der er sich sehr bald distanzierte, obwohl der Kontaktarchitekt Wils Ebert sein alter Schüler aus Bauhaus-Zeiten war. Auch das Gebäude des Bauhaus-Archivs, das 1979 am Landwehrkanal entstanden ist, war im Grunde eine Peinlichkeit. Waren es wirklich seine eigenen Zeichnungen, die seine Schüler vor uns ausbreiteten, oder kamen sie lediglich aus seinem Büro, denn es war in der Signatur nur von *Architects collaborative* die Rede. Die letzte Stunde unseres Zusammenseins war ein wenig mühselig. Als Gropius »Snacks« bringen liess, hatte ich den Verdacht, dass diese Geste weniger meinem Onkel oder gar mir galt, sondern der Rolle, die der »Tagesspiegel« in Berlin damals spielte.

Noch einmal habe ich Walter Gropius getroffen, nun in Berlin. Ich holte ihn, das muss 1962 gewesen sein, mit einem Auto vom Flughafen Tempelhof ab, als er mit Bausenator Rolf Schwedler eine Pressekonferenz über die Konzeption der Gropiusstadt gab. Damals kämpfte ich allein auf weiter Flur, wenn auch mit Sympathie des Senatsbaudirektors Werner Düttmann, für den Wiederaufbau der Ruine des Kunstgewerbemuseums von Martin Gropius. Aus dem Flächennutzungsplan war dieser Bau schon gestrichen und zum endgültigen Abriss freigegeben. Als ich Gropius vorschlug, einen Umweg vom Flughafen Tempelhof zur Stresemannstrasse zu machen, um die Ruine zu sehen, die doch das Hauptwerk seines Grossonkels Martin Gropius gewesen sei, zeigte er sich wenig interessiert: »Ich habe weder mit ihm selber noch mit seinen Bauten je viel anfangen können.«

Aber als wir in die Stresemannstrasse einbogen, erschlug ihn geradezu der Anblick der Wüstenei, die aus dieser einstigen Mitte des alten Berlin geworden war. Das Prinz-Albrecht-Palais, das südlichste der barocken Stadtpalais, das Schinkel klassizistisch umgebaut hatte, war schon 1949 von West-Berliner Behörden gesprengt und dann abgerissen worden, da Himmler hier seine Zentrale gehabt hatte. Das

Haus musste für seine Bewohner büssen. Als ich aus der Kriegsgefangenschaft zurückgekommen war, hatten die Häuser zwischen Anhalter Bahnhof und dem ehemaligen Reichspräsidentenpalais einen ruinierten Eindruck gemacht, sie waren so zerbombt und zerschossen gewesen, dass fast nur noch Gerippe übriggeblieben waren. Aber selbst diese Ruinen hatten doch noch einen Begriff von dem Glanz und der Würde des alten Berlin gegeben, der Erweiterungsbau der Reichskanzlei war fast vollständig erhalten gewesen. Inzwischen aber waren fast alle Häuser aus dem 18. oder frühen 19. Jahrhundert beseitigt worden, eben bis auf das Kunstgewerbemuseum von Martin Gropius. Der Neffe war bei seinem Anblick merkwürdig bewegt, er bestand nun selber darauf, dass wir auf das abgesperrte Ruinengrundstück fuhren, zusammen gingen wir dann wohl eine gute Dreiviertelstunde durch den Bau, aus dessen Grundmauern schon Robinien, Birken und Disteln wuchsen, wie sich denn die Natur überall ihr Recht wiedererobert hatte.

War es Erschütterung angesichts des Zustandes, wie dieser Ort jetzt aussah, der einst mit dem Preussischen Herrenhaus und dem Preussischen Abgeordnetenhaus die politische Mitte des alten Preussen gewesen war? Oder brachte sich nun doch Sympathie für die Architektur seines Onkels zur Geltung? Jedenfalls sagte er, als wir zum Hotel Kempinski am Kurfürstendamm weiterfuhren: »Mein Onkel war gar nicht so belanglos, wie ich ihn in Erinnerung habe. Wo heute fast das gesamte alte Berlin vernichtet ist, sollte man das wenige retten, was noch steht.« Nach diesen Sätzen liess er sich leicht überreden, am nächsten Tag auf der Pressekonferenz etwas dieser Art zu sagen. Seine Autorität war noch immer so gross, dass dadurch alles entschieden war. Das Kunstgewerbemuseum, das dreimal vergeblich der Stiftung Preussischer Kulturbesitz angeboten worden war, wurde als Ausstellungshaus wiederaufgebaut, wobei man wohl an das Grand Palais in Paris dachte. Als es 1986 feierlich der Stadt übergeben wurde, gewann es sehr schnell eine Popularität, die es in seiner Zeit als Kunstgewerbemuseum nie besessen hatte. Drei oder vier Institutionen bewarben sich um seine Nutzung. Heute spricht man überall nur vom Gropius-Bau, und ich bin unsicher, ob man dabei zwischen Martin und Walter Gropius unterscheidet. Aber das Wort des Neffen hat in gewisser Weise das Werk des Onkels gerettet.

Zu einer Begegnung mit seinem grossen Gegenspieler Ludwig Mies van der Rohe ist es erst viel später gekommen, als ich dem Planungsbeirat des Landes Berlin angehörte und ein engerer Kreis nach den Sitzungen häufiger in das Schlichter in der Martin-Luther-Strasse ging. Bei meiner Reise in die Vereinigten Staaten 1961 war es zu keinem Treffen gekommen, obwohl ich mich schon von Berlin aus bei Mies in Chicago angemeldet hatte, weil gerade sein Hochhaus in der New Yorker Park Avenue, das Seagram Building, von sich reden machte. Aber am Telephon hatte Mies mir gesagt, dass er seinen engen Mitarbeiter Philip Johnson gebeten habe, mir den vor kurzem vollendeten Bau zu zeigen. Die meisten Stockwerke des hundertsechzig Meter hohen Wolkenkratzers waren schon bezogen, und Mies van der Rohe hatte sich selber ganz oben eine Flucht von Räumen reserviert, die er und Philip Johnson gemeinsam eingerichtet hatten. Mies hatte das Seagram-Building fast hundert Meter hinter die übrigen Häuser zurückgesetzt, sodass davor eine kleine Plaza entstanden war, die durch zwei Brunnen akzentuiert wurde.

Damals wurde viel über den »dorischen Eckkonflikt« gesprochen, den Mies auf neuartige Weise gelöst habe, und ich glaube, dass mir auch Philip Johnson darüber einen Vortrag gehalten hat. Aber mir war das zu weit hergeholt, obwohl ich nicht ausschliessen will, dass Mies tatsächlich das Problem gesehen hat, mit dem sich schon die Erbauer der dorischen Tempel in Paestum und Selinunt herumgeschlagen hatten. Wir fuhren zum obersten Stockwerk, in dem noch Handwerker Unordnung verbreiteten und das einen atemberaubenden Blick auf den Hudson River freigab. Sollte das das Büro von Mies van der Rohe selber werden, oder war es die Suite, die für den Chef des Seagram-Konzerns vorgesehen war? Das weiss ich nicht mehr, nur dass ich eine zurückhaltende Eleganz dieser Art noch nie gesehen hatte, weshalb mir die deutschen Vorstandsetagen sehr bald als

Grossmanssucht kleiner Leute vorkamen. Anschliessend führte mich Philip Johnson in das dazugehörige Restaurant Four Seasons, bei dessen Einrichtung Mies wohl seinem Schüler völlig freie Hand gelassen hatte. In den nächsten Jahrzehnten sollte ich mehr als einmal dort essen, mir selber war es immer zu aufwendig und zu kostspielig. Ein Lunch ist mir besonders deutlich in Erinnerung, den mir der Chef des Macmillan-Verlages Jerry Gross gegeben hatte, als er das Rennen um die amerikanischen Rechte an Speers Erinnerungen gewonnen hatte, das als »Inside the Third Reich« im Jahr darauf alle Bestsellerlisten Amerikas anführte. Der Vertragsabschluss hatte Macmillan dreihundertfünfzigtausend Dollar gekostet, was für die damalige Zeit eine unglaubliche Summe war. Aber der Kauf des »Speer« hatte Jerry Gross so beflügelt, dass er regelrecht unglücklich war, sich nicht mit einem amerikanischen Bestseller revanchieren zu können. Er war wirklich bekümmert: »Meine Titel sind alle so amerikanisch, dass sie im Grunde für Übersetzungen uninteressant sind.« Er zählte seine fünf oder sechs Spitzentitel auf, mit denen man in Deutschland tatsächlich keinen Staat machen konnte.

Zum Schluss sagte Jerry Gross, mehr als Zeichen seines guten Willens, dass es einen kleinen Titel gäbe, das sei »Die Möwe Jonathan«, ein Buch von ein paar Dutzend Seiten, von dem die Aussenlektorin Eleanor Friede schwöre, dass es ein Bestseller werden würde. Er selber müsse ganz offen sagen, dass er die Geschichte für eine geistreiche Belanglosigkeit halte, aber bei belletristischen Titeln wisse man ja nie. Er könne mir das Manuskript mit samt seinen Bildbeigaben gleich ins Hotel schicken, damit ich es auf dem Flug zwischen New York und London lesen könne. Am nächsten Morgen, ich flog das erste und letzte Mal mit einer Concorde, nahm ich mir das Manuskript, mit dem ich angesichts seines minimalen Umfangs in einer guten halben Stunde zu Rande kommen würde, ohne viel Erwartungen vor. Es war die Geschichte einer Möwe, die fliegen lernt. Weiss Gott, eine *Petitesse*, aber es konnte sein, dass dergleichen auch in Deutschland Erfolg haben würde. So rief ich meinen New Yorker Freund vom Londoner St. James Hotel an und fragte, was denn die

Sache kosten solle. Er wischte diese Frage vom Tisch, wenn ich ihm fünfhundert Dollar für Text und Offsetfilme der Bebilderung gäbe, sei er zufrieden. Ich schlug ein und bat ihn, einen zweiten Satz des Manuskriptes nach Berlin zu schicken.

Als ich nach einer Woche dort ankam, sagte mein zweiter Mann im Verlag, Wolfgang Richter: »Man darf Dich nicht allein unter die Menschen lassen. Die Möwe Jonathan ist ja wohl die belangloseste Sache, die ich seit langem gelesen habe.« Ich verteidigte mich kleinlaut: »Ach, so ein Kleiner Prinz für Krankenschwestern. Lass uns doch sehen, ob ›Jonathan Livingston Seagull‹ nicht auch in Deutschland Liebhaber findet.« Im Jahr 1972 erschien die »Möwe Jonathan« im Ullstein Verlag, und bis zum heutigen Tag sind davon rund eine Million Exemplare verkauft worden, das erfolgreichste Buch meiner Karriere, denn selbst Fests »Hitler«, Grzimeks »Serengeti darf nicht sterben« und Haileys »Hotel«, die allesamt den ersten Platz der Bestsellerlisten besetzten, haben es nicht so weit gebracht.

Was bleibt von einer solchen Reise, wenn man sie sich nach vierzig Jahren heraufzurufen sucht? Lauter Momentaufnahmen, vieles ist versunken, an anderes hat man nur schemenhafte Erinnerungen. Manche Situationen aber stehen deutlich vor Augen. In Williamsburg war ich etwas amüsiert durch die Spielzeugstadt gegangen, in der die ein- und zweigeschossigen Holzhäuser des 18. Jahrhunderts wieder aufgebaut worden waren. Es war rührend, wie sich Amerika seine Vergangenheit konservierte. So geht eine Nation mit sich um, die keine wirkliche Vergangenheit hat, keinen Napoleon oder Friedrich, keinen Dreissigjährigen Krieg und nirgendwo Kaiserherrlichkeit. Da behilft man sich eben mit Beiläufigkeiten, mit Bagatellen, den europäischen Besucher aber rührt dergleichen.

Eine zufällige Begegnung in Williamsburg gewann erst am Ende meiner Reise Bedeutung. Mich hatte dort ein junger Mann auf italienisch angesprochen; er hielt mich für einen Italiener, wohl weil ich einen Anzug trug, den ich in meinem letzten Skiurlaub in den Dolomiten gekauft hatte. Es war ein Maler aus Mailand, der Gott und die Welt kannte, da er Damen der Society porträtierte. Die Begegnung, die uns in einen Coffeeshop führte, wäre mir kaum noch in Erinnerung, wenn er mir nicht beim Abschied Adresse und Telephonnummer seiner New Yorker Wohnung für den Fall gegeben hätte, dass ich bei meiner Rückreise in die Stadt käme.

Nach fünf Wochen kam ich wieder nach New York. Der Zug von Boston traf um 18 Uhr in der Grand Central Station von New York ein. Da ich nicht wusste, was mit dem Abend anfangen, fielen mir meine Reisenotizen in die Augen, darunter auch die längst vergessene Begegnung in Williamsburg. Eher aus Langeweile wählte ich die Nummer, und mit italienischer Unkompliziertheit fragte meine Zufallsbekanntschaft statt jeder Begrüssung, ob ich einen Smoking oder wenigstens einen dunklen Anzug bei mir habe. Einen Smoking hatte ich natürlich nicht im Gepäck; ich besass überhaupt noch keinen; aber mit einem dunklen Anzug konnte ich aufwarten. Statt jeder Erklärung wurde ich aufgefordert, in spätestens zwanzig Minuten vor dem Hotel zu warten, er werde mich mit einem Taxi abholen.

Im Wagen erst erklärte er, wohin es ging. Es war wirklich eine aussergewöhnliche Adresse, zu der er mich mitnahm. Wieder einmal war es seine Porträtkunst gewesen, die ihn in die höchste New Yorker Society eingeführt hatte. An diesem Abend war es Margaret Rockefeller, die Enkelin von John Rockefeller, dem Begründer des legendären Ölimperiums. Sie war mit George Marquis de Cuevas verheiratet, dem legendären Ballett-Impresario, der damals in Cannes Furore machte. Kaum hatte mir mein italienischer Bekannter in Stichworten erklärt, wie er zu den Rockefellers gekommen war, hielt der Wagen schon vor einem kleinen, meiner Erinnerung nach drei- oder viergeschossigen Haus, das zwischen zwei Wolkenkratzern wie eingeklemmt stand. Es war das New Yorker Stadtpalais von Margaret Rockefeller. Als wir die schmale, stiegenartige Treppe zum ersten Stock hinaufgingen, fielen mir zwei oder drei kleine Gemälde von Frans Hals und Hans Holbein in die Augen, die unauffällig an der Wand hingen. Oben aber war alles überraschend geräumig, die Sitzgruppe, ich sehe noch ihre Loungechairs von Charles Eames und einen anderthalbsitzigen Corbusier-Sessel vor mir, war vor einem

Kamin arrangiert, und an den Wänden hingen meiner Erinnerung nach ein Modigliani und eine Federzeichnung von Matisse.

Den Hausherrn, Marquis de Cuevas, suchte ich vergebens, vielleicht hat er nie das Rockefellerhaus bewohnt, denn wie ich später hörte, lebte Madame Rockefeller seit Jahren allein. Statt dessen fiel mir ein blendend aussehender junger Mann auf, den alle Anwesenden hofierten. Er kam mir von Photos her bekannt vor, und es stellte sich sehr bald heraus, dass es Wolfgang Graf Berge von Trips war, der Rennfahrer, der in diesen Jahren nach Juan Manuel Fangio die Nummer eins im Rennsport war und etwa die Rolle spielte wie später Ayrton Senna und heute Michael Schumacher. Berge von Trips, der mich im Laufe des Abends aufforderte, zu einem der grossen Rennen zu kommen, verunglückte schon wenige Monate später beim Grand Prix von Italien in Monza tödlich.

Erst nachträglich fiel mir auf, dass bei Margaret Rockefeller niemand bedient hatte. Auf dem Tisch hatten lediglich zwei silberne Schalen voller Kaviar gestanden, dazu gab es russischen und polnischen Wodka. Nach einer Stunde schon brach man zu dem auf, was in London wie in New York »Theatre party« genannt wird. Draussen standen drei Wagen, ein Rolls Royce, ein Bentley und daneben ein Mercedes, der in dieser Nachbarschaft fast bescheiden wirkte. Wir fuhren in das Winter Garden Theatre am Broadway, wo Leonard Bernsteins »West Side Story« gegeben wurde. Die Sitze in der Mitte der dritten Reihe trugen ovale silberne Namenstafeln. Die Rockefellers hatten die Plätze vor Jahrzehnten mit der Massgabe erworben, dass sie zwanzig Minuten vor Aufführungsbeginn vergeben werden könnten, wenn die Familie sie bis dahin nicht eingenommen hätte. Als wir wieder auf die Strasse kamen, war es kurz vor Mitternacht. Unsere Kavalkade fuhr in ein eher unauffälliges, aber luxuriöses japanisches Restaurant, wo ein Tisch für acht Personen gedeckt war. Ich habe Margaret Rockefeller nie wiedergesehen, aber die nächsten drei Tage stand vom frühen Morgen an ein Wagen für mich vor dem Hotel, ein ganz ordinärer Cadillac, der wohl zum Fuhrpark der Rockefellers gehörte.

Das war meine Amerika-Reise im Frühjahr 1961. Purer Zufall hatte mich in die Gesellschaft geführt, und als ich in späteren Jahren regelmässig in New York war, kam es mir fast sonderbar vor, dass nicht Margaret Rockefeller, Gropius, Mies van der Rohe oder die Garrisons meine Gastgeber waren. Die Realität hatte mich wieder. Nun war ich wieder ein Feuilletonchef und nahm an den Redaktionssitzungen im ovalen Konferenzraum des »Tagesspiegel« in der Potsdamer Strasse teil, wo es um regionale Belanglosigkeiten ging.

Die »Gemordete Stadt«

Im »Tagesspiegel« residierte ich also, von einer rührenden Sekretärin betreut, die bei mir ihrem Ruhestand entgegenging. Und als es soweit war, richtete ich für sie in der Feuilleton-Redaktion die Abschiedsfeier aus, zu der Herausgeber Karsch und Chefredakteur Silex kamen. »Fräulein« Elisabeth Ploetz – da sie nie verheiratet gewesen war, nannte man sie nach damaligem Brauch noch als Siebzigjährige »Fräulein«, wie auch die Schwester von Imkes Mutter noch als alte Dame darauf bestand, Fräulein von Heede zu sein – hatte einst bessere Tage gesehen. Vor 1933 war sie eine der Privatsekretärinnen der fünf Ullstein-Brüder gewesen, wer ihr Chef gewesen war, weiss ich nicht mehr. Es war eine angenehme, aber nicht sonderlich beflügelnde Atmosphäre in der »Tagesspiegel«-Redaktion, und ich stellte mitunter melancholische Vergleiche mit dem Klima der »Neuen Zeitung« an, bei der von Friedrich Luft über Hans Heinz Stuckenschmidt bis zu Will Grohmann die massgeblichen Kritiker Berlins versammelt gewesen waren. Dem Musikkritiker Werner Oehlmann sagte man beträchtliche Kompetenz nach, aber auf diesem Felde masste ich mir nun wirklich kein Urteil an. Wenn es um die Interpretation von Boris Blacher, Gottfried von Einem oder Werner Egk ging, hielt ich mich zurück. Es war etwas Grundsätzliches, was den zurückhaltenden Oehlmann zu einem streitbaren Mann machte.

Er entwickelte sich zu einem leidenschaftlichen Gegner von Hans Scharoun, dessen Entwurf der Philharmonie die Gemüter erregte. Oehlmann sagte und schrieb immer wieder, dass der »Arena-Stil« von Scharouns Bau dem »Richtungshören« widerspräche, und die

Hier verabschieden Walther Karsch und ich Elisabeth Ploetz, die Chefsekretärin des Feuilletons.

den Schall verteilenden Segel an der Decke waren für ihn wider den Geist der Musik, denn sie machten aus dem Klang einen Mischmasch, einen »Brei«, sodass die verschiedenen Blas- und Streichinstrumente gar nicht mehr auseinanderzuhalten seien. In seiner Leidenschaft nannte Werner Oehlmann die Philharmonie von Scharoun »Zirkus Karajani«, da Herbert Karajan am entschiedensten für Scharouns Entwurf eingetreten war, eine Bosheit, die Karajan sehr erbittert haben soll. Aber in dem Preisgericht, das Scharoun den Auftrag zugesprochen hatte, war die Stimme Walther Karschs wichtig gewesen, und so konnte Oehlmann sein Missfallen nicht allzu ungeniert formulieren.

Der Bau der Philharmonie anstelle der in den Bomben untergegangenen einstigen Rollschuhbahn in der Bernburger Strasse spielte in Diskussionen eine wichtige Rolle im »Tagesspiegel«. Karl Silex, der zum Missvergnügen der Ressortchefs wichtige Themen aller Gebiete an sich zog, meldete sich auch zu literarischen Sensationen zu Wort, so zu Boris Pasternaks »Doktor Schiwago« oder Vladimir Nabokovs »Lolita«. Aber er war ein liberaler Mann, und es irritierte ihn nicht erkennbar, dass ich zu beiden Büchern die ihm entgegengesetzte Meinung im Feuilleton vertrat.

Was die Philharmonie anlangt, so kämpfte Silex nicht so sehr gegen die Architektur des damals revolutionären Baus als vielmehr gegen ihren städtebaulichen Ort. Dass Scharoun die Neubauten der Philharmonie und der Staatsbibliothek auf das Herzstück der Reichsstrasse Nr. 1 von Aachen nach Eydtkuhnen, der Potsdamer Strasse, setzte und sie dafür auch noch einige hundert Meter vor dem Potsdamer Platz kurzerhand abknickte, war für Silex eine Sünde wider Geographie und Historie. Aber Scharoun blieb bei seinem Bild, dass die Mitte zwischen beiden Gebäuden ein »Tal« sei und dass die »Hügel« von Philharmonie und Staatsbibliothek zu ihren Seiten die Gestalt von »Weinbergen« hätten. Diese sonderbare Vorstellung hatte etwas Bestechendes für die Berliner. Noch heute wird für die Philharmonie das an den Haaren herbeigezogene Bild einer Weinberglandschaft gebraucht. Dabei evozieren achtspurige Verkehrstrassen zwischen den goldschimmernden Gebirgen von Staatsbibliothek und Philharmonie nicht gerade die Illusion einer »Senke« zwischen Weinbergen.

Aber Scharoun war ein eindrucksvoller Mann, auch wenn man das, was er meinte, aus seinem Mümmeln oft nur undeutlich erahnen konnte. So sollte ursprünglich der Neubau der Philharmonie in dem Park hinter dem Joachimstalschen Gymnasium zwischen Bundesallee und Schaperstrasse gebaut werden, wo dann später der Neubau der Freien Volksbühne von Fritz Bornemann errichtet wurde. Irgendwoher war aber der Vorschlag gekommen, die neue Philharmonie auf das Gelände des alten Kemperplatzes an den Rand des Tiergartens zu stellen, womit sie nahe am Ostteil der Stadt läge, sodass eines Tages eine gemeinsame Kulturlandschaft von beiden Teilen Berlins genutzt werden könne. Die Wogen der Auseinandersetzung gingen hoch, schliesslich kam man überein, den Meister selber nach seiner Meinung zu fragen. Ich sehe noch Scharoun, wie er, stets an einer erloschenen Zigarre kauend, dem »Planungsbeirat«, in den mich noch Ernst Reuter berufen hatte, eine Antwort gab, mit der niemand so recht etwas anfangen konnte. »Das eine ist der richtige Ort, das andere die bessere Örtlichkeit.« Und die weitere Erläuterung dieses sibyllinischen Satzes war so rätselhaft wie die Antwort, wo denn Scharoun nun seinen Bau errichten wolle.

Die Philharmonie wurde schliesslich im Rahmen der Gesamtplanung eines Kulturforums gebaut. Sie galt neben Mies van der Rohes Neuer Nationalgalerie als ein Signal dafür, dass Berlin wie zuvor in den zwanziger Jahren zu einem massgeblichen Ort modernen Bauens werden könne, obwohl beide doch Alterswerke Fünfundsiebzigjähriger sind. Die Nachteile des Kulturforums überwogen jedoch seine Vorzüge. Nach dem Tode Scharouns ruinierten Architekten minderen Ranges nicht nur seine Pläne, viel schlimmer ist, dass die Idee des Kulturforums einen Geburtsfehler hat: Sie riegelt die Kulturbauten vom Potsdamer Platz ab, auf den es ursprünglich bezogen sein sollte, sodass die zwei grössten städtebaulichen Anstrengungen Berlins, das Kulturforum der sechziger Jahre und der Potsdamer Platz der neunziger Jahre, getrennte Welten sind, zwischen denen es nicht einmal einen Durchlass gibt.

Ich stand mit Scharoun sehr gut und hatte ihn gerade als Preisrichter für die »Tagesspiegel«-Rubrik »Vorbildliches im Berliner Stadtbild« gewonnen. Die wechselseitige Sympathie ging so weit, dass wir, als ich Chef des Propyläen Verlages geworden war, gemeinsam mit dem Projekt einer Monographie über sein Lebenswerk umgingen. Die Nachmittage in seiner Wohnung werde ich nicht vergessen, wo wir beratschlagten, wie eine solche Monographie angelegt werden sollte. Bei manchem »Rotspon« erörterten wir das Gewicht, das die verschiedenen Abschnitte seines Lebenswerkes darin haben sollten. Mir lagen seine frühen Arbeiten in Breslau und sein Anteil an der Stuttgarter Weissenhofsiedlung am meisten am Herzen, aber auch die Berliner Bauten der zwanziger Jahre in Siemensstadt, am Hohenzollerndamm und am Kaiserdamm. Scharoun wollte begreiflicherweise das herausstellen, woran er gerade arbeitete, die Planung für seine letzte städtebauliche Gesamtanstrengung, die Siedlung »Charlottenburg-Nord« und die sonderbaren Hochhäuser »Romeo« und »Julia« auf einem Acker bei Stuttgart.

Der Verlust des frühen Genies ist nicht nur bei Scharoun, sondern bei vielen deutschen Künstlern in diesem Jahrhundert charakteristisch. Bei den Brücke-Künstlern Kirchner, Schmidt-Rottluff und Heckel springt er in die Augen und auch bei den Bildhauern vom Beginn des 20. Jahrhunderts wie Georg Kolbe oder Richard Scheibe, deren Arbeiten der dreissiger Jahre etwas von ausgezogenen Hitler-Jungen an sich haben. Auch die Baumeister der zwanziger Jahre haben nach 1945 wenig Bemerkenswertes zustande gebracht, weder Hans Luckhardt noch Bruno Taut oder Hugo Häring. Selbst beim späten Gropius schlägt man die Augen nieder, wenn man sieht, was er in den fünfziger oder sechziger Jahren gebaut hat. Das gilt für seinen Beitrag für das Hansa-Viertel ebenso wie für sein Bauhaus-Archiv im Tiergarten und vor allem für sein Hochhausquartier in Britz-Buckow-Rudow, von dem er sich allerdings selber distanzierte und suchte, den Namen »Gropiusstadt« mit allen Mitteln zu inhibieren.

Es war mir begreiflich, dass Mies van der Rohe Wert darauf legte, nicht mit Gropius in einen Atemzug genannt zu werden. Überhaupt lernte ich durch das Zusammensein mit den Zelebritäten der zwanziger Jahre, dass nur die Geschichtsschreibung die Giganten der Moderne nebeneinanderstellt. Wenn wir zusammen bei Schlichter sassen, liess sich Mies kein Wort über die Philharmonie Scharouns entlocken, neben der seine Neue Nationalgalerie entstehen sollte. Es war aber erkennbar, dass ihm Scharouns Entwurf zutiefst fremd war. Er hätte mit seiner Neuen Nationalgalerie am liebsten in einem intakten alten Stadtquartier gestanden: »Dann brauchte ich nicht ständig auf die anthroposophischen Bauten von Scharoun zu schauen«, sagte er, ein Glas seines Berliner Lieblingsschnapses leerend.

Der Streit um dieses Kulturforum beschäftigte noch einmal ganz Deutschland. Im übrigen geriet Berlin allmählich ins Abseits. Berlins Freie Universität, 1949 mit so grossem Elan gegründet und in den fünfziger Jahren durch ihre Berufungspolitik wirklich zu den führenden Hochschulen Deutschlands gehörend, spielte nicht mehr die erste Rolle in der Universitätslandschaft Deutschlands. Vorbei war die Zeit, da es der Traum jedes Professors in Deutschland war, eines Tages nach Berlin berufen zu werden. Jetzt waren Göttingen, Heidelberg, Marburg und Freiburg auf ihren jeweiligen Feldern genauso wichtig wie München und Hamburg. Und die Berliner Kaiser-Wilhelm-Gesellschaft, die das Forschungszentrum der deutschen Naturwissenschaft gewesen war, beschloss bei ihrer Neugründung als Max-Planck-Gesellschaft, ihren Hauptsitz von Berlin nach München zu verlegen.

Eigentlich ohne Absicht hatte mich mein Schreiben in den letzten Jahren immer häufiger auf Themen des Bauens gebracht. Mitunter bin ich in späteren Jahren gefragt worden, was mich zur Architektur geführt habe, familiäre Traditionen von Gottfried Schadow bis zu Eduard Jobst Siedler oder eigene Leidenschaft? Hin und wieder habe ich dann geantwortet: »Im Grunde nur Ärger.«

Der Wiederaufbau Berlins ging mir *contre coeur*, Missvergnügen bestimmte jede Fahrt durch die neuen Quartiere, das berühmte Hansa-Viertel mit seinen Punkthäusern oder die Gropiusstadt, die vom Planungsbeirat gerade beschlossen wurde. Ich mochte die Vorstellung von Berlin nicht, die darin zum Ausdruck kam. Mir waren alle diese Entwürfe widerstädtisch. So ergab es sich, ganz ohne meine Absicht, dass ich eigentlich gegen den Aufbau schrieb. Im Grunde widersprach das meiste von dem, was damals entstand, meinen Vorstellungen: die überbreiten Tangenten und die Einzelhäuser in durchgrünter Parklandschaft. War ich eigentlich selber auf die Idee eines polemischen Buches gekommen, oder war es der Verleger Walter Kahnert, der auf den Gedanken kam, meine Essays aus verschiedenen Blättern gesammelt als Buch herauszubringen, wobei er ziemlich entgeistert war, als ich den Titel vorschlug: »Die gemordete Stadt«. Eine Stadt könne man doch nicht morden, sagte Kahnert immer wieder, und wenn überhaupt, müsse es korrekt heissen: die »Ermordete Stadt«.

Auf jeden Fall stand keine Konzeption hinter dem Buch, sondern nur ein Missvergnügen mit der Vorstellung von Stadt, die hinter dem stand, was nach dem Kriege gebaut worden war. Dabei war ich doch tief in das verstrickt, was sich in den fünfziger Jahren immer stärker als die Baupolitik Berlins herausbildete. Ich war, auf Anregung von Otto Bartning, von Ernst Reuter und Willy Brandt in den Planungsbeirat des Landes Berlin berufen worden, den alle Entscheidungen des Bausenats passieren mussten, auch das berühmte Märkische Viertel, an dem so ziemlich jeder von denen beteiligt war, der in den nächsten Jahrzehnten eine Rolle spielte, von dem Patenonkel meiner Tochter Georg Heinrichs über den späteren Senatsbaudirektor Werner Düttmann bis zu Oswald Maria Ungers, der in den achtziger und neunziger Jahren Bedeutung erlangte. Heute will keiner daran mitgewirkt haben. Ungers sagt, dass er gegen die überhohen Zeilen des Märkischen Viertels gewesen sei. Aber ich habe noch die ursprünglichen Entwürfe von Ungers vor Augen, die wesentlich höhere Grossbauten vorsahen, die ihm mühselig ausgeredet werden mussten.

Zunächst hatte das Bauen nach dem Kriege eher bescheiden angefangen, im Osten wie im Westen hatte man an die zwanziger Jahre angeknüpft. Es sah so aus, als würde man zur Tradition der zwanziger Jahre zurückkehren, die durch den Neoklassizismus eines Troosts und eines Speers gewaltsam zu einem Ende gekommen war. Aber mit solcher Anknüpfung an das Bauen von Weimar war es im Westen wie im Osten bald vorbei. Im ganzen Ostblock sollten nun die Schdanowschen kulturpolitischen Direktiven den Massstab bestimmen, und die Berliner Stalinallee wurde als sozialistische Prunkstrasse errichtet, bis unter Chruschtschow die Armut des Staates eine Vereinfachung erzwang.

Aber auch im Westteil der Stadt waren die anfangs hochgehaltenen Prinzipien des Neuen Bauens bald zu Ende. Das lag zum einen daran, dass sich der beginnende Wohlstand bemerkbar machte, sodass sich das Bauen der sechziger Jahre deutlich von dem der unmittelbaren Nachkriegszeit unterscheidet, deren Notdurftarchitektur allmählich einem Wohlstandsbauen Platz machte, wofür der Neubau des Schiller-Theaters an der Bismarckstrasse ein Exempel ist.

Die Tradition der zwanziger Jahre war abgetan, die Blöcke und Zeilen von Hans Scharoun, Hugo Häring oder Wassily Luckhardt galten mit einem Mal als altmodisch wie die Bauten von Erich Mendelsohn an der Cicerostrasse oder von Richard Bielenberg und Josef Moser in der Nürnberger Strasse.

Ganze zwölf Jahre hatte das Dritte Reich gedauert, aber eine Epoche des Bauens war zu Ende gegangen, und sie sollte nie wiederkehren. Andere Muster schoben sich mächtig vor das Neue Bauen von gestern. Die *New-Town-Ideologie* ergriff Besitz von der jungen Architektengeneration. Plötzlich sprach jedermann von den Bauten in Sheffield, in Roma Tusculano oder von Stockholms Vällingby. Bruno Tauts eben noch so berühmte Bauten, die Britzer Hufeisensiedlung oder die Onkel-Tom-Siedlung in Zehlendorf, galten nun als gestrig. Man redete eher abfällig von dem Kleineleute-Glück des Bauens der späten zwanziger Jahre und war wie betrunken von der Vorstellung von »Grosssiedlungen«. Den Anfang machte die Neue Vahr in Bremen, dann kamen schon das Märkische Viertel in Reinickendorf und schliesslich die Grosssiedlungen in Frankfurt-Nord, München-Neuperlach oder Darmstadt-Kranichstein.

Damals machte ich die Erfahrung, dass man zu lange an den Göttern seiner Jugend festhalten kann. Wer sich in den sechziger Jahren der Grosssiedlungsideologie verweigerte, stand ausserhalb des Geistes der Zeit, wie ich sehr deutlich merkte, als ich im Planungsbeirat zum ersten Mal Bedenken gegen Grosssiedlungen vorbrachte. Dabei war meine Position zwiespältig. Ich hatte auf der Seite des Neuen gestanden, war sogar einer seiner Wortführer gewesen, so, als ich 1961 im »Tagesspiegel« eine Rubrik »Vorbildliches im Berliner Stadtbild« eingeführt hatte, für die ich drei prominente Preisrichter gewonnen hatte – Hans Scharoun, den Präsidenten der Akademie der Künste, Walter Rossow, den Vorsitzenden des Berliner Werkbundes, und Peter Pfankuch von der Akademie der Künste. Hier zeichnete der »Tagesspiegel« jeden Monat einen Architekten, Städteplaner oder Landschaftsgestalter aus, der »Vorbildliches« für die Stadt entworfen hatte. Mir selber aber war dieses Vorbildliche im Laufe der Zeit immer fremder geworden, und als ich neulich durchmusterte, was uns damals als »vorbildlich« galt, wurde mir sehr merkwürdig zumute. Ich begegnete nach Jahrzehnten vorzugsweise Bauten, denen ich heute mit grosser Distanz gegenüberstehe.

Ohne dass ich mir das recht bewusst gemacht hätte, war ich inzwischen auf neuen Wegen; ich verstehe durchaus, dass Vertraute allmählich auf Abstand zu mir gingen. Eines Tages, ich war gerade zum Abendessen bei Rossow in seiner Wohnung am Ende der Schützallee, rückte er mit der Sprache heraus: »Wenn Sie alles so vollkommen falsch finden, wofür der Werkbund steht – weshalb gehören Sie dann unserem Kreis eigentlich noch an?« Das war eine Frage, die ich mir selber stellen musste, und in der nächsten Woche erklärte ich in freundschaftlichen Wendungen meinen Austritt aus dem Werkbund. Es muss um dieselbe Zeit gewesen sein, dass mir auch aus dem Planungsbeirat der Rückzug nahegelegt wurde. Einst hatte ich die Mitgliedschaft in diesem Führungsgremium als Auszeichnung empfunden; nun suchte ich nach einer Formel, meinen Abschied plausibel zu machen. Ich schrieb einige nichtssagende Zeilen an Willy Brandt, in denen ich auf meine vielen Verpflichtungen im »Tagesspiegel« hinwies, damit mein Austritt nicht als Demonstration ausgelegt werden konnte, denn inzwischen überwogen die Spannungen zwischen den Parteien die Gemeinsamkeiten aus der Blockadezeit. Aber allmählich empfand ich mich als Fremdkörper unter den Mitgliedern des Planungsbeirats. So waren alle, ich selber am meisten, eher erleichtert, als ich Gremien verliess, die mir lästig geworden waren.

Wenig später kam es zu einer Entfremdung auch vom PEN-Club, wobei die Aufnahme des belgischen Trotzkisten Ernest Mandel mehr der Anlass als die Ursache war. Mandel interessierte mich wenig, aber ich fand es unverantwortlich, einen Mann in den PEN-Club aufzunehmen, der sich immer wieder gegen die parlamentarische Demokratie aussprach, die er durch ein Rätesystem ablösen wollte. Er sollte ruhig seine Meinung sagen, dagegen hatte ich nichts. Aber ich fand es grotesk, dass der PEN-Club, der auf den Prinzipien des Parlamentarismus basierte, einen solchen Feind unserer Ordnung auf-

Wolf Jobst Siedler
Elisabeth Niggemeyer

DIE
GEMORDETE
STADT

*Abgesang auf Putte und Straße,
Platz und Baum*

HERBIG

nahm. In einem längeren Brief an Walter Jens, der inzwischen Vorsitzender des PEN-Club war, rechtfertigte ich meinen Austritt, den Jens
zu verstehen schien. Sehr bald schlossen sich mir Joachim Fest und
Johannes Gross an, und als sich immer mehr Rebellen gegen die Auf-
nahmepolitik des PEN-Club wendeten, versuchte Jens uns zum Ein-
lenken zu bewegen.

Sehe ich auf die Jahreszahlen, wird mir mein gespaltenes Bewusstsein deutlich. Es war 1961, als ich die Rubrik »Vorbildliches im Berliner Stadtbild« einführte; im selben Jahr aber erschien auch »Die Gemordete Stadt«, in der ich die gegenteilige Position vertrat, und ich
wundere mich, dass niemand diesen Widerspruch zu einer Polemik
nutzte. Der Planungsbeirat war glücklich, als es gelang, Le Corbusier
für Berlin zu gewinnen. Im selben Jahr nannte ich ihn in der »Gemordeten Stadt« einen »Bruder des Luftmarschalls Harris«. Ähnlich

wie Le Corbusier hatte Scharoun proklamiert, dass die alte Mietskasernenstadt in Zukunft einer »Stadtlandschaft« Platz machen müsse, die den Irrwegen der europäischen Grossstadt ein für alle Mal ein Ende bereite.

Das seien zwei Ausprägungen des widerstädtischen Geistes der Epoche, der sich das eine Mal des Strategischen Bomberkommandos und das andere Mal jener Städteplaner bedient habe, die in der Stadt des alten Europas eine Missgeburt sahen. Bissig formulierte ich in der »Gemordeten Stadt« weiter, dass alles in dieselbe Richtung dränge, »Hans Friedrich Blunck und Arbeiter-Siedlungs-Verein, Rustikal-Barock und ›Suburban Movement‹, Dirndl-Kleid und Volkswagen, Bombenkrater und Schnellstrassentunnel. Um vierundzwanzig Uhr ist es ganz gleich, ob man zwischen den Hochhäusern von Houston oder in den Ruinen von Berlin steht. Auf zweierlei Wegen hat der Geist des Zeitalters der Masse sein Ziel erreicht: die Leere.«

Es konnte nicht wunder nehmen, dass die Literaturkritik an einem Buch wortlos vorbeiging, das eine solche Absage an die moderne Städteplanung formulierte. Damals begriff ich nicht, weshalb die »Frankfurter Allgemeine«, der ich doch schon seit Friedrich Sieburg nahestand, die »Gemordete Stadt« nur mit einer Bildunterschrift abtat. Erst Jahre später verstand ich den Hintergrund. Der Architekturkritiker der »Frankfurter Allgemeinen« war Eberhard Schulz, der Schwiegervater von dem in Berlin fast allmächtigen Senatsbaudirektor Werner Düttmann.

Inzwischen sind im Abstand von einigen Jahren neue Auflagen erschienen. »Die Gemordete Stadt« gilt heute neben Jane Jacobs' »Life and Death of American Cities« und Alexander Mitscherlichs »Die Unwirtlichkeit unserer Städte« als ein Klassiker der Stadtbaudiskussion. Nach fünfundzwanzig Jahren erhielt ich für meinen Erstling, der bei Erscheinen auf so erbitterte Ablehnung gestossen war, den Schinkelpreis. Bei der Verleihung hielt der bayerische Kultusminister Hans Maier die Laudatio.

Aus dem Abstand von Jahrzehnten fällt »Die Gemordete Stadt« in meine Anstrengung, das Blatt, das ich in der Gefahr sah, immer provinzieller zu werden, weltläufiger und internationaler zu machen, wobei mir Karl Silex zuweilen den Rücken stärkte.

Ganz zum Ende meiner »Tagesspiegel«-Zeit führte ich eine ständige Rubrik »Grosse Schriftsteller lesen grosse Bücher« ein, in der Romanciers aus fünf Ländern über ihre Lektüre berichteten – der baskisch-spanische Schriftsteller Ricardo Fernándes de la Reguera, der mit dem Roman »Schwarze Stiere meines Zorns« gerade internationales Aufsehen erregt hatte, Rumäniens Staatspreisträger Petru Dumitriu, der Franzose Michel Butor, der mit Nathalie Sarraute zusammen den avantgardistischen Nouveau roman begründet hatte, der Engländer Angus Wilson, ein Sozialist, der gerade in die Jury des Prix Formentor berufen worden war und mit seinem Roman »Die alten Männer im Zoo« Furore gemacht hatte. Dazu stellte ich nur zwei deutsche Autoren, Wolfgang Koeppen und Heinrich Böll. Um Wolfgang Koeppens Berücksichtigung hatte mich Siegfried Unseld gebeten, denn seit seinen Romanen »Tauben im Gras« 1951 und »Tod in Rom« 1954 war er verstummt, und tatsächlich sollte er nur noch zwei Reisebücher schreiben.

Ich schrieb noch den Einleitungstext zu dieser neuen Serie, die auf zwei Seiten im Mai 1963 eröffnet wurde. Aber schon wenige Wochen später verliess ich den »Tagesspiegel«, um den Buchverlag Propyläen und sehr bald auch den Ullstein Verlag zu übernehmen.

Hans Wallenberg macht mich
zum Verleger

Das Gedächtnis spielt sonderbar mit dem Gewesenen. Manche Ereignisse, die für das Leben wichtig waren, sind aus der Erinnerung wie geschwunden, andere sind noch nach Jahrzehnten überdeutlich, auch wenn sie nur von geringer Bedeutung für das Leben waren. Bei einem Ereignis, das meinem Leben eine neue Richtung gab, trifft aber beides zusammen, die Lebendigkeit des Gedächtnisses und die Bedeutung des Ereignisses.

Meine ersten Schritte in das Berufsleben hatte ich eher beiläufig getan – die Übernahme des Kongress-Büros, die Stippvisite bei der »Neuen Zeitung« und der Eintritt in den »Tagesspiegel«, als ich als Endzwanziger die erste Aufgabe mit eigener Verantwortung übernahm. Dann führte mich mein Leben in eine ganz andere Richtung, nun war ich kein »Zeitungsschreiber« mehr, um wieder den Ausdruck meines Vaters zu gebrauchen, sondern Herr eines Verlages, bald darauf einer Verlagsgruppe, die seit mehr als hundert Jahren für die Literatur etwas bedeutete.

Ich weiss nicht mehr, ob es Peter Galliner, der Generaldirektor des Springer-Konzerns, oder Hans Wallenberg, der Generalbevollmächtigte Springers für Berlin, war, der mich gefragt hatte, ob ich eigentlich mit dem »Tagesspiegel« verheiratet sei. Das Treffen fand im Restaurant des Kempinski statt, wo ich später so oft mit Hermann Abs, Karl Schiller oder Carlo Schmid sass, die allerdings den exklusiveren Grillroom bevorzugten. Auf die Frage Wallenbergs sagte ich leichthin: »Verheiratet nicht gerade, eher ist es eine sehr angenehme Liaison.« Wallenberg nahm den Ton auf und wollte wissen, ob ich mir vorstellen könne, ein anderes Verhältnis einzugehen. Meine Replik amüsierte ihn: »In solchen Dingen kann man sich vieles vorstellen. Es kommt darauf an, ob die andere Verlockung verführerisch ist.« Allmählich wurde mir bewusst, dass Galliner und Wallenberg nicht nur plaudern wollten, sondern dass irgendein konkretes Angebot auf mich zukommen würde. Wallenberg liess denn auch die Sache nicht länger in der Schwebe und rückte mit seinem Vorschlag heraus: »Es geht um den Propyläen Verlag.« Ich fragte, nicht in gespielter Bescheidenheit, sondern tatsächlich ein wenig hilflos, was ich da machen sollte, Lektoren- und Redaktionsarbeit? Die Antwort Wallenbergs kam ohne Umschweife und überraschte mich nun doch: »Nein, nein, Sie sollen ihn *machen*.«

Dieser Gang des Gespräches erschreckte mich nahezu, und ich wehrte ab. Ich verstünde nichts vom Verlagsgeschäft, von Buchdruck, Tiefdruck, Flachdruck, das gehe mir immer durcheinander, Bilanz und Etat seien mir ein Buch mit sieben Siegeln. In dieser Hinsicht beruhigte mich Wallenberg, mir werde ein Direktorium zur Seite stehen, ein Kaufmännischer Leiter, ein Redaktionschef, ein Herstellungsleiter und ein Vertriebschef, die allerdings auch allesamt für den Ullstein Verlag zuständig seien, der bei den ständigen Berlinkrisen nach Darmstadt ausgewichen war. So würde es mir nicht erspart bleiben, regelmässig zu Sitzungen dorthin zu fliegen. Mir schwindelte allmählich der Kopf, ich sollte also ein Verlagsmanager sein, was bisher weit ausserhalb meiner Vorstellung gelegen hatte.

Das ist eine sehr verkürzte Wiedergabe eines Gesprächs, das wohl zweieinhalb Stunden gedauert hat. Mein Enthusiasmus erfuhr eine Dämpfung, es komme darauf an, ob ich eine Konzeption entwickele, die Wallenberg, Galliner und im Hintergrund auch wohl Axel Springer überzeugte. Der jetzige Chef des Propyläen Verlages, Dr. Albrecht Knaus, solle aber eine faire Chance haben, seinen Entwurf vorzutragen. Wenn ich einverstanden sei, würden sie schon in den nächsten Tagen Knaus bitten, aus Darmstadt nach Berlin zu kommen, damit wir beide nacheinander, und also ohne direkte Konfrontation, unsere Vorstellungen entwickelten. Natürlich war ich einverstanden, wenn auch ein wenig benommen von diesem Gang der Dinge. Ohne je einen Buchverlag von innen gesehen zu haben, sollte ich nun für eines der renommiertesten Häuser Verantwortung tragen.

Ich weiss nicht mehr, ob es wirklich nur einige Tage oder eine ganze Woche war, bis der Concours stattfand, bei dem Albrecht Knaus als der erfahrenere und wesentlich ältere Konkurrent zuerst gebeten wurde, seine Vorstellungen zu entwickeln. Während seines Vortrags wurde ich aufgefordert, im Nebenzimmer zu warten. Nachdem Dr. Knaus gegangen war, wurde mir das Wort gegeben, und mit einer gespannten Eloquenz trug ich vor, wie meiner Ansicht nach der Propyläen Verlag unter den Bedingungen der Nachkriegszeit an seine Tradition anknüpfen könne. Was ich im einzelnen gesagt oder empfohlen habe, ist mir entfallen. Aber zum Schluss, als ich mich ebenfalls verabschieden wollte, sagte Wallenberg, man habe schon eine Flasche Champagner bestellt, was eine gewisse Feierlichkeit ankündigte. Auf meinen fragenden Blick sagte Wallenberg, dass die Sache mit meinem Vortrag entschieden sei. Der Propyläen Verlag werde mir anvertraut. Ich solle mein »Tagesspiegel«-Engagement möglichst bald lösen, um die neue Aufgabe schnell zu übernehmen. Tatsächlich wurde ich schon am 1. Mai 1963 Verleger des Propyläen Verlages. Dr. Knaus verliess Ullstein und Springer ganz und gar und übernahm wechselnde Positionen in anderen Verlagen. Trotz dieses ein wenig heiklen Auftaktes unserer Bekanntschaft brachten wir es fertig, fast freundschaftlich miteinander umzugehen. Es war deutlich geworden, dass ich nicht durch eine Intrige auf seinen Stuhl gekommen war, und die Zeit heilt ohnehin manche Kränkungen. Neulich ist er neunzig geworden, und wir tauschten sehr herzliche Briefe aus. Noch aus dem Ullstein-Druckhaus Tempelhof rief ich Imke an, um ihr zu sagen, dass ich den »Tagesspiegel« verlassen werde, um Verleger zu werden; eine solche Chance könne man schlecht ausschlagen. Um ihr klarzumachen, was das für eine Position sein werde, denn sie schien nicht ganz zu begreifen, welcher Karrieresprung mir bevorstand, fügte ich hinzu: »Als Dienstwagen erhalte ich übrigens einen Mercedes S-Klasse.« Ich müsse allerdings den Wagen von Dr. Knaus

Bei der Antrittsrede als Chef des Propyläen Verlages, 1963. Neben mir mein väterlicher Freund Hans Wallenberg (rechts) und Dr. Friedrich Kaufmann, den ich zu meinem Stellvertreter machte.

übernehmen, der übrigens eine scheussliche hellgelbe Farbe hatte. Irgendwann traf Axel Springer eine sehr vernünftige Regelung für Dienstwagen seines Konzerns. Die Farbe der Wagen konnte von den Besitzern frei gewählt werden, unter der Voraussetzung, dass es schwarz sei.

So begann ein neuer und ein endgültiger Lebensabschnitt als Verleger. Siebzehneinhalb Jahre sollte ich den Propyläen und bald auch den Ullstein Verlag leiten, daneben den Taschenbuch-Verlag und in den ersten Jahren auch noch den Baufachverlag, den Graphischen Fachverlag und den Kaufmännischen Fachverlag und anschliessend dann siebzehn Jahre den Verlag, der meinen Namen trägt. Wie sehr unser Leben und unsere Freundschaften von diesem Wechsel bestimmt sein würden, war mir damals nicht deutlich. Als ich mich vom »Tagesspiegel« verabschiedete, hatte ich meinen Kollegen gesagt, dass wir natürlich in alter Manier befreundet bleiben würden. Aber die Dinge spielten anders. Ich hatte in Zukunft nicht mehr über Feuilletonseiten zu bestimmen und den Aufmacher der Seite festzulegen, sondern nun kamen ganz andere

Entscheidungen auf mich zu. Welche Bücher würden wir herausbringen, welche Autoren würde ich an den Verlag zu binden suchen, und wie würde ich mit einer Tradition umgehen, die von Emil Herz und Julius Elias begründet worden war, zwei grosse, eigentlich fast mythische Namen der Verlagswelt?

Es ging, wie es in solchen Dingen immer zu gehen pflegt, die alten Freundschaften sanken allmählich zurück, schon weil ich keine Zeit mehr hatte, mit Karsch oder Kudszus in der Tonne zu pokulieren; statt dessen hatte ich die »Propyläen Weltgeschichte«, die bis zum fünften Band gediehen war, fortzuführen, sieben weitere Bände standen mir noch bevor. Angesichts des überwältigenden Erfolges der »Propyläen Weltgeschichte«, die insgesamt auf mehr als eine Million Exemplare kam, machte es keine Schwierigkeit, Wallenberg und Springer zu überzeugen, nun auch die »Propyläen Kunstgeschichte« wieder ins Leben zu rufen. Das waren dann noch einmal zweiundzwanzig dickleibige Bücher, die ich zu bewältigen hatte, wenn mir auch bald als Chefredakteur der »Propyläen Kunstgeschichte« Hans-Georg Puchert zur Seite stand.

Dann kamen die Bücher von Albert Speer, und nach zwei oder drei Jahren beschloss auch Joachim Fest, seinen Vertrag über eine Hitler-Biographie mit dem Piper Verlag zu lösen und zu mir zu kommen. Allmählich tauchte ich mit Haut und Haaren in eine neue Welt ein, meine Feuilletonsorgen von einst interessierten mich immer weniger, auch die alten Freunde sah ich immer seltener, meine Sekretärinnen lagen mir in den Ohren, die Geburtstage von Silex, Karsch, Kudszus und den anderen nicht zu vergessen. Ob ich wollte oder nicht, ich wurde meinem alten Leben untreu und stürzte mich in eine neue Welt, die mich von Jahr zu Jahr mehr gefangennahm. Die Verlegerwelt hatte mich in Besitz genommen.

Eben hatte ich noch den fünfundsechzigsten Geburtstag meiner alten Sekretärin Elisabeth Ploetz gefeiert, nun hatte ich einen Empfang für Kardinal Mindszenty zu geben, der von der ungarischen Erhebung 1956 aus zehnjähriger Zuchthaushaft befreit worden war und mir seine Erinerungen anvertraute: »Gott hat es gut mit mir ge-

Anlässlich des Erscheinens von Kardinal Mindszentys Erinnerungen 1975 lud ich Freunde ein: von links Battyani, General Speidel, der ehemalige Nato-Chef Abschnitt Mitte, der Kardinal, der ehemalige Bundestagspräsident Eugen Gerstenmaier und Moritz Prinz von Hessen.

meint, er hat mir Sie als Verleger gegeben.« Mitunter kam ich mir, wenn ich alte Freundschaften vernachlässigte, untreu vor. Aber so ist das Leben nun einmal, es fragt nicht nach alten Freunden. Neue Herausforderungen verknappen die Zeit und bringen neue Freundschaften mit sich.

Mein Weggang vom »Tagesspiegel« konsternierte Franz Karl Maier, mit dem ich bis dahin freundlich, aber doch eher distanziert gestanden hatte, überraschend stark. Schliesslich machte er den Vorschlag, ob mich denn eine Herausgeber-Lösung nach dem Muster der »Frankfurter Allgemeinen Zeitung« halten könne, wofür er auch gleich zwei Herausgeber nannte, Joachim Bölke und Günter Matthes. Sich selber hatte er die Rolle des Vorsitzenden dieses Gremiums zugedacht. Das so plötzliche Angebot irritierte mich in der Tat, aber bei näherem Nachdenken war mir deutlich, dass eine solche Position keine wirklichen Rechte und Zuständigkeiten besitzen würde; an unserer eigentlichen Funktion als Ressortchefs – Bölke war für die Aussenpolitik, Matthes für den Lokalteil und ich für den Kulturbereich zuständig – würde sich nicht viel ändern. So fragte ich

Franz Karl Maier ironisch: »Sind das nicht im Grunde nur Ressort-chefs mit Adelsprädikat?« Am Ende einigten wir uns, dass ich keine Entscheidung fällen würde, bis Maier aus seinem mehrwöchigen Jahresurlaub zurückgekommen sein werde. Aber Wallenberg, Galli-ner und vor allem Axel Springer drängten auf eine Entscheidung, und so schlug ich trotz des Versprechens ein.

Mein Vertrag beim »Tagesspiegel« lief noch zwei oder drei Jahre, und Franz Karl Maier wollte mich daraus nur vorzeitig entlassen, wenn ich ihm einen attraktiven Nachfolger präsentiere. Zuerst nannte ich den Münchner Kritikerstar Joachim Kaiser, was sich aber erledigte, als man von seinen Gehaltsvorstellungen erfuhr. Allmählich in Zeit-not gekommen, zog ich den Berliner Hans Scholz aus der Tasche, der mit seinem »Grünen Strand der Spree« den Sensationserfolg des Jah-res 1955 geschrieben hatte und für den »Tagesspiegel« als ein wasch-echter Berliner interessant war. Ich traf mich mit Scholz, die Szene ist mir noch deutlich in Erinnerung, auf dem Parkplatz des RIAS nahe dem Innsbrucker Platz. Scholz war offensichtlich überrascht, aber geschmeichelt. Scholz, Sohn eines Anwalts, stammte aus dem Ber-liner Bürgertum und brachte seit dem »Grünen Strand der Spree« einen Namen mit. Seine Bestellung zum Chef des Feuilletons musste dem Berliner Publikum als Gewinn erscheinen. Nur zwei oder drei Wochen nach diesem Parkplatzgespräch wurden Maier und Scholz handelseinig.

Einige Zeit führte Scholz das Feuilleton in meinem Sinn weiter, auch jene Wochenend-Kolumne mit den internationalen Romanciers, auf die ich so grosse Stücke gehalten hatte. Aber es zeigte sich bald, dass das ganze Unternehmen wohl doch an meine Person geknüpft gewe-sen war, Heinrich Böll streckte als erster die Waffen, Wolfgang Koep-pen war der zweite, der seine Mitarbeit einstellte, und auch Michel Butor, dessen Roman »Paris – Rom oder Die Modifikation« ich kurz zuvor enthusiastisch im »Tagesspiegel« begrüsst hatte, verlor bald sein Interesse. Ein Jahr nach meinem Weggang schlief die Serie still-schweigend ein.

Franz Karl Maier trug mir den Weggang nicht nach. Ohne mir etwas

Als Chef der Verlage Propyläen und Ullstein im Frühjahr 1966.

zu sagen, hatte er sogar für meinen letzten Arbeitstag im »Tagesspiegel« einen offiziellen Abschied im Konferenzraum vorbereitet, wo er und Karl Silex freundliche Worte fanden. Die eigentliche Überraschung war jedoch, dass plötzlich die Tür aufging und Walter Bußmann, Ordinarius für Neuere Geschichte an der Freien Universität, hereinkam und eine Art von Laudatio anstimmte. Ich hatte mit Walter Bußmann und Günter Grass viele Jahre zusammen im Rundfunkrat des Senders Freies Berlin gesessen. Doch erst sehr viel später sollten wir gute Bekannte und endlich sogar Freunde werden. Nach vielen Jahrzehnten sollte Walter Bußmann am Ende seines Lebens jene Biographie über Friedrich Wilhelms IV., den »Romantiker auf dem Thron«, schreiben, über den wir so oft geredet hatten. Das Buch erschien 1990 im Siedler Verlag.

Karl Silex zog sich fast gleichzeitig mit mir aus dem »Tagesspiegel« zurück und schrieb nur noch von zu Hause aus die sonntäglichen Leitartikel, und ich hatte genug zu tun, mich in die neue Tätigkeit einzuarbeiten. Eines Tages rief Franz Karl Maier aber aus heiterem Himmel bei mir an, ob wir nicht wieder einmal zusammen zu Abend essen wollten, wobei das »wieder einmal« leicht übertrieben war, denn ich hatte Maier in meiner »Tagesspiegel«-Zeit nicht ein einziges Mal ausserhalb der Verlagsräume gesehen.

Nun trafen wir uns in den Tessiner Stuben, einem kleinen Schweizer Restaurant in der Bleibtreustrasse. Gleich eingangs bestellte er eine Flasche Dole, und im späteren Verlauf des Abends kam noch die eine oder andere hinzu, dann mehrere Grappa. Nie hatte ich ihn so aufgeräumt, temperamentvoll und eigentlich auch herzlich erlebt, es war, als wäre alles Zurückhaltende von ihm abgefallen. Nach zwei oder

470

drei Wochen schlug er ein neues Treffen vor, da der letzte Abend so angenehm gewesen wäre. Das wiederholte sich wohl noch ein oder zwei Mal. Er war ein anderer Franz Karl Maier, als ich ihn all die Jahre hindurch erlebt hatte. Einmal, es war wohl drei Uhr morgens, die Stühle wurden schon auf die Tische gestellt, als er sich endlich anschickte, das Lokal zu verlassen, habe ich ihn das erste Mal schwankend gesehen. Drei Wochen später war er tot. Er hatte in seinen letzten Wochen nicht mit seiner Frau oder seinen beiden Töchtern und auch nicht mit Vertrauten aus dem »Tagesspiegel« zusammensein wollen;

Zwei Aufnahmen von Imke haben sich in einer Kiste erhalten, in der wir unsere Erinnerungsstücke unordentlich aufbewahren: ein Photo der Sechzehnjährigen aus der Verlobungszeit und ein Bild, das bei einer Party anlässlich des fünfundvierzigsten Geburtstags gemacht wurde. Sie führen uns den alten Satz vor Augen: tempora mutantur, nos et mutamur in illis.

er war auf mich als letzten Freund verfallen, was ich nie gewesen war. Nach mehreren Monaten erfuhr ich den Grund solcher für ihn ganz ungewöhnlichen Vertrautheit. Er hatte einen nicht mehr operablen Hirntumor. Sonderbarerweise wollte er keinen seiner Angehörigen oder Freunde – wenn er welche hatte – um sich haben, sondern wohl nur mich, der ich ihm niemals besonders nahegestanden hatte. Nun entfaltete er grossen Charme, es war Heiterkeit um ihn, es war nicht zu spüren, dass er nur noch wenige Wochen zu leben hatte. Ob er in

Berlin oder im heimatlichen Stuttgart beerdigt wurde, weiss ich nicht. Passt auch hier der Satz Lavaters, der mir so oft ins Gedächtnis kommt: »Individuum est ineffabile.«?

Franz Karl Maier, eher schmächtig im Äusseren, war eine eindrucksvolle Figur.

Abgesang mit Moses Mendelssohn
und Cicero

Man soll nicht dramatisieren. Der Tod meines Vaters im April 1963, ich war gerade Verleger des Propyläen Verlages geworden, brachte keine wirkliche Erschütterung für mich. Ich könnte nicht sagen, dass der Abschied einen tiefen Einschnitt in meinem Leben gemacht hätte, dazu war der Faden seines Lebens zu weit abgelaufen; bei einem Achtzigjährigen ist der Tod jederzeit zu erwarten. Aber im Nachhinein ist mir doch deutlich geworden, was mein Vater für die Familie und vor allem für mich bedeutet hat, immer wieder tritt er mir vor die Augen. Es stimmt ja nicht, dass die Zeit das Gewesene blasser werden lässt.

So ist sein Tod eben doch eine Zäsur. Warum hätte ich sonst wenig später bei dem Antiquitätenhändler Wilhelm Weick in der Eisenacher Strasse ein kaum postkartengrosses »Memento mori«-Bildchen« gekauft, das seitdem stets auf meinem Schreibtisch stand, im Propyläen und Ullstein und auch im Siedler Verlag, und das jetzt seinen Platz im Falkenried hat. Das kleine, harmlose Bildchen, wohl ohne viel Kunstfertigkeit am Anfang des 19. Jahrhunderts gemalt, zeigt lauter Symbole des Verlöschens: ein verwehtes Notenblatt, eine niederbrennende Kerze, eine Schnecke und einen fallenden Vorhang. Als Stück der Kunst ist das Bild ein Nichts, aber es muss mich schon damals berührt haben, sonst hätte es mich wohl nicht durch die Jahrzehnte begleitet.

Auch zwei kleine Figuren, die immer auf dem Schreibtisch meines Vaters in seinen wechselnden Büros gestanden hatten, ohne dass ich sie viel beachtet hätte, habe ich hervorgeholt, und sie stehen seitdem

Das kleine »Memento mori«-Bildchen begleitete mich jahrzehntelang. bei mir zu Hause. Es sind eine kleine Biskuitporzellan-Statuette von Moses Mendelssohn, wohl von einer ungenannten deutschen Manufaktur des späten 18. Jahrhunderts, und, eigentlich wenig zu ihr passend, steht daneben eine farbige französische Porzellanfigur von Cicero aus dem Anfang des 19. Jahrhunderts. Auch sie ist mir aus Kindertagen vertraut, als ich verwundert den römischen Rhetor und Staatsmann neben dem preussisch-jüdischen Aufklärer sah, beide sagten mir damals nicht viel.

Haben Moses Mendelssohn und Cicero für meinen Vater wirklich etwas bedeutet, dass er sie ein Leben lang in seiner Nähe haben wollte? Wir haben nie darüber gesprochen. Es entsprach nicht seinem und nicht meinem Naturell, über dergleichen zu reden. Jetzt stehen beide Statuetten, kaum fünfzehn Zentimeter gross, bei uns in Dahlem. Allmählich sind sie mir ans Herz gewachsen, der preussische Jude und der ohnmächtige Verteidiger der Römischen Republik gegen den Machtanspruch eines Einzelnen, den man einst Princeps nannte, später Imperator.

Als es bei meinem Vater ans Sterben ging, bat er meine Mutter, ihm vergilbte Photographien seiner Eltern, die er kaum gekannt hatte, weil sie starben, als er noch ein Kind war, auf den Nachttisch zu stellen. Ist es so auch bei mir? Auch mein Lebensfaden spinnt sich all-

Moses Mendelssohn und Cicero, Statuetten des späten 18. und frühen 19. Jahrhunderts.

mählich ab. Mit achtundsiebzig Jahren soll man die Sache beim Namen nennen. Vielleicht sind mir eben deshalb die Eltern nahe gerückt? »Nie liebt man das Leben treuer, als im Schatten des Verzichts«, schrieb Stefan Zweig am 22. Februar 1942, dem Tag seines Freitods im südamerikanischen Exil. Ich lebe durchaus nicht in einer Stimmung des Endes, aber ich sehe alle drei mit jener heiteren Wehmut, mit der man auf sein Leben zurückblickt: das »Memento mori«-Bildchen, die Moses-Mendelssohn-Figur und die Cicero-Statuette, sie sind mir im Lauf der Jahre wichtig geworden.

So wäre ich denn wieder an das Ende einer Besichtigung des eigenen Lebens gekommen, und auch diesmal will ich es dahingestellt sein lassen, ob es nur ein vorläufiges ist. Werde ich mich herausgefordert fühlen, einen Bericht über die nächsten vierzig Jahre meines Lebens zu geben, in denen ich erst mit Ullstein und Propyläen, dann mit dem Verlag befasst gewesen bin, der meinen Namen trägt? Wenn man ein Buch zu Ende gebracht hat, will man nicht von neuen Vorhaben hören, aber erfahrungsgemäss nehmen sich die Dinge nach einiger Zeit anders aus – falls nicht ein Höherer einem die Feder aus der Hand nimmt.

Einen Titel, der meine Existenz während der nächsten Jahrzehnte auf eine Formel bringt, habe ich schon – *Verleger in Berlin*. Ich hielt die Fahne dieser Stadt jahrelang hoch, die mit einhundertzehn Buchverlagen einst die grösste Verlagsstadt Deutschlands war, in der von Samuel Fischer über Ernst Rowohlt bis zu Kurt Wolff alle wichtigen Verleger zu Hause waren. Berlin ist auch in dieser Hinsicht verarmt. Die »Verlagsstadt Berlin«, wie Peter de Mendelssohn, seinen Buchtitel abwandelnd, Berlin oft genannt hat, gehört der Vergangenheit an. Nicht nur die Industrie und die Bankenwelt haben der Stadt den Rücken gekehrt, sondern auch Wissenschaftsinstitute wie die Max-Planck-Gesellschaft und eigentlich alle bedeutenden Buchverlage. Aber ich will, vorläufig zumindest, von einer Fortsetzung nichts wissen, und so schreibe ich diese Sätze im Bewusstsein, dass es die letzten dieser Autobiographie sind.

Ich blicke zurück und lasse das Geschriebene und damit mein Leben Revue passieren. Man kann nicht gerade sagen, dass dieses Leben nach einem Plan verlaufen wäre. Der Schulbesuch kam durch die Verhaftung des Siebzehnjährigen zu einem plötzlichen Ende, das Studium spottete aller Ordnung Hohn, auf ein konkretes Ziel steuerte ich nicht zu. Dann wurde ich, ohne es geplant zu haben, ein Zeitungsmensch – wie mein Vater ein wenig abfällig gesagt hätte –, eigentlich nur, weil ich während meines Studiums vor mich hin geschrieben hatte und die Manuskripte ab und zu an den »Monat« oder die »Neue Zeitung« schickte. Schliesslich fand sich der Neunundzwanzigjährige unversehens als Feuilletonchef von Berlins wichtigster Zeitung.

Ich befand mich recht wohl in den kommenden Jahren, wäre vielleicht sogar, zur leisen Verzweiflung von Imke, ganz an meinem neuen Platz geblieben: »Feuilletonchef zu sein ist zwar mit Dreissig sehr schön, mit Vierzig mag es passieren, aber mit Fünfzig und Sechzig?« Hans Wallenberg und Axel Springer aber waren der Meinung, ich sollte erst für den Propyläen und dann für den Ullstein Verlag verantwortlich sein. Einmal kamen sie sogar auf den Gedanken, ich solle das übernehmen, was sie die »Welt-Gruppe« nannten, womit ich zu meinen Anfängen zurückgekehrt wäre. Wieder betrat ich ein neues Arbeitsfeld ziemlich verwirrt.

So fing das an, was andere zuweilen – mit einigem guten Willen – meine Karriere nannten, und ich muss gestehen, dass ich viel Vergnügen daran hatte. Aber ein geplanter Weg, ein Leben nach einem Entwurf, das habe ich weiss Gott nicht geführt. So habe ich mein Leben zugebracht, durchaus mit Genugtuung, aber selten nach einem Konzept. Schon als Gymnasiast habe ich mir einen Satz aus dem Testament des Herzogs von Marlborough herausgeschrieben: »Der kommt am weitesten, der nicht weiss, wohin er geht.« Ich habe wohl recht getan, als ich das Wort zum Motto dieses Bandes machte.

Den ersten Band meines Erinnerungsbuches eröffnete ich mit einem Passus aus dem »Joseph«, dem Auftakt zum grossen Alterswerk Thomas Manns. So hat es seine Richtigkeit, dass ich diesen zweiten Band mit Thomas Mann, meinem Lebensbegleiter, abschliesse. Anfang des Jahrhunderts erzählt er in einer kurzen Skizze, die er »Im Spiegel« nennt, dass er eigentlich immer gescheitert sei, in der Schule, in der Universität und im Berufsleben:

Und heute? Glanz umgibt mich. Nichts gleicht meinem Glücke. Ich bin vermählt, ich habe eine ausserordentlich schöne, junge Frau – eine Prinzessin von einer Frau, wenn man mir glauben will, deren Vater königlicher Universitätsprofessor ist und die ihrerseits das Abiturientenexamen gemacht hat, ohne deshalb auf mich herabzusehen, sowie zwei blühende, zu den höchsten Hoffnungen berechtigende Kinder. Ich bin Herr einer grossen Wohnung in feinster Lage mit elektrischem Licht und allem Komfort der Neuzeit – ausgestattet mit den herrlichsten Möbeln, Teppichen und Kunstgegenständen. Mein Hausstand ist reich bestellt, ich befehle drei stattlichen Dienstmädchen und einem schottischen Schäferhund.

Glanz umgibt mich nicht gerade, aber doch Wohlbehagen. Ich habe mein Leben sehr angenehm zugebracht, als Zeitungsschreiber, als Redaktionschef und als Verleger. Rückschauend bin ich von diesem Gang der Dinge überrascht, niemand hat mir an der Wiege gesungen, dass ich, vielfach aus der Bahn geworfen, ein so reputierliches Leben führen würde. Ein Vorbild für die Jugend bin ich nicht gerade, aber das Leben ist nun einmal ungerecht.

* * *

So möchte ich diesen Band mit jenen Sätzen schliessen, mit denen Hermann Broch seinen »Pasenow oder die Romantik« zu Ende bringt:

> Wie sich dies zugetragen hat, muß nicht mehr erzählt werden. Nach den gelieferten Materialien zum Charakteraufbau kann sich der Leser dies auch allein ausdenken.

Register

Kursivierte Seitenzahlen beziehen sich auf Bildunterschriften.

484

Bildnachweis

Ruth Altheim-Stiehl, Münster 120 – Archiv der Freien Universität Berlin 76 – Axel Springer AG, Unternehmensarchiv, Berlin 205, 371 – Barbara Aumüller, Frankfurt am Main 423 – Manfred Beck, Berlin 134 – Berlin. An Architectural History, hrsg. von Andreas Papadakis, London 1983 55 – Berlinische Galerie, Berlin 178, 179 (Photo Johannes Lederer) – Bildarchiv Preussischer Kulturbesitz, Berlin 24, 33 (Photo Willi Saeger), 71, 171 (Photo Friedrich Seidenstücker), 316, 317, 441 – Deutsches Historisches Museum, Berlin 27, 47 – Deutsches Literaturarchiv Marbach, Marbach am Neckar 138 – Piero Dorazio, Todi 240 – dpa, Frankfurt am Main 312, 415 – Joachim Fest, Frankfurt am Main 232 – Fotomuseum im Münchner Stadtmuseum, München 139 (Photo Stefan Moses) – GSK, Bühl 206 – Georg Heinrichs, Berlin 177 – Hotel Excelsior Berlin 363 – Ernst Jünger, Wilflingen 143 – Landesarchiv Berlin 351 (Photo Schubert) – Landesbildstelle Berlin 304 – Melvin J. Lasky, Berlin 331 – Michael Lehr, Berlin 153 rechts – Leo Baeck Institue, New York 271 – Museum Bad Gastein 219 – Pressestiftung Der Tagesspiegel GmbH, Berlin 370 – Privatarchiv Wolf Jobst Siedler 13, 18, 19, 21, 36, 53, 73, 74, 78, 89, 91, 95, 96, 102, 105, 109, 110, 115, 117, 132, 163, 188, 189, 192, 198, 215, 239, 242, 251, 239, 242, 251, 252, 261, 278, 324, 347, 349, 378, 452, 460, 466 468, 471, 474, 475 – Thomas Rodig, Berlin 169 (Photo Hellmuth Pollaczek) – Schlosshotel im Grunewald, Berlin 182 – Der Spiegel, Hamburg 396 – Staatsbibliothek Preussischer Kulturbesitz, Berlin 353, 380 – Stiftung Archiv der Akademie der Künste, Berlin 54 – Stiftung Bundeskanzler-Adenauer-Haus, Bad Honnef 425 – ullsteinbild, Berlin 41, 50, 52, 92, 140,151, 152, 201, 224, 229, 258, 281, 290, 299, 311, 397, 470 – Verlag Rudolf Pracht, Berlin 103 – Helga Wegner, Berlin 153 links, 156 – Thomas Weick, Berlin 191 – Wolf-Borwin Wendtland, Berlin 16 – Ilse Zellermayer, Berlin 265

Die Rechtschreibung folgt den
Gepflogenheiten des Autors.

FSC

Mix
Produktgruppe aus vorbildlich
bewirtschafteten Wäldern und
anderen kontrollierten Herkünften

Zert.-Nr. SGS-COC-1940
www.fsc.org
© 1996 Forest Stewardship Council

Verlagsgruppe Random House FSC-DEU-0100
Das für dieses Buch verwendete FSC-zertifizierte
Papier *Munken Premium* liefert
Arctic Paper Munkedals AB, Schweden.

Der Pantheon Verlag ist ein Unternehmen der
Verlagsgruppe Random House GmbH.

Erste Auflage
September 2006

Umschlaggestaltung: Jorge Schmidt, München
Satz: Ditta Ahmadi, Berlin
Druck und Bindung: GGP Media GmbH, Pößneck
Printed in Germany
ISBN-10: 3-570-55011-7
ISBN-13: 978-3-570-55011-3

www.pantheon-verlag.de